ADOLF HITLER

La séduction du diable

Diplômé d'Oxford, Laurence Rees, auteur, réalisateur et producteur pour BBC TV de la série documentaire *La Séduction du diable-Adolf Hitler*, est l'ancien directeur de la chaîne Histoire de la BBC. En 2006, il a reçu le British Book Award du livre d'histoire de l'année pour son *Auschwitz. Les nazis et la « Solution finale »*. Il a été récompensé par de nombreux prix pour ses réalisations.

Paru au Livre de Poche :

AUSCHWITZ, LES NAZIS ET LA SOLUTION FINALE

HOLOCAUSTE. UNE NOUVELLE HISTOIRE

LAURENCE REES

Adolf Hitler

La séduction du diable

TRADUIT DE L'ANGLAIS PAR SYLVIE TAUSSIG ET PATRICE LUCCHINI

ALBIN MICHEL

Titre original :

THE DARK CHARISMA OF ADOLF HITLER
LEADING MILLIONS INTO THE ABYSS

ISBN : 978-2-253-09973-4 – 1re publication LGF

À la mémoire de ma mère et de mon père
Margaret Julia Rees (1927-1977)
et Alan William Rees (1924-1973)

« Toute ma vie se résume dans mes efforts incessants pour persuader autrui. »

Adolf HITLER

« Qu'un tel homme ait pu aller si loin dans la réalisation de ses ambitions et – surtout – qu'il ait pu compter sur des millions de gens désireux de l'y aider et de se mettre à son service : c'est un phénomène qui donnera au monde à méditer pendant des siècles. »

Konrad HEIDEN

Introduction

Mes parents avaient des opinions très arrêtées sur Adolf Hitler. Pour avoir tous deux vécu la guerre – outre que le frère de mon père a été tué dans les convois de l'Atlantique –, ils pensaient qu'il était l'incarnation du Mal. Mais je me rappelle m'être demandé, alors que je n'étais pourtant encore qu'un enfant, comment, si Hitler était le Démon dans un corps d'homme, il avait pu obtenir de tant de personnes qu'elles obéissent à ses ordres. C'est d'une certaine façon une question à laquelle je n'ai cessé de penser depuis, et c'est à elle que je tâche de répondre dans cet ouvrage.

Adolf Hitler était, à première vue, le dirigeant le plus improbable pour un État sophistiqué au cœur de l'Europe. Il était incapable d'entretenir des relations amicales normales ou d'accepter un débat intellectuel : rempli de haine et de préjugés, dépourvu de toute aptitude à aimer, c'était avant tout un homme « seul[1] ». Il

1. Hitler en fit l'aveu à Leni Riefenstahl, cité dans Leni Riefenstahl, *Mémoires [Memoiren]*, trad. de l'allemand et postfacé par Laurent Dispo, Éditions Grasset, 1997.

était, indubitablement, « en tant qu'être humain, lamentable[2] ». Et pourtant, il joua un rôle déterminant dans trois des décisions les plus dévastatrices jamais prises : celle d'envahir la Pologne – qui conduisit à la Seconde Guerre mondiale –, celle d'envahir l'Union soviétique et enfin celle d'assassiner les Juifs.

Cependant Hitler ne fut pas à lui seul l'auteur de toute cette horreur, et à côté de ses nombreuses insuffisances personnelles, il possédait à n'en point douter de grands pouvoirs de persuasion. « Toute ma vie, dit-il en 1942 en une formule marquante, se résume dans mes efforts incessants pour persuader autrui[3]. » Et j'ai pour ma part rencontré bien des personnes ayant vécu cette période qui m'ont confirmé ce jugement. Quand je les pressais de me dire ce qu'elles trouvaient de si convaincant dans une personnalité tellement étrange, elles me citaient une myriade d'éléments tels que les circonstances de l'époque, leurs peurs, leurs espoirs, etc. Mais elles étaient également nombreuses à évoquer simplement le puissant attrait qu'Hitler exerçait sur elles – un phénomène qui fut bien souvent imputé à son « charisme ».

Mais qu'est-ce exactement que le « charisme » ? Le terme provient d'une racine grecque signifiant une

2. Konrad Heiden, *The Führer* [1944], Robinson Publishing 1999, p. 35. Heiden exprime dans les termes suivants la contradiction d'Hitler : « En tant qu'être humain, lamentable ; comme esprit politique, l'un des plus prodigieux phénomènes dans toute l'histoire du monde. »

3. Entrée du 18 janvier 1942, soir, *Hitler's Table Talk, 1941-1944*, introduction et nouvelle préface de Hugh Trevor-Roper, Phoenix Press, 2002, p. 221.

grâce ou une faveur octroyée par une divinité, mais le « charisme », dans l'acception que nous donnons aujourd'hui à ce mot, n'est pas un don « divin », il est « axiologiquement neutre[4] » – bons et méchants peuvent le posséder à la même enseigne. La signification originaire implique également que le charisme est une qualité absolue qui existe – ou n'existe pas – dans un individu spécifique. Mais la séduction charismatique d'Hitler n'était pas universelle. Elle n'existait que dans l'espace entre lui et les sentiments de son auditoire. Quand deux personnes rencontraient Hitler en même temps, il pouvait arriver que l'une le trouve charismatique, mais que la seconde le prenne pour un fou.

Notre compréhension moderne du concept de « charisme » commence avec les travaux du sociologue allemand Max Weber qui écrivit des pages célèbres sur la « domination charismatique[5] » au tournant du siècle dernier. Sans doute le fit-il bien avant qu'Hitler ne devienne chancelier du Reich, mais ses réflexions sont toujours très pertinentes pour quiconque s'intéresse à l'étude du nazisme en général et d'Hitler en particulier. Là où la contribution de Weber est capitale, c'est en ce qu'il examine la « domination charismatique » comme un type particulier d'exercice du pouvoir – plutôt que comme une qualité personnelle qu'une pop-star peut

4. Max Weber, *Économie et société*, 1, *Les Catégories de la sociologie*, traduit de l'allemand par Julien Freund, Pierre Kamnitzer, Pierre Bertrand, Éric de Dampierre, Jean Maillard et Jacques Chavy, sous la direction de Jacques Chavy et d'Éric de Dampierre, Plon, « Agora », 1995, p. 321.

5. *Ibid.*, en particulier p. 320-336.

posséder au même titre qu'un homme politique. Pour Weber, le chef « charismatique » doit posséder un fort élément « missionnaire » et il est plus proche d'une figure quasi religieuse que d'un homme d'État démocratique ordinaire. Les partisans d'un tel chef recherchent autre chose qu'une amélioration matérielle de leur sort – bénéficier d'impôts moins élevés ou d'un meilleur système de santé –, car ils poursuivent un but plus général, presque spirituel, de rédemption et de salut. Il est difficile, dans des structures bureaucratiques normales, de voir émerger un chef « charismatique », poussé en avant par le sens qu'il a de sa destinée personnelle. Hitler, selon cette définition, est l'archétype du « chef charismatique ».

En particulier, je crois difficile de sous-estimer l'importance de la découverte wébérienne selon laquelle le charisme naît d'une interaction entre individus. Et, en ce sens, j'ai tiré le plus grand profit de la possibilité qui m'a été offerte de pouvoir rencontrer et interroger des personnes qui ont vécu cette période extraordinaire. Pour écrire ce livre, j'ai eu la chance d'avoir accès à cette matière première unique – les centaines d'interviews que j'ai réalisées ces vingt dernières années, dans le cadre de mon travail de réalisateur de films, auprès de témoins oculaires et de criminels de guerre. Seule une infime partie de ce matériau avait déjà été publiée, si bien que la grande majorité des témoignages cités dans ce livre paraissent ici pour la première fois.

J'ai eu l'immense privilège de voyager à travers le monde afin de rencontrer les protagonistes de l'époque – depuis les proches collaborateurs d'Hitler jusqu'à ceux qui ont assassiné pour réaliser ses objectifs, des victimes qui ont souffert de ses décisions aux hommes qui finirent par aider à le détruire. Ma chance fut aussi d'être l'un des premiers à me rendre dans les pays ex-communistes de l'Europe de l'Est après la chute du Mur de Berlin, et à enregistrer des entretiens francs et sincères sur le nazisme avec des personnes qui avaient vécu de l'autre côté du Rideau de fer. Et, bien souvent, je fus à la fois surpris et choqué par ce que j'entendis.

J'ai aussi tiré parti de longues discussions avec un large éventail des plus grands historiens du monde entier – un matériau que j'ai rassemblé pour mon site web pédagogique WW2History – ainsi que des heures passées à compulser des sources d'archives plus traditionnelles. Mais ce fut en rencontrant direct et en interrogeant des gens qui avaient été en contact avec Hitler et avaient vécu sous sa domination que j'ai récolté le plus d'indications utiles sur la nature de sa séduction. (Bien sûr, il faut traiter les témoignages avec des précautions considérables, et j'ai décrit ailleurs les nombreux contrôles et garanties dont nous avons usé dans le recueil de ce précieux matériau[6].)

J'ai également beaucoup appris en étudiant, bobine après bobine, les films d'archives tournés dans la période – en particulier des séquences des discours d'Hitler. Quand j'ai commencé mon travail sur le nazisme il y a vingt ans, je pensais que le « charisme »

6. Laurence Rees, *Their Darkest Hour*, Ebury Press, 2007, p. VIII-X. L'édition française, Laurence Rees, *Ils ont vécu sous le nazisme*, traduit de l'anglais par Jean-François Sené, Perrin, 2008, ne reprend pas l'avertissement méthodologique.

d'Hitler serait d'une manière ou d'une autre visible sur les films d'époque. Pourtant il se révèle très vite – du moins à mes yeux – qu'Hitler, sur ces films, est aujourd'hui franchement dépourvu de tout charisme. Mais là est toute la question, à coup sûr. Je n'ai rien ressenti parce que je ne suis pas une personne de ce temps-là – ni *a fortiori* une personne prédisposée à accepter la séduction charismatique d'Hitler. Je n'étais pas en colère ; ni humilié après une défaite militaire ; ni chômeur ; ni effrayé devant les manifestations de violence dans les rues ; ni en proie au sentiment d'avoir été trahi devant les promesses non tenues du système démocratique dans lequel je vivais ; ni terrifié de voir mes économies anéanties dans la faillite d'une banque ; ni désireux de m'entendre dire que tout ce désastre était la faute de quelqu'un d'autre.

Il est également important d'affirmer avec force que ceux qui acceptent le « charisme » d'un chef ne sont définitivement pas « hypnotisés ». Ils savent exactement de quoi il retourne et gardent la pleine responsabilité de leurs actes. Nul ne peut donc utiliser ultérieurement comme alibi ou excuse le fait d'avoir choisi de suivre un chef charismatique.

Pourtant, et cela doit être dit, Hitler n'était pas seulement un dirigeant qui aurait eu du charisme. Il a aussi utilisé la menace, le meurtre et la terreur pour tracer son chemin, et j'essaye de montrer comment ces aspects s'intègrent dans l'histoire de son ascension vers le pouvoir et de son règne ultérieur. Il existait certainement des gens qui ont exécuté ses désirs en dehors de toute contrainte, tout comme il y en a d'autres qui ne l'ont jamais trouvé charismatique.

Enfin, ce livre a beau porter exclusivement sur Hitler, je crois qu'il est aujourd'hui toujours d'actualité. Le désir de se laisser diriger par une forte personnalité en cas de crise, le besoin de reconnaître quelque finalité à notre existence, le quasi-culte des « héros » et des « célébrités » ; la soif de salut et de rédemption : rien de cela n'a changé depuis la mort d'Hitler en avril 1945.

Les êtres humains sont des animaux sociaux. Nous avons soif d'appartenance. La vie, sinon, peut effectivement être une expérience très froide. Et c'est seulement en mettant au jour la façon dont ceux qui aspirent au pouvoir essayent de nous influencer et en identifiant la part souvent active que nous prenons à notre propre manipulation que nous pouvons parvenir à comprendre les dangers auxquels nous sommes confrontés si nous renonçons à notre rationalité et à notre scepticisme pour, au contraire, mettre tous nos espoirs en un chef doté de charisme.

Première partie

LA ROUTE VERS LE POUVOIR

1

Découvrir une mission

En 1913, Adolf Hitler avait vingt-quatre ans et rien dans sa vie ne le désignait comme un futur dirigeant charismatique de l'Allemagne. Ni sa profession : il vivotait à Munich en peignant des tableaux pour les touristes. Ni son logement : il louait une petite pièce à Josef Popp, un tailleur, au troisième étage d'un immeuble sis au 34 de la rue Schleissheimer, au nord de la gare principale de Munich. Ni les vêtements qu'il portait : il s'habillait de façon classique, quoique miteuse, avec le costume traditionnel du bourgeois de son temps – pantalon et veston noirs. Ni son apparence physique : il était d'allure particulièrement peu avenante, avec ses joues creuses, ses dents jaunes, sa moustache mal taillée et une mèche de cheveux noirs pendant mollement sur son front. Ni sa vie émotionnelle : il trouvait impossible d'entretenir une amitié durable et n'avait jamais eu de petite amie.

Sa principale caractéristique distinctive était sa capacité à haïr. « Il était brouillé avec le monde entier, écrivit August Kubizek qui, des années auparavant, avait longtemps partagé son logement à Linz en Autriche, ne voyant partout qu'injustice, haine, inimitié. Son esprit critique n'épargnait rien. [...] Il se torturait, se faisait des reproches, accusait son époque, le monde, l'humanité tout entière de ne pas le comprendre et de ne pas lui donner sa chance. Il se sentait trahi, persécuté[7]. »

Comment expliquer que cet homme, si parfaitement quelconque à l'âge de vingt-quatre ans, ait pu devenir un des personnages les plus puissants et tristement célèbres de l'histoire du monde – et qui plus est un dirigeant connu pour son « charisme » ?

Les circonstances, bien évidemment, devaient jouer un rôle considérable dans cette transformation. Mais il reste aussi à comprendre une des dimensions les plus incroyables de cette histoire : comment il se fait que plusieurs traits de personnalité du peintre excentrique nommé Hitler errant dans les rues de Munich en 1913 – et qui contribuaient à cette date à son absence de succès professionnel et personnel – allaient non seulement perdurer chez lui, mais devaient même être perçus par la suite non pas comme des faiblesses, mais comme autant de forces. L'intolérance monumentale d'Hitler, par exemple, se manifestait en ce qu'il estimait impossible de débattre de quelque sujet que ce soit. Il énonçait son point de vue, puis se mettait en colère à la première question ou critique rationnelle qu'on lui adressait. Mais ce qui était perçu en 1913 comme la profération aveugle d'un slogan passerait plus tard pour la certitude d'une vision. Puis il y avait cette

7. August Kubizek, *Adolf Hitler, mon ami d'enfance [Adolf Hitler, mein Jugendfreund]*, traduit de l'allemand par Lise Graf, Paris, Gallimard, 1954, p. 169 et 171.

confiance, massive et démesurée, qu'il avait en ses propres capacités. Pendant sa période viennoise, quelques années auparavant, il avait annoncé à son colocataire perplexe sa décision de composer un opéra – sans doute ne savait-il ni lire ni écrire correctement la musique, mais cela n'était pas un handicap. Plus tard, cette confiance en soi excessive serait interprétée comme une marque de génie.

Au moment de son arrivée à Munich, il avait déjà connu au fil des années maints déboires. Né le 20 avril 1889 à Braunau am Inn, en Autriche, à la frontière avec l'Allemagne, Hitler ne s'entendait pas avec son père, un homme âgé, un agent des douanes qui le battait. Son père mourut en janvier 1903 à l'âge de soixante-six ans, et sa mère décéda d'un cancer quatre ans plus tard, en décembre 1907, alors qu'elle venait juste d'avoir quarante-sept ans. Orphelin à dix-huit ans, Hitler erra, entre Linz en Autriche et Vienne, la capitale de l'Empire, et il connut en 1909 quelques mois de véritable indigence avant qu'une petite donation pécuniaire d'une tante lui permît de s'installer comme peintre. Il méprisait cependant Vienne, ville pour lui minable, impure, submergée de prostitution et de corruption. Il dut attendre ses vingt-quatre ans, âge auquel, selon le testament de son père, il reçut un héritage différé de 800 couronnes pour pouvoir quitter l'Autriche et chercher un meublé à Munich, cette ville « allemande », un lieu dont il dirait plus tard qu'il lui était « plus attaché […] qu'à tout autre endroit de la terre en ce monde[8] ».

Mais il avait beau vivre, au moins, dans une ville à

8. *Ibid.*, p. 126-127 de la version anglaise. [La traduction française, incomplète, ne retient pas ce passage (*NdT*).]

son goût, Hitler n'en semblait pas moins en partance vers l'obscurité absolue. Malgré l'impression qu'il voulut donner au monde – dans son autobiographie *Mein Kampf*, écrite onze ans plus tard, il essaya de convaincre ses lecteurs que, durant cette époque, il y avait presque joué le rôle d'un politicien à l'état embryonnaire[9] –, en 1913, il était un individu inadapté aux plans social et émotionnel et dont la vie partait à la dérive. Fait capital, ce qui lui manquait à vingt-quatre ans – et que tant d'autres personnages historiques perçus comme des chefs charismatiques possédaient déjà à cet âge –, c'était le sentiment d'une mission personnelle. Il ne découvrit ce dont il crut avec passion que c'était sa « mission » dans la vie qu'à la faveur de la Première Guerre mondiale et de la manière dont elle se termina. Sans ces événements épiques, il n'aurait très certainement pas quitté Munich et serait resté un inconnu pour l'Histoire.

À l'inverse, il commença son voyage dans la conscience du monde le 3 août 1914, en accomplissant une démarche officielle – en tant qu'Autrichien – pour rejoindre les rangs de l'armée bavaroise. Cela faisait seulement deux jours que l'Allemagne avait déclaré la guerre à la Russie, le 1er août. Hitler brûlait de servir l'État allemand qu'il admirait tant, et son désir fut exaucé en septembre 1914 quand il intégra comme soldat ordinaire le régiment « List ». Le mois suivant, il connut son baptême du feu près d'Ypres. Il décrit la scène dans une lettre qu'il adressa à un ami à Munich : « À gauche et à droite les obus éclataient, et dans

9. Adolf Hitler, *Mon combat [Mein Kampf]*, traduction intégrale par J. Gaudefroy-Demombynes et A. Calmettes, Nouvelles Éditions latines, 1982, p. 156 sqq.

l'intervalle les balles anglaises sifflaient. Mais nous n'y prêtions pas attention [...] ; au-dessus de nous les obus sifflaient et hurlaient, des débris de troncs d'arbres et de branches volaient autour de nous. Et puis à nouveau les grenades tombaient dans le bois, dégageant des nuages de pierres, de terre, noyant tout dans une vapeur puante, écœurante, d'une couleur jaunâtre teintée de vert [...]. Je pense souvent à Munich, et chacun d'entre nous fait le même vœu que ceux d'en face verront leur compte réglé une fois pour toutes. Nous voulons un combat à outrance, à n'importe quel prix [...][10]. »

Ce sont les mots d'un homme qui a trouvé quelque chose. Non pas seulement – pour la première fois – le sentiment d'avoir un but dans une entreprise menée en commun avec d'autres êtres humains, mais une révélation des spectaculaires possibilités de l'existence. Et ce conflit aurait un effet analogue non seulement sur Hitler, mais sur bien d'autres également. « Le combat, père de toutes choses, est aussi le nôtre, écrivit Ernst Jünger, un autre vétéran de la Première Guerre mondiale. C'est lui qui nous a martelés, ciselés et trempés pour faire de nous ce que nous sommes. Et toujours, si longtemps que la roue de la vie danse en nous sa danse puissante, cette guerre sera l'essieu autour duquel elle vrombit. Elle nous a formés au combat, et tant que nous serons, nous resterons des combattants[11]. »

---

10. Cité en anglais dans Konrad Heiden, *The Führer*, *op. cit.*, p. 70-72. Cité en allemand dans Eberhard Jäckel, *Hitler : Sämtliche Aufzeichnungen 1905-1924*, Stuttgart, p. 64-69. Reproduction dans les Bundesarchiv (BArch) NS 26/4.

11. Ernst Jünger, *La Guerre comme expérience intérieure [Der Kampf als inerres Erlebnis]*, traduit de l'allemand par François Poncet, Christian Bourgois éditeur, 1997, p. 32.

La guerre que connurent Hitler, Jünger et des millions d'autres sur le front occidental ne ressembla à aucune de celles qui l'avaient précédée dans l'histoire. Une guerre cantonnée par la puissance des armes défensives comme la mitrailleuse et les barbelés dans des champs de bataille sanglants et restreints. Une guerre marquée par les effets dévastateurs des lance-flammes, des explosifs puissants et des gaz toxiques. Avec cette conséquence que, pour Hitler, le « romantisme » de la bataille « fit place à l'épouvante »[12].

Il n'est guère étonnant qu'il ait conçu l'idée que la vie était un combat continuel et brutal : c'était exactement ce qu'elle était pour un soldat ordinaire de la Première Guerre mondiale. Mais pas seulement. Il y avait aussi – surtout pour Adolf Hitler – le sentiment que l'expérience de cette guerre serait une épreuve qualifiante, ouvrant à de possibles actes d'héroïsme. Malgré les travaux universitaires récents qui confirment qu'il n'était pas dans les tranchées, mais servait comme estafette basée dans le quartier général du régiment juste derrière la ligne de front[13], le courage du soldat Adolf Hitler ne fait aucun doute. Il fut blessé en octobre 1916 à la bataille de la Somme, puis, deux ans plus tard, récompensé de la croix de fer de première classe. Son nom avait été avancé pour cette distinction par un officier juif, Hugo Gutmann, et la recommandation officielle signée du commandant du régiment, Emmerich von Godin, indiquait que, « dans son

12. Adolf Hitler, *Mon combat*, *op. cit.*, p. 166.

13. Voir Thomas Weber, *La Première Guerre d'Hitler [Hitler's First War : Adolf Hitler, the Men of the List Regiment, and the First World War]*, traduit de l'anglais par Michel Bessières, Perrin, 2012.

rôle d'estafette [Hitler était] un modèle de sang-froid et de détermination dans la guerre de mouvement tant que de position » et qu'il était « toujours prêt à se porter volontaire pour acheminer un message dans les situations les plus difficiles et en courant les plus grands risques pour sa propre vie »[14].

Pourtant, malgré sa bravoure, le caractère insolite d'Hitler restait une énigme pour ses camarades du régiment List, comme il l'avait été aux yeux de ses relations d'avant-guerre. Comme Balthasar Brandmayer, un des soldats qui servirent avec lui, l'expliqua plus tard : « Hitler avait quelque chose de spécial[15]. » Ses compagnons trouvaient étrange qu'il ne veuille jamais se saouler ni coucher avec une prostituée ; qu'il préfère occuper ses moments de loisir à lire ou à dessiner – ou quelquefois à haranguer son entourage sur le premier sujet qui lui passait par la cervelle ; qu'il semble n'avoir ni amis ni famille et que, par conséquent, il soit un homme résolument seul[16]. Quant au « charisme »... Hitler ne donnait pas l'impression d'en posséder, sous quelque forme que ce soit.

Mais il se vouait à la guerre corps et âme, et il extrapolait de son propre courage et de son propre engage-

14. Cité *ibid.*, p. 269. Weber souligne également que les estafettes d'un régiment étaient plus susceptibles d'être recommandées pour des médailles que les soldats du front – mais cela ne veut bien sûr pas dire qu'Hitler n'effectua pas avec courage des activités dangereuses.

15. Balthasar Brandmayer, *Meldegänger Hitler 1914-1918*, Munich/Kolbermoor, 1933, p. 71-72.

16. Voir par exemple l'interrogatoire de Max Amman à Nuremberg, 5 novembre 1947, NARA RG238-M1019-2, et Balthasar Brandmayer, *Meldegänger Hitler*, *op. cit.*, p. 72 et 105.

ment la certitude qu'au front, presque tous partageaient son sentiment. Ce fut à l'arrière, en Allemagne, écrivit-il dans *Mein Kampf*, que les troupes furent « trahies » par ceux qui voulaient profiter du sacrifice des soldats au combat. Cette idée d'une *Frontgemeinschaft*, c'est-à-dire d'une camaraderie unie des soldats du front trahis par ceux qui étaient restés éloignés du champ de bataille est un mythe, et ce mythe était populaire. Au moment où Hitler fut blessé pour la dernière fois, en octobre 1918 près d'Ypres, l'Allemagne avait perdu la guerre pour mille et une raisons, mais au grand jamais à cause d'une quelconque « trahison » de l'arrière. En réalité, les Allemands étaient écrasés par le poids des forces alignées contre eux – et en particulier par les Américains dont l'entrée en guerre, en avril 1917, garantit l'arrivée de centaines de milliers d'hommes frais. De plus, le blocus de l'Allemagne mis en place par la marine de guerre alliée avait causé de graves pénuries de vivres – et cette situation déjà mauvaise fut encore aggravée par le déclenchement d'une épidémie massive de grippe au printemps 1918.

Au cours du même automne, un grand nombre de membres des forces armées allemandes avaient décidé que la guerre était perdue. En octobre, les marins de l'amiral Franz von Hipper refusèrent de quitter le port pour engager contre les Alliés une dernière bataille d'avance vouée à l'échec. Une mutinerie s'ensuivit bientôt dans la base navale de Kiel et s'étendit à Lübeck, Brême et finalement Hambourg. L'éventualité d'une révolution généralisée en Allemagne – inspirée par la réussite de la révolution bolchevique en Russie, l'année précédente – semblait se profiler. Il était clair pour les principaux responsables politiques allemands qu'il fallait mettre fin à la guerre le plus vite possible, et ils jugeaient tout aussi évident – vu les exigences des Alliés – que l'avenir de l'Allemagne, quel qu'il pût être, excluait que Guillaume II, l'homme le plus étroitement associé à la décision d'entrer en guerre aux premières heures du conflit mondial, restât à la tête de l'État. Le général Wilhelm Gröner informa le Kaiser de cette fâcheuse nouvelle et, le 9 novembre 1918, l'Allemagne devint une république.

Ce soudain départ du chef de l'État causa un immense désarroi chez de nombreux officiers allemands. « Au pire moment de la guerre nous avions reçu un coup de poignard dans le dos », écrivit Ludwig Beck, qui était alors membre du Haut-Commandement militaire et qui devait devenir plus tard le chef d'état-major de l'armée allemande. « Jamais dans ma vie je ne fus à ce point bouleversé par un événement dont j'avais été personnellement le témoin comme je le fus les 9 et 10 novembre. Un tel abîme de bassesse, de lâcheté, de manque de caractère, tout ce que j'avais jusque-là cru impossible. En quelques heures, cinq cents ans d'histoire ont été pulvérisés ; l'empereur fut déporté comme un voleur, en territoire hollandais. Cela n'aurait pu se faire dans une précipitation plus grande – et cela à un homme distingué, noble et moralement honnête[17]. »

La grande majorité des simples soldats du front, qui ne savaient pas à quel point l'Allemagne n'avait plus les

17. BArch, N 28/6, Ludwig Beck à Mme Wilhelm Beck, 28 novembre 1918, cité dans Klaus-Jürgen Müller, *General Ludwig Beck*, Boppard-am-Rhein, 1980, p. 323-328.

moyens de poursuivre cette guerre, éprouvèrent un sentiment de perplexité analogue, non seulement devant la rapide révocation du Kaiser, mais aussi à l'annonce de la déclaration de l'armistice qui lui fit suite immédiatement et prit effet le 11 novembre 1918. « Les troupes en première ligne ne se sentaient pas battues, dit Herbert Richter, qui combattait sur le front occidental, et nous nous demandions pourquoi l'armistice arrivait aussi rapidement et pourquoi nous devions libérer toutes nos positions dans une telle hâte ; nous étions toujours en territoire ennemi et nous avons trouvé tout cela étrange. [...] Nous étions furieux, parce que nous n'avions pas le sentiment d'avoir épuisé nos forces[18]. »

L'Allemagne paraissait divisée – entre ceux qui, comme Beck et Richter, croyaient que l'armée avait été d'une manière ou d'une autre « trahie » et ceux qui, comme les marins allemands mutinés, avaient accepté la défaite et voulaient maintenant le renversement de l'ordre social dans son ensemble. À Berlin, en janvier 1919, une grève générale tourna à l'insurrection communiste. Fridolin von Spaun, qui était alors adolescent et vivait en Bavière, se rendit dans la capitale pour assister à ces événements historiques : « J'étais si excité par ce qui se passait. Par ce que j'avais lu dans les journaux des informations sur la révolution à Berlin. Et je n'avais qu'une chose à faire : aller voir par moi-même comment se fait une telle révolution. C'est la curiosité qui m'attira à Berlin. Et, une fois sur place, je me suis jeté dans le tumulte, la ville était complètement folle. Des centaines de milliers de personnes couraient en hurlant à travers les

18. Laurence Rees, *Ils ont vécu sous le nazisme*, *op. cit.*, p. 20.

rues : d'abord en faveur d'un camp, puis de l'autre. Il y avait une faction d'extrême gauche, influencée de façon décisive par un homme du nom de Karl Liebknecht. Et la fortune qui me sourit parfois m'accorda de le voir en chair et en os. […] J'étais dans la foule. Et j'ai soudain entendu un cri. Puis un camion arriva, les gens lui avaient fait un peu de place, formant comme une allée. Le camion la remonta, et tout le monde criait : "Liebknecht, Liebknecht !" Ils applaudissaient. Je ne l'ai même pas vu. Parce qu'il était entouré par une masse de gens, par un garde du corps qui portait des armes chargées, de toutes sortes. […] Et [ensuite] cet homme légendaire, Karl Liebknecht, apparut à la fenêtre de l'étage et fit un discours galvanisant. Cela ne dura pas très longtemps, un quart d'heure, une demi-heure peut-être, je ne me rappelle plus. Mais ce discours me fit une telle impression qu'à partir de cet instant je fus un antibolchevique juré. À cause de toutes les expressions dingues qu'il balança au peuple, et de ses formules incendiaires, incroyablement incendiaires. […] J'ai remarqué qu'il ne se souciait pas du tout de créer un paradis pour les ouvriers. En fait c'était seulement la soif du pouvoir. Et ainsi, complètement hermétique à toutes les tentations de la gauche, c'est en antibolchevique que j'ai quitté la place. Quatorze jours plus tard, ce M. Liebknecht n'était plus de ce monde. Ses adversaires l'avaient pris, ainsi que sa complice – une Polonaise, Rosa Luxembourg. Ils les tuèrent tous les deux, simplement. Au risque de paraître sans cœur, je ne pus pas verser une larme sur eux. Ils n'avaient eu que ce qu'ils méritaient[19]. »

---

19. Témoignage inédit.

Fridolin von Spaun fut si épouvanté par ce qu'il perçut à Berlin en janvier 1919 comme la « soif de pouvoir » de Karl Liebknecht qu'il s'enrôla aussitôt dans une unité de *Freikorps* [corps francs] afin de combattre les révolutionnaires communistes. Conséquence de la dislocation de l'ordre à la fin de la guerre, un grand nombre de ces *Freikorps* paramilitaires s'étaient formés pour essayer de réprimer la révolution de gauche. Ces groupes étaient pour l'essentiel constitués d'anciens soldats qui avaient répondu à l'appel de leur commandant d'alors. Et ce furent des unités *Freikorps* – plutôt que des institutions comme l'armée allemande ou la police – qui jouèrent le rôle principal dans la répression de la révolution communiste de janvier 1919 à Berlin et qui devinrent ensuite les premiers garants de la nouvelle République allemande. Bien des personnages qui devaient par la suite devenir tristement célèbres comme nazis – Heinrich Himmler, Rudolf Höss et Gregor Strasser, entre autres – étaient à l'époque actifs dans les *Freikorps*. Mais, fait significatif, Adolf Hitler n'en était pas.

Dans *Mein Kampf*, Hitler relate qu'il était, en novembre 1918, alité à l'hôpital de Pasewalk, temporairement aveugle[20] après une attaque au gaz, quand il fut envahi du sentiment que les circonstances de la fin de la guerre représentaient « la plus grande infamie du siècle[21] ». À ses yeux, une alliance de marxistes et de

20. Il est intéressant de noter qu'Hitler fut soigné dans le département « psychiatrique » de Pasewalk pour cécité « psychosomatique ». Voir Thomas Weber, *La Première Guerre d'Hitler, op. cit.*, p. 276.

21. Adolf Hitler, *Mon combat, op. cit.*, p. 205.

Juifs s'était formée pour essayer de faire tomber la Patrie. Tel fut le moment critique, écrivit-il, dans sa décision de « faire de la politique ».

Le rôle de cette dramatique histoire dans la formation d'un mythe est évident. Le noble soldat, de retour du front, trahi par des politiciens corrompus et intéressés, décide de vouer désormais sa vie à venir au secours de son pays. Tout s'explique. Mais si les textes de fiction peuvent fonctionner sur ce modèle, c'est rarement le cas dans la vie. Et nous avons des preuves que ce n'est pas du tout à ce moment-là qu'Hitler conçut sa grande « mission ».

Hitler quitta l'hôpital le 17 novembre 1918 pour retourner à Munich. Il trouva la ville en proie à un changement radical. Dix jours plus tôt, le 7 novembre, une manifestation organisée par le socialiste Erhard Auer sur la fameuse place de Munich, la Theresienwiese, avait mené à la révolution. C'est un journaliste et militant pacifiste du nom de Kurt Eisner qui avait allumé l'étincelle en incitant les soldats qui assistaient à la manifestation à se mutiner contre leurs officiers et à prendre le contrôle de leurs propres casernes. Des « conseils d'ouvriers » et des « conseils de soldats » furent formés pour mettre de l'ordre dans la révolution, et la monarchie héréditaire de Bavière, la maison des Wittelsbach, fut déposée. Munich était devenue une République socialiste dirigée par Kurt Eisner.

Hitler devait exprimer plus tard dans *Mein Kampf* son dégoût pour la façon dont les événements s'étaient déroulés dans sa Munich bien-aimée ; ce qui n'est pas pour nous surprendre, dans la mesure où Kurt Eisner était à la fois juif et socialiste. Pour autant, sa manière d'agir à l'époque fut particulière. À la différence de milliers d'autres Allemands qui, tel Fridolin von Spaun, rejoignirent les *Freikorps* paramilitaires pour combattre la révolution communiste, il décida de rester dans l'armée. Puis, après avoir passé une brève période hors de Munich pour garder un camp de prisonniers de guerre, il rentra en ville au début de 1919, servant toujours dans la même unité à un moment où Munich était encore sous le contrôle de Kurt Eisner[22]. Et quand l'infortunée « République soviétique » de Bavière fut déclarée, quelques semaines plus tard, sous la direction de communistes fanatiques comme Eugen Levine (qui, comme Eisner, était juif), des documents montrent qu'Hitler fut élu représentant de son bataillon[23] – événement qui n'eût guère été envisageable s'il s'était opposé à la révolution communiste.

Hitler aurait clairement pu faire un autre choix à cette époque : il pouvait essayer de quitter l'armée et de rejoindre une unité des *Freikorps*, ou bien pour le moins décider de se compromettre le moins possible avec le régime communiste à Munich. Le fait qu'il n'ait pris aucun de ces partis jette de sérieux doutes sur

22. Anton Joachimstahler a traité en long et en large de ce sujet dans *Korrektur einer Bibliographie : Adolf Hitler 1908-1920*, Munich, 1989, voir p. 201-213. Les documents originaux se trouvent dans les Archives de l'État de Bavière, Batl. Anordnung des Demob.Batl, vom 3.4.1919. 2 Inf. Regt., Bund 19 Bayrisches Haupstaats Archiv (BayHStA) Abt IV. Joachimsthaler remarque aussi que le régiment d'Hitler rebaptisa sa caserne du nom du socialiste révolutionnaire juif Karl Liebknecht (p. 209).

23. *Ibid.*, p. 213.

ses propos ultérieurs, quand il affirme, dans *Mein Kampf*, qu'il était investi d'une « mission » politique fanatique dès le début de 1919. Il n'en reste pas moins que la première profession de foi politique qu'Hitler écrivit à peine quelques mois plus tard, à l'automne de la même année, dégouline de haine contre les Juifs et se montre parfaitement conforme aux opinions qu'il devait exprimer le reste de sa vie.

Ce qui a changé entre l'approbation manifeste d'Hitler de la révolution communiste à Munich en avril 1919 et l'expression de sa haine contre les Juifs en septembre, c'est la situation politique. Les unités des *Freikorps* entrèrent dans Munich le 1er mai 1919 pour reprendre la ville. La « République soviétique de Bavière » ne tarda pas à s'écrouler – mais non sans que les communistes aient eu le temps d'assassiner une vingtaine d'otages. Les *Freikorps* se livrèrent alors à une vengeance sanglante à large échelle : au moins mille personnes furent tuées. La ville, traumatisée par cette expérience d'une révolution de gauche, allait sous peu embrasser les forces de la droite. Et ainsi d'Adolf Hitler. Peu de temps après la chute du gouvernement communiste en Bavière, il faisait partie d'un nouveau comité de soldats chargé de mener une enquête sur certains membres de son régiment soupçonnés d'avoir concrètement soutenu le régime. Sa brève idylle avec les instances de gauche était terminée pour de bon.

La découverte relativement récente de ces preuves de la relation si étonnante entretenue par Hitler avec la révolution munichoise de gauche a généré, comme on pouvait s'y attendre, une myriade d'explications différentes. Peut-être Hitler fut-il ensuite simplement une « girouette[24] » ; ou bien ses actes n'étaient-ils que le signe d'une situation « extrêmement confuse et incertaine[25] », une situation qui a servi à illustrer que sa vie pouvait alors encore se développer « dans des directions diverses[26] ».

Quelle serait la meilleure interprétation à donner aux agissements d'Hitler durant cette période ? Est-il possible qu'il ait dupé son monde avec son soutien tacite à la révolution socialiste de Bavière ? Qu'il était, au fond de son cœur, toujours en accord avec les idées d'extrême droite qui étaient déjà les siennes, mais qu'il se pliait aux circonstances, voire, peut-être, jouait l'espion de façon à améliorer sa connaissance de ses adversaires ? Telle est sans doute l'explication qu'Hitler lui-même aurait donnée, s'il avait été sommé de rendre des comptes. Cette histoire démontre qu'il se sentait extrêmement vulnérable à une accusation : celle d'avoir été, comme tant d'autres êtres humains, simplement le jouet des événements.

Pourtant aucun indice probant ne vient appuyer cette thèse qu'Hitler poursuivait quelque stratégie machiavélique au cours de ces mois immédiatement postérieurs à la fin de la guerre – bien au contraire. Le capitaine Karl Mayr, le chef de la section des renseignements de l'armée à Munich (chargé de rééduquer

24. Voir le point de vue d'Anton Joachimstahler exprimé dans le téléfilm de la BBC, *The Making of Adolf Hitler*, transmission BBC, 2 et 4 janvier 2002 (produit par Tilman Remme, producteur exécutif Laurence Rees).

25. Voir Ian Kershaw, *Hitler, 1889-1936 : hubris [Hitler : Hubris]*, trad. de l'anglais par Pierre-Emmanuel Dauzat, Flammarion, 1999, p. 192.

26. Thomas Weber, *La Première Guerre d'Hitler*, *op. cit.*, p. 314.

les soldats après la révolution socialiste), le rencontra au printemps 1919, et le souvenir qu'il en rapporta plus tard laisse peu de doutes : « À cette époque Hitler était prêt à allier son destin avec le premier venu qui lui manifestât de la gentillesse. Il n'avait pas cet esprit de martyr, "L'Allemagne ou la mort", qui fut par la suite tellement utilisé comme slogan pour assurer sa promotion. Il aurait travaillé pour un employeur juif ou français avec le même empressement que pour un aryen. Quand je le rencontrai pour la première fois, il était comme un chien errant à la recherche d'un maître[27]. »

Mayr avait une personnalité peu commune. Il abandonna par la suite l'extrême droite du spectre politique allemand pour devenir social-démocrate et un farouche opposant d'Hitler. Il finit par mourir, en 1945, dans un camp de concentration nazi. Et si certaines de ses dernières attaques contre Hitler semblent exagérées jusqu'à l'extravagance – il déclara, par exemple, qu'Hitler était si stupide qu'il ne pouvait rédiger ses propres discours –, il y a, semble-t-il, peu de raisons de mettre en cause ses impressions après sa première rencontre avec Hitler, en mai 1919. De fait, elles donnent l'explication la plus convaincante de la conduite d'Hitler à l'époque.

Donc Hitler, nous révèlent-elles, n'était pas, au début de 1919, un acteur politique enclin à l'intrigue. Ce n'était qu'un soldat ordinaire, déprimé par la défaite militaire, désorienté, ignorant tout du destin qui lui était désormais réservé et content de rester aussi longtemps que possible dans l'armée, le seul toit et le seul emploi qu'il eût. Il ne

27. Karl Mayr (sous le pseudonyme d'Anon), « I was Hitler's Boss », *Current History*, vol. 1, n° 3 (novembre 1941), p. 193.

s'agit pas de dire qu'il était vierge de toute expérience. Hitler croyait déjà à certains principes politiques – tel le pangermanisme –, et son séjour d'avant-guerre à Vienne l'avait en particulier exposé à toutes sortes d'influences antisémites virulentes. Mais ce furent les cours qu'il donna pendant les quelques mois qui suivirent, en qualité d'agent de « rééducation » de Mayr, qui devaient lui permettre de cristalliser sa pensée. Sa tâche était d'énumérer aux autres soldats les dangers du communisme et les bienfaits du nationalisme. Et, en guise de formation à cette activité d'endoctrinement, il assista, entre le 5 et le 12 juin 1919, à un cours *ad hoc* à l'université de Munich. Il y écouta un ensemble de conférences[28], dont celles sur « L'histoire politique de la guerre » et « Notre situation économique », toutes orientées dans la « bonne » direction antibolchevique. Au dire de tous, Hitler absorba tout cela avec enthousiasme avant de le régurgiter en août à d'autres soldats de l'armée allemande dans un camp près d'Augsbourg.

En particulier, Hitler donna libre cours dans ses discours à de malfaisantes opinions antisémites, établissant un rapport entre les Juifs d'une part et le bolchevisme et la révolution de Munich de l'autre. Cette pensée n'avait rien d'original – elle était courante chez les tenants de l'extrême droite allemande de l'époque –, et ce fut dans cet amalgame parfaitement simpliste entre judaïsme et communisme que prit son origine, à la suite de la

28. BayHStA, Abt. II Gruppen Kdo. 4, vol. 50/6, cité dans Ernst Deuerlein, « Hitler's Eintritt in die Politik und die Reichswehr », *Vierteljahrshefte für Zeitgeschichte (VfZ)*, vol. 7, 1959, n° 2, p. 191-192.

Première Guerre mondiale, une bonne part du préjugé antisémite. « Les gens dépêchés en Bavière pour instituer un régime de conseils [communiste], dit Fridolin von Spaun, lui aussi antisémite convaincu, étaient presque tous juifs. Évidemment nous savions déjà de la Russie que les Juifs y occupaient une position très influente. [...] La théorie marxiste a aussi été conçue par un Juif [c'est-à-dire Karl Marx], sur lequel Lénine s'est appuyé[29]. »

Hitler avait déjà été exposé à une rhétorique antisémite crue, par exemple de la bouche du maire de Vienne, Karl Lueger, mais contrairement à l'idée qu'il exprima dans *Mein Kampf*, nous ne disposons d'aucun élément contemporain apportant la preuve irréfutable qu'il fut un antisémite fervent avant la fin de la guerre. Il n'est pas douteux qu'il exprimait des opinions fortement antisémites en août 1919 ; mais à cette date, bien sûr, il avait suivi les conférences organisées par Mayr et vu dans quel état d'esprit se trouvaient de nombreux Munichois en réponse à l'éphémère république soviétique qui avait été instaurée en ville.

Au demeurant, rien n'indique qu'Hitler jouait maintenant la comédie à l'endroit de son antisémitisme. La puissance et la force avec lesquelles il exprimait ses opinions étaient celles d'un véritable croyant.

Hitler avait trente ans. Et c'est seulement à cette date – l'été 1919 – que l'on peut détecter dans les documents historiques la première référence à son « charisme ». Dans le camp militaire d'Augsbourg, un grand nombre de soldats firent des remarques positives sur

29. Témoignage inédit.

son talent de conférencier. L'un d'entre eux, un artilleur du nom de Hans Knoden, écrivit : « [Hitler] se révéla être un orateur brillant et fougueux qui oblige tout l'auditoire à suivre son exposé. Un jour où il n'était pas parvenu à terminer un trop long discours [dans le temps qui lui était imparti], il demanda au public s'il serait intéressé par la perspective d'écouter ses propos après ses heures de travail – immédiatement tout le monde accepta sa proposition. Il était évident que l'intérêt des hommes était piqué[30]. »

Hitler avait toujours méprisé le débat, il donnait seulement des conférences. Mais, avant la guerre, il n'avait pas rencontré l'auditoire disposé à écouter ses harangues sur l'opéra ou l'architecture. Alors que, désormais, il y avait des gens qui étaient disposés à entendre ce qu'il pensait de la position fâcheuse où se trouvait l'Allemagne dans l'immédiat après-guerre. Hitler avait toujours été sûr de ses jugements et il était peu enclin à admettre la discussion. Or, dans la crise, ils étaient nombreux à accueillir avec ferveur son inflexible intransigeance.

De toute évidence, bien de ses idées étaient à ce moment celles du futur Führer du peuple allemand. Le 16 septembre 1919, par exemple, Hitler rédigea, à la demande du capitaine Mayr, une déclaration antisémite résolument radicale. Il y disait que les Juifs « étaient

30. Cité dans Ernst Deuerlein, « Hitler's Eintritt... », art. cit., p. 200. L'original se trouve dans les Archives de l'État de Bavière. *Auszüge aus den Berichten der zum Aufklärungskommando Beyschlag befohlenen Soldaten*, BayHStA. Ab II Gruppen Kdo 4 Bd 50/5. Manuscrit.

une tuberculose raciale parmi les nations » et que le but devait être « l'élimination [d'Allemagne] de tous les Juifs[31] ».

Quatre jours avant d'écrire cette lettre, il avait assisté à un meeting politique dans le *Leiberzimmer* [salle des vétérans] de l'ancienne brasserie Sternecker à Munich. Dans le cadre de son travail pour le capitaine Mayr, il était censé surveiller les partis politiques marginaux et rédiger des rapports sur eux – et il n'y avait pas plus marginal que celui-là : le Parti ouvrier allemand [*Deutsche Arbeiterpartei*]. Ce n'était guère plus qu'un club de discussion, fondé en janvier 1919 quand Anton Drexler, un serrurier de trente-cinq ans, et Karl Harrer, un journaliste, avaient décidé qu'ils voulaient personnellement promouvoir un programme politique ouvriériste antisémite et antibolchevique d'un genre déjà banal à droite. Drexler était un ancien membre du Parti de la patrie allemande [*Deutsche Vaterlandspartei (DLVP)*] créé par Wolfgang von Kapp deux ans auparavant, et Munich pullulait à l'époque d'une multitude d'autres groupes de droite – comme l'Alliance nationaliste allemande de protection et de défense *(Deutschvölkischer Schutz- und Trutzbund)* et la Société ou l'ordre de Thulé *(Thule-Gesellschaft)*.

Il y avait seulement deux ou trois douzaines de personnes ce soir-là dans le *Leiberzimmer* ; mais quand Hitler y dénonça l'appel fait à la Bavière de déclarer son indépendance par rapport au reste de l'Allemagne et de créer une « République soviétique », il fit une

31. BayHStA, RWGrKdo, 4/314. Cité dans Eberhard Jäckel, *Hitler : Sämtliche Aufzeichnungen*, *op. cit.*, p. 88-90.

impression immédiate. Drexler reconnut les talents rhétoriques d'Hitler et le pressa de rejoindre son minuscule parti. C'est ainsi que s'unirent Adolf Hitler et ce qui allait devenir le Parti nazi (NSDAP).

Hitler mit à profit les quelques semaines qui suivirent pour révéler qu'il était investi d'une « mission » : proclamer comment l'Allemagne pouvait être reconstruite sur les ruines de la défaite. Mais il n'annonça pas encore qu'il était lui-même le grand dirigeant qui accomplirait personnellement cette tâche. Notons cependant que, dans sa lettre du 16 septembre attaquant les Juifs, il avait déjà attiré l'attention sur la nécessité, pour l'Allemagne, de devenir un État autocratique gouverné par des individus autocratiques : « Cette renaissance se mettra en marche non pas sous l'autorité politique de majorités irresponsables placées sous l'influence des dogmes des partis ou d'une presse irresponsable, non par des devises et slogans de fabrication internationale, mais seulement par l'action impitoyable de personnalités capables de diriger la nation et dotées d'un sens inné de la responsabilité[32]. » Il avait, semble-t-il, défini sa mission. Mais il n'était pas encore prévisible qu'elle lui échoie.

La vie d'Hitler changea après son apparition dans la brasserie Sternecker. Après avoir été ballotté sur des mers tumultueuses, il avait maintenant trouvé un havre sûr. Il prétendrait tout le reste de sa vie qu'il avait toujours été destiné à arriver là.

32. *Ibid.*

2

Créer une relation

Hitler doit la réussite de son accession au pouvoir – et toute son autorité charismatique – à son talent rhétorique. « Menaçant et implorant avec des mains suppliantes et des yeux ardents d'un bleu d'acier, il avait l'air d'un fanatique, écrivit Kurt Lüdecke, qui entendit un de ses discours en 1922. Ses mots frappaient comme un fléau. Quand il parla de la honte de l'Allemagne, je me sentis prêt à sauter sur un ennemi. La séduction qu'il exerçait sur les hommes allemands était comme un appel aux armes, l'évangile qu'il prêchait une vérité sacrée. On aurait dit un nouveau Luther. Cet homme me faisait oublier tout le reste. J'ai jeté un coup d'œil autour de moi et j'ai constaté que son magnétisme captivait ces milliers d'auditeurs comme un seul homme[33]. » Munich, dans les années de l'immédiat après-guerre, regorgeait de groupuscules politiques extrémistes, mais aucun ne pouvait se

33. Kurt Lüdecke, *I Knew Hitler*, Jarrolds, 1938, p. 22-25.

targuer d'avoir un orateur qui pût à ce point galvaniser un auditoire.

Si Hitler avait déjà bien du métier comme orateur didactique, il n'avait cependant encore convaincu personne jusque-là qu'il était un génie charismatique. Par exemple, si August Kubizek, dans la Vienne d'avant-guerre, était impressionné par son talent à s'exprimer – il « aimait, dit-il, parler et parlait sans arrêt[34] » –, il sentait aussi qu'Hitler pouvait divaguer au point qu'il paraissait avoir « perdu son équilibre nerveux[35] ». Mais les choses avaient changé, et l'Allemagne de l'après Première Guerre mondiale n'avait rien à voir avec la confortable Vienne d'avant le conflit. Les Allemands devaient faire face au traumatisme d'une guerre perdue, à la destruction de l'ancien système politique fondé sur le Kaiser, à la peur d'une révolution communiste, à l'humiliation d'un traité de paix qui les mettait en demeure d'accepter la « culpabilité » d'avoir déclaré la guerre et des réparations punitives qui, fixées à la Conférence de Paris de janvier 1921, exigeaient le paiement aux vainqueurs de plus de 220 milliards de marks-or.

Hitler prêchait donc devant des gens désespérés. La situation économique était si déplorable que, quand l'hyperinflation frappa, en 1923, on aurait pu croire que toute la structure financière de la nation allait s'effondrer. « Ils [les Alliés] voulaient maintenir l'Allemagne économiquement et industriellement faible, pour des générations, dit Bruno Hähnel

34. August Kubizek, *Adolf Hitler, mon ami d'enfance*, *op. cit.*, p. 29.

35. *Ibid.*, p. 169.

qui grandit durant les années de l'immédiat après-guerre. Il y avait l'inflation – un pain coûtait des milliards [de marks][36]. » Et pour les soldats de retour du front, comme Herbert Richter, c'était un crève-cœur que d'assister à la détresse économique en plus des souffrances de la guerre. « Mes parents n'avaient qu'un capital, dit-il. Ils ne possédaient aucune terre. Et ils n'étaient même pas propriétaires de leur maison. Et leur fortune fondit comme neige au soleil – elle s'évanouit. Auparavant, nous étions plutôt riches. Et ensuite, soudain, nous fûmes sans ressources – nous étions pauvres[37]. »

La crise que les Allemands traversaient n'était pas seulement économique, mais également politique et, dans bien des cas, spirituelle. Dans ces conditions, il est facile de comprendre les questions que se posaient les Allemands : à qui fallait-il imputer la responsabilité de cette horreur ? Pourquoi étaient-ils forcés de souffrir autant ? Autant d'interrogations auxquelles Hitler prétendait pouvoir répondre, expliquant à ses auditeurs, dont le nombre grossissait, ce qu'ils devaient penser de la vie qu'ils vivaient et ce qu'ils pouvaient faire pour améliorer la situation.

Hitler structurait ses premiers discours de manière non seulement à contrôler l'humeur de son public mais – surtout – à provoquer une réponse émotionnelle. Il commençait souvent, comme il le fit dans son discours du 12 avril 1922, en exposant à gros traits la terrible conjoncture dans laquelle l'Alle-

36. Témoignage inédit.
37. Témoignage inédit.

magne se trouvait. « Nous n'avons pratiquement plus de Reich allemand politiquement indépendant, disait-il, nous sommes déjà une colonie du monde extérieur[38]. »

Il demandait ensuite qui était responsable de ce cauchemar – et c'est ici qu'intervenaient pour l'auditoire les bonnes nouvelles. Parce qu'il s'avérait, dans la vision d'Hitler, que la majeure partie de la population allemande n'était pour rien dans le malheur qui la frappait. Tout était la faute des Juifs, martelait-il : non contents d'être responsables du déclenchement de la Première Guerre mondiale, des abus du capitalisme et du nouveau credo révolutionnaire du communisme, ils avaient été derrière les « criminels de novembre », signataires en 1918 de l'armistice qui avait terminé la guerre. Les Juifs, soutenait Hitler, ne prêtaient aucune allégeance à aucun État nation, mais seulement aux autres Juifs, par-delà les frontières nationales. Il créait un univers fantasmatique dans lequel deux Juifs feignaient même dans tel ou tel conflit social de se trouver des deux côtés pour perturber la société – le côté des ouvriers et le côté des patrons : « Ils [c'est-à-dire les Juifs] poursuivent tous les deux une politique commune et un unique objectif. Moses Kohn d'un côté encourage les patrons à rejeter les demandes des ouvriers, tandis que son frère Isaac, à l'usine, excite les masses en criant : “Regardez-les ! Ils ne veulent que vous opprimer ! Secouez vos chaînes…” Son

38. Discours d'Hitler du 12 avril 1922, in N.H. Baynes (éd.), *Speeches of Adolf Hitler : Early speeches, 1922-1924, and Other Selections*, New York, Howard Fertig, 2006, p. 5.

frère veille à ce que les chaînes soient bel et bien forgées[39]. »

Hitler savait parfaitement à quel public il s'adressait, au cœur de la très catholique Bavière, et il était même prêt à comparer, dans le contexte de la lutte contre les Juifs, le mouvement nazi naissant à Jésus et ses disciples : « Mes sentiments, en tant que chrétien, me dirigent vers mon Seigneur et Sauveur en tant que combattant, dit-il en avril 1922. Ils me dirigent vers l'homme qui, une fois dans la solitude, entouré seulement de quelques fidèles, a reconnu ces Juifs pour ce qu'ils étaient et somma les hommes de combattre contre eux et qui – la vérité de Dieu ! – était non pas une victime, mais un combattant. Dans un amour sans fin en tant que chrétien et en tant qu'homme, j'ai lu le passage [de la Bible] qui nous raconte comment le Seigneur s'est enfin levé dans sa puissance et a saisi un fouet afin de chasser hors du temple la couvée de vipères et de péliades[40]. »

Il est extrêmement improbable qu'Hitler ait été, même à ce stade, un « chrétien », comme il le revendiquait. Mais une écrasante proportion de son auditoire l'était certainement. Et il leur était possible de faire par eux-mêmes d'autres comparaisons personnelles – et blasphématoires – entre Jésus et Hitler. Par exemple,

39. Discours d'Hitler du 28 juillet 1922, *ibid.*, p. 29. Également cité par Eberhard Jäckel, *Hitler, Sämtliche Aufzeichnungen 1905-1924*, *op. cit.* Première publication dans le *Völkischer Beobachter*, 16 août 1922.

40. Première publication dans le *Völkischer Beobachter,* 22 avril 1922.

le fait qu'ils avaient tous deux attendu d'avoir passé l'âge de trente ans pour commencer leur « mission », et que les deux promettaient la rédemption des souffrances du moment. Naturellement, pour pouvoir soutenir de tels points de vue, les nazis devaient ignorer les réalités historiques et prétendre que Jésus n'était pas juif.

Cela n'avait rien d'extraordinaire que de chercher à peindre les Juifs comme responsables des malheurs de l'Allemagne. À cette époque, bien des gens d'extrême droite les prenaient comme des boucs émissaires commodes. Comme le professeur Christopher Browning l'explique : « Il n'est presque pas de maux qui ne puissent être mis en relation avec les Juifs : réparations, prédations de ceux qui travaillent dans la finance, et humiliation nationale. Les Juifs étaient également [présentés comme] le maillon faible sur le front intérieur, les profiteurs qui n'avaient pas pris part aux combats. Le libéralisme – conçu comme une création juive –, l'émancipation, l'égalité devant la loi, les soviets et le judéo-bolchevisme, tout cela rend possible un antisémitisme bien plus radical et bien plus répandu, qui pèse politiquement. [...] Si bien qu'aucun signal d'alarme n'est tiré quand Hitler développe son obsession par rapport aux Juifs, parce qu'il avance, sous une forme extrême, des arguments qui, pourrait-on dire, existent déjà d'une certaine façon. Ainsi donc, ce que fait Hitler, c'est assurément appeler les Allemands à sortir de la détresse économique, à mettre fin à l'impasse politique, à restituer à l'Allemagne sa force et sa fierté au plan international et à stopper la désintégration de la culture allemande, et pour lui tout cela a partie liée avec l'antisémitisme[41]. »

Hitler, depuis le tout début, a exprimé un mépris marqué pour la démocratie, ridiculisant le principe selon lequel « le peuple gouverne[42] ». Ce qu'il fallait, disait-il, ce n'était pas la démocratie, mais un individu déterminé qui surgirait des masses et restaurerait en Allemagne un pouvoir fort. Et il ne faisait pas mystère de l'idée politique centrale sur laquelle ce chef énergique devait s'appuyer pour secourir l'Allemagne – un renouveau national fondé sur l'abolition des classes et la race. Hitler exigeait que tout ce qui n'était pas « aryen » fût exclu de la citoyenneté allemande. (Une fois encore, l'idée qu'il existait un sous-ensemble « aryen » distinct constitué de Caucasiens, ou que ce groupe de type nordique était d'une certaine façon une « race supérieure », loin d'être originale, avait été diffusée par un grand nombre de théoriciens raciaux avant la Première Guerre mondiale.) Une fois que l'Allemagne ne serait plus constituée que de ces « aryens » – et la grosse majorité de la population allemande actuelle était déjà « aryenne », selon Hitler –, alors elle pourrait devenir la nation d'une seule « race », et du coup toutes les distinctions de classe seraient éliminées : « Et nous nous sommes dit en nous-mêmes : il n'existe pas de classes ; elles ne peuvent exister. Classe veut dire caste, et caste veut dire race[43]. »

41. Entretien de l'auteur avec le professeur Christopher Browning pour WW2History.com.

42. Discours d'Hitler du 12 avril 1922, in N.H. Baynes, *op. cit.*, p. 6.

43. *Ibid.*, p. 15-16.

Cet appel à « tous les vrais Allemands » à travailler ensemble pour bâtir une nouvelle Allemagne était particulièrement attirant pour les jeunes Bavarois comme Emil Klein. « Ce parti voulait éliminer les différences de classes, dit-il. [L'ordre existant, c'était] la classe ouvrière là, la bourgeoisie là et la classe moyenne là. Tels étaient les concepts profondément enracinés qui divisaient la nation. Aussi était-ce un point important pour moi, et que j'appréciais – "La Nation doit être unie"[44]. » Puis, étroitement liée, l'idée que « la haute finance internationale, le pouvoir financier de la juiverie » devaient être éliminés. Klein, qui croyait à la vision fantasmatique qu'Hitler colportait, était convaincu que ce pouvoir prenait sa source à New York : « Wall Street était sans cesse mentionnée. »

Emil Klein et d'autres qui entendirent ces premiers discours découvrirent qu'assister à un discours d'Hitler, c'était être entraîné dans une sorte de voyage : il partait d'un sentiment de désespoir, décrivant les terribles problèmes auxquels le pays était confronté ; puis il passait par la constatation qu'aucun de ceux qui se trouvaient là, dans l'auditoire, n'était responsable des soucis actuels ; enfin, il terminait sur la vision d'un monde meilleur, sans classe, où cet état de fait aurait été corrigé, sous la direction d'un chef fort, qui aurait surgi du peuple allemand, et se serait montré capable de conquérir le pouvoir à la tête d'une révolution nationale. Cette perspective pouvait être enthousiasmante pour qui luttait sous le poids de la crise économique.

44. Témoignage inédit.

Hitler a souvent été accusé d'être un « acteur », mais une partie essentielle de son charme, au début, tenait au fait que ses partisans de la brasserie, comme Emil Klein, pensaient qu'il était sincère de bout en bout. « Quand je le vis pour la première fois au cours d'un meeting politique au Hofbräuhaus [une grande brasserie munichoise], dit Emil Klein, l'homme dégageait un tel charisme que les gens le croyaient, quoi qu'il dise. Et quand on dit aujourd'hui qu'il était un acteur, alors je dois dire que la nation allemande doit avoir été complètement idiote pour avoir accordé une telle foi à un homme comme ça, dans la mesure où elle a tenu bon jusqu'au dernier jour de la guerre. [...] Jusqu'à aujourd'hui je considère toujours qu'Hitler croyait qu'il serait capable d'accomplir ce qu'il prêchait. Qu'il y croyait en toute honnêteté, qu'il y croyait lui-même [...]. Et en fin de compte, ceux avec qui j'étais, les nombreuses personnes qui assistaient partout aux conférences du parti, tous le croyaient, et la seule raison qu'ils avaient de le croire, c'était parce qu'il était évident que lui aussi [y croyait], si bien qu'il parlait avec conviction, et c'était quelque chose qui manquait à cette époque[45]. »

La sincérité des émotions que bon nombre d'entre eux pensaient avoir repérée chez Hitler comme orateur était une condition *sine qua non* de sa séduction charismatique. Hans Frank, qui devait par la suite devenir le gouverneur général de la partie de la Pologne occupée par les nazis pendant la Seconde Guerre mondiale, fut extrêmement influencé par ce qu'il perçut comme

45. Témoignage inédit.

une absence d'artifice quand il entendit un discours d'Hitler en janvier 1920 : « Le premier sentiment était : l'orateur est en quelque sorte honnête, il ne veut pas vous convaincre d'une chose à laquelle il ne croit pas pleinement lui-même. [...] Et pendant les pauses, dans son discours, ses yeux bleus brillaient avec passion, tandis qu'il repoussait ses cheveux en arrière avec sa main droite. [...] Tout venait du cœur, et il touchait la corde sensible chez chacun de nous. [...] Il exprimait ce qui était dans la conscience de tous les présents et alliait une expérience générale à une claire compréhension des aspirations communes de ceux qui souffraient et appelaient de leurs vœux un programme. [...] Mais il y avait autre chose. Il montrait un chemin, le seul qui subsiste dans l'histoire pour tous les peuples blessés, celui d'un difficile renouveau depuis les abîmes les plus profonds à travers le courage, la foi, l'engagement dans l'action, le travail acharné, et le dévouement, un but commun, grandiose, resplendissant [...] À partir de cette soirée, sans être membre du parti, j'étais convaincu que, si un homme pouvait le faire, Hitler seul serait capable de prendre en main le destin de l'Allemagne[46]. »

Hans Frank avait juste dix-neuf ans quand il entendit Hitler parler, et peut-être n'est-il pas tellement surprenant qu'un jeune homme impressionnable comme lui ait été à ce point affecté par les paroles d'Hitler alors que l'Allemagne vivait des heures désespérées. Ce qui est moins immédiatement explicable est qu'Hermann

---

46. Hans Frank, *Im Angesicht des Galgens*, Munich/Grafelfing, 1953, p. 39-42.

Göring, un vétéran de la Luftwaffe, l'armée de l'air, bardé de décorations et ancien commandant de l'illustre escadrille de chasse Richthofen pendant la Première Guerre mondiale, se soit engagé auprès d'Hitler, un ancien simple soldat, dès après leur première rencontre, à l'automne 1922.

Göring avait près de trente ans quand il fit la connaissance d'Hitler, et c'était un homme habitué à en impressionner d'autres. La hardiesse de ses exploits de pionnier de la Luftwaffe lui avait valu, outre une croix de fer, encore bien d'autres décorations dont la médaille Pour le mérite, une des plus hautes récompenses du Reich allemand. La décision de mettre fin à la guerre le 11 novembre 1918 l'avait indigné, et il avait dit aux hommes de son escadron juste huit jours après l'armistice : « Le nouveau combat pour la liberté, les principes, la morale et la patrie a commencé. Nous avons une route longue et pénible devant nous, mais la vérité sera notre flambeau. Il nous faut être fiers de cette vérité, fiers de ce que nous avons fait. Pensons-y. Un jour notre heure sonnera à nouveau[47]. »

À l'automne 1922, Göring était revenu en Allemagne après quelques années d'activité professionnelle en Scandinavie, où il avait travaillé comme pilote d'abord de haute voltige puis commercial pour la compagnie aérienne suédoise Svensk-Lufttrafik. Il devait bientôt épouser, après qu'elle eut divorcé, la baronne Carine von Kantzow, et commencer, adulte, des études

---

47. Roger Manvell et Heinrich Fraenkel, *Hermann Göring [Göring]*, traduit de l'anglais par Michel Deutsch, Stock, 1963, p. 32-33.

de sciences politiques à l'université de Munich. Göring était un mondain, un dur à cuire doté d'une immense confiance en soi. Pourtant il fut immédiatement impressionné quand il vit pour la première fois Adolf Hitler. « Un jour, un dimanche de novembre ou d'octobre 1922, je suis allé à cette manifestation de protestation en spectateur, déclara Göring pendant son procès pour crimes de guerre à Nuremberg en 1946. À la fin Hitler aussi a été appelé [à prendre la parole]. J'avais déjà entendu brièvement mentionner son nom une fois auparavant et je voulais entendre ce qu'il avait à dire. Il refusa de parler, et c'est par pure coïncidence que je me trouvais tout près et que j'entendis les raisons de son refus [...]. Il considérait qu'il était insensé de lancer des manifestations sans qu'il existe un rapport de forces pour les soutenir. Cela fit une forte impression sur moi. J'étais de la même opinion[48]. »

Intrigué par Hitler, Göring vint l'écouter quelques jours plus tard : « Hitler parla de Versailles. Il dit qu'[...]une manifestation de protestation ne peut aboutir que si elle est étayée sur un rapport de forces qui lui donne du poids. Cette conviction était exprimée mot pour mot comme si elle venait de ma propre âme. » En conséquence, Göring chercha à rencontrer personnellement Hitler : « Je voulais seulement lui parler d'abord pour voir si je pouvais l'aider de quelque manière. Il me reçut immédiatement et, quand je me fus présenté, il me dit que c'était un extraordinaire coup du destin que nous nous rencontrions. Nous par-

48. *Trials of the German War Criminal : Proceedings of the International Military Tribunal* (édition anglaise), IX, p. 64-65.

lâmes sur-le-champ des choses qui nous tenaient à cœur – la défaite de notre patrie [...], Versailles. Je lui dis que ma personne, tout entière, et tout ce que j'étais et possédais étaient complètement à sa disposition pour ce qui était à mon avis la question la plus essentielle et la plus décisive : mener le combat contre le traité de Versailles. »

Le principal enseignement du témoignage de Göring est qu'Hitler n'eut pas besoin de le convaincre de quoi que ce soit – ils partageaient déjà tous les deux le même diagnostic de ce qui n'allait pas en Allemagne. Il nous dévoile en revanche un élément crucial sur la manière dont fonctionnait le charisme d'Hitler dans les premiers temps : ce qu'Hitler offrait par-dessus tout à Göring (comme à beaucoup d'autres), c'était l'assurance profonde d'être conforté dans ce qu'il pensait déjà sur le monde – la confirmation de la légitimité totale de son opinion[49].

---

49. Hitler n'« hypnotisait » pas son auditoire – au sens où il l'aurait convaincu d'agir contre sa volonté. Mais les travaux pionniers du psychanalyste hongrois Sándor Ferenczi sur la nature de l'hypnose et de la suggestion permettent de comprendre certains des mécanismes psychologiques qui peuvent se trouver derrière son efficacité comme orateur dans ces premières années de l'immédiat après-Première Guerre mondiale. D'une manière décisive, Ferenczi souligna que « tout parle en faveur de l'idée que dans l'hypnose et dans la suggestion ce n'est pas l'hypnotiseur ou le suggestionneur qui jouent le rôle principal, mais celui qui jusqu'alors apparaissait comme l'objet de ces processus » (Sándor Ferenczi, « Transfert et introjection », 1909, in *Œuvres complètes*... 1, *Psychanalyse 1908-1912*, trad. de J. Dupont avec la collab. de Ph. Garnier, préf. du Dr M. Balint, Payot, 1994, p. 107). Ferenczi alla jusqu'à affirmer que nul ne peut être hypnotisé – ou être soumis à la « suggestion » – à

À cet égard, Hitler était aidé par une autre qualité essentielle émanant de sa personne *via* ses discours – le sentiment d'une certitude absolue. Son analyse ne laissait pas place à la moindre forme de doute. Il ne

---

moins d'y consentir. Qui plus est, il pensait qu'il était extrêmement utile pour toute personne désireuse de pratiquer la suggestion de posséder « une apparence imposante [...], un regard pénétrant, une mimique sévère mais inspirant la confiance. Il est aussi généralement admis que la présentation assurée de l'hypnotiseur, la réputation de ses succès antérieurs [...] augmente notablement les chances de réussite » (*ibid.*, p. 112). En outre, aux yeux de Ferenczi, le « suggestionneur » était une sorte de « figure du père ». Il estimait qu'une condition *sine qua non* pour la réussite de la suggestion (hypnose) était que le sujet hypnotisé se représente l'hypnotiseur comme « un adulte ». Le second doit être capable d'éveiller chez le premier les mêmes sentiments « d'intimidation et de douceur », la même conviction d'infaillibilité, « que ceux qui, depuis des millénaires, font leurs preuves dans leur relation entre parents et enfants » (*ibid.*, p. 113). On ne doit pas pousser ce raisonnement trop loin dans le cas d'Hitler, dans la mesure où il n'hypnotisait certainement pas ses partisans à la manière d'un hypnotiseur de scène. Ceux qui le suivaient le faisaient de leur plein gré et par libre choix. Par ailleurs, Ferenczi écrit avec une certitude qui gagnerait parfois à manifester plus de nuance et de retenue – ainsi dans son affirmation qu'« au plus profond de notre âme nous sommes toujours des enfants, et nous le restons tout au long de notre vie ». Il n'en reste pas moins frappant de voir à quel point le premier Hitler correspond au tableau de Ferenczi du « suggestionneur » qui réussit. Malgré son jeune âge – il avait juste trente-trois ans en 1922 –, Hitler se présentait comme une « figure du père », invitant la jeunesse d'Allemagne à le suivre et dispensant conseils et avertissements « paternels ». Et quant à l'idée de Ferenczi que le suggestionneur qui réussit doit créer une « conviction d'infaillibilité », eh bien, c'est exactement ce qu'Hitler essaya de projeter depuis son tout premier discours politique.

donnait jamais l'impression de balancer le moins du monde entre plusieurs possibilités. Cela faisait des années qu'il utilisait cette technique dans ses monologues. Il lisait un livre, par exemple, puis décrétait haut et fort ce qu'il était « correct » d'en penser. « L'opinion d'autrui ne l'intéressait pas, dit August Kubizek, ni aucune discussion sur le livre[50]. »

Une autre spécialité d'Hitler était sa manière de présenter la vie sous la forme d'une alternative : « soit », « soit », signifiant que soit « l'ennemi » (terme sous lequel il désignait le plus souvent les Juifs), soit telle ou telle catégorie serait détruit. Dans son esprit, le monde était définitivement peint en noir et blanc. La vie était une lutte continuelle, et la question d'abandonner le combat ne se posait pas. « Ils [les gens qui ne s'engagent pas activement dans la politique] n'ont encore jamais compris qu'il n'est pas nécessaire d'être un ennemi du Juif pour que celui-ci vous emmène un jour sur l'échafaud selon le modèle russe, dit-il en avril 1922. Ils ne voient pas qu'il est tout à fait suffisant d'avoir une tête sur les épaules et de n'être pas juif : cela vous garantit l'échafaud[51]. »

Sans doute Hitler possédait-il, pour ses partisans de la première heure, un « charisme », mais ces fidèles devaient d'abord être prédisposés, de par leur propre

50. Voir l'édition anglaise August Kubizek, *The Young Hitler I Knew*, Greenhill Books, 2006, p. 182. [La traduction française ne reprend pas ce passage ; ce qui concerne le rapport d'Hitler à la lecture se trouve aux pages 195-197 (*NdT*).]

51. Discours d'Hitler du 12 avril 1922, *in* N.H. Baynes, *op. cit.*, p. 12.

personnalité et leurs conceptions politiques, à croire à ce « charisme »[52]. « Il n'y a pas à se demander par quel talent il a conquis les masses, écrivit Konrad Heiden qui l'entendit maintes fois parler. Ses discours sont des rêves éveillés de cette âme des masses [...]. Ses discours commencent toujours par un profond pessimisme et s'achèvent sur une rédemption jubilatoire, une fin triomphante où tout finit bien ; on peut souvent les réfuter par la raison, mais ils suivent la logique bien plus puissante du subconscient, qu'aucune réfutation ne peut atteindre. [...] Hitler a donné voix au terrorisme sans voix des masses modernes [...][53]. »

Un point de vue partagé par Otto Strasser, le frère d'un sympathisant nazi de la première heure, Gregor Strasser : « Je ne saurais l'expliquer autrement [l'extraordinaire pouvoir de l'orateur Hitler] que par cette intuition miraculeuse, qui lui transmet l'infaillible diagnostic du mal dont souffre son auditoire. [...] Mais [...] qu'il prononce les paroles que lui insuffle l'esprit, et le voilà aussitôt transformé en un des plus grands orateurs du siècle. [...] Son discours part comme une flèche, il touche au vif la plaie de chacun, il libère le subconscient de la foule... il dit ce que le *cœur* des gens qui l'écoutent veut entendre[54]. »

---

52. Voir aussi les travaux des « théoriciens des foules », initiés par les recherches pionnières d'Émile Durkheim. Voir Émile Durkheim, *Les Formes élémentaires de la vie religieuse. Le système totémique en Australie* (1912), PUF, coll. « Quadrige Grands textes », 2008.

53. Konrad Heiden, *The Führer*, *op. cit.*, p. 91-92.

54. Otto Strasser, *Hitler et moi [Hitler und ich]*, Bernard Grasset, 1940, p. 78-79.

À cette analyse souscrivait également Sir Nevile Henderson, l'ambassadeur britannique à Berlin à la fin des années 1930 : « Il [Hitler] dut son succès dans la lutte pour le pouvoir au fait qu'il était le reflet du subconscient [de ses partisans] et à sa capacité à mettre en mots ce que voulait ce subconscient, de manière informulée[55]. »

À moins d'être déjà prédisposés à ce que leurs « aspirations les plus intimes » fussent touchées par ses paroles, ceux qui rencontraient Hitler ne décelaient pas le moindre « charisme » chez lui. Josef Felder, par exemple, ne fut pas convaincu le moins du monde par Hitler quand il l'entendit parler au Hofbräuhaus au début des années 1920. Ce partisan fervent du parti social-démocrate trouvait les arguments d'Hitler répugnants : « J'ai écouté avec une grande attention ce discours d'Hitler et j'ai remarqué qu'il présentait les choses d'une manière extrêmement démagogique. Il avait pour habitude de décocher, en quelque sorte, ses phrases en direction de son auditoire. Le discours était en partie consacré à la trahison des sociaux-démocrates qui avaient, en 1919, signé le traité de Versailles. Il commença par parler de la révolution de novembre et de l'humiliation de novembre. Et puis, naturellement, il exposa ses théories contre Versailles. Et ensuite il insista encore, en une kyrielle d'assertions particulièrement agressives, sur le fait que tout cela n'avait été possible que comme conséquence des activités des Juifs. Et c'est à ce moment-là qu'il fit de la question

55. Sir Nevile Henderson, *Failure of a Mission*, Hodder and Stoughton, 1940, p. 179.

antisémite la base de son propos. [...] Et il énonça quelques allégations qui n'étaient en aucun cas exactes. Quand j'ai quitté cette réunion, nous nous sommes rassemblés en petits groupes pour en parler. Et j'ai dit à mon ami : "Après ce discours, mon impression est que, fort heureusement, cet homme, Hitler, n'accédera jamais au pouvoir politique." Nous étions alors d'accord sur ce point[56]. »

Herbert Richter, un vétéran de la Première Guerre mondiale, éprouva encore plus d'antipathie vis-à-vis d'Hitler quand il le croisa par hasard dans un café de Munich en 1921. « Il me déplut aussitôt, dit-il, à cause de sa "voix grinçante" et de sa tendance à "brailler" des idées politiques "vraiment, vraiment simples" ». Richter trouvait aussi qu'Hitler avait une apparence physique « plutôt comique, avec sa drôle de petite moustache » et en arriva à la conclusion qu'il était « affreux et pas tout à fait normal »[57].

Le témoignage de personnes comme Herbert Richter et Josef Felder nous rappelle que, sur le moment, l'apparition d'Hitler sur la scène politique ne marqua pas un tournant. Même s'il attira progressivement des adeptes, ils ne représentaient qu'une petite proportion des électeurs potentiels. En effet, une étude récente[58] a révélé qu'en 1919 la grande majorité (plus de 70 %) des soldats encore en casernement militaire à Munich ne votaient pas pour des groupes de droite mais pour le parti social-démocrate.

---

56. Témoignage inédit.
57. Laurence Rees, *Ils ont vécu sous le nazisme*, *op. cit.*, p. 37.
58. Thomas Weber, *La Première Guerre d'Hitler*, *op. cit.*, p. 317.

Mais auprès des groupes extrémistes à droite – les groupes dits *völkisch* –, Hitler faisait assurément forte impression. Il domina rapidement le minuscule Parti ouvrier allemand et devint non seulement son orateur « vedette », mais même le chef de la propagande. Il travailla avec Anton Drexler à la conception d'un « programme du parti », et ce fut lui qui présenta lors d'un meeting, le 24 février 1920, les vingt-cinq points qu'ils avaient rédigés. Peu après, le parti, changeant de nom, devint le Parti national-socialiste des travailleurs allemands (*Nationalsozialistische Deutsche Arbeiterpartei* ou NSDAP) – d'où la forme abrégée de « nazi ».

Les vingt-cinq points du programme du parti reprenaient les thèmes habituels auxquels Hitler donnait systématiquement la priorité dans ses discours : la demande d'abrogation des traités de Versailles et de Saint-Germain ; le retrait aux Juifs de la citoyenneté allemande ; l'interdiction d'immigration en Allemagne pour tous les étrangers ; la vraie citoyenneté reconnue aux seuls individus de « sang allemand ». Il y avait également des mesures dirigées contre le capitalisme – un appel au partage des profits et à la destruction des grands magasins pour que le petit commerce puisse s'épanouir et prospérer.

Le programme ne précisait pas les moyens qu'un futur gouvernement nazi serait appelé à déployer pour mettre très concrètement ces « vingt-cinq points » en application. L'ensemble restait délibérément vague pour ce qui est des détails. Ce flou devait se révéler utile aux intérêts d'Hitler à bien des égards. Une fois devenu le chef du NSDAP, il eut ainsi la plus grande latitude pour interpréter la doctrine politique nazie comme il l'entendait, et les nazis la possibilité de se présenter comme un « mouvement » plutôt que comme un parti politique lambda ligoté par la formulation et l'adoption d'une politique détaillée. Cela permettait aussi à un large éventail de gens de déclarer leur soutien aux nazis dans la mesure où la proposition, entre autres, de « se débarrasser des Juifs » admettait un grand nombre d'acceptions différentes – depuis une législation pour empêcher les Juifs d'accéder à telle ou telle profession jusqu'à leur expulsion forcée d'Allemagne ou pire encore.

Les nazis n'étaient pas les seuls à revendiquer l'idée qu'il fallait défendre une « vision » de l'Allemagne plutôt que décliner une collection de mesures politiques circonstanciées. Le *Freikorps Oberland*, par exemple, voulait lui aussi voir un « Troisième Reich » s'instaurer (succédant au « premier » Reich qu'avait été le Saint Empire romain germanique et au « deuxième » établi par Bismarck en 1871 qui s'acheva en 1918). Et eux aussi n'avaient que mépris pour les définitions de détail. « Rien n'est plus caractéristique de l'esprit associatif des membres de l'*Oberland* que leur idée du Troisième Reich, dit l'un d'entre eux ; [...] les hommes nourrissaient des rêves profonds sur ce Mystère – un mystère qui se serait retrouvé dégradé dans un programme politique concret à la moindre tentative de le définir précisément[59]. » Et exactement comme les

59. Ernst H. Posse, *Die politischen Kampfbünde Deutschlands*, Berlin, 1931, p. 46-47, cité dans Robert G. L. Waite, *Vanguard of Nazism, the Free Corps Movement in Postwar Germany 1918-1923*, Harvard University Press, 1952, p. 266.

nazis, l'*Oberland* en appelait à « la subordination de l'individu [...] aux besoins de la nation entière[60] ».

En août 1921, Hitler avait acquis un pouvoir dictatorial sur le Parti nazi naissant. Le temps des réunions de comité et des documents de travail d'Anton Drexler était révolu pour toujours. Mais il ne prétendait toujours pas être en personne le sauveur de l'Allemagne – simplement que l'Allemagne avait besoin d'un sauveur.

« Les toutes premières années, nous ne disions pas "Heil Hitler", formule qui n'était jamais employée, et cela ne serait venu à l'esprit de personne de le dire, dit Bruno Hähnel qui fut actif dans le parti dans les années 1920. Hitler n'était pas arrivé à occuper à ce point le devant de la scène comme ce fut le cas plus tard. Il était simplement le chef du NSDAP[61]. »

Une autre évidence, qui s'était fait jour dès les premières heures de l'engagement d'Hitler dans le DAP (Parti des travailleurs allemands), était que l'essentiel de la force et de la certitude qui le traversaient quand il parlait devant une foule l'abandonnait manifestement quand il ne parlait qu'à deux ou trois personnes. Comme il en fit la confidence au photographe Heinrich Hoffman : « Je ne sais jamais quoi dire dans un petit cercle intime. [...] si je dois parler dans une petite réunion de famille ou à l'occasion d'obsèques, je ne suis bon à rien[62]. »

---

60. Non cité par Waite, mais dans l'original, Ernst H. Posse, *Die politischen Kampfbünde Deutschlands*, *op. cit.*, p. 46.

61. Témoignage inédit.

62. Heinrich Hoffmann, *Hitler Was My Friend [Hitler wie ich ihn sah. Aufzeichnungen seines Leibfotografen]*, Londres, 1955, p. 46.

D'autres aussi notèrent cet étrange paradoxe chez Hitler – le fossé béant entre la performance publique et la réalité privée. Le capitaine Mayr, qui avait le premier « découvert » Hitler et ses talents d'orateur, remarqua combien il était « timide et complexé »[63] quand il était au milieu des soldats à la caserne, alors même qu'il était capable de galvaniser des auditoires importants dans la brasserie. Mayr soutint par la suite que cette étrangeté permit à des personnalités plus intelligentes de l'extrême droite de le manipuler à leurs propres fins. « Comme dirigeant, écrivit Mayr, Hitler est probablement le plus grand canular jamais monté sur terre[64]. »

Mais s'il est vrai que des personnages manifestement plus astucieux politiquement comme Hermann Göring et Ernst Röhm, ancien capitaine de l'armée allemande pendant la guerre, s'attachèrent au Parti nazi dès son origine, on aurait tort d'en conclure qu'Hitler fût d'une quelconque manière leur subordonné. Sans doute emprunta-t-il le plus clair de ses idées à d'autres – par exemple à Gottfried Feder, le spécialiste d'économie politique qui prônait l'« abolition de l'esclavage de l'intérêt du capital » –, mais, à l'été 1921, il était le chef incontesté du Parti nazi. D'une certaine manière, la véritable étrangeté d'Hitler – en particulier sa difficulté à construire des relations sociales « normales » conjuguée à sa capacité de galvaniser une foule – contribua au sentiment croissant qu'il était d'une classe

63. Karl Mayr (sous le pseudonyme d'Anon), « I was Hitler's Boss », *Current History*, vol. 1, n° 3, novembre 1941.

64. *Ibid.*

de responsable politique très différente. « Adolf, d'un naturel fermé, gardait en lui un domaine précis où nul n'avait accès, se rappelait une de ses plus anciennes relations. Mon ami resta pour moi une énigme à cause des nombreuses choses qu'il gardait secrètes[65]. »

C'est cette extraordinaire combinaison – la capacité d'Hitler à entrer en contact avec un large public de partisans en renforçant puis en exaspérant leurs croyances déjà établies, en même temps que son incapacité à communiquer dans la vie quotidienne normale avec des individus – qui fut au centre de la création de son charisme d'orateur. Hitler, fait presque incroyable, pouvait à la fois être intime avec un public et distant avec un individu.

Charles de Gaulle, un contemporain d'Hitler, avait identifié l'importance vitale, pour un dirigeant politique, de créer de la « distance ». « Et, tout d'abord, écrivait-il, le prestige ne peut aller sans mystère, car on ne révère pas ce que l'on connaît trop bien. Tous les cultes ont leurs tabernacles, et il n'y a pas de grand homme pour ses domestiques. Il faut donc que, dans les projets, la manière, le mouvement de l'esprit, un élément demeure que les autres ne puissent saisir et qui les intrigue, les émeuve, les tienne en haleine[66]. [...] Réserve, caractère, grandeur, ces conditions du prestige imposent à ceux qui veulent les remplir un effort qui rebute le plus grand nombre. [...] Il [le chef] se

65. August Kubizek, *Adolf Hitler, mon ami d'enfance*, *op. cit.*, p. 36.

66. Charles de Gaulle, *Le Fil de l'épée* (1932), in *Le Fil de l'épée et autres écrits*, Plon, 1971, p. 181.

voue à ce sentiment de solitude qui est, suivant Faguet, “la misère des hommes supérieurs”[67]. »

Mais, parmi les nombreuses différences entre de Gaulle et Hitler – nés à quelques mois d’intervalle l’un de l’autre –, il faut souligner que de Gaulle, qui avait compris l’importance de créer de la « distance » par rapport à ceux qu’il dirigeait, agissait consciemment pour la créer. Ce n’est pas en vertu d’un choix qu’Hitler agissait de la sorte. Il avait toujours trouvé difficile de nouer des contacts intimes avec d’autres êtres humains pris individuellement – une amitié « normale » était quelque chose d’impossible pour lui. Mais, simplement, cette caractéristique tournait maintenant à son avantage. Nombre de ses partisans, témoins de cette absence manifeste de vie privée, y virent la marque d’un homme doté de charisme. De fait, la marque d’un héros.

67. *Ibid.*, p. 185.

3

À la recherche d'un héros

Héroïsme et charisme sont inextricablement liés. À tel point que Max Weber a pu soutenir que l'« héroïsme personnel » est l'un des marqueurs les plus importants de l'« authentique charisme[68] ». Ce n'est donc pas un hasard si Adolf Hitler prétendit que son rôle de chef du Parti nazi se trouvait légitimé, dans une large mesure, par son passé « héroïque ».

En Allemagne, après la Première Guerre mondiale, ils étaient nombreux à guetter l'apparition d'un héros – un « homme fort[69] » selon l'expression du sympathisant nazi Emil Klein – qui puisse les conduire vers un monde nouveau et plus radieux. Progressivement, entre 1919 et 1923, Adolf Hitler prit pour eux les traits de ce chef héroïque, et ce faisant il se montra capable de s'appuyer sur une puissante tradition d'héroïsme indi-

---

68. Max Weber, *Économie et société*, 1, *Les Catégories de la sociologie*, *op.cit.*, p. 332.

69. Laurence Rees, *Ils ont vécu sous le nazisme*, *op. cit.*, p. 30.

viduel – déjà avivée par la création de l'État allemand moderne au XIXe siècle. Plus de deux cents *Bismarcktürme* (tours Bismarck), par exemple, avaient été érigées dans toute l'Allemagne pour commémorer la dictature « héroïque » de Bismarck, le chancelier qui avait unifié le pays. Des philosophes allemands comme Arthur Schopenhauer portaient aux nues l'exercice du pouvoir par un individu plutôt que par un gouvernement, tandis que Friedrich Nietzsche s'était fait l'avocat passionné du héros dans un monde qu'il décrivait sans Dieu ; il vouait un culte héroïque à Napoléon en qui il voyait « l'incarnation de l'idéal noble ».

Les Allemands étaient ainsi exhortés à plonger dans leur histoire pour y trouver des exemples de héros individuels. Une des destinations touristiques les plus populaires en Allemagne était le *Hermannsdenkmal* (monument d'Hermann) achevé en 1875 dans la forêt de Teutberg, qui commémorait la victoire des tribus allemandes conduites par Arminius (ou Hermann, le chef des Chérusques) sur le général romain Varus et ses trois légions.

Avant-guerre, de nombreux membres des *Wandervogel* [*Oiseaux migrateurs* en allemand], un mouvement de jeunesse populaire, avaient déjà invoqué la venue d'un chef héroïque qui délivrerait les Allemands de l'industrialisation croissante et amènerait le retour à la nature. « Leurs jeunes visages, tendus, pleins de fièvre, s'illuminaient, relate Peter Viereck qui appartenait à un groupe de *Wandervogel*, quand, à la lueur du feu de camp, on leur lisait des passages de leur écrivain favori : Nietzsche, et parfois de Stefan George qui, dès 1907, écrivait : « L'homme ! L'acte ! Ainsi soupirent peuple et haut conseil / Ne mettez pas votre espoir dans un qui mangeait à vos tables ! / Peut-être celui qui des années fut assis parmi vos assassins / et dormait dans vos cellules : se lève et accomplit l'acte[70]. »

Fondés en 1901, et inspirés des idéaux d'un jeune diplomate, Herman Hoffmann Fölkersamb, les *Wandervogel* devinrent le mouvement de jeunesse le plus populaire de l'Allemagne d'avant-guerre. Tout naturellement, un grand nombre de leurs membres, tel Bruno Hähnel, entrèrent par la suite dans le Parti nazi et y importèrent leur idéalisme juvénile : « Nous nous réunissions le soir [dans la campagne], et c'étaient pour nous de grandes occasions, ma femme y prit part elle aussi par la suite ; nous étions très jeunes quand nous nous sommes rencontrés. Et plus tard dans notre existence, nous y avons souvent repensé parce que c'était une très belle période de notre vie. Nous chantions : il y avait des groupes de chant, des groupes de danse folklorique, et ma femme et moi, l'un comme l'autre, nous faisions de la danse folklorique. Il y avait un véritable sentiment d'appartenance fondé sur la philosophie des *Wandervogel*. Nous incarnions une sorte de protestation contre le monde bourgeois[71]. »

« C'était une réaction contre l'époque de l'empereur Guillaume II, qui ne s'intéressait qu'à l'industrie

---

70. Stefan George, *Œuvres complètes* ; traduites de l'allemand, présentées et annotées par Ludwig Lehnen, La Différence, 2009, p. 583 ; voir aussi Peter Viereck, « Stefan George's Cosmic Circle », in *Decision*, octobre 1941, p. 49.

71. Témoignage inédit.

et au commerce, confirme Fridolin von Spaun, un autre membre des *Wandervogel*, qui devait devenir un fervent adepte d'Adolf Hitler. Ils étaient jeunes, et simplement tout cela les ennuyait à mourir, ils cherchaient à l'extérieur, dans la nature ce qu'ils ne pouvaient trouver dans leur propre environnement. C'est vraiment par hasard que je suis entré dans une association à Eberfeld – c'était encore du temps de la Grande Guerre. Nous partions en randonnées ; [...] nous pouvions chanter nos chansons, cuisiner, jouer, faire du sport également. [...] C'était un mouvement spirituel[72]. »

Richard Wagner, autre sympathisant des mouvements « spirituels » et détracteur du « monde bourgeois », était fêté comme un héros par bon nombre de ces *Wandervogel* – comme il l'était aussi par Adolf Hitler. Ses opéras, *L'Anneau des Nibelung* par exemple *(Der Ring des Nibelungen)*, qui contenait des pièces épiques comme « Le Crépuscule des dieux » *(Götterdämmerung)*, évoquaient les grands mythes des sagas nordiques et germaniques. Hitler était tellement obsédé par la nature héroïque de l'œuvre de Wagner que, quand il vivait à Vienne avant-guerre, il alla « une dizaine de fois[73] » à l'opéra voir *Lohengrin*, qui met en scène un chevalier du Graal. Il essaya même – sans succès – d'écrire son propre opéra héroïque qu'il intitula *Wieland le forgeron*.

72. Témoignage inédit.

73. August Kubizek, *Adolf Hitler, mon ami d'enfance*, *op. cit.*, p. 202.

À Vienne, sa lecture favorite était les *Légendes héroïques de l'ancienne Germanie (Die deutschen Heldensage*) et, selon son compagnon August Kubizek, il « s'identifiait avec les grands hommes de cette époque révolue. Rien ne paraissait plus digne de se battre qu'une vie comme la leur, pleine d'actes de bravoure et de grands desseins, la vie la plus héroïque possible[74] ». Plus récemment, pendant la Première Guerre mondiale, des commandants avaient donné leur propre nom à leurs unités, en une manifestation de l'importance du « héros » individuel. Le 16e Régiment royal bavarois d'infanterie de réserve dans lequel Hitler servit était connu comme le régiment « List » du nom du colonel Julius von List qui la commandait au début de la guerre. Cette tendance à nommer les unités d'après leur commandant se renforça encore quand, au lendemain immédiat de la Première Guerre mondiale, se constituèrent les *Freikorps* paramilitaires. Un des plus puissants, par exemple, s'appelait *Freikorps* Rossbach, du nom de son commandant Gerhard Rossbach ; il y avait aussi la brigade Ehrhardt dirigée par un ancien capitaine de la Flotte impériale nommé Hermann Ehrhardt. Des unités comme celles-ci, explique Fridolin von Spaun, lui-même membre des *Freikorps*, « dépendaient entièrement de la personnalité et des talents de leur chef[75] ». De plus, écrivit Ludwig Gengler : « Le commandant

---

74. *Ibid.*, p. 70. [Le texte de la traduction française est incomplet, voir l'édition anglaise : August Kubizek, *The Young Hitler I knew*, Greenhill books 2006, p. 83 (*NdT*).]

75. Témoignage inédit.

[des *Freikorps*] était souvent appelé le Führer. Il était idolâtré comme l'incarnation concrète de toutes les qualités que le Volontaire voulait posséder en lui. Et le Führer était également une abstraction. L'Homme qui viendrait[76]. »

Outre cette prédisposition historique à la croyance dans le « héros » individuel, il existait pour Hitler et le Parti nazi, au début des années 1920, une preuve concrète de la manière dont l'apparition d'un homme héroïque pouvait influencer un pays entier. En Italie, Benito Mussolini qui, comme Hitler, avait été blessé pendant la Première Guerre mondiale, puis était devenu un activiste de la politique nationaliste extrémiste et violente, avait formé un parti « fasciste » en 1919 pour combattre l'influence des socialistes et des communistes. C'était une preuve de la façon dont un dirigeant « héroïque » pouvait, à la force du poignet, sortir de l'obscurité.

Ce fut un écrivain alcoolique, Dietrich Eckart, qui aida le plus Adolf Hitler, au commencement de sa carrière politique, à acquérir assez d'étoffe pour devenir la version allemande de Benito Mussolini. Hitler rencontra Eckart à l'automne 1919, lors du deuxième meeting du DAP auquel il assista. Irascible, chauve et bien plus vieux d'apparence que ses cinquante ans, Eckart était un antisémite virulent qui, comme Hitler, pensait que l'Allemagne avait été trahie par la manière dont on avait mis fin à la guerre et par le traité de Versailles. Sa haine des Juifs était si grande qu'il affirma qu'il

76. Ludwig Gengler, *Kampfflieger Rudolf Berthold*, Allemagne, 1934, cité p. 178.

aimerait « embarquer tous les Juifs dans un train et déverser ce chargement dans la mer Rouge[77] ». Mais, à la différence d'Hitler, Eckart avait des relations dans les cercles sociaux les plus sophistiqués de Munich et relativement beaucoup d'argent – ses pièces de théâtre, notamment son adaptation du *Peer Gynt* d'Ibsen, lui avaient fait gagner des sommes considérables. Et il attendait un homme comme Hitler. En 1919, il déclara que l'Allemagne avait besoin pour dirigeant d'« un gaillard que n'effraierait pas le crépitement des mitrailleuses. Car la tourbe devait prendre peur. Un officier ne pouvait assumer ce rôle, car le peuple n'éprouvait plus de respect pour lui… Un ouvrier qui saurait se servir de sa gueule serait l'homme qui conviendrait le mieux… Il n'aurait pas besoin de beaucoup d'intelligence car la politique est la chose la plus bête du monde[78] ». Ainsi n'est-il pas surprenant qu'Eckart ait immédiatement vu le potentiel que possédait Hitler. Celui-ci était un simple soldat – la voix rebelle des dépossédés et des vaincus. Un simple soldat qui, en outre, avait été décoré de la croix de fer pour son héroïsme. Après sa première rencontre avec Hitler, Eckart lui déclara « tout de go » qu'il était « l'homme dont le monde allait parler »[79].

---

77. Joachim C. Fest, *Hitler [Hitler]*, trad. de l'allemand par Guy Fritsch-Estrangin, avec la collab. de Marie-Louise Audiberti, Michel Demet et Lily Jumel, Gallimard, 1973, vol. 1, p. 154.

78. *Ibid.*, p. 155.

79. Cité par Margarate Plewnia, *Auf dem Weg zu Hitler*, Brême, 1970, p. 67, qui cite pour sa part Albert Zoller, *Douze ans auprès d'Hitler [Hitler privat – Erlebnisbericht seiner Geheimsekretärin]*, A. Fayard, 1952, p. 88.

Hitler bénéficia, par le truchement d'Eckart, d'introductions auprès de riches mécènes éventuels, et il remporta un succès certain auprès des femmes d'un certain âge – une veuve était tellement aux petits soins pour lui qu'on la surnomma bientôt *« Hitler-Mutti »*, la « maman d'Hitler ». Eckart apporta aussi une aide financière à Hitler et au Parti nazi naissant, levant des fonds pour acheter un journal chargé de diffuser le point de vue nazi, le *Völkischer Beobachter*[80].

Mais c'est à l'occasion de la crise de l'été 1921, alors que sa prépondérance dans le Parti nazi était menacée, qu'Hitler se vit offrir par Eckart – avant qu'il ne meure d'une crise cardiaque en 1923 – son aide la plus déterminante. Anton Drexler avait caressé l'idée de fusionner le Parti nazi avec d'autres groupes similaires comme la DSP (ou Parti socialiste-allemand) ; il y voyait une manière simple et directe de faire grossir le parti rapidement. Puis, au cours de l'été 1921, il découvrit les travaux d'un professeur de philosophie de l'université d'Augsbourg du nom d'Otto Dickel, qui lui firent forte impression. Le professeur Dickel avait écrit *La Résurrection de l'Occident : la culture occidentale comme produit d'un sentiment planétaire – développement et avenir [Die Auferstehung des Abendlandes : die abendländische Kultur als Ausfluss des planetarischen Weltgefühls, Entwicklung und Zukunft]*, un ouvrage qui développait des idées analogues à celles qu'exprimaient les vingt-cinq points du programme

80. L'hebdomadaire *Münchener Beobachter* devient le *Völkischer Beobachter* en 1919 ; il est racheté en décembre 1920 par la NSDAP (*NdT*).

nazi tel qu'il avait été adopté l'année précédente, à ceci près que les positions de Dickel étaient exposées avec une plus grande acuité intellectuelle. Après avoir entendu une de ses conférences, Drexler, ainsi que d'autres membres du Parti nazi, conçurent l'idée de s'allier avec lui et son parti, l'*Abendländischer Bund* (la Ligue occidentale).

Hitler n'était pas à Munich au moment où toutes ces manœuvres se tramaient. Il fut scandalisé à son retour de découvrir ce qui s'était manigancé pendant son absence. C'est en proie à une rage folle qu'il quitta une réunion avec Dickel et démissionna du Parti nazi. Une fois encore, il se montrait à la fois peu disposé à participer à un débat intellectuel et incapable de le faire.

Au départ, Eckart avait été intéressé par ce que Dickel pouvait apporter au parti – à commencer par une respectabilité intellectuelle ; mais, une fois qu'Hitler eut donné sa démission, il ne ménagea pas sa peine pour le convaincre de revenir. Et Hitler revint – mais à ses conditions : en dictateur indiscuté du Parti nazi. Eckart consacra la manchette du *Völkischer Beobachter* à lui exprimer son soutien[81].

Ce fut un moment décisif dans la trajectoire d'Hitler : il n'en était plus au stade de rassembler des soutiens en faveur d'un individu encore inconnu qui serait peut-être le futur dirigeant de l'Allemagne, il annonçait la couleur : ce futur dirigeant, c'était lui. Il avait démontré qu'il n'était pas prêt à partager le pouvoir – et qu'il assumerait toutes les conséquences, quelles qu'elles soient, que pourrait entraîner son refus de collaborer. Mais, fait

81. *Ibid.*, p. 55.

tout aussi significatif, les autres commençaient à accepter le regard qu'Hitler posait sur lui-même. Dietrich Eckart, par exemple, aurait aimé impliquer le professeur Dickel dans le Parti nazi ; mais, une fois qu'Hitler eut exprimé son opposition, il accepta de s'y plier et, du coup, d'accorder à Hitler un pouvoir indiscuté au sein du mouvement nazi. Si Hitler était maintenant capable de se présenter comme un « héros », c'était en partie parce que, aux yeux des autres, son intransigeance pouvait passer pour « héroïque ». Sans doute Hitler avait-il souvent un caractère très difficile à supporter, mais cette difficulté révélait – potentiellement – une puissante force de séduction. Après tout, nul n'attend des « héros » qu'ils soient des personnes raisonnables.

L'année suivante – en 1922 –, le Parti nazi commença à grossir par acquisition. Au mois d'octobre, Hitler parvint à convaincre les membres de la *Deutsche Werkgemeinschaft* (la Communauté du travail allemande) de Nuremberg de le rejoindre – non pas dans les termes d'une alliance lâche et informelle comme on le leur avait proposé l'année précédente, mais sur la base de la reconnaissance qu'il était maintenant leur chef. Cette opération valut au chef de la *Deutsche Werkgemeinschaft* – un homme nommé Julius Streicher – la gratitude éternelle d'Hitler.

Streicher, qui avait entendu parler Hitler une année plus tôt, en était resté cloué sur place. « Je n'avais jamais vu l'homme auparavant, déclara-t-il aprèsguerre lors de son procès. Et j'étais assis là, anonyme parmi les anonymes. Je vis cet homme peu avant minuit, après un discours de trois heures, dégoulinant de sueur, rayonnant. Mon voisin me confia qu'il pensait avoir vu un halo autour de sa tête, et j'ai vécu là quelque chose qui transcendait la réalité[82]. »

Streicher était un personnage épouvantable. Il allait lancer en 1923 la publication de *Der Stürmer*, un journal sadique, semi-pornographique, consacré à la diffusion d'images et d'histoires antisémites des plus dégoûtantes. Pour autant, il ne détonnait pas parmi les individus d'un genre nouveau qui s'associaient avec Hitler. Le Parti nazi accueillait désormais des figures influentes comme Christian Weber, un ancien videur de boîte de nuit, Hermann Esser, un tourmenteur de Juifs particulièrement agressif, et Ernst Röhm, un débauché, capitaine de l'armée allemande, qui devait écrire plus tard : « Je voulais servir un peuple de combattants, et non pas un peuple de poètes et de rêveurs[83]. » Tous ces hommes étaient appelés à occuper des positions majeures dans le Parti nazi – et tous étaient des voyous peu recommandables. Ces personnages remplis de bassesse et de violence se seraient sans doute reconnus dans les propos tenus par Hermann Göring lors de son procès pour crimes de guerre, quand il expliqua qu'il avait rejoint le Parti nazi, au début des années 1920, parce qu'il était un « révolutionnaire ». Strasser s'est montré direct dans sa formulation : « Hitler se plaît en leur compagnie [...] parce que ces gens lui confirment ce dont il est intimement persuadé : que l'homme est mauvais[84]. »

---

82. Témoignage de Julius Streicher, *IMT*, vendredi 26 avril 1946.
83. Robert G. L. Waite, *Vanguard of Nazism*, *op. cit.*, p. 267.
84. Otto Strasser, *Hitler et moi*, *op. cit.*, p. 88.

Ernst Röhm, en particulier, joua un rôle clef dans les premières heures du nazisme, en aidant l'aile paramilitaire naissante du Parti nazi, la SA – *Sturmabteilung* ou « Section d'assaut » –, à se procurer des armes. La SA fut officiellement créée en novembre 1921 ; mais, en réalité, dès la fondation du parti, un certain nombre de voyous nazis – dont une large proportion était d'anciens soldats – avaient « protégé » les meetings dans les brasseries en vidant toute personne qui chahutait Hitler, et la SA se développa à partir de ce groupe de nervis[85].

Ce fut au milieu de ce violent et sordide cocktail que la nouvelle tomba, en octobre 1922 : Benito Mussolini était devenu Premier ministre d'Italie, et cet événement électrisa les révolutionnaires du Parti nazi. Si un ultranationaliste pouvait soudain accéder au pouvoir en Italie, alors pourquoi pas en Allemagne ? Le 3 novembre 1922, quelques jours après la victoire de Mussolini, Hermann Esser déclara devant toute une foule, dans ce repaire nazi qu'était la brasserie Hofbräuhaus à Munich, que « le Mussolini de l'Allemagne s'appel[ait] Adolf Hitler[86] ». Le mois suivant, en décembre 1922, le *Völkischer Beobachter* publia un article qui proclamait qu'Adolf Hitler n'était plus un simple « tambour », mais le chef dont les Allemands avaient besoin pour se sortir du bourbier dans lequel le pays s'enfonçait[87].

---

85. Bruce Campbell, *The SA Generals and The Rise of Nazism*, University Press of Kentucky, 1998, p. 18-20.

86. Werner Maser, *Der Sturm auf die Republik*, Francfort-sur-le-Main, Athenäum Verlag, 1965, p. 356.

87. *Völkischer Beobachter*, 6 décembre 1922.

L'année suivante, en 1923, Hitler saisit l'occasion d'illustrer ses états de service de révolutionnaire héroïque. Mais – et c'est un thème récurrent de son ascension vers le pouvoir – il lui était nécessaire, pour y parvenir, d'exploiter une crise affectant l'État allemand. Par chance, en 1923, l'Allemagne fut confrontée à une crise de ce genre quand les Français occupèrent la Ruhr, région industrielle de l'ouest de l'Allemagne. Selon les termes du traité de Versailles, il était interdit aux Allemands de stationner des troupes dans cette région démilitarisée, si bien que les Français ne rencontrèrent qu'une faible opposition quand, le 11 janvier, ils se déployèrent sur le territoire allemand. La décision en avait été prise par le Premier ministre français, Raymond Poincaré, parce que les Allemands avaient cessé les livraisons de charbon et de bois d'œuvre auxquelles ils étaient contraints vis-à-vis de la France dans le cadre des réparations.

Sans surprise, l'expédition française fut largement impopulaire. « C'est alors que nous sentîmes à quel point les Français dirigeaient la région avec une poigne de fer, dit Jutta Rüdiger[88], adolescente à l'époque. À chaque fois qu'il y avait quelque chose qui n'était pas à leur goût, si on marchait sur le trottoir, par exemple, ils s'amenaient avec leur cravache, et on devait descendre sur la chaussée. [...] C'était vraiment du harcèlement. » Et, en même temps qu'il lui fallait composer avec les Français dans la Ruhr, la population allemande devait continuer à fonc-

88. Laurence Rees, *The Nazis : A Warning from History*, *op. cit.*, p. 25. [Le témoignage est incomplet dans Laurence Rees, *Ils ont vécu sous le nazisme*, *op. cit.*, p. 29 (*NdT*).]

tionner sous la pression de l'hyperinflation. « En 1923, rappelle Rüdiger, un cahier d'exercices coûtait autour de trois milliards de marks, je crois. »

Hitler n'appela pas ses sympathisants à prendre part à la résistance passive que certains Allemands étaient en train d'organiser contre les Français dans la Ruhr. Il avait toujours en point de mire l'exemple de Mussolini en Italie, et il s'en inspirait dans la poursuite de ses propres ambitions. Il se rendait cependant compte que, pour réaliser son dessein de renverser le gouvernement à Berlin, il avait besoin au moins du soutien tacite de la Reichswehr, l'armée allemande. En mai 1923, les nazis tentèrent de soulever des soldats qui défilaient sur l'Oberwiesenfeld à Munich – première étape vers la révolution nationale –, mais leurs suggestions furent complètement rejetées. Hitler n'en jugeait pas moins qu'il lui fallait agir. Combien de temps la crise allait-elle durer ? C'est pourquoi, en novembre 1923, il lança le « putsch de la Brasserie » – le premier événement qui lui conféra une notoriété nationale, pas de la façon dont il l'attendait toutefois. Aucun de ses complices dans la préparation du putsch n'était certain qu'il était véritablement l'équivalent « héroïque » de Mussolini. Hitler mena des discussions avec le général Erich Ludendorff, héros de la victoire allemande de Tannenberg pendant la Première Guerre mondiale, sur son éventuel engagement dans une révolution d'inspiration nazie, mais le rôle que Ludendorff aurait à y jouer ne fut jamais clairement explicité : devrait-il se contenter d'en être le chef militaire tandis qu'Hitler en serait la tête politique, ou bien était-il le véritable « héros » auquel Hitler était simplement en train d'ouvrir la voie ?

Mais une chose était sûre : à la fin de 1923, Hitler avait décidé de prendre l'initiative. Son plan était simple : forcer les dirigeants du gouvernement autoritaire de la Bavière à déclarer leur soutien à une « marche sur Berlin » menée par les nazis, pour renverser les « criminels de novembre » qui étaient au pouvoir. Puisqu'il était évident que les nazis avaient besoin de l'aide – ou pour le moins de l'accord – des forces de sécurité de l'État bavarois ainsi que des dirigeants politiques bavarois, il décida de tenter le coup d'État au moment où le « commissaire général » de Bavière, Gustav von Kahr, prendrait la parole, lors d'un meeting à la brasserie Bürgerbräukeller à Munich. Kahr, qui était dans les faits le dictateur de la Bavière, avait été nommé en septembre 1923 en réponse à la crise gouvernementale provoquée à Berlin par la menace d'une nouvelle révolution.

Quelques signes laissaient à penser que la stratégie d'Hitler avait peut-être des chances de réussir – le gouvernement bavarois, par exemple, semblait mieux disposé envers les nazis que les autorités des autres États allemands. Les nazis avaient été bannis de la plupart des régions d'Allemagne depuis le meurtre de Walther Rathenau, le ministre des Affaires étrangères de la République de Weimar, l'année précédente. Mais, en Bavière, les nazis étaient encore en mesure d'agir, et Kahr partageait le mépris d'Hitler pour le gouvernement de Berlin.

L'intérêt, pour les nazis, de passer à l'action lors du meeting de Kahr était qu'à la fois le chef de la police bavaroise, Hans von Seisser, et le commandant de l'armée allemande en Bavière, Otto von Lossow, devaient être également présents. Le pari d'Hitler était que, mis devant le fait accompli, tous ces personnages de premier plan soutiendraient la révolution qu'il projetait.

Et c'est ainsi que, le 8 novembre 1923, vers 20 h 20, Hitler et plus d'une douzaine de fidèles, dont Hermann Göring, Rudolf Hess et Alfred Rosenberg, pénétrèrent de force dans le Bürgerbräukeller alors que Kahr prononçait son discours devant un public de plusieurs milliers de personnes. À l'extérieur du bâtiment, des unités de la SA gardaient les issues. Après avoir tiré un coup de feu en l'air, dans le plafond de la brasserie, Hitler annonça que la révolution avait commencé. Ses camarades et lui entraînèrent dans une pièce attenante les personnages clefs du triumvirat – Kahr, Seisser et Lossow.

Mais il se heurta alors à un problème : aucun des trois hommes n'était enthousiaste à l'idée de soutenir la cause nazie. Il fallut l'arrivée de Ludendorff pour qu'ils donnent enfin leur accord, du bout des lèvres. Hitler, qui avait mélodramatiquement annoncé à Kahr et à ses collègues qu'il se suiciderait en cas d'échec du coup d'État, quitta les lieux pour essayer de trouver, ailleurs dans Munich, d'autres soutiens, laissant le Bürgerbräukeller sous le contrôle de Ludendorff. Ce dernier – en officier de la vieille école qu'il était – décida alors de relâcher Kahr, Seisser et Lossow, fort de leur parole d'honneur de soutenir la révolution. Ce fut une erreur catastrophique : à son retour au Bürgerbräukeller plus tard dans la nuit, Hitler découvrit que les trois hommes avaient disparu. Ils désavouaient maintenant tous les trois leur soutien et œuvraient activement contre le putsch inspiré par les nazis.

Aucune stratégie pour la révolution n'avait été totalement élaborée, si bien qu'une marche à travers Munich fut rapidement improvisée le lendemain, après le pillage, par un groupe de nazis, d'une usine où l'on imprimait des billets de milliards de marks. Emil Klein, qui y participa, se rappela que des coups de feu fusèrent quand les partisans des nazis, près du mémorial de la guerre sur la Feldherrnhalle au centre de Munich, se retrouvèrent face aux forces de sécurité bavaroises. « Le premier souci : Hitler est-il blessé ? dit Emil Klein, Ludendorff est-il blessé ? Et tout le monde s'égailla. Quand il y a des coups de feu, il est normal de se mettre à l'abri. Nous étions des SA entraînés qui savaient quoi faire en cas de fusillade. [...] Puis les gens se redressèrent et commencèrent à regarder ce qui se passait autour d'eux. Il régnait un véritable désordre, en partie parce que les masses qui étaient là – en uniforme – ne savaient pas ce qui arrivait. Mais il y avait une chose que nous savions. Kahr avait trahi ses engagements. Il ne tenait pas parole. Kahr et ses collègues avaient serré la main pour sceller l'accord, mais ce dernier était rompu car, de toute évidence, ils avaient abandonné Hitler[89]. »

Au milieu de l'échange de coups de feu qui eut lieu à la Feldherrnhalle – et nul ne sait exactement qui commença à tirer – l'homme qui était à côté d'Hitler, Erwin von Scheubner-Richter, fut tué d'une balle. Hitler plongea à terre – ce que ses détracteurs interprétèrent par la suite comme une preuve de sa lâcheté[90]. Mais Emil Klein les dément vigoureusement, le décrivant comme « toujours »

89. Témoignage inédit.

90. Voir, par exemple, Otto Strasser, *Hitler et moi*, *op. cit.*, p. 54.

brave et courageux. « J'étais toujours stupéfait de voir qu'Hitler n'avait pour l'accompagner dans ses déplacements que deux gardes du corps, [et] quand il faisait des trajets en voiture, c'était toujours dans une voiture ouverte. »

Ludendorff manifesta lui aussi sa bravoure en franchissant les cordons de police et en parvenant de l'autre côté indemne. Mais seize des compagnons d'Hitler furent tués ce jour-là, ainsi que quatre policiers bavarois. Il y eut un grand nombre de blessés – dont Hermann Göring, atteint à l'aine. On l'aida à quitter la Feldherrnhalle et, après des soins sommaires, on lui fit traverser clandestinement la frontière autrichienne vers un hôpital d'Innsbruck.

Hitler fut arrêté deux jours plus tard. Il avait épouvantablement mal organisé l'ensemble de l'opération, depuis son incapacité à s'assurer que Kahr, Seisser et Lossow étaient bien retenus par les conjurés après la prise d'assaut du Bürgerbräukeller jusqu'à l'absence de tout plan cohérent sur la marche à suivre si les dirigeants bavarois ne se montraient pas très enthousiastes vis-à-vis du putsch. En outre, il n'avait pas tenu sa promesse de se suicider en cas d'échec de la révolution, puisqu'il était maintenant sous la garde des autorités bavaroises, dans l'attente de son procès. Ce n'était guère le comportement d'un « héros charismatique ».

Le procès d'Hitler s'ouvrit le 26 février 1924 à Munich. D'un bout à l'autre il adopta une stratégie jugée, à l'extérieur, à haut risque – non content d'admettre ce qu'il avait fait, il s'en glorifia. Il déclina publiquement devant la cour la manière dont il concevait son rôle dans le combat à venir. « J'ai résolu d'être le fossoyeur du marxisme », annonça-t-il. Et, tout en reconnaissant qu'il avait naguère été un simple « tambour », il « réclama pour lui-même la première place dans la lutte politique ». Il se présenta donc comme le « héros » qui sauverait l'Allemagne : « J'ai exigé que la direction de l'organisation à laquelle nous aspirons tous et à laquelle, intérieurement, vous aspirez tout autant, revienne au héros qui, aux yeux de toute la jeunesse allemande, est appelé à occuper cette fonction[91]. »

Les sympathisants bavarois d'Hitler virent dans cette conduite la preuve de la force de caractère de leur chef. « Je me suis dit qu'il s'en sortait bien et qu'il avait eu une attitude convenable devant la cour, dit Emil Klein. Il est important pour un homme de se défendre lui-même, peu importe qu'il commette des erreurs et j'ai eu l'impression que, lors de ce procès, Hitler se défendait lui-même[92]. » Le procès fut largement suivi par la presse et, dans toute l'Allemagne, un grand nombre de personnes entendirent parler d'Hitler pour la première fois. Beaucoup en vinrent à la même conclusion qu'Emil Klein : qu'il était un homme intègre, brave et courageux – un « héros charismatique » en fait. Un jugement qui s'explique en grande partie par l'attitude provocante d'Hitler lors du procès, qui effaça l'irréfutable évidence que le coup d'État en lui-même avait été catastrophiquement mal préparé.

---

91. Albert Tyrell, *Führer befiehl... Selbstzeugnisse aus der « Kampfzeit » der NSDAP, Dokumentation und Analyse*, Düsseldorf, 1969, p. 281-283. Tyrell cite des extraits de *Der Hitler Prozess vor dem Volksgericht in München*, 2e partie, Munich, 1924 : voir les mots de conclusion d'Hitler p. 85-91. Traduction anglaise dans J. Noakes et G. Pridham, *Nazism 1919-1945*, vol. 1, Exeter University Press, 1983, p. 35.

92. Témoignage inédit.

Mais Hitler savait en fait, avant de prendre la parole au procès, que, selon toute vraisemblance, les juges ne s'acharneraient pas sur lui. Le juge qui présidait les audiences, Georg Neithardt, avait déjà montré dans une affaire précédente[93] qu'il était très bien disposé envers la cause nazie. Par ailleurs, Hitler était conscient de disposer de révélations potentiellement embarrassantes sur Kahr et les autorités bavaroises. Kahr lui-même n'avait-il pas accepté de participer à cet acte de « haute trahison » devant son auditoire du Bürgerbräukeller ?

Ceux qui étaient au courant ne furent guère surpris par la clémence de la cour. Le *London Times* rapporta que « Munich ironis[ait] sur le verdict », qui prouvait que « conspirer contre la constitution du Reich n'est pas considéré comme un crime grave en Bavière[94] ».

Hitler écopa de la peine minimum – cinq ans – avec une forte probabilité d'être de retour dans les rues de Munich bien plus tôt. Entre-temps, il sut profiter de son séjour en prison. Car il passa ses journées d'incarcération à comploter sur la meilleure manière de se présenter – sans équivoque – comme le « héros » investi de la « mission » de sauver l'Allemagne.

93. En janvier 1922, Neithardt, en sa qualité de juge au procès d'Hitler et d'autres nazis accusés de bagarre à la brasserie Löwenbräu de Munich au mois de septembre précédent, avait écrit à la juridiction supérieure pour lui recommander d'être indulgente envers Hitler. Voir Laurence Rees, *Ils ont vécu sous le nazisme*, *op. cit.*, p. 32.

94. *The Times*, 2 avril 1924.

4

Développer une vision

Pour être perçu comme véritablement charismatique, un dirigeant politique doit posséder une vision cohérente de l'avenir – autrement dit de ce que devrait être le monde –, née d'une perception particulière de la réalité. Comme l'a écrit Max Weber, il ne doit pas seulement être un « héros » mais aussi un « prophète »[95]. En 1924, Hitler tenta d'exposer sa légitimité à être considéré comme tel dans *Mein Kampf* (*Mon combat*) et, malgré la violence de l'ouvrage et son style épouvantable, *Mein Kampf* est d'une importance primordiale pour qui veut comprendre d'où il a tiré son charisme.

Hitler avait été confronté trois ans plus tôt à des problèmes lorsque de hauts dirigeants du Parti nazi avaient caressé l'idée d'une association avec le professeur Dickel, l'auteur de *La Résurrection de l'Occident*. Et même s'il avait triomphalement balayé cette contesta-

95. Max Weber, *Économie et société*, 1, *Les Catégories de la sociologie*, *op. cit.*, p. 325.

tion, dont il était ressorti avec une autorité renforcée, sans doute avait-il gardé un souvenir cuisant de la façon dont l'indigence de sa pensée politique avait été révélée par un « intellectuel ». L'ambition de *Mein Kampf* était de montrer qu'Hitler n'était plus un simple agitateur de brasserie, mais un penseur politique capable de développer une vision de grande envergure.

Le livre expose de fait une conception du monde qui, tout horrifiante qu'elle soit, est cohérente. Pour Hitler, nous vivons dans un univers froid où la seule constante est le combat. Tout homme qui ne peut vaincre mérite de mourir. Il n'y a pas de structure morale derrière la dure réalité de la lutte pour la suprématie. « Que celui qui veut vivre combatte donc, dit Hitler. Celui qui se refuse à lutter dans ce monde où la loi est une lutte incessante ne mérite pas de vivre[96]. »

Le grand absent de *Mein Kampf* – et c'est un fait qui n'a pas été suffisamment souligné –, c'est le christianisme. L'Allemagne était une société chrétienne depuis plus d'un millénaire, et la croyance en un Dieu chrétien et une rédemption chrétienne après la mort avaient jusqu'alors été essentielles pour des millions d'Allemands. Mais *Mein Kampf* ne présente pas grand-chose qui vienne à l'appui de cette foi consolante. Hitler devait plus tard infléchir sa rhétorique sur la religion pour s'adapter aux circonstances, mais sa conviction fondamentale s'exprime ici. Même si une unique phrase de *Mein Kampf* avertit que, « d'après les conceptions aryennes, on ne peut se représenter une religion à laquelle manquerait, sous une forme quelconque, la conviction que l'existence d'un

96. Adolf Hitler, *Mon combat*, *op. cit.*, p. 288.

homme continue après la mort[97] », l'idée qui sous-tend l'ouvrage est celle d'un sombre nihilisme. Hitler n'entre jamais dans les détails de ce que pourrait être une forme quelconque de vie après la mort – pas plus qu'il ne précise s'il y croit personnellement. L'interprétation la plus cohérente de *Mein Kampf* est donc que, si Hitler était prêt à croire en un Dieu créateur initial, il n'acceptait pas la vision chrétienne classique du paradis et de l'enfer, ni la survie d'une « âme » individuelle – une lecture qui, nous le verrons, est corroborée par bon nombre de ses propos ultérieurs tenus en privé sur le sujet[98]. Pour Hitler, il y a peu d'espace pour la personnalité individuelle au-delà de l'expérience de l'ici et maintenant. Nous sommes des animaux et, exactement comme des animaux, nous sommes confrontés à l'alternative de détruire ou d'être détruits.

Hitler met l'accent sur la nature animale de la vie humaine avec force détails crus et désespérés. Ernest Becker, qui devait étudier les conséquences de ce type de croyance quelque cinquante ans plus tard dans un essai pour lequel il reçut le prix Pulitzer, *Le Déni de la mort*, pose la question suivante : « Que devons-nous faire d'une création dans laquelle l'activité de routine des organismes est de déchiqueter les autres avec des dents de toutes sortes – mordant, mastiquant la chair, les tiges des plantes, les os entre les molaires, engloutissant [tout cela] avec avidité et avec délice dans le gosier, incorporant leur essence dans notre propre organisation, et excrétant ensuite les résidus dans une odeur nauséabonde et des émanations de gaz. Chacun cher-

97. *Ibid.*, p. 306.
98. Voir p. 194.

chant à se saisir de ceux des autres qui sont comestibles pour lui et à les incorporer[99]. »

Hitler aurait très certainement souscrit à la vision que Becker exprime ici, à ceci près que, s'il définissait lui aussi la vie par le fait que les forts « déchiquettent » les faibles, il se serait inscrit en faux contre la conclusion de Becker. Pour ce dernier, c'est, pour la conscience humaine, un fardeau trop lourd à porter que de concevoir un monde dans lequel l'individu doit inévitablement s'éteindre après une vie de combat animal : « [...] On peut se représenter à quel point cette situation est impossible pour un animal. Je pense que ceux qui supposent qu'une compréhension pleine et entière par un individu de ce qu'est sa condition humaine le rendrait fou ont raison, littéralement raison[100]. » Hitler, lui, trouvait tonifiante la certitude que la vie consiste essentiellement en la destruction des faibles par les forts, et cela parce qu'il adhérait à la conception darwinienne de la race. Ce n'était pas seulement qu'un individu fort devait détruire un individu faible, mais des groupes raciaux entiers devaient s'unir pour éliminer d'autres races. La race « aryenne », écrivait-il, est une race « supérieure » à l'origine de « toute la civilisation humaine »[101]. On trouve au cœur de ce message l'idée que la vie individuelle n'a de sens que parce que l'individu fait partie d'une « race ». C'est en se subordonnant au bien de la « communauté » raciale que les individus mènent la meilleure vie. Toute vie a donc un sens –

99. Ernest Becker, *The Denial of Death*, Free Press Paperbacks, 1997, p. 282.

100. *Ibid.*, p. 27.

101. Adolf Hitler, *Mon combat*, *op. cit.*, p. 290.

il se peut que vous ne viviez pas bien la vôtre en tant qu'individu ; mais, si vous la menez comme il faut, alors la communauté raciale à laquelle vous appartenez prospérera après votre mort.

Pour Hitler, le Juif était le principal adversaire dans cette lutte pour la suprématie. *Mein Kampf* ruisselle de haine à presque chaque paragraphe, mais réserve aux Juifs ses pires éructations. « Il [le Juif] est et demeure le parasite type, écrit Hitler, l'écornifleur qui, tel un bacille nuisible, s'étend toujours plus loin, sitôt qu'un sol nourricier l'y invite[102]. » Et, sans appeler au meurtre de tous les Juifs, il signifie clairement que le « sacrifice » de soldats allemands au front pendant la Première Guerre mondiale « n'eût pas été vain » si « l'on avait [...] tenu douze ou quinze mille de ces Hébreux corrupteurs du peuple sous les gaz empoisonnés[103] ». Hitler, qui liait le judaïsme au marxisme, prétendait que le « destin » appelait le peuple allemand à coloniser des territoires en « Russie » et « dans les pays limitrophes qui en dépendent »[104]. Il conjurait ses lecteurs de ne « jamais oublier que les gouvernants de la Russie actuelle ne sont que de vulgaires criminels tout souillés de sang[105] ».

Hitler était arrivé à cette vision sombre et violente sous l'influence de tout un éventail de sources différentes. Aux théoriciens du darwinisme social il empruntait l'idée que l'essence de la vie est la lutte ; à Arthur de Gobineau, l'auteur de l'*Essai sur l'inégalité*

102. *Ibid.*, p. 304.
103. *Ibid.*, p. 677.
104. *Ibid.*, p. 653.
105. *Ibid.*, p. 659.

des races humaines (1853), et à ses épigones, il reprenait la notion de la supériorité de la race aryenne ; les événements sur le front oriental vers la fin de la Première Guerre mondiale – quand l'Allemagne s'était emparée de terres cultivables de la naissante Union soviétique (des terres qui avaient été perdues pour l'Allemagne à la fin du conflit) – lui avaient donné l'idée de créer un empire à l'est ; et Alfred Rosenberg, nazi né dans les États baltes, lui avait révélé la nature du lien entre judaïsme et bolchevisme. Puis il avait mélangé tous ces ingrédients nauséabonds pour en faire une philosophie particulièrement puissante et mortelle de son cru. Ses idées étaient maintenant arrêtées.

Hitler développait l'argumentation suivante : la vie était une lutte entre les races pour l'espace vital ; or les Juifs représentaient le plus grand danger pour la race aryenne sur le chemin de la victoire ; l'Union soviétique était dirigée par des Juifs ; et l'Union soviétique possédait les terres cultivables de première qualité dont les Allemands aryens avaient besoin. Donc, créer un empire allemand aryen dans les territoires cultivables riches de l'ouest de l'Union soviétique résoudrait trois problèmes à la fois : cela anéantirait la menace bolchevique, celle des Juifs et donnerait à l'Allemagne un *Lebensraum*, un précieux « espace vital ».

Chaque élément de ce raisonnement étayait l'autre – ce qui conférait à l'argumentation d'Hitler une grande solidité. Il suffisait de contester l'idée d'une menace constituée par les Juifs ou leur mainmise sur l'Union soviétique, ou n'importe quel autre aspect de la pensée politique d'Hitler pour se retrouver tout bonnement disqualifié comme étant « dans l'erreur » et incapable de voir ce qu'on avait sous les yeux. Mais, une fois qu'on acceptait un élément, on se voyait embarqué sur un manège tournant où chaque idée conduisait à une autre.

Enveloppé dans cette vision centrale de haine, de lutte et de conquête, Hitler essayait de donner une cohérence à son autobiographie, pour démontrer la consistance de ses idées tout au long de son existence. Mais, comme nous l'avons déjà vu, et comme la recherche historique de ces vingt dernières années l'a mis en évidence, les sections autobiographiques n'étaient globalement qu'une tentative grossière de réinterprétation. Hitler n'avait jamais été, avant 1919, aussi ferme sur ses positions qu'il le prétendait dans *Mein Kampf*.

Mein Kampf n'en reste pas moins un ouvrage extraordinaire, notamment parce que rien ne prouve que la grande majorité des Allemands souscrivaient alors aux deux piliers qui étayaient la vision d'Hitler : la persécution inconditionnelle des Juifs et la nécessité de s'emparer, pour les coloniser, des régions occidentales de l'Union soviétique. Après tout, l'idée de « coloniser » une partie de l'Union soviétique ne devait-elle pas inévitablement conduire à une nouvelle guerre ?

Quelle sorte d'homme politique adopte des idées politiques qui le rendent inéligible ? Un homme politique de *conviction*, pourrait-on penser – quelqu'un qui cherche d'abord à exposer sa doctrine même si elle paraît peu séduisante puis à persuader le grand public de lui apporter son soutien. Mais ce n'est pas ce qui arriva ici. À partir de 1929, lorsque le Parti nazi acquit une chance de percée politique, Hitler veilla soigneusement à ne pas appuyer sur ces deux objectifs. Il restait antisémite, bien sûr, et sa haine de l'Union soviétique n'avait pas faibli ; mais, tout en ne reniant jamais publiquement ses convictions, il s'employa à mettre l'accent sur d'autres idées plus populaires – comme le rejet des traités de paix conclus à la fin de la Première Guerre mondiale ou l'appel à une nouvelle Allemagne unie, fondée sur un sentiment de fraternité et de camaraderie.

Mein Kampf n'en existait pas moins, et quiconque s'intéressait aux opinions d'Hitler pouvait le lire. Ce n'est pas une surprise cependant que bon nombre de sympathisants nazis aient assuré qu'ils ne croyaient pas qu'Hitler pensait « littéralement » ce qu'il avait écrit. Johannes Zahn, un économiste qui apporta son soutien à certains aspects de la politique nazie, expliqua que « lire *Mein Kampf* était exactement comme de croire aux commandements de la Bible. Ce sont des commandements, mais personne ne croit qu'ils seront satisfaits à cent pour cent[106] ». Pour le diplomate Manfred von Schröder, *Mein Kampf* était un livre qu'on négligeait facilement : « Personne n'y voyait une quelconque importance. Un ouvrage écrit par un jeune homme – que penseraient les hommes politiques aujourd'hui de ce qu'ils ont écrit il y a vingt ans ? Personne ne l'a donc pris au sérieux. Je l'ai probablement lu quand j'étais étudiant, je ne l'ai pas trouvé très intéressant et en conséquence je n'ai plus jamais ouvert ce livre. Certains l'ont peut-être fait mais pas nous[107] ». Herbert Richter, qui, après avoir combattu pendant la Première Guerre mon-

106. Témoignage inédit.

107. Laurence Rees, *Ils ont vécu sous le nazisme*, *op. cit.*, p. 91. [Mais le témoignage n'y est pas cité au complet. Voir Laurence Rees, *Their Darkest Hour*, Ebury Press 2007, p. 206 (*NdT*).]

diale, entra ensuite au ministère allemand des Affaires étrangères, avoue qu'il avait commencé à le lire mais l'avait trouvé trop dingue pour continuer sa lecture : « C'était le cas de la plupart des gens éduqués[108]. »

De tels commentaires, datant de l'après-guerre, donnent bien sûr l'impression d'être destinés à dédouaner ceux qui les ont formulés. Mais il n'en est pas moins exact que de nombreux lecteurs de l'époque trouvèrent *Mein Kampf* difficile à lire, sinon illisible. Benito Mussolini, par exemple, le jugea si ennuyeux qu'il renonça à aller jusqu'au bout[109]. L'on doit en outre être prudent et considérer que le chapitre où Hitler parle de « gaz toxique » à propos des Juifs est à mettre en perspective de tant d'autres pages débordantes de haine généralisée, qui certes appelaient entre autres à persécuter les Juifs et à les dépouiller de leur citoyenneté, mais non pas de les livrer au meurtre de masse.

En revanche, si rien ne prouve que la plupart des Allemands auraient adhéré dans les années 1920 aux croyances manifestement délirantes qu'Hitler expose dans *Mein Kampf*, bien des indices nous donnent à entendre que nombre d'entre eux, tel Johannes Zahn, pensaient que l'influence juive « allait trop loin » en Allemagne et d'autres, tel Herbert Richter, que les conditions de l'armistice à la fin de la Première Guerre mondiale avaient été trop sévères pour les Allemands et que les territoires perdus – en particulier à l'est – devaient leur être restitués. Ainsi, en appelant à la per-

---

108. Témoignage inédit.

109. Denis Mack Smith, *Mussolini [Mussolini : A Biography]*, traduit de l'anglais par B. Gyr, Flammarion, 1985, p. 217.

sécution des Juifs et à l'accaparement de terres en Union soviétique, Hitler exprimait de façon extrémiste des croyances qui existaient chez bien des Allemands sous une forme plus modérée[110].

Il est pourtant difficile de lire aujourd'hui *Mein Kampf* sans penser que c'est le livre d'un esprit obsessionnel, presque dérangé. C'est en partie dû à l'esprit de violence qui l'imprègne. « Le fait que tous ses desseins, et même ses amitiés, sont marqués par l'effusion de sang, écrivait Karl Heiden, voilà ce qui donne à sa politique étrangère sa portée sinistre. Qu'il parle d'art, d'éducation, d'économie, il voit toujours du sang[111]. » L'énorme ambition de *Mein Kampf* ainsi que sa suffisance n'en sont pas moins évidentes. Hitler était un terroriste de trente-cinq ans qui venait d'être condamné pour avoir pris la tête d'une petite bande de fidèles dans une tentative désespérée de révolution en Bavière. Pourtant il commet là un livre dont le propos est, en grande part, de proposer une politique étrangère pour l'Allemagne, un des États les plus importants d'Europe. Fait significatif, Hitler ne reconnaît à presque personne d'autre qu'à lui le mérite de la fondation du Parti nazi. Il se présente non seulement comme le centre des événements, mais comme leur seul moteur. « La réunion du théoricien, de l'organisateur et du *Führer* en une seule personne est la plus rare qu'on puisse trouver sur cette terre, écrivait-il : cette réunion produit le grand homme[112]. » Et il ne fait

110. Voir l'opinion du professeur Browning, p. 48-49.

111. Konrad Heiden, introduction à *Mein Kampf* d'Adolf Hitler, *op. cit.*, p. xx.

112. Adolf Hitler, *Mon combat*, *op. cit.*, p. 576-577.

en l'occurrence aucun doute qu'Hitler voulait désormais convaincre le monde qu'il était lui-même ce « grand homme ».

Publié en deux volumes, le premier en 1925 et le second l'année suivante, *Mein Kampf* ne fut pas un best-seller – du moins au début. En 1929, moins de 15 000 exemplaires du second volume avaient été vendus. Seul le succès électoral d'Hitler le propulsa dans la stratosphère éditoriale, avec dix millions d'exemplaires vendus dans l'unique Allemagne en 1945[113].

Hitler fut libéré de la prison de Landsberg peu après midi, le 20 décembre 1924. Il n'avait purgé qu'une partie de sa peine de cinq ans de prison. Le procureur de l'État de Bavière s'était opposé à cette libération conditionnelle anticipée, mais la Cour suprême bavaroise ne l'avait pas suivi et avait ordonné sa libération.

Pendant la courte absence d'Hitler, le Parti nazi avait commencé à se désagréger. Alfred Rosenberg, qu'il avait choisi pour superviser le mouvement nazi pendant son incarcération, s'était montré incapable de contrôler les différentes factions. La nomination par Hitler, pour le remplacer, de cet homme faible et à l'esprit scolaire est un des premiers exemples de son désir de ne jamais laisser quiconque devenir un rival sérieux – même si cela impliquait que le candidat qu'il avait retenu serait inapte à accomplir la tâche qui lui était confiée.

À sa sortie de Landsberg, Hitler était le chef incontesté non seulement du Parti nazi, mais même de la plus grande partie de la droite *völkisch*. Il était désormais convaincu que les nazis devaient suivre une nouvelle

113. Ian Kershaw, *Hitler : Hubris*, *op. cit.*

voie pour prendre le pouvoir – celle des urnes[114]. Il le dit lui-même dans une formule restée fameuse : « Les abattre à coups de bulletins de vote prendra plus de temps que les abattre à coups de fusil, mais au moins le résultat sera garanti par leur propre constitution ! »

Cependant, si, à sa sortie de prison, il avait le droit de refonder le Parti nazi, Hitler était placé sous le coup d'une interdiction personnelle de prendre la parole publiquement dans presque toute l'Allemagne. Mais ses rivaux politiques semblaient se volatiliser. En mars 1925, son partenaire de naguère dans le putsch de la Brasserie, Erich Ludendorff, se présenta aux élections présidentielles allemandes – et sa candidature fut un désastre : il emporta à peine plus de 1 % des suffrages. Ludendorff était détruit comme force politique. Désormais, nul ne parlerait plus d'Hitler comme d'un second couteau de Ludendorff.

Hitler travailla à consolider sa propre position de chef. Et, à cet égard, la plus grande contestation qu'il eut à surmonter, dans ces mois immédiatement consécutifs à sa libération, vint de Gregor Strasser. À la demande d'Hitler, Gregor Strasser avait quitté sa pharmacie en Bavière pour s'installer dans le nord de l'Allemagne où il devait aider à organiser le Parti nazi. Strasser saisit l'occasion pour engager un débat au sein de ce satellite septentrional sur le contenu précis du programme politique nazi. Les discussions virent s'impliquer un des jeunes partisans de Strasser, du nom de Joseph Goebbels, un membre relativement nouveau du parti – il l'avait rejoint seulement à la fin de 1924 –, titulaire d'un doctorat en littérature allemande.

114. Kurt Lüdecke, *I Knew Hitler*, *op. cit.*, p. 217-218.

Strasser n'était pas en train d'essayer de le supplanter à la tête du Parti, mais son initiative fut perçue par Hitler comme presque aussi dangereuse. L'enjeu du litige n'était pas de déterminer si les nazis devaient avoir une approche plus socialiste – motif apparent de la division entre Strasser et Hitler –, mais la question plus large de savoir si le NSDAP était un parti politique « normal » qui admettait le débat interne ou bien un « mouvement » mené par un unique dirigeant charismatique.

Hitler dut faire face à un autre problème : le désaccord très profond qui régnait manifestement, en dehors de lui, entre Strasser et les autres dirigeants du Parti nazi en Allemagne du Nord et la direction de Munich. Et la façon dont il s'y prit pour gérer cette querelle est une des premières illustrations de sa méthode favorite pour résoudre les conflits entre les ténors du parti. Sa technique – à laquelle il resta fidèle aussi longtemps qu'il le put – était de ne rien faire. Il se rendait compte intuitivement que de sévir d'un côté ou de l'autre ne servirait qu'à s'aliéner la faction déçue. Cela heurtait sa conviction profonde qu'il fallait laisser les gens se battre entre eux pour régler leurs problèmes et l'inaction convenait également à son indolence naturelle. En fin de compte, devait-il penser, qu'importe que Gregor Strasser et quelques autres nazis au Nord ne puissent pas supporter Julius Streicher et Hermann Esser en Bavière ?

Mais cette indifférence disparaissait en un tournemain si Hitler sentait que son autorité personnelle de dictateur absolu du Parti nazi était mise en cause. Et c'est ce qui arriva en novembre 1925 quand le groupe nordiste des dirigeants nazis demanda à Gregor Strasser de suggérer des amendements au programme politique qu'Hitler et

Drexler avaient conçu en 1920. Strasser fut heureux de leur offrir ce service, mais certaines des nouvelles mesures proposées – comme la redistribution des terres – allaient à l'encontre du désir d'Hitler de rendre le Parti nazi plus attirant pour le monde des affaires. Aussi Hitler convoqua-t-il une conférence extraordinaire du parti le 14 février 1926 à Bamberg dans le nord de la Bavière. Strasser et Goebbels y assistèrent, de même que les membres munichois du parti qui lui étaient dévoués, dont Esser, Streicher et Feder.

Hitler, typiquement, ne s'engagea pas dans un débat avec Strasser. Il garda la parole pendant deux heures pour exposer en termes didactiques son opposition immuable – et par conséquent celle du Parti nazi – à toutes les reconsidérations politiques proposées par Strasser et les siens. Goebbels était « comme assommé », contrarié non seulement par l'idée d'Hitler que la tâche du nazisme était de détruire le communisme – Goebbels voulait travailler avec les Soviétiques contre ce qu'il percevait comme la puissance juive à l'ouest –, mais aussi par la manière dont la réunion se déroula. Hitler parla, ses partisans approuvèrent, il y eut un rapide échange de vues, Strasser s'exprima brièvement, et on en resta là. Le programme du parti resta mot pour mot celui qui avait été rédigé en 1920.

Goebbels écrivit qu'il avait l'impression que Strasser et lui n'étaient pas « à la hauteur de ces porcs d'en face » et qu'il avait vécu « une des plus grandes déceptions de sa vie », si bien « qu'il ne pourrait jamais plus croire entièrement en Hitler[115] ». Il « désespérait ».

115. Journal de Goebbels, entrée du 15 février 1926. Sauf mention différente indiquée en note, toutes les entrées du journal de

Mais il avait également le sentiment qu'Hitler avait été quelque part forcé par ceux qui occupaient des positions de direction dans le parti à Munich et que Strasser et les siens n'avaient d'autre solution que de lui parler directement.

L'impression de Goebbels que les problèmes ne pourraient être résolus qu'à la condition qu'Hitler puisse être vu à part de ses conseillers « voyous » illustre bien une attitude qui allait se banaliser dans l'État nazi. Ce sentiment que « si Hitler savait » alors tout s'arrangerait deviendrait une soupape de sûreté vitale pour un régime qui détournait ainsi les critiques de la tête du chef. Mais ce qui est curieux, c'est que Goebbels exprime cet état d'esprit non seulement à une période très précoce du développement du Parti nazi, mais même directement devant la preuve flagrante du contraire. Ce n'étaient pas des « voyous » du parti qui, à Bamberg, avaient sermonné Strasser et Goebbels sur leurs conceptions erronées, mais Hitler lui-même. Comment Goebbels pouvait-il penser que lui parler directement aurait eu le moindre effet ? Adolf Hitler,

---

Goebbels sont tirées de Elke Fröhlich (éd.), *Die Tagebücher von Joseph Goebbels*, en trois parties (1923-juin 1941, 9 volumes, puis juillet 1941-avril 1945, 15 volumes, et trois volumes d'index et de notes), Munich, 2004-2008. Ici *1923-1941*, vol. I/II, décembre 1925-mai 1928, Munich, 2005. [La traduction française en 4 volumes est incomplète ; nous y renvoyons quand les passages ici cités sont traduits. Voir Joseph Goebbels, *Journal* ; traduit de l'allemand par Denis-Armand Canal, Hélène Thiérard et Dominique Viollet ; texte présenté par Elke Frölich et Horst Möller ; établi et commenté par Pierre Ayçoberry, Tallandier, 2006, vol. 1, 1923-1933, p. 153 (*NdT*).]

même à ce stade, était la dernière personne au monde susceptible de changer d'avis sur un sujet, quel qu'il soit, s'il le jugeait important.

La réponse, à coup sûr, est que Goebbels projetait sur le personnage d'Adolf Hitler ce qu'il voulait y voir. Il avait conscience de faire partie d'une structure politique qui reconnaissait une autorité absolue à son chef, si bien que la seule façon de changer la politique du parti était de croire qu'il était possible de changer l'opinion du chef.

Hitler le comprit. Et il était désireux de réparer le moindre accroc porté à ses relations avec Goebbels, parce que, de toute évidence, il avait identifié la valeur potentielle pour le Parti nazi de cet intellectuel radical de vingt-sept ans. Aussi lui écrivit-il en avril 1926 pour lui demander de venir à Munich et d'y faire un discours. En suite de quoi, Goebbels changea diamétralement d'attitude envers Hitler, et ne fit plus aucun effort pour le convaincre de modifier son opinion sur les questions clefs de politique qui avaient causé tant de désordre lors de la conférence de Bamberg. À l'inverse, il se plongea avec délices dans ce qu'il interpréta comme le charisme d'Adolf Hitler. « Je l'aime, écrivit-il dans son journal. Il a pensé tout cela. Un esprit si étincelant peut être mon chef. Je me prosterne devant le plus grand – le génie politique[116]. » Peu après, il écrivit : « Adolf Hitler, je vous aime parce que vous êtes grand et simple à la fois. C'est ce que l'on appelle un génie[117]. »

---

116. *Ibid.*, entrée du 13 avril 1926.
117. *Ibid.*, entrée du 19 avril 1926.

Les détracteurs de Goebbels[118] soutenaient que, s'il avait maintenant changé d'avis à propos d'Hitler, c'était qu'il avait été séduit par le sens du privilège et du pouvoir qui émanait du Parti nazi de Munich – et en particulier d'Hitler – par comparaison avec le groupe de Strasser dans le Nord. Mais les journaux de Goebbels et ses actes à cette époque invitent clairement à une autre interprétation, fondée sur son acceptation sans réserve de la croyance que le Parti nazi n'était pas un parti politique mais un « mouvement » et qu'Hitler était moins un dirigeant politique qu'un prophète quasi religieux. Goebbels avait pris la décision d'abandonner les débats de Strasser sur les détails du programme politique, pour placer sa foi dans le jugement d'Hitler sur tous les sujets d'importance.

Il est capital de prendre en compte le paramètre de la « foi » pour comprendre les actes des membres du Parti nazi à cette époque – comme Hitler lui-même devait le préciser en 1927 : « Soyez-en sûrs, nous plaçons la foi au premier rang et non la connaissance ! On doit pouvoir croire en une cause. La foi seule crée l'État. Qu'est-ce qui pousse les hommes à aller se battre et mourir pour des idées religieuses ? Non pas la connaissance, mais la foi aveugle[119]. » En rappelant avec insistance l'importance vitale de la foi, il faisait écho aux idées de Benito Mussolini qui avait écrit en 1912 : « Nous voulons croire, nous devons croire ;

---

118. Notamment Otto Strasser. Voir *Hitler et moi*, *op. cit.*, p. 100.

119. Uriel Tal, *Political Faith of Nazism Prior to the Holocaust*, Tel Aviv University, 1978, p. 30.

l'humanité a besoin d'un credo. La foi déplace les montagnes parce qu'elle nous donne l'illusion que les montagnes se déplacent. Cette illusion est peut-être la seule chose réelle dans la vie[120]. »

Rudolf Hess, qui faisait à l'époque partie du cercle des plus proches d'Hitler, nota lui aussi qu'il était important de faire naître dans le cœur des sympathisants du nazisme un sentiment de l'engagement qui aille très au-delà de ce qui est normalement attendu dans un parti politique traditionnel. « Le grand chef populaire, écrivit-il en 1927, est comme le fondateur d'une religion : il doit communiquer à ses auditeurs une foi apodictique. Alors seulement, on pourra conduire la masse des fidèles là où il faut les conduire. Alors, ils suivront aussi le chef en cas de revers. Mais alors seulement – s'il leur a communiqué une foi inconditionnelle dans la valeur absolue de leur peuple. » Il remarqua aussi qu'Hitler « ne doit pas peser le pour et le contre comme un universitaire, il ne doit jamais laisser à ses auditeurs la liberté de penser que quelque chose d'autre est juste[121] ».

Lorsque Hess exprima ces idées, cela faisait longtemps qu'Hitler s'en inspirait pour agir. Hitler était naturellement enclin à manifester un grand nombre des qualités que Hess attendait d'un « grand dirigeant

---

120. John Whittam, « Mussolini and The Cult of the Leader », *New Perspective*, vol. 3, n° 3, mars 1998.

121. En anglais dans Ian Kershaw, *Le Mythe Hitler : image et réalité sous le IIIe Reich [The Hitler Myth]*, traduit de l'anglais par Paul Chemla, Paris, Flammarion, 2008, p. 38-39. Également cité par Albert Tyrell, *Führer befiehl... Dokumentation und Analyse*, *op. cit.*, p. 173.

populaire ». Et la première d'entre elles était, comme il l'avait montré à Goebbels lors de la conférence de Bamberg, sa confiance absolue dans la justesse de ses propres jugements. Mais il alliait ce sentiment à la certitude non moins forte que les événements tourneraient un jour à l'avantage des nazis. En bref, le message le plus important qu'il désirait transmettre à ses partisans était la nécessité de « garder la foi ».

D'évidence, tous les partisans d'Hitler ne l'acceptaient pas. C'était le cas de Gregor et d'Otto Strasser. Et l'insistance que mit Gregor à traiter Hitler comme un dirigeant politique « normal » et à remettre ouvertement en cause son jugement devait conduire à de nouveaux conflits. Mais la majorité des sympathisants qui entrèrent dans le Parti nazi à cette date n'eurent guère d'autre choix que de calquer leur attitude sur celle qu'adopta Goebbels au terme des moments passés avec Hitler à la suite de la rencontre de Bamberg. La structure et les systèmes du parti étaient maintenant bétonnés – et tous regardaient dans une seule et même direction, à savoir Hitler en dirigeant qui « ne laisserait jamais à son auditoire la liberté de penser que quelque chose d'autre est juste ». Pour reprendre la formule d'Ernest Becker, les partisans nazis reçurent une « idéologie de rédemption garantie et collective[122] » contre leur acceptation de la toute-puissance d'Hitler.

Hitler – en grande partie parce qu'il ne paraissait plus présenter de menace – avait vu son interdiction de parole progressivement levée dans toute l'Allemagne ; à commencer par la Saxe en janvier 1927, puis la

122. Ernest Becker, *Denial of Death*, *op. cit.*, p. 193.

Bavière en mars 1927 et enfin la Prusse en septembre 1928. Mais, quoiqu'il eût le droit de s'exprimer en public et que le nombre d'adhérents au Parti nazi se montât à environ 100 000 en 1928, une percée du parti semblait objectivement peu probable. L'étiage le plus bas fut atteint aux élections de mai 1928 : les nazis obtinrent seulement 2,6 % des voix. Plus de 97 % de l'électorat allemand rejetait encore Adolf Hitler et sa politique.

À Göring et Goebbels revint d'occuper deux des douze sièges au Reichstag que les nazis emportèrent aux élections de 1928. Goebbels ne faisait pas mystère sur la façon dont il concevait ses propres responsabilités parlementaires dans cette Allemagne démocratique : « Nous entrons au parlement pour nous fournir, dans l'arsenal de la démocratie, de ses propres armes. [...] Si la démocratie est assez stupide pour nous donner des billets [de train] gratuits et un salaire pour ce travail, c'est son affaire. [...] Nous nous moquons de coopérer avec un tas de fumier puant. Nous venons pour nous débarrasser de ce fumier. [...] Nous ne venons pas en amis, ni même en faisant preuve de neutralité. Nous venons en ennemis. Comme le loup dans le troupeau, c'est ainsi que nous arrivons[123]. »

Goebbels n'était pas seul à haïr la démocratie – c'était une disposition très répandue à l'extrême droite. Le colonel von Epp, par exemple, fit aussi la campagne de 1928 pour devenir député au Reichstag. Il avait

---

123. Joseph Goebbels, *Der Angriff* (Berlin, 30 avril 1928). Cité par Joseph Goebbels, *Der Angriff. Aufsätze aus der Kampfzeit*, Munich, 1935, p. 71-73.

commandé un des *Freikorps* les plus tristement célèbres et annonçait maintenant : « Je suis censé être un parlementaire. Vous doutez probablement que j'aie les qualités requises pour cet emploi. Je ne les ai pas. Je ne les aurai jamais ; car ces qualités ne signifient rien. » Après son élection, il nota dans son journal que le Reichstag était une « une tentative de la boue pour gouverner. La boue de l'Église, la boue bourgeoise, la boue militaire[124] ».

En 1928, il était cependant patent que la boue démocratique l'emportait. En effet, les caisses des nazis se retrouvèrent cette année-là vides au point qu'ils durent annuler le congrès du parti à Nuremberg[125]. Mais des frémissements se faisaient sentir dans la société allemande, qui redonnaient un peu d'espoir à un Parti nazi qui avait si clairement besoin d'une crise pour être en mesure de progresser. Les ouvriers agricoles allemands souffrirent quand le prix de la nourriture sur le marché mondial commença à plonger. Et puisque la relative prospérité du gouvernement de Weimar avait été construite en utilisant des emprunts contractés en Amérique pour payer les réparations dues aux Britanniques et aux Français, c'était une économie fragile, qui montrait déjà des signes de craquements.

Si un homme travaillait dur pour stabiliser la position de l'Allemagne, c'était bien Gustav Stresemann, le ministre des Affaires étrangères. Il avait convaincu

124. Walter Frank, *Franz Ritter von Epp : Der Weg eines deutschen Soldaten*, Hambourg, 1934, p. 141-142.

125. Adam Tooze, *The Wages of Destruction*, Penguin Books, 2007, p. 13.

le gouvernement allemand de signer le pacte Briand-Kellog qui faisait obligation à l'Allemagne de renoncer à la guerre pour résoudre les différends internationaux. Stresemann exploita la bonne volonté qui s'ensuivit à négocier en février 1929 le plan Young qui devait permettre d'alléger le fardeau des réparations allemandes.

Stresemann se singularisait, à ce moment de l'histoire, comme l'un des rares personnages politiques de premier plan à être extrêmement préoccupé par l'ascension d'Hitler et des nazis. Comme Theodor Eschenburg se le rappelle : « J'étais souvent avec Stresemann, le ministre des Affaires étrangères de l'époque. Un libéral, un libéral de droite. Je me rappelle très bien. C'était à la Pentecôte 1929. Le soir, Stresemann lança la conversation sur Hitler et dit : “C'est l'homme le plus dangereux d'Allemagne. Sa rhétorique est diabolique. Il a comme nul autre la connaissance instinctive de la psychologie des masses. Quand je prendrai ma retraite, je sillonnerai l'Allemagne et je nous débarrasserai de cet homme.” Il y avait ce soir-là avec nous quelques hommes du ministère. Nous ne comprenions pas Stresemann. Nous disions : “Ce petit parti ? Laissez donc vociférer ce type !”[126] »

Gustav Stresemann fit une crise cardiaque et mourut le 3 octobre 1929, quelques jours avant le krach boursier de Wall Street. Pris dans la tourmente de cette nouvelle crise économique, des millions d'Allemands se retrouvèrent pour la toute première fois réceptifs à la proposition charismatique d'Hitler de les diriger. Désormais, quand Hitler vociférait, le peuple écoutait.

---

126. Témoignage inédit.

5

Offrir de l'espoir dans une crise

Entre 1929 et 1933, on vit des millions d'Allemands rompre leurs allégeances antérieures avec tel ou tel parti et décider de soutenir Adolf Hitler et les nazis – et ils le firent en sachant parfaitement qu'Hitler avait l'intention de détruire le système démocratique allemand et qu'il encourageait des actes de violence criminelle.

Deux événements de 1932 illustrent l'extraordinaire nature de ce qui était en train de se produire dans cette nation cultivée du cœur de l'Europe. Dans un discours électoral[127] – un des tout premiers à avoir été filmés avec le son synchronisé –, Hitler se répandit en sarcasmes contre la démocratie multipartite allemande et les quelque trente partis qui se présentaient contre les nazis. Il annonça qu'il n'avait qu'« un seul but », qui

---

127. Discours d'Hitler pour les élections de 1932 à Eberswald. Archive présentée dans : *Episode 1, The Nazis : A Warning from History*, BBC2, 1997, écrit et produit par Laurence Rees.

était de « bouter les trente partis hors d'Allemagne ». Il se vanta de l'« intolérance » des nazis, ajoutant que « ce qui était en jeu [dans l'élection], ce n'était pas seulement de décider d'une nouvelle coalition ». Il aurait difficilement pu être plus explicite sur son intention de créer un État totalitaire. Puis, en août, il offrit son soutien et sa « fidélité sans limites[128] » à cinq membres des Sections d'assaut nazies qui venaient d'être condamnés à mort pour le meurtre d'un activiste communiste à Potempa, en Silésie. Il ne nia pas que le meurtre ait eu lieu, ni que ces cinq nazis l'aient commis – il dit simplement que le verdict prononcé contre eux avait été « monstrueux ». Hitler, qui aspirait à être chancelier d'Allemagne, s'associait publiquement à des assassinats hors-la-loi.

À la lumière de ces faits, comment est-il possible que tant d'Allemands aient décidé de porter Hitler au pouvoir par les urnes, et quel rôle le « charisme » perçu d'Hitler joue-t-il dans l'indéniable succès électoral des nazis ?

La condition préalable la plus importante de la montée en popularité d'Hitler fut l'échec clair et net de la démocratie à résoudre la crise économique. En mars 1930, la « grande coalition » des sociaux-démocrates de la SPD et du Parti populaire allemand (en allemand *Deutsche Volkspartei* ou DVP, parti national-libéral), qui gouvernait jusque-là l'Allemagne, s'effondra faute de trouver un accord sur la façon de gérer la crise. De nombreux Allemands y virent, à l'instar du sympathi-

128. Richard Bessel, « The Potempa Murder », *Central European History*, 10, 1977, p. 241-254.

sant nazi Bruno Hähnel, la preuve de la nécessité d'un changement radical. Hähnel et ses amis donnaient au Reichstag le nom de « cercle de bavardage » parce qu'ils pensaient que les différents partis politiques – dont plusieurs représentaient des groupes d'intérêt particuliers – n'y faisaient pas grand-chose sinon parler. Ainsi donc, « notre but était qu'un homme fort puisse avoir son mot à dire, et nous avions cet homme fort. [...] Aujourd'hui les gens parlent beaucoup de la République de Weimar. Mais c'était un désastre, du moins à nos yeux. [...] À partir de 1929, j'étais prêt à parier, fût-ce avec mon propre père, que nous autres nationaux-socialistes nous arriverions au pouvoir[129] ».

Puis il y avait le sentiment que, sous le règne d'un « homme fort », le pays pourrait enfin s'unir. Ce qui détermina l'adhésion au Parti nazi en 1930 de Fritz Arlt, un étudiant de dix-huit ans, ce fut la conviction qu'il était nécessaire que cette « situation [économique] difficile » fût encadrée par la « solidarité ». Sous l'influence de son frère aîné, il avait précédemment flirté avec l'idée du marxisme, mais il pensait maintenant que la « solidarité du socialisme » au-delà des frontières nationales, telle que prônée par Marx, était impossible dans la mesure où chaque pays, individuellement, poursuivait désormais son propre intérêt national. « Les socialistes de l'étranger nous avaient laissés tomber, dit Fritz Arlt. J'ai donc pensé que cette autre solution [le nazisme] était meilleure. Ce qu'il faut également ajouter, c'est que les gens qui défendaient cette idée étaient réellement plus crédibles. Il s'agissait

129. Témoignage inédit.

d'anciens soldats. Il s'agissait d'ouvriers. Il s'agissait de gens dont on pouvait dire : "Ils vivent en accord avec leurs convictions." Cela peut ressembler à de la propagande aujourd'hui. Mais ce n'était pas de la propagande. C'était mon sentiment à l'époque. [...] Dans un de nos groupes il y avait un maçon. Il y avait un propriétaire d'usine. Il y avait un aristocrate. Et ils étaient là tous ensemble et nous formions très simplement un bloc et nous nous soutenions les uns les autres. Une autre caractéristique du groupe était qu'on disait : "Il faut partager entre nous." En d'autres termes : communauté nationale. Le riche donne au plus pauvre. Et il y avait beaucoup de pauvreté à l'époque[130]. »

Fritz Arlt dépeint une vision « positive » du nazisme qu'Adolf Hitler aurait pu énoncer lui-même mot pour mot. Mais il savait aussi qu'un des fondements du nazisme était la croyance raciste que cette nouvelle « communauté nationale » serait définie par l'exclusion d'autres Allemands – et notamment des Juifs allemands. « Raciste n'est pas le terme exact à mon sens », précise Arlt qui devait, dix ans plus tard, jouer un rôle de premier plan, en tant que membre de la SS, dans la purification ethnique de la Pologne par les nazis. Il préfère dire que les nazis avaient une « croyance » dans les « ordres naturels » qui s'opposait au multiculturalisme. « Il n'y avait pas de théorie du mélange [racial], ajoute-t-il. Cela n'existait pas. »

En janvier 1930, juste quatre mois après le krach de Wall Street, l'Allemagne comptait plus de trois millions de chômeurs – voire, si l'on inclut le travail à

130. Témoignage inédit.

temps partiel, près de quatre millions. Dans cette atmosphère de crise, de nombreux Allemands étaient tout disposés à entendre le message de « solidarité » et d'unité nationale d'Hitler. Tant et si bien que les nazis firent une remarquable percée aux élections générales de septembre 1930. Leur part dans les scrutins bondit de 2,6 % à 18,3 %, si bien qu'ils constituèrent désormais le deuxième plus gros parti au Reichstag avec plus de cent sièges. Fait peut-être plus significatif encore, ils obtinrent ce résultat extraordinaire sans proposer à l'électorat un programme détaillé de mesures politiques. C'était presque comme si la population allemande votait pour une idée émotionnelle, qui se manifestait physiquement dans la personne charismatique d'Hitler.

C'est certainement l'impression qu'Albert Speer ressentit quand il se rendit au parc de Hasenheide pour écouter Hitler parler devant un rassemblement d'étudiants : « Je fus bientôt moi aussi soulevé par l'enthousiasme général qui, pour ainsi dire physiquement, portait l'orateur de phrase en phrase. [...] À la fin, Hitler ne semblait plus parler pour convaincre. Il paraissait bien plutôt convaincu d'exprimer ce que le public, qui n'était plus qu'un troupeau docile, attendait de lui[131]. »

Speer fut si bouleversé par le discours d'Hitler qu'après, dans le silence de la nuit, il sortit faire une longue marche dans une forêt de pins et réfléchit à ce qu'il avait entendu : « Il me sembla qu'il y avait un

---

131. Albert Speer, *Au cœur du Troisième Reich*, traduit de l'allemand par Michel Brottier, préface inédite de Benoît Lemay *[Erinnerungen]*, Pluriel, 2010, p. 29.

espoir[132]. » Dans son autobiographie, il insiste sur le fait qu'il décida de devenir un « partisan d'Hitler » plutôt qu'un membre du Parti nazi (il rejoignit cependant le parti en janvier 1931) et que cela fut une décision émotionnelle plus qu'intellectuelle : « Aujourd'hui, dans ce retour sur mon passé, j'ai parfois le sentiment qu'à cette époque, quelque chose m'a soulevé de terre, coupé de toutes racines et soumis à d'innombrables forces étrangères[133]. »

Mais Speer, comme tant d'autres qui s'étaient sentis remués à l'écoute d'Hitler, était prédisposé à recevoir son message. Son propre maître, le professeur Heinrich Tessenow, qu'il vénérait comme un héros, avait déjà souligné qu'il était important de recouvrer les simples vertus « paysannes » des années d'antan devant l'urbanisation rampante et rêvait lui aussi de voir surgir une personnalité « simple » pour diriger l'Allemagne – des mots qui semblaient, aux yeux de Speer, « annoncer Hitler »[134].

Bien sûr, Speer fonda sa défense à Nuremberg sur l'idée qu'il avait été enivré par Hitler, en minimisant son soutien froid aux objectifs racistes et antisémites du parti. Mais s'il était sans aucun doute au courant de l'Holocauste et s'impliqua dans les dernières atrocités du régime – une réalité qu'il nia après la guerre –, son témoignage quant au début semble sincère. Non seulement parce que Speer n'était en 1931 qu'un architecte – et pas encore le ministre de l'Armement et des Muni-

132. *Ibid.*, p. 29.
133. *Ibid.*, p. 48.
134. *Ibid.*, p. 27.

tions qu'il allait devenir –, mais parce que bien d'autres Allemands exprimèrent des opinions analogues, à ce moment-là et plus tard. Pour eux, comme pour Speer, la composante clef de l'attraction charismatique d'Hitler au début des années 1930 était un sentiment d'attachement. Hitler s'adressait explicitement à leurs besoins, et ils répondaient avec gratitude.

Entre 1930 et 1932, la crise économique s'aggrava – au début de 1932, plus de six millions d'Allemands étaient au chômage. « C'était vraiment déprimant de voir tous ces gens dans les rues à la recherche de n'importe quel petit boulot, dit Herbert Richter. Quand vous descendiez d'un train, ils vous prenaient votre valise des mains juste pour gagner quelques piécettes[135]. »

« Six millions de chômeurs, qu'est-ce que cela veut dire ? dit Johannes Zahn, qui était alors un jeune économiste. Six millions de chômeurs, cela veut dire, avec trois personnes par famille, six fois trois égale dix-huit millions de personnes qui n'ont rien à manger ! Et quand un homme était chômeur à cette époque, il ne lui restait qu'une chose : ou bien il devenait communiste, ou il devenait SA [c'est-à-dire membre des sections d'assaut nazies][136]. » Au début de 1932, la SA comptait plus d'un quart de millions de membres – trois fois plus que l'année précédente. Vêtus de leurs chemises brunes et brandissant les bannières nazies, ils faisaient partie du paysage : non seulement ils marchaient à travers les villes et villages d'Allemagne, mais ils se battaient aussi avec les groupes de la Jeu-

135. Témoignage inédit.
136. Témoignage inédit.

nesse communiste. Le désespoir économique conduisait à de violentes confrontations dans les rues. La société allemande semblait exploser politiquement au fur et à mesure que les nazis comme les communistes grandissaient en force.

Alois Pfaller était un de ces nombreux jeunes communistes qui participèrent à la lutte contre les nazis. Cet apprenti peintre et décorateur avait rejoint les rangs du Parti communiste allemand en Bavière au début des années 1930, à la fois parce qu'il détestait la politique antisémite des nazis et parce qu'il estimait qu'ils ne se préoccupaient pas du bien-être de tous les Allemands sans exception : « Quand ils manifestaient, vous ne remarquiez rien qui correspondît à la représentation des intérêts des travailleurs, du peuple, à la volonté d'avoir du travail, etc. Ils ne parlaient que de soutenir leur Führer, et de ce grand Reich qu'ils voulaient bâtir[137]. »

Pfaller put facilement mesurer le degré de préparation des SA à engager le combat contre les communistes lorsqu'il loua une salle dans le Bürgerbräukeller de Munich pour y tenir une réunion. Il arriva en avance, pour trouver des SA occupant déjà deux tables : « Les SA avaient tous un *Stein* [un grand bock de bière] devant eux, qui représentait en pratique un projectile prêt à être lancé, on pouvait déjà comprendre comment cela allait commencer, ils voulaient interrompre la réunion. [...] J'étais vraiment estomaqué, bon Dieu ! Et alors j'ai envoyé mes hommes à bicyclette chercher de l'aide... des renforts. »

---

137. Témoignage inédit.

Quand d'autres camarades furent arrivés, Pfaller essaya de commencer la réunion ; mais, dès que le premier orateur s'avança pour monter à la tribune, la bagarre commença. Les Sections d'assaut nazies agressèrent les militants communistes ; chaises, bouteilles et verres faisaient office d'armes. Alois Pfaller reçut un coup et se retira de la bagarre : « Je suis entré dans les toilettes, j'avais une blessure à la tête, je saignais ; pour échapper à la police, je suis sorti par la fenêtre, j'ai rampé à quatre pattes le long de la gouttière, sauté sur une remise et de là jusqu'au sol. Et ensuite je me suis éloigné, le visage dégoulinant de sang. Je devais prendre le tram, mais il y avait là aussi des types de la SA, donc j'ai pensé que c'était trop risqué, et j'ai essayé de rentrer chez moi [à pied]. La bataille était vraiment acharnée, plusieurs camarades ont été hospitalisés, quelques SA aussi, ils étaient blessés au visage, et certains des nôtres naturellement aussi. »

Au milieu de ce désordre civil – un trouble que les nazis eux-mêmes contribuaient à créer –, Hitler essaya de se présenter comme le messie politique qui sortirait les Allemands du chaos. Et il mit en l'occurrence l'accent sur le thème du renouveau national. Il parlait d'abolir le système démocratique qui avait – disait-il – affaibli l'Allemagne ; et du « redressement » des « torts » du traité de Versailles, sans mettre en exergue l'obsession antisémite qui imprégnait les pages de *Mein Kampf*. Ainsi, tout en maintenant qu'il y avait un « problème juif » en Allemagne et qu'il fallait le résoudre, il alla jusqu'à dire, le 15 octobre 1930 : « Nous n'avons rien contre les Juifs honnêtes ; cependant, dès qu'ils conspirent avec le bolchevisme, nous les considérons comme un ennemi[138]. »

En juillet 1931, l'énorme banque allemande Danat se déclara en faillite[139]. Ce n'étaient plus désormais seulement les millions de chômeurs qui souffraient en Allemagne, mais aussi de larges pans de la classe moyenne. La famille de Jutta Rüdiger fut touchée, son père ayant été forcé d'accepter une diminution de salaire. Elle était maintenant prête à tomber sous le charme charismatique d'Adolf Hitler ; et, quand elle l'entendit parler à un meeting de campagne électorale en 1932, elle acquit la conviction qu'il était son sauveur. « Il régnait un grand calme, puis il commença à parler extrêmement calmement, très calmement, il parlait lentement d'une voix sonore et, malgré cette lenteur, il était porté par son propre enthousiasme. Il décrivait comment le peuple allemand pourrait être aidé, comment il pourrait être sorti de cette misère. Et quand le rassemblement fut terminé, j'avais moi-même la sensation qu'il y avait là un homme qui ne pensait pas à lui-même, à son propre intérêt, mais seulement au bien du peuple allemand[140]. »

Progressivement, Hitler avait développé un lien particulier d'un idéalisme puissant qui était censé avoir uni

---

138. Uriel Tal, *Political Faith of Nazism Prior to the Holocaust*, *op. cit.*, p. 28.

139. Thomas Ferguson et Peter Temin, « Made in Germany : The German Currency Crisis of July 1931 », *Research in Economic History*, 2003, vol. 21, p. 1-53.

140. Témoignage inédit.

les troupes allemandes servant au front pendant la Première Guerre mondiale[141] : invoquant un retour à cette « camaraderie » des tranchées, il appelait tous les « vrais » Allemands à travailler ensemble. Comme le dit Jutta Rüdiger : « On m'avait dit que ce soldat de première ligne avait déclaré : “Dans les situations de réel besoin, ni une origine aristocratique ni l'argent ne sont d'aucune aide. La seule chose qui compte, c'est la camaraderie, la volonté d'aider et de se soutenir les uns les autres. Et si nous avons des problèmes aujourd'hui en Allemagne, nous devons tous unir nos efforts et rester solidaires, comme dit le proverbe : tous tirer sur la même corde dans la même direction”[142]. »

Cela servait les desseins d'Hitler que de faire un lien direct entre son service « héroïque » pendant la guerre, la « mission » qu'il avait adoptée ensuite en réponse à la « trahison » de ces nobles soldats et la misère actuelle de la société allemande qu'il attribuait à l'héritage d'une « boutique de parlottes » démocratique d'inspiration juive sous la coupe des pays qui tiraient profit de la défaite de l'Allemagne. La réputation d'Hitler, en pleine ascension, se trouva donc sous le coup d'une menace sérieuse quand un journal de Hambourg, l'*Echo der Woche*, publia le 29 février 1932 un article qui disait qu'il avait forgé de toutes pièces de larges parties de son histoire personnelle pendant la guerre[143]. L'article, écrit

---

141. Thomas Weber, *La Première Guerre d'Hitler*, *op. cit.*, p. 331-332.

142. Témoignage inédit.

143. Thomas Weber, *La Première Guerre d'Hitler*, *op. cit.*, p. 347-348.

par un officier du même régiment, mais publié anonymement, prétendait qu'il n'avait pas du tout été un soldat en première ligne, mais qu'il avait en réalité vécu derrière les tranchées comme messager et n'avait été décoré de la croix de fer que parce qu'il connaissait les officiers qui mettaient en avant les noms de soldats pour ce type de distinction. Hitler mesura immédiatement le tort qu'une attaque de ce genre contre son « héroïsme » pouvait lui faire. Il savait instinctivement – comme le professeur Shaler l'avait formulé en 1902 – que « le sacrifice courageux de soi-même au nom de la foi » caractérise, « en tout cas pour l'homme véritablement civilisé, la sorte de valeur la plus élevée »[144]. Sa séduction charismatique était bâtie sur le fondement de sa « valeur » personnelle, et il ne pouvait pas se permettre de la voir contester.

C'est pourquoi il intervint aussitôt pour intenter un procès en diffamation à l'*Echo der Woche*. Ce ne fut pas la personne qui avait écrit l'article, mais un officier qui se présenta à l'audience pour appuyer les déclarations du journal, tandis que les nazis rassemblaient une foule de témoins prêts à défendre l'honneur d'Hitler. Dans la mesure où l'article n'était pas signé, et où il contenait aussi une erreur manifeste – il affirmait qu'Hitler était un déserteur de l'armée autrichienne –, le journal perdit le procès. Hitler tourna donc à son avantage cette atteinte potentielle à son image charismatique. Il avait « prouvé » devant le tribunal qu'il avait été un « héros » de la Première Guerre mondiale.

---

144. Nathaniel Shaler, *The Individual : A Study of Life and Death*, New York, D. Appleton and Company, 1902, p. 199.

Mais, en dehors de celles concernant son passé militaire, il dut faire face à d'autres accusations. L'année précédente, 1931, s'étaient diffusées des rumeurs sur sa vie personnelle. Or, comme c'était en grande partie sur la séduction charismatique d'Hitler que se fondaient les chances de succès électoraux des nazis, il était essentiel que sa vie privée fût tout aussi irréprochable que ses états de service pendant la guerre l'étaient devenus à la suite du verdict dans l'affaire *Echo der Woche*.

Mais les questions auxquelles Hitler fut confronté sur sa propre sexualité étaient bien moins directes que celles posées sur ses exploits guerriers. Le 19 septembre 1931, sa nièce, Geli Raubal, fut retrouvée morte, dans son appartement au deuxième étage du 16 Prinzregentenplatz à Munich. Elle s'était tuée avec le propre pistolet d'Hitler. Les journaux, en particulier le *Munichpost* qui multipliait depuis des années des critiques véhémentes contre Hitler et les nazis, commencèrent à poser une série de questions embarrassantes sur sa possible implication dans l'affaire – des questions qui menaçaient de nuire à son positionnement prudent d'homme « seul », de héros célibataire charismatique qui avait sacrifié ses perspectives de bonheur personnel pour le bien de l'Allemagne.

Hitler nourrissait une véritable obsession pour Geli, la fille de sa demi-sœur Angela, qui était aussi sa gouvernante. Geli s'était révoltée contre les attentions suffocantes de son oncle et s'était liée d'amitié – assortie peut-être d'une relation sexuelle – avec le chauffeur d'Hitler, Emil Maurice. Quand Hitler avait découvert le pot aux roses, cela l'avait mis hors de lui, et Maurice avait été terrifié à l'idée qu'Hitler puisse même tenter de le tuer[145].

La question centrale – implicite, si elle n'était pas directement posée – portait sur la relation exacte d'Hitler avec Geli. Différentes sources de seconde main, principalement des personnes qui avaient des comptes à régler avec Hitler, affirmèrent qu'Hitler avait entretenu une liaison avec Geli et que les choses en étaient venues à un tel degré de perversion que cela avait contribué à la décision de la jeune femme de mettre fin à ses jours.

Si nous ne disposons pas de preuve directe qui démontrerait qu'Hitler ait entretenu quelque rapport sexuel que ce soit avec sa nièce – et si cela avait été le cas, cette révélation aurait bien pu anéantir au début des années 1930 ses chances d'atteindre le pouvoir –, la mort de la jeune fille n'en eut pas moins sur lui un

145. Ernst Hanfstaengl, *Hitler : les années obscures*, trad. Claude Noel, Éditions de Trévise, 1967, p. 175 ; et Heinrich Hoffman, *Hitler Was My Friend*, Londres, 1955, p. 151-152. Voir aussi Walter C. Langer, *A Psychological Profile of Adolph Hitler. His Life and Legend*, Office of Strategic Services Washington, D.C., en ligne sur www.nizkor.org. Pour des détails sur la prétendue perversion sexuelle d'Hitler, voir Robert Waite, *The Psychopathic God : Adolf Hitler*, Basic Books, 1977. Mais les preuves qu'il apporte relèvent essentiellement de la rumeur et ne sont pas convaincantes. Plus récemment, un chercheur s'est employé à démontrer l'homosexualité d'Hitler – voir Lothar Machtan, *The Hidden Hitler*, Basic Books, 2001 – mais l'argumentation est tout aussi peu convaincante. Dans sa recension du livre de Machtan (*Die Welt*, 13 octobre 2001 http://www.welt.de/print-welt/article 481144/Der_ungerade_Weg.html), Ian Kershaw remet sérieusement en cause cette théorie.

effet dévastateur. Dans ses mémoires, Leni Riefenstahl raconte que, lorsqu'elle rencontra Hitler dans son appartement à Munich, le jour de Noël 1935, il ouvrit une chambre fermée à clef et dévoila un buste de Geli « couvert de fleurs[146] ». Il lui dit alors qu'il avait « beaucoup aimé » Geli et qu'elle était la seule femme qu'il aurait pu épouser. Il avait été si bouleversé par sa mort qu'il avait dû s'appuyer sur Gregor Strasser pour qu'il l'aide à traverser cette crise. Ironie de l'histoire, c'est le propre frère de Strasser qui devait par la suite lancer des rumeurs de perversion sexuelle contre Hitler.

La passion d'Hitler pour Geli ne signifiait pas qu'il avait soudain ressenti le besoin d'une relation intime entre égaux. Il ne recherchait pas une amitié ou un rapport émotionnel avec Geli. Il cherchait à la dominer complètement. Loin de révéler la présence d'une quelconque tendresse dans le caractère d'Hitler, l'épisode de Geli apporte une preuve supplémentaire de son incapacité à nouer une relation intime normale avec un être humain.

Comme il l'avait fait avec l'affaire de l'*Echo der Woche*, Hitler réussit à protéger son image. Les rumeurs sur d'éventuelles relations sexuelles entre Geli et lui ne restèrent que des on-dit sans preuve. Et Hitler retrouva effectivement son sang-froid après le suicide de Geli, même si – comme Riefenstahl le découvrit – il transforma la chambre qu'elle occupait dans leur appartement en un sanctuaire qui lui était dédié. Il poursuivit son flirt très intermittent avec une jeune blonde écervelée, Eva Braun, qu'il avait rencontrée

146. Leni Riefenstahl, *Mémoires*, *op. cit.*, p. 241.

dans l'atelier de photographie d'Heinrich Hoffmann, et consacra le plus clair de son temps aux affaires politiques – comme il le faisait depuis des années.

La question politique à laquelle il avait à répondre d'urgence était de décider s'il devait ou non affronter Paul von Hindenburg dans la course à la présidence de 1932. Non pas qu'Hitler eût une sérieuse possibilité de l'emporter – malgré le récent succès électoral des nazis, la figure d'Hindenburg comme chef de l'État offrait à la population allemande une alternative bien plus fédératrice –, mais une campagne bruyante, intense, pouvait consolider son image publique – sachant qu'un médiocre score aux urnes serait humiliant. C'était un choix difficile, et pendant des semaines Hitler n'arriva pas à prendre de décision.

L'indécision n'est pas un trait de caractère qu'on associe d'ordinaire à une autorité charismatique ; mais il ne fait aucun doute que c'était un des défauts d'Hitler. Goebbels par exemple avait pesté contre ses hésitations : il remettait sans cesse sa décision de chasser Otto Strasser du Parti nazi en 1930. « C'est du Hitler tout craché, écrivit-il dans son journal le 26 juin 1930. Aujourd'hui il fait machine arrière. [...] Il fait des promesses et ne les tient pas[147]. » Mais, comme nous l'avons vu, il ne faut pas confondre cette indécision avec un manque fondamental de détermination. Sur les grandes questions et les buts ultimes, Hitler était toujours clair. C'est au niveau de la tactique au jour le jour qu'il était souvent plus équivoque. Différer le moment

147. Entrée du 26 juin 1930, *in* Joseph Goebbels, *Journal, 1923-1933*, *op. cit.*, p. 474.

de trancher lui permettait d'attendre l'évolution des événements, une attitude qui – de son point de vue – faisait que la décision finale aurait plus de probabilités d'être la bonne. Ce fut certainement le cas concernant l'expulsion d'Otto Strasser du parti à l'été 1930. Ses atermoiements permirent à Hitler de sonder l'opinion d'autres figures dirigeantes du parti et laissèrent à Strasser le temps de manifester plus clairement son opposition.

De la même façon, les tergiversations autour d'une éventuelle participation aux élections présidentielles s'apparentent en réalité à un mouvement tactique, et Hitler finit par décider qu'il avait plus à gagner à se présenter contre Hindenburg qu'à éviter la confrontation. Ce fut une bataille que Joseph Goebbels savoura tout particulièrement. Il avait été nommé à la tête de la machine de propagande nazie en avril 1930, et voilà que, deux ans plus tard, il avait l'occasion de démontrer qu'il était devenu un acteur politique majeur. La campagne d'Hitler pour la présidence allait rester fameuse grâce à l'emploi qu'il fit de l'avion pour se rendre d'une réunion à l'autre – l'image du Führer descendant du ciel comme un quasi-dieu utilisée plus tard par Leni Riefenstahl dans l'ouverture de son film de propagande, *Le Triomphe de la volonté* (*Triumph des Willens*, 1934), tire son origine de cet épisode. Pour autant, le travail de Goebbels en 1932 ne s'arrêta pas au recours à l'avion pour les voyages. La coordination des récits faits à la presse dans toute l'Allemagne, la mise en scène des meetings, l'utilisation d'une affiche révolutionnaire – montrant la tête d'Hitler se découpant sur un fond noir – sont quelques-unes des techniques de propagande dans lesquelles les nazis firent œuvre de pionniers. Presque toutes ces innovations tendaient aussi à créer une mystique charismatique autour de la figure d'Adolf Hitler.

Le comte Johann Adolf von Kielmansegg, un officier de l'armée âgé d'une petite vingtaine d'années, eut l'occasion d'entendre Hitler pendant la campagne : « À l'époque Hitler était le premier et le seul homme politique à utiliser tous les moyens de transport modernes. Les autres, on ne les voyait que dans les actualités ou on en entendait parler par les journaux. Hitler était présent partout, il volait d'un lieu à l'autre, de meeting en meeting. Et donc il y eut un rassemblement à Cassel. À l'époque j'étais là en garnison, et c'est simplement par intérêt et curiosité, pour ainsi dire, que je m'y suis rendu, avec un autre camarade, j'avais envie de le voir et de l'entendre. Cela se passait sous un grand chapiteau, il y avait là peut-être sept mille personnes. [...] Et ce qui m'impressionna d'abord, c'est qu'Hitler n'était pas présent. Cela faisait partie de ses tactiques, de sa méthode – on ne s'en rendait pas compte [à l'époque] comme aujourd'hui. Il laissait les gens attendre, délibérément. Et nous avons donc attendu, je crois, deux ou trois heures. Normalement, quand on doit attendre comme ça, on s'impatiente. Mais attendre cet homme apaisait les gens. Cela m'a impressionné[148]. » Quand Hitler arriva et se mit à parler, Kielmansegg – qui se tenait dans les derniers rangs de l'auditoire – n'eut pas le sentiment d'entendre quelque chose de spécial. C'était, dit-il, « ce qu'on avait lu dans

148. Témoignage inédit.

le journal ». Mais le comportement de l'énorme foule qui avait attendu si patiemment l'arrivée d'Hitler fit sur lui une impression durable. Il était clair, pensa-t-il, qu'ils « espéraient un sauveur ».

L'attrait d'Hitler sur les officiers de l'armée allemande s'exerçait plus directement que par le biais des vagues promesses de rédemption nationale qu'il adressait à la population générale. Il offrait aux membres des forces armées un salut qui les délivrait de la « honte » de la défaite et de la perte de prestige dont ils souffraient depuis le lendemain de la Première Guerre mondiale. « Je suis né en 1912, dit Ulrich de Maiziere, qui était alors un jeune officier, donc ma conscience politique se développa dans les années 1920, avec tous les problèmes économiques de la République de Weimar et accablée par le traité de Versailles qui était vécu par toute la nation allemande comme une honte. Nous avions perdu des territoires, nous devions payer des réparations. Par-dessus tout nous devions porter la responsabilité de la guerre, ce que le peuple allemand n'acceptait pas – la culpabilité de la guerre de 1914. [...] Et voilà qu'arrive un homme proclamant une révolution nationale[149]. »

Ce fut à peu près vers la même époque que Theodor Eschenburg assista lui aussi à son premier meeting d'Hitler. Comme nous l'avons vu, en 1929, Eschenburg avait rejeté Hitler qu'il considérait comme une menace politique. Mais il était à présent d'une tout autre opinion : « Je n'ai jamais refait cette expérience – voir un homme dominer un rassemblement de masse de

149. Témoignage inédit.

manière aussi envoûtante qu'il le fit au Palais des sports [à Berlin]. Cela m'impressionna énormément et m'effraya en même temps. J'étais assis là, et à ma droite, à ma gauche, derrière moi, les nationaux-socialistes hurlèrent d'enthousiasme quand il [Hitler] entra comme un Dieu. Un homme messianique. C'était tout simplement impressionnant et effrayant[150]. »

Du point de vue d'Eschenburg, l'auditoire avait deux raisons de réagir à Hitler de façon aussi passionnée : « D'une part, le désespoir [né de la crise économique] et de l'autre, le génie d'Hitler en matière de psychologie des masses. » Fondamentalement, Eschenburg – un critique politique subtil – vit bien qu'« Hitler ne faisait aucune promesse. C'était toujours : "seulement pour le peuple allemand". Et : "Nous devons libérer le peuple du marxisme." Mais il ne fit pas la moindre promesse concrète. Je pouvais très facilement voir clair dans son jeu. [...] J'admirais simplement la technique. »

La décision d'Hitler de défier Hindenburg dans la course à la présidence fut payante. Comme on s'y attendait, il n'emporta pas les élections, mais il obtint 30 % des suffrages au premier tour qui eut lieu le 13 mars 1932, puis presque 37 % des voix contre Hindenburg seul dans le scrutin qui fut organisé le mois suivant. Hitler occupait maintenant le devant de la scène politique allemande – il était, après Hindenburg, l'individu le plus important de la vie politique de l'État.

Mais le problème auquel il se trouva alors confronté était manifestement insurmontable. Hindenburg ne pensait pas qu'Hitler fût digne de devenir chancelier

150. Témoignage inédit.

d'Allemagne. Peu importait que, trois mois après s'être présenté à la présidence de la République, en juillet 1932, il ait conduit les nazis à une victoire électorale stupéfiante – ils devinrent le premier parti au Reichstag, avec 230 sièges et presque 38 % des suffrages. Hindenburg n'avait pas l'intention de demander à Hitler de former le gouvernement.

Ce n'est pas parce qu'il était un partisan fervent de la démocratie en Allemagne qu'Hindenburg rejetait Hitler. Cela faisait maintenant deux ans que le Reichstag ne jouait tout simplement plus aucun rôle, l'Allemagne étant gouvernée par décret présidentiel selon l'article 48 de la constitution de Weimar. Bien des personnages puissants de l'entourage d'Hindenburg, comme le secrétaire d'État Otto Meissner ou l'aristocrate Franz von Papen qui avait succédé à Brüning au poste de chancelier à la fin mai 1932, n'étaient pas eux non plus des amis de la démocratie. Leur faveur à tous allait vers une forme de pouvoir autoritaire afin de résoudre les problèmes de l'Allemagne – afin à la fois de gérer la crise économique et de contrer l'ascension du parti communiste. Aussi n'étaient-ils pas opposés à l'idée de supprimer la démocratie : c'était seulement qu'Hitler n'était pas le genre de personne qu'ils voulaient voir chancelier d'Allemagne.

Selon le récit du secrétaire d'État Otto Meissner, Hindenburg l'expliqua à Hitler le 13 août : « Il [c'est-à-dire Hindenburg] n'aurait pu justifier devant Dieu, devant sa conscience ni devant la patrie le transfert de toute l'autorité gouvernementale sur un unique parti, *a fortiori* un parti qui nourrissait un préjugé défavorable contre les gens qui avaient des idées différentes des leurs[151]. »

Pourtant cinq mois plus tard, Hitler avait surmonté le jugement dévastateur d'Hindenburg et devenait chancelier d'Allemagne, parachevant ainsi une des ascensions politiques les plus fascinantes de ces cent dernières années.

---

151. Otto Meissner, « Aufzeichnung über die Besprechung des Herrn Reichspräsidenten mit Adolf Hitler am 13. August 1932 nachmittags 4.15 », cité par Walter Hubatsch, *Hindenburg und der Staat. Aus den Papieren des Generalfeldmarschalls und Reichspräsidenten von 1878 bis 1934*, Göttingen, 1955, p. 338. En anglais dans J. Noakes et G. Pridham, *op. cit.*, vol. 1, p. 104.

6

Être sûr et certain

La façon dont Hitler réussit à surmonter le rejet initial d'Hindenburg et à devenir chancelier d'Allemagne ne constitue pas, contrairement à ce que crurent certains nazis, une preuve du « destin » de leur chef. Mais elle illustre deux perceptions différentes du charisme d'Hitler : l'une est celle de ses partisans fervents, et la seconde – paradoxalement – est celle de bon nombre de personnes qui restaient complètement insensibles à son pouvoir d'attraction.

La première raison du succès d'Hitler réside dans son intransigeance. Il ne voulait que la chancellerie et refusa tout autre poste, alors même que le succès semblait impossible. Sa certitude que tout se finirait bien galvanisait ses fidèles. Après son entretien désastreux avec le président Hindenburg, le 13 août 1932, il en discuta les conséquences avec ses collègues nazis. « Hitler garde son calme, nota Goebbels dans son journal. Il se tient au-dessus des basses manœuvres. Donc je l'aime[152]. »

---

152. Journal de Goebbels, entrée du 13 août 1932, *in* Elke Fröhlich

Il se peut qu'Hitler ait gardé son calme après le rejet d'Hindenburg, mais ce ne fut pas le cas, loin de là, de tous dans son entourage. Quel était l'intérêt, demandaient-ils, d'avoir renoncé à une révolution violente et adopté le principe des urnes si Hindenburg pouvait contrecarrer les nazis alors même qu'ils étaient dorénavant le parti le plus important au Reichstag ? Une figure majeure du parti, Gregor Strasser, voulait trouver une voie pragmatique pour contourner le président.

Mais Hitler n'accepta pas de transiger sur son exigence la plus importante : il devait être nommé, en personne, chancelier d'Allemagne. Comme le chancelier en exercice, Franz von Papen, l'admit dans une déclaration qu'il fit à Munich en octobre 1932, un chef charismatique comme Hitler ne ressemblait pas à un homme politique « normal », et le mouvement nazi n'était pas un parti politique « normal ». Il présentait le Parti nazi comme une « religion politique[153] » qui professait une « foi [en Hitler comme] en un messie mystique ».

S'il reconnaissait que des millions d'Allemands voyaient maintenant en Hitler un « messie mystique », Papen était pourtant pour sa part insensible au charisme d'Hitler. Quand il le rencontra pour la première fois, à l'été 1932, il le trouva « curieuse-

(éd.), *Die Tagebücher von Joseph Goebbels*, *op. cit.*, vol. 2/II, *juin 1931-septembre 1932*. [Cette entrée n'est pas reprise dans la traduction française du Journal (*NdT*).]

153. Uriel Tal, *Political Faith of Nazism Prior to the Holocaust*, *op. cit.*, p. 7.

ment quelconque[154] ». Quoique Papen « ait beaucoup entendu parler du magnétisme » des yeux d'Hitler, ceux-ci n'eurent aucun effet sur lui. Il écrivit : « [je] ne pouvais déceler aucune qualité intérieure qui puisse expliquer son extraordinaire emprise sur les masses ».

Les origines aristocratiques de Papen et son tempérament faisaient qu'il se sentait supérieur au démagogue minable qui se tenait devant lui en juin 1932. Ses écrits sur lui, composés après la guerre, restent toujours empreints de condescendance et d'autosatisfaction – des traits de caractère inhérents qui aidèrent d'ailleurs Hitler à accéder au pouvoir. Il écrit comme un maître d'école, distribuant des bons points aux différentes personnalités qu'il rencontre. Pour preuve, par exemple, son jugement sur Mussolini : « J'ai trouvé dans le dictateur italien un homme d'un tout autre calibre qu'Hitler. De petite taille, mais avec un air de grande autorité, sa tête massive dégageait une impression de grande force de caractère. » À la différence d'Hitler, Mussolini était un homme d'un « immense charme » alors qu'Hitler « avait toujours un petit air d'incertitude ». Mussolini, pensait Papen, « aurait une bonne influence sur Hitler[155] ».

Autant dire qu'il faisait une monumentale erreur de jugement sur les qualités d'Adolf Hitler en tant que

154. Franz von Papen, *Memoirs*, Londres, 1952, p. 162-163. En allemand dans Franz von Papen, *Der Wahrheit eine Gasse*, Munich, 1952, p. 195. [Le passage ne figure pas dans la traduction française, abrégée, Franz von Papen, *Mémoires*, traduit de l'allemand par Max Roth, Paris, Flammarion, 1953 (*NdT*).]

155. Franz von Papen, *Memoirs*, *op. cit.*, p. 279. [La traduction française, incomplète, ne comporte pas ce passage (*NdT*).]

personne et en tant que dirigeant – et c'est la seconde raison fondamentale pour laquelle Hitler parvint à devenir chancelier. Papen, comme bien des membres de l'élite allemande, surestimait nettement son aptitude à contrôler Hitler. Cet ancien officier et diplomate s'imaginait qu'il saurait manipuler les nazis pour qu'ils servent les intérêts de ceux qui, dans les couches sociales supérieures de l'Allemagne, cherchaient à se débarrasser de la démocratie et à créer un nouveau régime autoritaire fondé sur le soutien populaire. Si Hitler et les nazis, selon le raisonnement de Papen, avaient le soutien populaire, en revanche il avait lui, avec ses amis, l'intelligence pour les manipuler. Il pensait que la meilleure façon d'utiliser Hitler était de le faire entrer dans le gouvernement à quelque poste subalterne – peut-être comme vice-chancelier. Dans la mesure où Hitler se présentait lui-même comme un « messie mystique », il serait vite compromis en acceptant les offres de Papen. Malheureusement pour ce dernier, les nazis n'étaient pas aussi stupides qu'il le croyait.

Comme Hermann Göring le rappela dans son procès après la guerre : « Il y avait eu des rumeurs, [quand] le nom de Papen avait été suggéré au président pour une désignation au poste de chancelier du Reich, qu'Hitler deviendrait vice-chancelier dans son cabinet. Je me souviens avoir dit à M. von Papen à ce moment-là qu'Hitler pouvait devenir bien des choses, mais jamais vice-quoi que ce soit. S'il devait être nommé, ce devrait naturellement être pour occuper la plus haute responsabilité, et il serait totalement insupportable et impensable de placer notre Führer dans n'importe quelle sorte de deuxième position[156]. »

À l'automne 1932, la situation était donc fascinante : le même Hitler qui était perçu comme un dirigeant charismatique par un grand nombre d'Allemands ordinaires n'inspirait guère mieux que du dédain aux membres clefs de l'élite allemande. Tout aussi instructif est le fait que Papen et ses amis trouvaient facile de déprécier les qualités d'Hitler parce qu'il n'appartenait pas à leur classe. Il n'était pas officier, il n'avait pas reçu d'éducation en bonne et due forme, et pour Papen il n'était jamais que le « parfait petit-bourgeois » avec sa « petite moustache et sa curieuse coiffure »[157]. On relève le même mépris chez le président Hindenburg qui parlait d'Hitler comme d'un « caporal bohémien[158] ».

Le problème pour Papen était que ni lui ni son gouvernement n'avaient de légitimité électorale émanant du peuple pour continuer à gouverner. Le manque de soutien qui entachait son gouvernement trouva une illustration spectaculaire le 12 septembre 1932, quand Göring – nouvellement élu président du Reichstag – aida à orchestrer avec succès un vote de défiance vis-

---

156. Témoignage de Göring, jour 80, tribunal de Nuremberg, 13 mars 1946.

157. Franz von Papen, *Memoirs*, p. 162. [La traduction française, incomplète, ne comporte pas ce passage (*NdT*).]

158. La source la plus ancienne pour cette fameuse remarque est Konrad Heiden, *Adolf Hitler. Das Zeitalter der Verantwortungslosigkeit. Eine Biographie*, Zürich, 1936, p. 278. [La traduction française dit « caporal autrichien » ; voir Konrad Heiden, *Adolf Hitler*, traduit de l'allemand par Armand Pierhal, Paris, Bernard Grasset, 1936, p. 296 (*NdT*).]

à-vis du régime de Papen. Dans un morceau de tactique politique d'un cynisme à couper le souffle, les nazis et les communistes – ennemis jurés – votèrent de conserve pour humilier Papen.

De nouvelles élections furent fixées pour novembre, et Hitler se mit une fois de plus à voyager à travers l'Allemagne afin de rassembler des voix pour la cause nazie. Mais il devint bientôt évident qu'un point culminant avait été atteint. Les militants dévoués étaient toujours enthousiastes – plus de cent mille jeunes sympathisants assistèrent à un meeting à Postdam –, mais d'autres lieux de rassemblement montraient des hectares d'espace vide. Une partie du problème pour le Parti nazi était qu'en refusant d'entrer dans le gouvernement Papen, Hitler avait fait la preuve de son intransigeance dans cette crise nationale. Et alors que cette attitude de refus de tout compromis plaisait à ceux qui soutenaient les nazis sans condition, elle n'impressionnait guère ceux qui hésitaient. Et les attaques d'Hitler contre le régime de Papen ne donnaient pas non plus l'impression que les nazis défendraient la classe moyenne – or, sans le concours de la classe moyenne, le vote nazi était fragile. Le soutien que les nazis apportèrent, par exemple, avant les élections de novembre, à une grève des transports à Berlin fut presque certainement une erreur tactique.

L'élection du 6 novembre 1932 se révéla donc une bataille perdue pour Hitler et les nazis. Alors que le parti communiste allemand gagnait presque 3 % des suffrages par rapport au précédent scrutin, qui s'était déroulé plus tôt cette même année, les nazis perdirent deux millions de votes et 4 % de l'ensemble des suffrages pour tomber à 33 %. Malgré ce recul, la difficulté fondamentale à laquelle était confronté le gouvernement Papen resta cependant inchangée : l'absence de soutien populaire. Papen caressait maintenant l'idée d'une solution simple quoique radicale : remplacer la constitution de Weimar par une sorte de dictature. Mais c'était s'engager sur un chemin périlleux, en particulier parce que certains hauts cadres de l'armée allemande étaient inquiets de voir éclater une guerre civile entre les nazis et les communistes si ces deux mouvements populaires étaient exclus du gouvernement.

Le gouvernement de Papen démissionna le 17 novembre 1932, et les manœuvres qui se déroulèrent au cours des quelques semaines suivantes firent sortir des ténèbres le personnage de Kurt von Schleicher. Ce général, qui avait un penchant pour les intrigues politiques, avait été nommé ministre de la Défense six mois plus tôt. Il avait présente à l'esprit l'agitation révolutionnaire immédiatement consécutive à la Première Guerre mondiale et il était trop conscient du danger de faire intervenir des soldats allemands contre des manifestants dans les rues. La solution qu'il préconisait pour sortir de l'impasse était d'essayer de convaincre des éléments de la droite comme de la gauche politiques de former un gouvernement qu'il dirigerait. Et c'est dans l'espoir qu'un tel gouvernement de compromis pourrait être rassemblé qu'Hindenburg laissa à contrecœur Papen démissionner et nomma Schleicher chancelier.

Schleicher, qui savait pertinemment qu'Hitler n'accepterait pas un poste dans son gouvernement, eut un entretien, le 3 décembre 1932, avec Gregor Strasser, à qui il offrit à la fois la chancellerie et le poste clef de ministre-président de Prusse. Le lendemain, le 4 décembre, les nazis constataient une baisse des votes en leur faveur de 40 % aux élections locales de Thuringe, dans le centre de l'Allemagne. Hitler avait de bonnes raisons de paniquer. Mais il tint le coup et rencontra Strasser à l'hôtel Kaiserhof de Berlin, d'abord le 5 décembre puis à nouveau le 7, pour lui interdire expressément d'accepter l'offre de Schleicher.

Il était maintenant confronté à la menace d'une crise. Si Strasser entrait dans le gouvernement Schleicher, son prestige comme chef des nazis en serait considérablement ébranlé. Or Strasser, après avoir entendu de la bouche d'Hitler l'intense indignation dans laquelle le jetait l'offre de Schleicher, prit la décision de démissionner du Parti nazi et de prendre définitivement ses distances vis-à-vis de la politique : il ne servirait ni Hitler ni Schleicher. Au matin du 8 décembre, le lendemain de son entretien avec Hitler, Strasser s'entretint avec un groupe de hauts dirigeants du Parti nazi, au Reichstag. L'un d'entre eux, Hinrich Lohse, rapporta après-guerre les propos qu'il avait alors tenus.

Strasser souligna avec insistance que, depuis la formation du gouvernement Papen pendant l'été, Hitler n'avait été clair que « sur un point : il désire être chancelier du Reich[159] ». Mais, du point de vue de Strasser, il « aurait dû prendre conscience du fait qu'il s'était constamment vu refuser le poste par tout le monde et

159. Hinrich Lohse, « Der Fall Strasser », à l'occasion d'une *Forschungsstelle für die Geschichte des Nationalsozialismus in Hamburg*. En anglais dans J. Noakes et G. Pridham, *op. cit.*, vol. 1, p. 111.

qu'il n'y avait dans un futur proche aucune perspective de réalisation de cet objectif ». C'était une erreur, poursuivit-il, de refuser l'offre faite par Papen du poste de vice-chancelier. Strasser se garda bien de mentionner dans son analyse qu'il venait juste de se voir lui-même offrir ledit poste, mais son insinuation – qu'il avait décidé d'agir parce qu'Hitler avait un comportement irrationnel – est tout à fait claire.

Puis Strasser fit ensuite part d'un autre reproche, très significatif pour qui s'intéresse à la domination charismatique d'Hitler. Strasser révéla qu'il était contrarié à cause d'un « aspect personnel du problème ». Il se plaignit de ceux qui, « dans l'entourage du Führer », l'« insultaient ». En outre, il prétendit que Göring, Goebbels, Röhm et d'autres étaient conviés à rencontrer Hitler, mais lui non. Il le vivait comme « un affront, une humiliation personnelle que je n'ai pas méritée et que je ne suis plus disposé à tolérer. Cela étant dit, je suis au bout de mes forces et à bout de nerfs. J'ai démissionné du parti et je pars maintenant dans les montagnes pour récupérer ».

C'était, en un temps d'urgence nationale, une déclaration bien extraordinaire, qui évoquait plus une explosion émotionnelle causée par la rebuffade d'un amant qu'une série d'arguments rationnels à propos d'une stratégie politique. Et Gregor Strasser n'était pas une mauviette. Il avait obtenu une croix de fer pour sa bravoure pendant la Première Guerre mondiale, il avait participé au putsch de la Brasserie, puis s'était hissé jusqu'aux plus hauts échelons du Parti nazi. Il avait auparavant admis que la politique était « une entreprise brutale [...], surtout dans un mouvement comme le nôtre, avec sa forte orientation activiste[160] ».

Pourtant voilà que Strasser s'éloignait non seulement du Parti nazi, mais également de l'occasion d'accéder à une des plus importantes positions publiques de l'État allemand, et cela en partie parce qu'à son sens Hitler ne l'invitait pas à ses réceptions et ne prêtait pas assez attention à lui. Et cela arrivait à un homme qui, parmi tous les responsables nazis de la première heure (à l'exception peut-être d'Ernst Röhm), avait semblé résister le plus au charisme personnel d'Adolf Hitler. Strasser, par exemple, était le seul haut dirigeant du Parti nazi à appeler en privé Hitler « chef » ou PG (*Parteigenosse* ou camarade de parti) plutôt que *Führer*[161].

Aussi un historien qui a consacré une monographie à Gregor Strasser écrit-il : « L'ironie de l'histoire est qu'alors que Strasser avait constamment et ouvertement rejeté le culte quasi mystique du Führer, il devait se révéler qu'en dépit de cette assurance feinte, cet homme naturellement sensible était en réalité subjugué par la personnalité charismatique d'Hitler. Il devint donc la victime la plus inattendue du mythe du Führer[162]. »

Dès qu'il eut appris que Strasser avait parlé à cette brochette de hauts dirigeants du parti, Hitler convoqua immédiatement sa propre réunion pour midi à l'hôtel

---

160. Peter D. Stachura, *Gregor Strasser and the Rise of Nazism*, George Allen and Unwin, 1983, p. 104.

161. Otto Strasser, *History in My Time*, Jonathan Cape, 1941, p. 240.

162. Peter D. Stachura, *Gregor Strasser and the Rise of Nazism*, *op. cit.*, p. 116.

Kaiserhof. Il s'adressa là à tous ceux qui avaient écouté Strasser à peine quelques heures auparavant. Il répondit calmement et rationnellement à ses objections en faisant remarquer qu'il n'aurait pu accepter l'offre de la vice-chancellerie sans aller au-devant de « sérieux différends[163] » avec Papen « dès la première semaine ». Il aurait alors dû démissionner, et sa position aurait été sérieusement affaiblie. Il ajouta que l'option d'un autre putsch était tout bonnement impossible et leur révéla que le colonel von Reichenau, un officier de la Reichswehr qui avait des sympathies pour le nazisme, lui avait expliqué que l'armée n'aurait guère le choix que d'ouvrir le feu sur les SA si les nazis tentaient une insurrection armée. Reichenau avait « pressé » Hitler de « rester dans la légalité » jusqu'à ce qu'« un jour, inévitablement, le pouvoir tombe dans son escarcelle ». Quant à l'affirmation de Strasser qu'il n'était pas invité à rencontrer Hitler aussi souvent qu'il le voulait, Hitler dit qu'il était toujours accessible « à quiconque désir[ait lui] parler ».

Hitler, qui débordait de confiance et pensait que tout cela s'arrangerait, ajouta qu'il restait fidèle à son intention première d'attendre le moment où on lui offrirait la chancellerie. Il promit : « Ce jour viendra – il est probablement plus proche que nous ne l'imaginons. » Le succès dépendait de « notre unité et de notre inébranlable foi en la victoire ; il dépend de notre direction ». Hitler acheva ses remarques – comme il le faisait souvent dans les moments de possible crise – par un appel personnel à la loyauté.

---

163. Hinrich Lohse, « Der Fall Strasser », *art. cit.* En anglais dans J. Noakes et G. Pridham, *op. cit.*, vol. 1, p. 113.

Hitler avait réussi à éviter une crise dans les rangs des hauts dirigeants nazis. Et, fait significatif, il y était parvenu grâce à un discours absolument dépourvu du moindre exposé rationnel de la façon dont il s'y prendrait pour atteindre le but désiré de la chancellerie. Il suffisait d'avoir une « inébranlable foi ». Il suffisait d'un engagement émotionnel.

Toutefois, Hitler savait également que, à défaut de la participation de Strasser à son gouvernement, la position du général Schleicher comme chancelier n'était pas plus tenable que celle de Papen ne l'avait été. Schleicher avait réussi à évincer Papen en disant à Hindenburg qu'il pouvait lui offrir un régime disposant d'une base élargie – et il en était incapable. Qui plus est, il s'était maintenant gagné l'inimitié de Papen. (En allemand *Schleicher* signifie « serpent », et ils étaient nombreux à l'époque à juger que ce nom allait à ravir au général.)

Papen ouvrit alors des négociations avec Hitler sur la formation d'un nouveau gouvernement et le rencontra au domicile de Kurt von Schröder à Cologne le 4 janvier 1933 pour des discussions préliminaires. Hitler, égal à lui-même, rappela avec insistance que le prix à payer pour sa participation active à un gouvernement quel qu'il soit restait la chancellerie – mais il serait flexible sur la composition des charges ministérielles et était prêt à y inclure une majorité de non-nazis.

Bien conscient que toutes les décisions politiques comportent un élément décisif lié au calendrier, il ordonna en même temps aux nazis de faire un énorme effort – un effort qui paraissait même disproportionné – lors des élections régionales qui devaient avoir lieu le

15 janvier dans le minuscule district de Lippe-Detmold. La tactique fonctionna. À l'annonce des résultats, le vote en faveur des nazis bondit de 20 %, passant de trente-trois mille à trente-neuf mille. Le message à l'élite politique allemande était clair : le Parti nazi n'allait pas disparaître. Papen décida alors qu'il pouvait accepter Hitler comme chancelier, à condition d'être lui-même vice-chancelier et pourvu qu'Hitler demeurât souple quant à la nomination des autres membres du gouvernement. Ils se retrouvaient maintenant devant un nouveau problème : il leur fallait convaincre Hindenburg que c'était la bonne solution à la crise politique de l'Allemagne.

Si Hindenburg n'était pas plus qu'avant impressionné par Hitler, il commençait néanmoins lui aussi à envisager la possibilité d'un gouvernement Hitler. Tout un faisceau de raisons le disposait à changer d'avis – toutes pragmatiques et aucune liée à une quelconque croyance nouvellement acquise en le « charisme » d'Hitler. D'abord, il y avait la présence de Papen. Hindenburg s'était pris d'une affection personnelle pour lui dans le cadre de leur collaboration étroite, à l'été et à l'automne de 1932. Au point qu'il avait offert à Papen, à son départ de la chancellerie, un portrait de lui sur lequel il avait inscrit *« Ich hatt' einen Kameraden*[164] *»* [J'avais un camarade] – les paroles d'une poi-

164. Otto Strasser, *History in My Time*, *op. cit.*, p. 236. Voir aussi les *Mémoires* de Papen dans la version anglaise pour une reproduction du cadeau, face à la p. 279. [La reproduction ne figure pas dans la traduction française, où la mention du cadeau du portrait et de sa dédicace se trouve p. 163 (*NdT*).]

gnante chanson de soldat. Maintenant voilà que Papen, un homme en qui il avait confiance, lui disait que la meilleure solution était de nommer Hitler chancelier et que les autres membres de l'élite allemande n'auraient aucun mal à le contrôler.

Puis il y avait le problème du soutien de Schleicher à une éventuelle réforme agraire dans l'est de l'Allemagne où un grand nombre d'aristocrates (dont Hindenburg lui-même) possédaient de vastes étendues de terre. Un gouvernement Hitler/Papen estomperait cette question controversée. De plus, Hindenburg n'avait pas oublié les résultats d'une simulation de guerre qui lui avaient été soumis en décembre 1932 et qui faisaient la claire démonstration que les forces armées de l'État ne pourraient à la fois écraser un soulèvement des nazis et des communistes, et continuer en même temps à protéger les frontières de l'Allemagne[165].

Enfin, il y avait la soudaine présence sur la scène du général Werner von Blomberg. Papen suggéra à Hindenburg que Blomberg devienne ministre des Forces armées dans le futur gouvernement Hitler. Cette charge – qui était, bien évidemment, essentielle pour Hindenburg – avait été occupée précédemment par Schleicher qui en avait fait la base de son pouvoir politique. Blomberg semblait être tout ce que Schleicher n'était

165. Voir les notes prises le 2 décembre 1933 par le comte Lutz von Schwerin von Krosigk, ministre des Finances du Reich, cité dans Wolfram Pyta, « Vorbereitungen für den militärischen Ausnahmezustand [Préparations pour l'état d'exception militaire] unter Papen/Schleicher », *Militärgeschichtliche Mitteilungen*, 51, 1992, p. 385-428.

pas – droit, honnête, rien du « serpent ». Mais Blomberg était aussi depuis peu sensible aux mérites du nazisme. Naturellement enthousiaste, il avait acquis l'idée, alors qu'il était en poste en Prusse orientale, que les nazis tentaient un renouveau national. Il était aussi tombé sous l'influence d'un aumônier militaire de premier plan, Ludwig Müller, qui était lui-même un nazi. Ainsi Blomberg était-il une personnalité que Papen, Hindenburg et Hitler pouvaient tous trois soutenir – comme les événements allaient le révéler, ce fut Hitler qui profita de loin le plus de la présence de Blomberg dans le futur gouvernement.

Cependant, Hindenburg hésitait encore, et il hésita presque jusqu'au dernier moment. Instinctivement, il devait sentir qu'Hitler n'était pas la bonne personne pour diriger l'Allemagne. Mais il était à présent un vieil homme de quatre-vingt-cinq ans ; et, dès lors que les personnes en qui il avait confiance – dont son propre fils Oskar – le poussaient à nommer Hitler, sa résistance s'effondra. La seule alternative immédiate eût été de permettre à Schleicher de former une dictature autoritaire, et c'était, dans l'esprit d'Hindenburg, encore pire que de voir Hitler chancelier.

Josef Felder, qui avait été élu député socialiste au Reichstag en 1932, explique qu'« il [Hindenburg] sentait son âge et se rendait compte qu'il était en train de s'affaiblir physiquement, et de s'affaiblir beaucoup. Il ne pouvait plus qu'à peine porter son bâton de maréchal. Un des officiers qui avait eu un jour l'occasion de le rencontrer lors d'un défilé disait que, plus Hindenburg vieillissait et plus la situation devenait difficile, plus il avait peur de ne pas être capable de faire à nouveau de l'Allemagne un empire. Il mourrait avant que la vieille constitution ne soit réinstaurée à la place du Parlement allemand – que le parlement ne soit transformé en monarchie. Il voulait voir une nouvelle monarchie avant de mourir[166] ».

Hindenburg tint bon jusqu'au dimanche 29 janvier. Il attendit ce jour pour finir par dire à Papen qu'il était prêt à accepter Hitler. À 11 heures le lendemain matin, Hitler était arrivé au but auquel il avait toujours aspiré : il était chancelier d'Allemagne.

Pour les partisans d'Hitler, le succès qu'il avait obtenu en emportant la chancellerie était une démonstration supplémentaire de sa légitimité de chef charismatique. Dans les années à venir, chaque fois qu'assaillis par des doutes ils en viendraient à penser qu'il poursuivait une politique manifestement préjudiciable, ils évoqueraient ce moment où, en fin de compte, c'était lui qui avait eu raison et eux tort.

Tout le monde ne vit pas nécessairement dans la nomination d'Hitler à la chancellerie un grand tournant dans l'histoire de l'Allemagne. « Au début nous ne l'avons pas pris au sérieux » dit Herbert Richter, un vétéran de la Première Guerre mondiale, un homme qui avait été jusque-là insensible au charisme d'Hitler, « parce que, dans le premier gouvernement Hitler, les nazis n'étaient même pas majoritaires ». Il pensait qu'Hitler « ne pourrait pas faire grand mal » dans la mesure où il était entouré de « gens vraiment raisonnables »[167]. Quant au député du parti social-démocrate

166. Témoignage inédit.
167. Témoignage inédit.

allemand Josef Felder, il se souvient : « Nous pensions que nous pouvions encore contrôler Hitler avec le Parlement – pure folie[168] ! » Et, même après avoir vu de ses propres yeux dans quel abîme Hitler avait conduit l'Allemagne, Papen continua à refuser d'accepter la pleine responsabilité de la catastrophique erreur de jugement qui l'avait conduit à pousser Hitler vers la chancellerie. Hitler, écrivit-il, devint chancelier « par le jeu normal des institutions démocratiques », et il « paraissait normal de supposer qu'un chef de gouvernement, responsable devant le pays et l'étranger, adopterait une attitude différente de celle d'un chef de parti, irresponsable par définition[169] ».

Mais, pour ceux qui croyaient avoir trouvé en Hitler un chef charismatique, ce moment fut d'une phénoménale importance. Hitler avait dit ouvertement dans ses discours électoraux qu'il méprisait la démocratie et qu'il voulait la balayer. Pour les sympathisants nazis, ce n'était donc pas seulement un changement de gouvernement, mais le début d'un bouleversement politique. « Je n'ai moi-même jamais été un démocrate, dit Reinhard Spitzy, à l'époque fervent nazi. Je crois qu'un pays doit être dirigé comme une grande entreprise. Cela implique une certaine assemblée de spécialistes, etc., mais je ne croyais pas dans le rôle du parlement. Au moment où nous étions plongés dans une crise si terrible, comme une crise économique, avec la faim et le chômage, nous attendions un nouveau directeur

168. Laurence Rees, *Ils ont vécu sous le nazisme*, *op. cit.*, p. 48.
169. Franz von Papen, *Mémoires [Der Wahrheit eine Gasse]*, traduit de l'allemand par Max Roth, Flammarion, 1953, p. 183.

général, comme c'est le cas dans une grande entreprise. On trouve un homme, et sa mission est de tout remettre en ordre[170]. »

Quant au président Hindenburg, il devait vivre assez longtemps pour assister aux débuts d'une « nouvelle monarchie » avant sa mort – à ce détail près que ce n'était pas le genre de monarchie qu'il appelait de ses vœux.

170. Témoignage inédit.

Deuxième partie

LA MARCHE VERS LA GUERRE

7

L'homme qui viendra

Le soir du 30 janvier 1933, Adolf Hitler regardait par la fenêtre de la chancellerie du Reich à Berlin les Sections d'assaut nazies défiler devant lui, rang après rang, pour fêter la victoire. Mais, tout en assistant à cette démonstration de force, il savait que son pouvoir de chancelier n'était pas encore assuré. Moins de la moitié de la population allemande avait voté pour lui et son Parti nazi. Il y avait seulement trois nazis dans le gouvernement, et il devait gouverner, comme les derniers chanceliers qui avaient échoué, avec le consentement du président Hindenburg *via* le dispositif constitutionnel de l'article 48.

Hitler avait fait clairement savoir au cours de la campagne électorale qu'il voulait balayer la démocratie hors d'Allemagne. Mais un véritable chef charismatique a besoin des masses – même dans un État à parti unique. Sans ce soutien, Hitler pouvait peut-être se hisser jusqu'au pouvoir comme un dictateur pur et dur, mais il ne deviendrait jamais ce qu'il aspirait à être : un homme d'État qui gouverne par acclamation.

Aussi devait-il essayer de transcender le soutien pour le parti qu'il conduisait. Plus il serait associé aux actions de telle ou telle personnalité nazie et il s'impliquerait dans la mise en œuvre détaillée de mesures politiques, plus il courrait le risque que l'opinion publique allemande ne voie en lui qu'un homme politique comme les autres. C'est pourquoi il tenta, pendant les dix-huit premiers mois qu'il passa à la chancellerie, non seulement de faire passer en force les mesures qui le libéreraient du poids de l'article 48 et de la constitution de Weimar, mais aussi de démontrer de manière spectaculaire qu'il n'était pas seulement le chef du Parti nazi, mais le maître de toute l'Allemagne. C'est pour atteindre ce but qu'il allait ordonner le meurtre de beaucoup d'anciens camarades de parti.

Au début de son entrée en fonction comme chancelier, Hitler agit de façon assez prévisible. Il avait toujours soutenu l'usage de la violence contre ses adversaires ; et il agit pour supprimer toute opposition dès le premier moment où il arriva au pouvoir. À cet égard, Hermann Göring qui, en tant que ministre de l'Intérieur pour la Prusse, contrôlait directement la force policière dans la plus grande partie de l'Allemagne posa dans ces premiers jours des actes capitaux. Et il dévoila très vite ses désirs dans une directive du 17 février 1933 : « [Et] la police ne devra pas hésiter à tirer en cas de besoin. Je couvrirai personnellement les agents qui auront fait usage de leurs armes, quelles que soient les conséquences de leurs actes[171]. » Il résuma

171. Roger Manvell et Heinrich Fraenkel, *Hermann Göring*, *op. cit.*, p. 90.

ensuite son attitude vis-à-vis des droits de l'homme, quelques jours plus tard, dans un discours à Dortmund : « Chaque balle qui sort maintenant d'un revolver de la police est ma balle. Si vous appelez ça un meurtre, c'est moi, alors, qui suis le meurtrier. [...] Je connais deux sortes de lois parce que je connais deux sortes d'hommes : ceux qui sont avec nous et ceux qui sont contre nous[172]. »

Göring était une créature d'Hitler et il lui était extrêmement dévoué. Ernst Röhm et les SA, cependant, étaient moins totalement soumis à Hitler. Nombreux étaient ceux qui, parmi eux, voyaient dans l'élévation d'Hitler à la chancellerie une occasion d'en retirer quelques avantages pour eux-mêmes, et d'exercer une vengeance sans bornes sur leurs ennemis idéologiques. Le père de Rudi Bamber, par exemple, fut une de leurs victimes en ces tout premiers temps de la domination nazie. Les SA nazies l'emmenèrent, avec un groupe d'autres Juifs, dans un stade de Nuremberg et leur firent couper l'herbe avec les dents. « Il est très traumatisant, dit Rudi Bamber, de penser que tout ce que vous avez fait ne compte pour rien et que vous êtes seulement un Juif, c'est aussi simple que cela[173]. »

Mais si les attaques contre les Juifs se multiplièrent dans les lendemains immédiats de la nomination d'Hitler à la chancellerie, ce furent les ennemis politiques des nazis qui furent particulièrement visés. « Tout au début, dit Maria Mauth, qui était alors une écolière du nord de l'Allemagne, les premiers communistes et

172. *Ibid.*, p. 91.
173. Témoignage inédit.

sociaux-démocrates furent emmenés de force. Je l'ai même vu faire de mes propres yeux – les camions –, mais nous n'en pensions rien. Après tout, ce n'étaient que des communistes. [...] C'étaient des ennemis du peuple[174]. »

Initialement ces « ennemis du peuple » furent incarcérés dans des prisons de fortune où ils étaient souvent cruellement maltraités. Ils étaient incarcérés sans chef d'accusation, sans procédure légale, et livrés au caprice de leurs geôliers. Mais Hitler, s'il approuvait le principe d'écraser toute opposition par la violence, n'appréciait pas nécessairement tous les actes des SA. Il était préoccupé, comme il le dit dans un discours du 10 mars 1933, par le fait que « les agressions commises sur les individus, et les obstructions à la vie économique, doivent cesser[175] ». Deux jours plus tard, le 12 mars, il appela ses « camarades de parti » à « faire dorénavant preuve de la discipline la plus stricte et la plus aveugle. Il ne doit plus y avoir d'opérations isolées[176] ».

Fait significatif, il ne fallut pas une semaine pour que, le 21 mars 1933, le premier camp de concentration « officiel » ouvrît à Dachau, dans les environs de Munich. Dachau fut confié à l'autorité d'Heinrich Himmler, chef de la SS. Même si Himmler était théoriquement sous les ordres de Röhm, il était clair qu'il avait de plus grandes

174. Témoignage inédit.

175. Walther Hofer, *Der Nationalsozialismus : Dokumente 1933-1945*, Francfort-sur-le-Main, 1957, discours d'Hitler du 10 mars 1933, p. 55. Première parution dans *Reichsgesetzblatt* (RGBl) 1933, partie I, n° 17, p. 83.

176. *Völkischer Beobachter*, 13 mars 1933.

ambitions. Himmler n'était pas un voyou sans scrupule comme son patron direct, mais il avait un tempérament bien plus froid qui allait terroriser les ennemis des nazis systématiquement et sur ordre. Dachau, administré par un policier secret fiable comme lui, correspondait bien à la vision d'Hitler d'une nouvelle Allemagne, ce qui n'était pas le cas des Sections d'assaut de Röhm.

Ce n'est pas que ceux qui furent pris dans l'horreur de l'oppression nazie dussent voir de grandes différences dans la manière dont les SS d'Hitler et les SA de Röhm, les traitaient. Sous la direction d'Himmler, les conditions à l'intérieur de Dachau étaient aussi effroyables. Josef Felder, homme politique socialiste, fut emprisonné dans le « bunker », un lieu de sinistre mémoire, constitué d'une série de cellules d'isolement à l'écart des principaux baraquements de la prison. Il était maintenu enchaîné, victime de railleries et menacé d'une exécution imminente. On l'affama également, en ne lui donnant que de l'eau à boire et, de temps en temps, un morceau de pain rassis à manger.

Néanmoins, bon nombre de ceux qui avaient fait bon accueil à la promesse d'Hitler de restaurer l'« ordre » en Allemagne n'étaient pas mécontents de voir s'ériger des camps de concentration – et par conséquent ils colportaient de fausses informations. « À Dachau, il [c'est-à-dire Hitler] rassemblait tout le monde – en fait les criminels professionnels, dit Karl Boehm-Tettelbach, alors jeune officier d'aviation. Et ils étaient là à Dachau, dans ce camp de travail, et les gens ne protestaient pas tellement[177]. » D'autres justifiaient la souf-

177. Témoignage inédit.

france en se la représentant comme une conséquence nécessaire d'une « révolution ». « Sur le moment nous pensions qu'elle [la fondation de camps comme Dachau] était nécessaire, dit Reinhard Spitzy. Nous savions qu'il s'agissait d'une révolution. Mais voyez-vous, j'avais étudié la Révolution française. Combien de gens la guillotine avait-elle tué – en France la guillotine avait tué quarante mille personnes. [...] Cela signifie que, dans toute révolution – et nous pensions vivre une révolution –, le sang coule. [...] La révolution nazie a tué des gens, je pense que c'est normal, il n'y a jamais eu au monde de révolution sans massacre[178]. »

Hitler prenait soin de diaboliser les communistes en les présentant comme la menace la plus grande et la plus immédiate qui pesât sur la nouvelle « communauté nationale » que la révolution nazie voulait établir. Et il fut aidé en l'occurrence par un communiste hollandais nommé Marinus van der Lubbe qui mit le feu au parlement allemand – le Reichstag – le 27 février 1933. La destruction de ce bâtiment emblématique accrut dans la population allemande la peur d'une possible révolution communiste et servit donc à justifier la répression, par les nazis, de leurs adversaires politiques. La date choisie par van der Lubbe pour commettre son acte – une semaine avant les élections fixées par Hitler – ne pouvait pas mieux tomber et a conduit un grand nombre d'historiens à imaginer que les nazis avaient eux-mêmes comploté pour provoquer l'incendie et que van der Lubbe n'avait pas agi seul. Mais il n'y a aucune preuve convaincante en faveur de cette

---

178. Témoignage inédit.

théorie de la conspiration. Les actes erratiques des nazis après l'incendie ne suggèrent assurément pas qu'ils en aient été informés auparavant.

Pour autant, l'incendie du Reichstag conduisit – dès le lendemain – à l'adoption à la hâte de l'une des mesures les plus restrictives que l'État nazi ait jamais imposées : le décret du président du Reich pour la protection du peuple et de l'État. L'article 1 du décret suspendait les droits de l'homme fondamentaux – comme le droit à une presse libre et le droit à l'association et aux réunions publiques – alors que l'article 2 permettait au gouvernement du Reich, par l'intermédiaire du ministre de l'Intérieur Wilhelm Frick, d'assumer les pouvoirs en matière de sécurité publique des Länder afin de « restaurer la sécurité » (lorsque, dans un Land, les mesures propres à rétablir l'ordre et la sécurité publique n'auraient pas été prises, le gouvernement du Reich pourrait y assumer provisoirement les attributions de l'autorité supérieure).

Cinq jours plus tard, le 5 mars 1933, les Allemands votaient aux élections générales, les dernières à être organisées pour les douze années à venir. Malgré un effort de propagande massif, malgré la peur d'un soulèvement communiste, malgré « l'appel à la nation » d'Hitler, malgré tout cela et plus encore, les nazis ne réussirent toujours pas à gagner le soutien d'une majorité de l'électorat allemand : 56 % du peuple allemand vota pour d'autres partis politiques.

Pour Adolf Hitler, le constat que la plupart des Allemands ne voulaient toujours pas des nazis représentait un immense défi. Il avait déjà annoncé en privé que l'élection ne lui ferait pas changer la composition de son gouvernement ni ne l'éloignerait du pouvoir. Au contraire, il alla de l'avant en tentant de faire passer devant le nouveau Reichstag une loi d'habilitation ou loi de pleins pouvoirs (sous sa dénomination officielle, *Gesetz zur Behebung der Not von Volk und Reich vom 24. März 1933*, soit la loi du 24 mars 1933 « de réparation de la détresse du peuple et de l'État ») qui devait lui permettre, au titre de l'article 48, de promulguer des décrets sans en référer au président Hindenburg. Cela représenterait un immense avantage pour lui – mais il lui fallait obtenir les deux tiers des votes au Reichstag pour la faire adopter.

Les nazis avaient notamment besoin du soutien de la *Deutsche Zentrumspartei* ou *Zentrum*, un parti catholique centriste, pour faire passer cette loi ; aussi, dans son discours devant les députés du nouveau Reichstag le 23 mars 1933 – l'assemblée était réunie à l'opéra Kroll du fait de l'incendie du Reichstag –, Hitler se montra-t-il délibérément conciliant avec eux, disant que son gouvernement « considère le christianisme comme l'inébranlable fondement de la morale et du code moral de la nation[179] ». Bien sûr, il n'en croyait pas un mot, mais il savait que, pour des motifs purement politiques, il se devait de faire cette déclaration. Ce n'était pas la première fois qu'il agissait de la sorte. Après sa sortie de la prison de Landsberg, il avait compris la puissance du christianisme dans la politique allemande en chassant le *Gauleiter*[180] de Thuringe, Artur

179. *Völkischer Beobachter*, 24 mars 1933.

180. À la fois responsable régional politique du NSDAP et responsable administratif d'un Gau, subdivision territoriale de l'Allemagne nazie (*NdT*).

Dinter, du Parti nazi (1928). Contre les souhaits d'Hitler, Dinter avait voulu promouvoir sa propre religion aryenne, le *Geistchristentum* – une version hérétique du christianisme qui excluait de la Bible l'Ancien Testament et attaquait violemment les Juifs. Mais, à cette époque, Hitler avait besoin du soutien du ministre-président de Bavière, membre d'un parti catholique – Dinter devait donc partir[181].

En 1933, comme il l'avait été des années auparavant, le stratagème d'Hitler, consistant à dire aux catholiques allemands ce qu'ils avaient envie d'entendre, fut couronné de succès. Des membres du *Zentrum* – qui n'étaient que trop informés du destin qui attendait ceux qui s'opposaient aux nazis – décidèrent de soutenir la loi des pleins pouvoirs.

La première déclaration d'Hitler devant le parlement, soigneusement préparée, le 23 mars, contrasta de manière notable avec sa réponse construite à la hâte plus tard dans le même débat quand ladite loi fut attaquée par Otto Wels de la SPD. Dans son premier discours, Hitler s'efforçait de se présenter comme un homme d'État et comme le dirigeant de toute l'Allemagne : « Nous voulons restaurer l'unité d'esprit et de volonté de la nation allemande. Nous voulons préserver les fondements éternels de notre vie[182]... »

---

181. Alan Bullock, *Hitler ou les Mécanismes de la tyrannie [Hitler : A Study in Tyranny]*, traduit par Gérard Colson, Marabout/diffusion Hachette, 1980.

182. Max Domarus, *Hitler : Speeches and Proclamations 1932-1945*, vol. 1 : *1932 à 1934*, Bolchazy-Carducci Publishers, 1990, déclaration d'Hitler du 23 mars 1933, p. 273.

Dans le second discours, il retrouva le ton de ses harangues de brasserie et tourna Wels en ridicule, déversant son mépris à la fois sur sa personne et sur le parti qu'il dirigeait. « Vous êtes des poules mouillées [*wehleideig* – littéralement des "pleurnichards"], messieurs, et indignes de cette époque si vous commencez à parler de persécution à ce stade du jeu. » Il annonça que les nazis « se retenaient [...] de se retourner contre ceux qui nous ont torturés et humiliés pendant quatorze ans[183] ». Après avoir dit aux sociaux-démocrates qu'il ne voulait même pas qu'ils votent pour la loi d'habilitation et que « l'Allemagne [serait] libérée, mais pas par vous ! », Hitler se rassit sous les applaudissements frénétiques des membres nazis du parlement.

Ce fut un moment révélateur. Ce discours où Hitler attaquait les sociaux-démocrates déployait tous les attributs rhétoriques qui avaient fait de lui le chef dictatorial charismatique et incontesté du Parti nazi. Mais il mettait aussi en avant des traits de caractère qui effrayaient une grande partie des électeurs allemands ordinaires – intolérance, agression, esprit partisan agressif et sarcasme cinglant.

Pourtant, les nazis l'emportèrent. Avec le soutien du *Zentrum*, la loi fut adoptée par 444 voix contre les 94 exprimées par les sociaux-démocrates. Ce fut le moment où l'Allemagne renonça à tout simulacre de démocratie. Dans les quatre mois qui suivirent, tous les partis politiques autres que le Parti nazi furent soit interdits soit volontairement dissous.

183. *Ibid.*, p. 292-293.

Même après avoir franchi cette étape importante, Hitler ne pouvait cependant toujours pas agir exactement comme il l'entendait. Parmi les contraintes qui pesaient sur lui, une des plus sérieuses était le fait que les deux convictions qui étaient au centre de sa vision du monde – le désir de faire disparaître tous les Juifs d'Allemagne et le souhait d'acquérir un empire nazi en Europe orientale – n'avaient pas du tout été mises en avant pendant les différentes campagnes électorales des trois années précédentes. Il y avait peu de chance qu'une majorité d'Allemands soutienne l'une ou l'autre. Hitler se trouvait donc dans une position un peu particulière pour un responsable politique qui venait d'être porté au pouvoir par les urnes : il ne se sentait pas en mesure de réaliser ses idées « visionnaires » les plus importantes.

Ce n'est pas qu'il les ait jamais niées – c'est simplement qu'il prenait garde à la manière de les exprimer. La ligne délicate qu'Hitler empruntait se manifesta par son mode d'action lors du boycottage des Juifs en avril 1933. Hitler était en colère à cause de la façon dont la presse étrangère avait rendu compte de mesures comme la loi des pleins pouvoirs et des mauvais traitements infligés aux Juifs allemands par les SA nazies – ainsi que du début de leur éviction de la fonction publique et des universités. Ces critiques vinrent pour lui accréditer un de ses plus chers fantasmes : il existait une conspiration « juive » à l'échelle mondiale. Cette certitude que l'influence juive s'exerçait par-delà les frontières nationales était certainement partagée par la plupart de ceux qui soutenaient les nazis. « Nous le considérions [l'antisémitisme] comme une opposition à la juiverie mondiale qui voulait conquérir le pouvoir, gouverner le monde, dit Bruno Hähnel, un sympathisant nazi de la première heure. Ainsi donc, c'était la juiverie mondiale dont nous avions… – je ne veux pas dire dont nous avions peur – eh bien, contre laquelle nous nous défendions[184]. »

C'est pour « se défendre » contre la « juiverie mondiale » que les nazis organisèrent un boycottage juif à partir du 1er avril 1933. Fait significatif, Hitler choisit de ne pas apposer son nom au bas du document daté du 28 mars qui appelait à cette action contre les Juifs allemands. Il était signé seulement par la « Direction du Parti national-socialiste des travailleurs allemands ». Une autre preuve de la sensibilité d'Hitler sur cette question fut un article, dans le journal nazi, le *Völkischer Beobachter*, daté du 29 mars, qui citait des propos d'Hitler expliquant qu'il avait été nécessaire d'organiser ces « mesures défensives » parce que, sinon, « elle [c'est-à-dire l'action contre les Juifs] serait venue du peuple lui-même *[Volk]* et aurait pu prendre des formes plus virulentes[185] ». Hitler – qui se révélait déjà dans *Mein Kampf* un antisémite enragé – cherchait maintenant à se présenter comme un homme qui, d'une certaine façon, agissait judicieusement contre les Juifs.

Le boycottage fut annulé au bout d'un jour seulement. Hitler jugeait que le moment n'était pas venu pour que ce type d'actions « officielles » visibles contre la population juive d'Allemagne soit prolongé

184. Témoignage inédit.
185. *Völkischer Beobachter*, 29 mars 1933.

durant des jours et des semaines. Ce souci de maintenir l'équilibre entre la violence de son propre antisémitisme et l'état d'esprit dominant de l'opinion publique allemande devait être un des traits récurrents du pouvoir nazi pendant les années 1930.

Non moins évidente était la réticence d'Hitler à afficher son désir que l'Allemagne se taillât un empire en Europe orientale – surtout aux dépens de l'Union soviétique. Quoiqu'il eût ouvertement reconnu ce but dans *Mein Kampf*, et en dépit du fait que l'Allemagne était sur le point d'engager un des plus grands programmes de réarmement jamais conçus en période de paix, Hitler s'en tenait au mantra, exprimé dans une interview avec Sir John Foster Fraser pour le *Daily Telegraph*, que « personne en Allemagne qui a survécu à la Guerre ne veut répéter cette expérience[186] ». Cependant il dit aussi dans la même interview que « le destin de l'Allemagne reposait non pas sur des colonies ou des dominions, mais sur ses frontières orientales » – une formule qui fut interprétée comme le désir de regagner les territoires perdus en vertu des clauses des traités de paix conclus à la fin de la Première Guerre mondiale.

Il était clair qu'il reviendrait entièrement à Hitler de décider à quel moment et de quelle manière la politique nazie radicale serait imposée au peuple allemand. Goebbels écrivit dans son journal, le 22 avril 1933, qu'il n'y aurait plus d'élections et que désormais c'était

186. Interview avec Adolf Hitler, *Daily Telegraph*, publié dans le *Völkischer Beobachter*, 28 juillet 1934. Cité en anglais dans Max Domarus, *Hitler : Speeches and Proclamations*, *op. cit.*, p. 317.

la « personnalité du Führer » qui comptait[187]. Juste deux jours avant d'écrire ces mots, Goebbels avait aidé à organiser des réjouissances publiques de masse à l'occasion du quarante-quatrième anniversaire d'Hitler – une manifestation concrète de la façon dont la personnalité du nouveau chancelier allait maintenant conduire la vie politique allemande. Dorénavant, jusqu'au cinquante-sixième anniversaire d'Hitler qui fut fêté en 1945 à la chancellerie du Reich, à Berlin, le 20 avril serait traité dans le calendrier allemand comme une date sacrée.

Un phénomène intéressant se faisait jour, qui résultait de toute l'attention concentrée sur Hitler, depuis sa tentative de déloger Hindenburg de la présidence l'année précédente. Certains de ceux qui avaient par le passé vu en Hitler un individu quelconque commençaient maintenant à distinguer en lui une dimension charismatique. Fridolin von Spaun, par exemple, sympathisant nazi depuis le début des années 1920, l'avait vu pour la première fois lors d'une réunion politique en 1923 : « Il y avait Ludendorff, un personnage puissant en uniforme avec ses décorations, dit-il. Et un petit bonhomme se tenait près de lui – très loin d'être aussi imposant, dans un manteau vraiment minable. Je ne fis aucune attention à lui. Plus tard j'ai demandé : "Qui était le type qui se trouvait à côté [de Ludendorff] ?" Eh bien, c'était Hitler, le chef des nationaux-socialistes[188]. »

---

187. Joseph Goebbels, *My Part in Germany's Fight*, Londres, 1938, p. 248.

188. Témoignage inédit.

Mais, quelque dix ans plus tard, Spaun rencontra à nouveau Hitler et se forgea une opinion totalement différente. Lors d'un dîner auquel participaient un grand nombre de sympathisants nazis, il vit qu'Hitler le regardait. Il sentit ses yeux le transpercer et fut immédiatement convaincu de sa sincérité. Puis Hitler se leva pour aller parler avec quelqu'un et posa sa main sur le dossier de la chaise de Spaun. « Je ressentis alors un tremblement comme si ses doigts entraient dans ma chair. Je l'ai réellement senti. Mais ce n'était pas un tremblement nerveux. J'ai plutôt pensé : cet homme, ce corps est seulement l'outil pour accomplir ici sur terre une grande et toute-puissante volonté. C'est un miracle à mon avis. »

Dans l'esprit de Spaun, Hitler avait subi une métamorphose telle qu'un homme naguère insignifiant dans son manteau minable était devenu un « outil pour accomplir une grande et toute-puissante volonté ». Sans doute bien des choses avaient-elles changé dans les dix ans et quelque qui séparaient les deux rencontres entre les deux hommes. Mais ce qui s'était surtout modifié, c'était la perception personnelle du premier. À l'instant où il tremblait au simple contact d'Hitler, Spaun savait qu'il était en présence de l'homme le plus célèbre d'Allemagne. En fait, il avait toujours été prédisposé à croire à la vision *völkisch* de la politique de droite qu'Hitler avait adoptée. Hitler lui-même n'avait pas tant changé. C'était seulement que des gens comme Spaun étaient maintenant prêts à croire à son charisme.

Cependant, le charisme d'Hitler avait encore des limites évidentes. Parmi ses proches collaborateurs

– qui travaillaient même dans son cabinet –, certains y demeuraient toujours parfaitement insensibles. Papen, naturellement, était de ce nombre, et il y avait aussi le magnat des médias Alfred Hugenberg. L'un et l'autre allaient du reste donner du fil à retordre à Hitler, au fur et à mesure qu'ils prendraient conscience que leur espoir d'« apprivoiser » les nazis et de les utiliser pour leurs propres fins avait été d'une abyssale naïveté. Hugenberg en particulier avait imaginé que sa qualité de ministre de l'Économie, de l'Agriculture et de l'Alimentation lui donnerait un immense pouvoir dans le gouvernement d'Hitler. À la différence du nouveau chancelier, il possédait des qualifications impressionnantes en termes d'instruction ou d'expérience dans les affaires – il était titulaire d'un doctorat en économie et avait été le président du conseil d'administration d'un des plus importants conglomérats industriels allemands, les aciers Krupp (1909-1918). Mais Hitler n'en déjoua pas moins ses plans. Une fois la loi d'habilitation votée, le gouvernement cessa d'avoir un pouvoir réel. Hitler tenait à ce qu'il continue à fonctionner, mais seulement de façon honorifique. Hugenberg ne se rendit compte qu'Hitler le mettait sur la touche que lorsque son subordonné, le secrétaire d'État au ministère de l'Économie, un fervent nazi du nom de Fritz Reinhardt, avança une proposition de créer de nouveaux emplois, à laquelle lui-même s'opposa. Hitler choisit de soutenir Reinhardt, et Hugenberg n'eut d'autre parti que d'obtempérer[189]. Hitler ne manquerait

189. Klaus Hildebrand, *The Foreign Policy of the Third Reich*, Londres, Batsford, 1973, p. 31-32.

pas à l'avenir de recourir à de multiples reprises à cette même tactique consistant à traiter directement avec les subordonnés dans l'idée de perturber et déstabiliser des personnages du régime qui apparaissaient pourtant publiquement puissants.

Hugenberg, qui n'était pas disposé à supporter un tel camouflet, fit part à Hitler de son intention de démissionner. Les deux hommes eurent un entretien le 27 juin 1933. Hitler tenta de le convaincre de rester, conscient que ce départ serait potentiellement embarrassant si, seulement cinq mois après sa nomination au poste de chancelier, il manquait si évidemment à la promesse qu'il avait faite de ne pas changer la composition de son gouvernement. Mais Hugenberg resta sourd à ses flatteries, et même les menaces n'eurent sur lui aucun effet. Hitler fut forcé de dire au président qu'Hugenberg voulait quitter le gouvernement. Hindenburg, qui n'avait jamais eu beaucoup de sympathie pour Hugenberg et était débarrassé de la charge d'une implication régulière dans la politique gouvernementale que lui imposait auparavant l'article 48, n'eut aucune réaction devant cette nouvelle évolution.

Mais ce qui mérite d'être noté, c'est ce qui arriva ensuite à Hugenberg – c'est-à-dire rien. Loin de subir une quelconque persécution, d'être jeté en prison, d'avoir à craindre des représailles, il conserva son siège au Reichstag et, quoiqu'il dût renoncer au contrôle de son empire médiatique, il conclut une tractation financièrement avantageuse qui lui permit de faire de gros investissements dans l'industrie allemande. Il mourut paisiblement à l'âge de quatre-vingt-cinq ans en 1951. Si, indubitablement, Hitler possédait ce que l'historien

David Cesarani décrit comme une « personnalité meurtrière[190] », néanmoins, dès lors qu'à ses yeux ceux qui quittaient son gouvernement ne l'avaient pas trahi, ils pouvaient souvent, après avoir laissé leur poste, poursuivre leur existence en sécurité en Allemagne, ce que fit Hugenberg.

Ernst Röhm ne devait en revanche pas se montrer aussi maniable qu'Hugenberg, et il n'était pas disposé à se laisser marginaliser. « Nous avons remporté une victoire sur la route de la révolution allemande, écrivait Röhm dans un article de juin 1933, mais non pas la victoire absolue[191] ! » L'« objectif, disait-il, d'une nouvelle Allemagne, renaissant dans une révolution spirituelle d'esprit nationaliste et socialiste » était toujours loin d'être atteint. « Et aussi longtemps que l'avènement d'une Allemagne véritablement national-socialiste se fera attendre, la lutte acharnée et passionnée des SA et des SS ne cessera pas. L'Allemagne devient national-socialiste ou bien meurt. Et c'est pourquoi la révolution allemande continue, jusqu'à ce que la croix gammée sur nos drapeaux et nos emblèmes ne soit plus un symbole extérieur d'une honnête profession de foi ou de conformité mais la propriété sacrée du peuple tout entier. » C'était une invite plus ou moins dissimulée à un plus grand rôle pour Röhm et ses Sections d'assaut dans la nouvelle Allemagne. Non pas seulement en

190. Interview avec l'auteur pour WW2History.com.

191. Cité dans Hans-Adolf Jacobsen et Werner Jochmann (éds.), *Ausgewählte Dokumente zur Geschichte des Nationalsozialismus 1933-1945*, vol. II, Bielefeld, 1961. Première publication dans NSDAP : *Nationalsozialistische Monatshefte*, 4 juin 1933.

termes de postes et de récompense financière, mais en important l'esprit et la camaraderie des SA dans un certain type de fusion avec l'armée allemande – voire une mainmise sur elle.

Ces ambitions étaïent nourries de la conviction que les véritables révolutionnaires étaient bien les Sections d'assaut. Wolfgang Teubert, par exemple, qui rejoignit les SA en 1928, voulait voir s'effectuer un changement fondamental en Allemagne. Cela signifiait tout d'abord l'élimination des Juifs : « L'usine familiale à Görlitz avait déjà été liquidée sous l'influence juive, si je puis dire, parce qu'un de mes oncles avait un représentant juif qui lui avait escroqué des dizaines de milliers de marks. [...] Nous voulions mettre fin à la "judaïsation" croissante de l'Allemagne. [...] Tout ce que je pouvais dire aux Juifs, c'était : "On ne veut plus de vous ici. S'il vous plaît, quittez ce pays"[192]. »

Wolfgang Teubert n'était pas seulement antisémite – et prêt à condamner tous les Juifs allemands du fait de la prétendue mauvaise conduite de l'un d'entre eux –, il avait aussi un désir de changement plus large en Allemagne. Il croyait passionnément au concept de *Volksgemeinschaft*, la « communauté de la race allemande », dans laquelle tous les Allemands ethniquement « purs » se considéraient comme égaux. Plus encore – et ce qui était le plus important pour lui – il croyait que les nazis « rompraient l'esclavage de l'intérêt », la *Zinsknechtschaft* à laquelle Gottfried Feder s'était opposé avec tellement de force dans les premiers jours du Parti nazi. C'était, en substance, l'idée que les travailleurs qui pos-

192. Témoignage inédit.

sédaient des fermes ou magasins devaient payer des intérêts disproportionnés à ceux qui leur avaient prêté de l'argent. On reconnaît là la politique « socialiste » dont Hitler s'était éloigné au fil des différentes campagnes électorales du début des années 1930.

Cependant, la plus grande friction fut causée par le désir de Röhm de voir la SA devenir la force militaire dominante de la nouvelle Allemagne. Hitler, au moins au début, affecta une certaine prudence dans ses rapports avec son vieux camarade. Non seulement il y avait en 1933 trois fois plus de SA que de soldats dans l'armée allemande (2 millions d'hommes dans la SA en juin 1934 – ou 4,5 millions si on inclut les membres du *Stahlhelm, Bund der Frontsoldaten [NdT]*), mais il voyait probablement dans le conflit potentiel entre la SA et l'armée un moyen d'en tirer parti comme leader charismatique – pourvu qu'il gère la situation avec habileté.

Le 1er décembre 1933, Röhm fut nommé au gouvernement, et c'est à partir de cette base de pouvoir institutionnel – fût-il symbolique – que, deux mois plus tard, le 1er février 1934, il adressa un mémorandum à Blomberg, le ministre de la Défense, selon lequel la SA devait être reconnue comme la force militaire prépondérante en Allemagne : il préconisait en conséquence que la *Reichswehr* fût subordonnée à la SA. C'était presque une déclaration de guerre contre les forces armées allemandes traditionnelles.

Dans ces conditions, il n'est guère étonnant que des officiers de l'armée comme le comte Johann-Adolf von Kielmansegg n'aient guère apprécié la proposition : « L'on rejetait les SA à cause de leur conduite, leur allure, de ce qu'ils étaient. Les SA furent progressivement… à la fin ils étaient… eh bien, on peut dire qu'ils étaient pratiquement haïs de la plupart des soldats. En plus de cela, en plus du rejet des SA, il y avait le fait qu'il était chaque jour plus clair, et pas seulement dans l'armée, que Röhm, le commandant en chef de la SA, essayait d'une certaine manière de s'emparer de la *Reichswehr*[193]. »

Blomberg et le reste du commandement de l'armée étaient tout aussi opposés à cette marginalisation que leur promettait Röhm. Et, dans la mesure où ils avaient compris que la décision sur cette question capitale serait ultimement tranchée par un homme – Adolf Hitler –, ils se mirent à introduire dans la *Reichswehr* des changements dont ils savaient qu'ils lui feraient plaisir. Et ce fut, entre autres, l'ordre immédiat, quelques jours après le mémorandum de Röhm, d'intégrer sur tous les uniformes l'emblème nazi : une croix gammée tenue entre les serres d'un aigle. Cette obligation pour chaque membre de l'armée allemande de porter une croix gammée sur son uniforme fut une immense étape symbolique dans la politisation de la *Reichswehr*. Une innovation qui s'ajouta à la décision de renforcer la clause « aryenne », en stipulant que les membres de la *Reichswehr* étaient tenus de prouver qu'ils étaient de descendance « aryenne », au risque d'une exclusion.

Ce fut le 28 février 1934, à l'occasion d'un briefing auquel assistèrent les responsables de la SA et de la *Reichswehr*, qu'Hitler fit clairement connaître sa position en rejetant la proposition de Röhm. La SA ne pren-

193. Témoignage inédit.

drait pas le contrôle de l'armée, mais lui serait subordonnée dans les affaires de défense nationale. Il esquissa également en termes généraux les futures tâches qu'il voulait confier à la nouvelle *Reichswehr*. Dans la mesure où il fallait créer un « espace vital » et que « les puissances occidentales ne nous laisseraient pas le faire », « il pourrait être nécessaire de porter des coups rapides et décisifs à l'Ouest, puis à l'Est[194] ».

C'était une révélation stupéfiante qu'Hitler délivrait là ouvertement et, comme le maréchal von Weichs l'écrivit plus tard : « Il est presque miraculeux que rien n'ait jamais transpiré à l'extérieur de cette prophétie de 1934[195]. » Mais comme l'opinion de Weichs était que « le soldat avait l'habitude de ne jamais prendre trop au sérieux les paroles des politiciens », ces « prophéties belliqueuses » ne furent pas prises pour « argent comptant » sur le moment.

Il existe, bien sûr, une autre interprétation possible de l'absence de réaction de l'armée lors de la réunion du 28 février : la manière dont Hitler associa l'annonce de ses ambitions militaires et sa décision de réfréner les ambitions des SA était délibérément conçue pour étouffer toute opposition potentielle à ses objectifs à long terme. Car les dirigeants de l'armée allemande pouvaient difficilement protester contre les vagues plans d'expansion d'Hitler en même temps qu'ils accueillaient favorablement sa mise sous contrôle de la SA.

194. D'après le récit du feld-maréchal von Weichs cité dans Robert J O'Neill, *The German Army and the Nazi Party 1933-1939*, Corgi Books, 1968, p. 67.

195. *Ibid.*

Röhm, comme on pouvait s'y attendre, prit extrêmement mal la décision d'Hitler de placer les SA sous le contrôle de l'armée en cas de futur conflit. Et pendant les quelques mois qui suivirent, des rumeurs coururent que les SA étaient même en train de projeter de prendre les choses en main – peut-être par un coup d'État. Après une réunion avec Hitler le 7 juin 1934, Röhm annonça qu'il prenait un congé maladie et que les Sections d'assaut se mettaient elles aussi en vacances, pour reprendre le service le 1er août, et il terminait sa lettre par les mots : « La SA est et demeure la destinée de l'Allemagne[196]. »

Ce n'était certainement pas un point de vue qu'Hitler partageait. Les SA, loin d'aider Hitler dans ses efforts pour passer du statut de simple chef du Parti nazi à celui de dirigeant de la nation tout entière après avoir conquis le cœur de tous les « vrais » Allemands, apparaissaient désormais comme une force dissidente. Et pour Hitler il était particulièrement urgent de régler le problème Röhm, dans la mesure où, de toute évidence, le président Hindenburg n'avait plus très longtemps à vivre. Hitler voulait, à la faveur de sa mort, combiner les charges de chancelier et de président du Reich, et devenir ainsi à la fois le dirigeant politique de l'Allemagne et le chef de l'État, mais il était possible que l'opposition de l'élite allemande traditionnelle – notamment de la *Reichswehr* – empêchât cette transition de se dérouler en douceur.

Cette menace perce très clairement dans une déclaration publique que fit Franz von Papen en juin 1934 à

---

196. Kurt Gossweiler, *Die Röhm-Affäre. Hintergründe-Zusammenhänge-Auswirkungen*, Cologne, 1983, p. 68.

l'université de Marbourg : « Le gouvernement doit représenter le peuple dans son ensemble et ne doit en aucun cas être uniquement le représentant de groupes particuliers ; sinon il est condamné à échouer dans son projet de construire la communauté nationale[197]. » Il mettait en garde contre une « seconde vague » révolutionnaire et déclarait que « le gouvernement est fort conscient de l'égoïsme, de l'absence de principe, de l'hypocrisie, du comportement peu chevaleresque, de l'arrogance qui sont en hausse sous couvert de révolution nationale ». Il ajouta que les gens suivraient le « Führer », à condition que chaque critique ne soit pas « immédiatement interprétée comme de la malveillance ».

La réaction d'Hitler au discours de Papen était prévisible. Il fit interdire la diffusion du texte, et Edgar Jung, le coauteur des mises en garde et des critiques prononcées par Papen, fut par la suite arrêté et tué. Mais il n'ignorait pas que Papen donnait voix aux préoccupations d'une grande partie de la population allemande. Et, fait peut-être plus important encore, qu'il exprimait les inquiétudes de deux personnes dont l'opinion comptait beaucoup aux yeux d'Hitler : le président Hindenburg et le général von Blomberg, qui lui dirent le 21 juin qu'il devait « faire revenir à la raison les fauteurs de troubles révolutionnaires[198] » ou que sinon « l'expérience Hitler » s'interromprait là.

---

197. Cité dans Hans-Adolf Jacobsen et Werner Jochmann (éds.), *Ausgewählte Dokumente zur Geschichte des Nationalsozialismus 1933-1945*, vol. II, Bielefeld, 1961.

198. Adam Tooze, *The Wages of Destruction*, *op. cit.*, p. 67.

Heinrich Himmler et son ambitieux second Reinhard Heydrich sautèrent sur l'occasion de renforcer leur influence et leur pouvoir. Ils informèrent de hauts responsables de l'armée que Röhm préparait un coup d'État. Bientôt une spirale de rumeurs se développa tandis que des unités allemandes passaient en état d'alerte et que, sitôt qu'ils eurent appris la nouvelle de ces mouvements, les dirigeants de la SA faisaient de même. Tout ceci culmina le 26 juin : un « ordre » supposé émaner de Röhm, appelant les SA à se préparer à attaquer l'armée, fut découvert par les services secrets, l'*Abwehr*[199]. C'était presque à coup sûr un faux – Röhm et ses camarades n'avaient planifié aucun coup d'État. Certes, ils étaient mécontents de l'allure [qu'ils trouvaient trop lente] de la « révolution » et demandaient beaucoup plus de pouvoir pour eux-mêmes, mais ils demeuraient fidèles à Hitler. Mais Röhm s'était lourdement trompé : il avait grossièrement sous-estimé le nombre et la nature des ennemis qui se dressaient contre lui. Du commandement de la SS au commandement de l'armée allemande ; de l'élite traditionnelle à l'homme d'affaires local victimes d'intimidations et de menaces par les troupes d'assaut de la SA, tous souhaitaient sa disparition.

Hitler décida d'affronter les chefs des SA dans leur résidence de vacances à Bad Wiessee en Bavière. La décision avait été longue à venir. Dès le mois de janvier il avait demandé à la Gestapo de surveiller leurs agissements et de lui rapporter directement les exemples

199. Ian Kershaw, *Hitler : Hubris*, *op. cit.*, p. 723.

de mauvais comportements[200]. À l'aube du 30 juin 1934, l'heure arriva enfin d'agir. Il prit la tête d'un groupe composé de ses plus proches camarades, qui fit irruption dans la chambre d'hôtel de Röhm au premier étage de l'hôtel Hanslbauer. Röhm, encore couché, leva les yeux sur Hitler et lui dit « d'une voix endormie[201] » : *« Heil, mein Führer. »* Hitler hurla qu'il était en état d'arrestation, tourna les talons et quitta la chambre. Edmund Heines, *Obergruppenführer* des SA, c'est-à-dire le deuxième personnage le plus important de l'organisation, fut trouvé au lit avec un SA de dix-huit ans. D'autres dont on soupçonnait l'implication dans les « projets de Röhm » furent aussi arrêtés et retenus provisoirement dans la laverie de l'hôtel avant d'être emmenés à la prison de Stadelheim de Munich.

Dans le même temps, à Berlin, Göring organisait non seulement la rafle de personnalités clefs de la SA mais aussi l'assassinat d'autres opposants au régime. De vieux comptes furent ainsi soldés de manière brutale. Le général Schleicher et sa femme furent abattus, de même que Gregor Strasser et une foule d'autres. Nul ne connaît le nombre exact de morts, mais le chiffre se monte à au moins cent cinquante – dont Ernst Röhm qui, ayant refusé la proposition qui lui était faite de se suicider, fut abattu dans sa cellule par deux SS.

La « Nuit des Longs Couteaux », selon la formule sous laquelle cet événement devait être connu, fut un

---

200. Rudolf Diels, *Lucifer ante Portas*, Stuttgart, 1950, p. 379-382. Voir aussi Ian Kershaw, *Hitler : Hubris*, *op. cit.*, p. 715.

201. D'après un récit de Kempka, « le chauffeur d'Hitler », cité dans J. Noakes et G. Pridham, *op. cit.*, vol. 1, p. 178-179.

exemple suffocant de la fin brutale de l'état de droit en Allemagne. Aucune de ces personnes n'eut droit à un procès. Aucune des charges alléguées contre elles ne fut vérifiée. Aucune d'entre elles n'eut la possibilité de présenter sa défense. Et pourtant la décision d'Hitler d'ordonner le meurtre de tant de ses anciens camarades fut extrêmement bien accueillie. Le général Blomberg dit dans une déclaration du 1er juillet : « Le Führer, dans une décision militaire et avec un courage exceptionnel, a lui-même attaqué et détruit les traîtres et meurtriers[202]. » Le président Hindenburg exprima « [sa] profonde reconnaissance et [ses] remerciements très sincères » parce que les « intentions des traîtres » avaient été « étouffées dans l'œuf » et qu'Hitler avait « sauvé la nation allemande d'un sérieux danger »[203]. Citons, bien plus bas dans la hiérarchie de commandement, l'opinion cependant très caractéristique de l'officier d'aviation Karl Boehm-Tettelbach : « Ce fut présenté comme une révolte contre Hitler. [...] Comme jeune officier, vous lisez les rapports et écoutez les histoires écrites dans le journal, et l'attaque [contre les SA] paraissait raisonnable. Si quelqu'un lance une révolution et est tué dès le début, c'est bien[204]. »

Nous avons pourtant là l'illustration la plus parlante d'un paradoxe constant au cœur du règne d'Hitler. Bien des gens étaient terrifiés par la violence qui sévissait de toutes parts dans la société allemande – causée d'abord par les communistes puis par les SA. La majo-

---

202. *Deutsche Allgemeine Zeitung* (DAZ), n° 302, 2 juillet 1934.
203. *Völkischer Beobachter*, 3 juillet 1934.
204. Témoignage inédit.

rité aspirait à retrouver la paix et la stabilité. Or Hitler paraissait maintenant sur le point d'apporter cet état de paix et de stabilité – mais seulement par l'usage d'une violence accrue. C'est ainsi que beaucoup de ceux qui condamnaient la violence en vinrent à la soutenir – et même s'en félicitèrent.

Grâce à son contrôle total des médias, Hitler put faire en sorte que les événements du 30 juin 1934 soient racontés sous un angle extrêmement avantageux pour lui. D'avoir agi contre des éléments de sa propre organisation nazie lui permit de se présenter comme le protecteur de toute l'Allemagne, plutôt que comme celui de son seul parti. La découverte de Heines au lit avec un jeune SA au moment de l'attaque contre l'hôtel thermal et la révélation du « luxe » dans lequel se vautraient les Sections d'assaut lui permirent aussi d'intervenir en faveur de la morale et de la tempérance traditionnelles. Le 30 juin, après l'arrestation de Röhm et des autres, il adressa à Viktor Lutze, le nouveau chef d'état-major de la SA, nommé en remplacement de Röhm, un ordre du jour qui invitait les dirigeants des SA à être un « modèle de modestie et non d'extravagance » ; et, se référant précisément au grand nombre d'homosexuels qui avaient été à la tête des SA, il expliqua qu'il « voulait tout particulièrement que chaque mère puisse donner son fils à la SA, au Parti ou aux Jeunesses hitlériennes sans redouter qu'il y soit éthiquement ou moralement corrompu[205] ».

C'était un morceau d'hypocrisie à tomber à la renverse. Hitler était entouré de responsables nazis qui,

205. *Völkischer Beobachter*, 1er juillet 1934.

comme Hermann Göring, donnaient difficilement un « exemple de modestie et d'absence d'extravagance », et l'existence d'homosexuels à des postes de direction dans les SA était connue longtemps avant qu'Hitler n'arrivât à Wiessee le 30 juin 1934. « Nous étions déjà au courant, pour l'*Obergruppenführer* Heines, dit l'ancien membre des Sections d'assaut Wolfgang Teubert ; on appelait toujours son ordonnance "Fräulein Schmidt". Mais cela ne nous tracassait pas autrement, nous avions d'autres choses à penser[206]. » Hitler lui-même avait auparavant fait mine de ne pas entendre ceux qui étaient venus se plaindre auprès de lui de l'homosexualité de Röhm. Emil Klein[207], un responsable des Jeunesses hitlériennes, par exemple, avait – des années auparavant – accompagné un des commandants des SA de Munich dans un entretien avec Hitler pour l'informer qu'ils trouvaient dangereux que les SA fussent dirigés par un homosexuel comme Röhm : Hitler n'avait pas paru s'inquiéter de la nouvelle. Pourtant, désormais, il se posait en modèle de décence.

Tout cela contribua à creuser un fossé, dans la perception de nombreux Allemands, entre les « nazis » d'un côté et « Hitler » de l'autre. Après tout, Hitler avait fait la preuve de sa loyauté envers l'Allemagne en attaquant les « mauvais » nazis. C'est cette logique tortueuse – tortueuse parce qu'Hitler avait clairement agi hors de la loi établie, en tolérant précédemment nombre des « abus » qu'il condamnait maintenant – qu'avait épousée l'esprit de maints officiers de l'armée,

206. Témoignage inédit.
207. Témoignage inédit.

comme le comte Johann Adolf von Kielmansegg : « Pour l'armée vous devez faire une claire distinction – et cela vaut pour toute la durée du Troisième Reich – entre Hitler [...] et le comportement et le programme des nazis. Cela [le comportement et le programme des nazis] était rejeté, même avant la guerre. [...] Mais pas Hitler[208]. »

Hitler tira de cette action contre les SA des bénéfices tangibles. Quand le président Hindenburg mourut le 2 août 1934, soit un peu plus d'un mois après l'assassinat de Röhm et des autres, Hitler fut désigné par acclamation à la fois comme chancelier et chef de l'État, la fonction de *Reichspresident* étant abolie. Puis, le 20 août, chaque membre des forces armées et de la fonction publique vint lui prêter personnellement serment de fidélité en tant que « Führer du Reich allemand ».

Comme Karl Boehm-Tettelbach, qui prêta serment en qualité d'officier d'aviation, c'était une affaire sérieuse : « [Mon serment] m'accompagna ma vie entière jusqu'à la fin. Je veux dire qu'un serment est un serment [...] Je ne peux rompre le serment, sinon je devrais me suicider. » Ou bien, comme le comte Johann Adolf von Kielmansegg le dit simplement : « Un officier allemand ne viole pas un serment passé devant Dieu. »

Une fois qu'Hitler fut devenu le commandant suprême indiscuté des forces armées et le chef de l'État, l'Allemagne fut le théâtre d'un phénomène véritablement remarquable. Entre 1934 et 1938, malgré tout l'argent dépensé pour le réarmement à un niveau

208. Témoignage inédit.

sans précédent, malgré tout un éventail de difficultés économiques et politiques, en dépit du fait que le Parti nazi mena souvent, à l'intérieur même du gouvernement, une série de batailles querelleuses et inopportunes pour déterminer qui était chargé de quoi, malgré la création de camps de concentration et la persécution des minorités, malgré tout cela et plus encore, Adolf Hitler vit son pouvoir et son prestige s'accroître, jusqu'à atteindre un degré d'adulation sans égal dans l'histoire européenne moderne. Cette transformation a pour raison centrale la création d'une aura charismatique autour d'Hitler – dont la légitimité était fondée à dessein sur des sources à la fois scientifiques et quasi religieuses. Ce mélange de justification de la domination charismatique par d'anciennes pratiques – une signification spirituelle – et d'explications modernes – la science – était inédit[209]. Et immensément puissant.

Aux yeux de Joseph Goebbels, le ministre nazi de la propagande, la fabrication délibérée de l'« image » d'Hitler était une de ses plus belles réussites. Il nota, en décembre 1941, que, *via* la « création du mythe d'Hitler, on avait donné à ce dernier l'auréole de l'infaillibilité, à un point tel que bien des gens qui voyaient d'un mauvais œil le Parti après 1933 avaient cependant une entière confiance en lui[210] ».

209. Voir, par exemple, les idées du professeur Norbert Frei sur la « modernité » et « barbarie » des nazis, exprimées dans son interview avec l'auteur sur WW2History.com.

210. Entrée du journal du 12 décembre 1941, *in* Rudolf Semmler, *Journal du secrétaire de Goebbels [Goebbels, The Man Next to Hitler]*, avec une introduction de McLachlan, notes de G. S. Wagner, La Jeune Parque, 1948, p. 67.

Goebbels ne sous-estimait certainement pas ses propres capacités. Il dit à son attaché de presse du temps de guerre, Wilfred von Oven, qu'il travaillait « presque vingt heures par jour ; il soutenait qu'il pouvait survivre avec quatre heures de sommeil [par nuit], comme Frédéric le Grand et d'autres grands hommes[211] ». Goebbels, toujours selon Oven, avait également « une immense soif de reconnaissance. [...] Mais je dis toujours qu'il n'y a rien de mal à avoir besoin de reconnaissance à condition qu'on ait assez de talent ».

En s'attribuant tout le mérite de la « création du mythe du Führer », Goebbels exagérait cependant sa propre contribution au succès d'Hitler, parce que c'est en fait Hitler lui-même qui, durant la période cruciale, joua le premier rôle dans la création de son propre mythe. Hitler, qui avait toujours compris l'importance de la propagande pensait savoir mieux que quiconque sous quels traits il fallait présenter sa personne et le parti – rappelons que son premier poste, à ses tout débuts dans le Parti nazi, était celui de chef de la propagande. Autant que Goebbels, il comprit qu'en tant que dirigeant charismatique, il devait se tenir à distance du monde ordinaire de tous les jours, qu'il devait paraître dégagé du besoin de relations intimes qui est la marque de l'être humain ordinaire, et qu'il devait se présenter comme « infaillible ». Plus que tout, il se rendait compte que ce portrait de lui-même comme situé en dehors des besoins fondamentaux de l'humanité offrait aux autres de l'espace pour projeter leurs propres besoins et désirs sur lui. Dans cette interaction

211. Témoignage inédit.

se produisait un transfert de grande importance. C'est par leur foi en lui que les fidèles d'Hitler retrouvaient la confiance et l'estime de soi. Leur croyance en lui conférait une signification spéciale à leur propre existence. Cette interprétation explique le type de louange flagorneuse que Göring commit en 1934 avec cet éloge servile : « Il y a quelque chose de mystique, d'inexprimable, de presque incompréhensible dans cet homme. [...] Nous aimons Adolf Hitler, parce que nous croyons, profondément et résolument, qu'il nous a été envoyé par Dieu pour sauver l'Allemagne. [...] Il n'y a pas de qualité qu'il ne possède à son plus haut degré. [...] Pour nous, le Führer est tout simplement infaillible pour tout ce qui tient aux affaires politiques et sur toutes les autres questions qui intéressent l'intérêt national et social du peuple[212]. »

Göring croyait-il vraiment qu'Hitler possédait toutes les qualités humaines à leur point de « plus haute perfection » ? Il était certainement assez cynique pour savoir qu'il était de son intérêt de le dire. Mais Göring – qui avait le concept de démocratie en horreur – était également profondément disposé à croire en la valeur d'un chef unique et « infaillible », et il s'aperçut que cette croyance le déchargeait du fardeau de la responsabilité ultime de ses propres actes.

Cette idée que le Führer est une force libératrice quasi mystique imprègne le film de propagande le plus fameux

---

212. Hermann Göring, *Aufbau einer Nation*, Berlin, 1934, p. 51-52. Cité également, mais avec une traduction légèrement différente dans Arthur Schweitzer, *The Age of Charisma*, Chicago, Nelson Hall, 1984, p. 83.

et influent qui ait jamais été fait sur Hitler – *Le Triomphe de la volonté* (*Der Triumph des Willens*) de Leni Riefenstahl. Tourné lors du congrès de Nuremberg de 1934, le film était censé être un « documentaire » – en réalité, il fut conçu et structuré comme une œuvre de fiction. Fait significatif, son élaboration échappa au contrôle de Goebbels. Exceptionnellement, Leni Riefenstahl travailla directement auprès d'Hitler à la composition du film. Ce fut même Hitler qui lui suggéra le titre[213].

Leni Riefenstahl n'était pas une observatrice neutre d'Hitler, elle était captivée par lui. « Et à l'instant même, je me trouvai submergée de façon ahurissante par une vision quasi apocalyptique qui ne me quitterait jamais plus, écrivit-elle après avoir entendu un de ces discours lors d'une réunion électorale quelques années auparavant : J'eus l'impression très physique que la terre s'entrouvrait devant moi comme une orange soudain fendue par son milieu et dont jaillirait un jet d'eau immense, si puissant et si violent qu'il atteindrait le sommet du Ciel, et que la terre en serait secouée dans ses fondements[214]. »

Leni Riefenstahl s'employa alors à transmettre cette « vision apocalyptique » à un plus large public. Et, dès les scènes d'ouverture, où l'on découvre l'avion d'Hitler volant au-dessus de Nuremberg et son arrivée du haut du ciel comme un quasi-messie, l'intention du film est claire : il s'agit de démontrer la nature singulière du Führer telle que la réalisatrice la percevait. Il est présenté comme un

213. David Welch, *Propaganda and the German Cinema 1933-1945*, Oxford University Press, 1983, p. 147.

214. Leni Riefenstahl, *Mémoires*, *op. cit.*, p. 143.

homme seul, séparé des foules de ses sympathisants. Les images de la croix gammée, l'utilisation du feu dans les rituels, les incantations répétées, tout est imaginé pour déclencher des associations avec un office religieux. Mais les images du *Triomphe de la volonté*, en plus de leur dimension pseudo-religieuse, sont également porteuses d'un puissant charme moderniste. Tout le monde n'était pas admis à célébrer cet office religieux – les malades et les vieux étaient absents –, c'était une démonstration de la puissance brute de la nature, où seuls étaient montrés des adultes vigoureux et des jeunes gens. Le nazisme était donc présenté comme enraciné dans une combinaison de pseudo-religion et de science pseudo-darwinienne.

Des événements comme le congrès du parti représenté dans *Le Triomphe de la volonté* donnaient à des milliers de personnes l'occasion de se réjouir de la présence d'Hitler. Nous pouvons lire sous la plume du journaliste américain William Shirer, qui assista au congrès de 1934 : « Et là, dans la nuit brillamment illuminée, tassés comme des sardines en une masse compacte, les petits hommes de l'Allemagne qui ont rendu le nazisme possible atteignirent la plus haute forme de vie que l'Allemand connaisse : l'anéantissement de l'âme et de l'intelligence individuelle, de la responsabilité et des doutes et des problèmes personnels, jusqu'à ce que, sous l'éclairage mystique et au son des paroles magiques de l'Autrichien, ils se trouvèrent complètement fondus dans le grand troupeau germanique[215]. »

215. William Shirer, *Journal de Berlin. 1934-1941. Chronique d'un correspondant étranger [Berlin Diary 1934-1941],* traduit de l'anglais par Albert Pascal, Presses universitaires de Laval, 2009, p. 77.

L'analyse de Shirer selon laquelle « la plus haute forme de vie que l'Allemand connaisse » était de partager leurs « âme et esprit individuel » était un lieu commun de l'époque (qui a encore cours de nos jours). Nous avons déjà évoqué les raisons historiques et culturelles pour lesquelles les Allemands, à cette époque, étaient peut-être particulièrement sensibles à l'idée de confier le pouvoir à un « héros ». Mais il est dangereux d'aller trop loin dans cette voie parce qu'elle minimise la personnalité singulière d'Hitler. Sans doute la mise en scène et la régie du congrès de 1934 ont-elles joué un rôle, mais l'essentiel tenait à la personnalité du dictateur. Ce fut une dimension que George Orwell – un antinazi fervent – identifia mieux que quiconque. Dans sa brillante recension de *Mein Kampf*, il parla de « la fascination » exercée par la personnalité d'Hitler, dont il pensait qu'elle était « assurément des plus prenantes si l'on écoute ses discours »[216]. Orwell soutenait : « Le fait est qu'il a quelque chose d'envoûtant : on le sent sur les photographies. [...] Il a le visage pathétique d'un chien battu, le visage d'un homme victime d'intolérables vexations. Un visage où l'on retrouve, en plus viril, l'expression que d'innombrables peintres ont prêtée au Christ sur la croix, et il ne fait guère de doute que c'est ainsi qu'Hitler se voit lui-même. »

---

216. George Orwell, *Essais, articles, lettres*, volume II, *1940-1943 [The Collected Essays, Journalism and Letters of George Orwell,* volume II, *My Country Right or Left : 1940-1943]*, éd. établie par Sonia Orwell et Ian Angus, trad. de l'anglais par Anne Krief, Michel Pétris et Jaime Semprun, Éditions Ivrea, 1996, p. 22 et p. 23 pour le fragment suivant.

Orwell a raison de mettre l'accent sur cet aspect de « souffrance » qu'Hitler incarnait, car une part importante de l'attraction qu'il exerçait tournait autour de son affirmation que l'Allemagne avait « souffert » et qu'il était destiné à réparer ce tort terrible. En outre, des rassemblements comme celui tenu à Nuremberg en 1934 exerçaient une fascination sur un grand nombre d'Allemands parce qu'ils allaient à l'encontre de beaucoup des confortables conjectures de l'époque, comme Orwell l'explique : « La désolation intérieure qui est celle d'Hitler lui fait ressentir avec une force exceptionnelle cette vérité que l'être humain ne veut pas seulement le confort, la sécurité, la réduction des heures de travail, l'hygiène, le contrôle des naissances et, d'une manière générale, tout se qui est conforme au bon sens. Il lui faut aussi, par moments en tout cas, la lutte et le sacrifice, sans parler des drapeaux, tambours et autres démonstrations de loyauté[217]. »

Ce qu'Hitler offrait par-dessus tout à son auditoire, c'était la rédemption. Dans ses discours il parlait moins de politique que de destinée. C'était un privilège, disait-il, que de vivre à un moment si décisif de l'histoire. Les nazis étaient engagés dans une « croisade splendide » qui « resterait comme un des phénomènes les plus miraculeux et les plus remarquables de l'histoire mondiale »[218]. La route pourrait être rude, laissait entendre Hitler, mais le voyage à venir offrait à tout Allemand l'occasion de trouver un sens à sa vie. Ainsi,

217. *Ibid.*, p. 23-24.

218. Discours d'Hitler du 8 novembre 1935, *in* Max Domarus, *op. cit.*, vol. II, p. 727.

suggérait-il, les Allemands étaient spéciaux, non pas seulement parce qu'ils étaient racialement supérieurs, mais aussi parce qu'ils étaient nés dans un moment tel que celui-là et qu'ils avaient de grandes tâches à accomplir.

« À quelle profondeur sentons-nous une fois de plus en cette heure le miracle qui nous a rassemblés[219] ! s'exclama-t-il lors d'un rassemblement de responsables nationaux-socialistes à Nuremberg, en 1936. Pour venir dans cette ville, vous avez quitté votre petit village, vos bourgs, vos villes, vos mines et vos usines, votre charrue. Vous avez laissé vos occupations quotidiennes et votre labeur au service de l'Allemagne pour partager ce sentiment : Nous sommes ensemble [...] et nous sommes maintenant l'Allemagne ! » Plus tôt dans la journée, en un discours extraordinaire devant un rassemblement de femmes de la NS Frauenschaft [Ligue des femmes nationales-socialistes], Hitler avait déclaré que les enfants allemands « appartenaient [non seulement] à leur mère », mais aussi « à moi ». Il y avait une relation presque mystique, laissait entendre Hitler, entre lui et ces femmes allemandes.

Jutta Rüdiger, qui devait devenir responsable pour le Reich des Bund Deutscher Mädel (BDM) [l'organisation de jeunesse féminine du Troisième Reich] juste un an après ce discours d'Hitler se disait « toujours absolument stupéfaite » par la manière dont Hitler réussissait à réunir les Allemands en une seule communauté (ou du

219. Max Domarus, *Hitler – Reden und Proklamationen 1932-1945 – kommentiert von einem deutschen Zeitgenossen*, vol. 1, Wurtzbourg, 1962, p. 641.

moins les Allemands que les nazis considéraient comme « aryens ») : « Si vous regardez le peuple allemand à travers l'histoire – comment ils se querellaient les uns avec les autres et continuent à le faire aujourd'hui –, c'est un fait qu'Hitler est parvenu à les faire entrer tous, presque tous, sous un même toit, pour ainsi dire, à les rassembler. Les gens disaient qu'Hitler fonctionnait comme un aimant qui passait au-dessus de la tête du peuple allemand. » Et cet « aimant » semblait avoir un effet particulier sur les femmes, comme William Shirer l'observa à Nuremberg en 1934, devant une foule de « femmes hystériques » rassemblées sous les fenêtres d'Hitler. Il pensa que, « la tête levée vers lui, toutes le regardaient comme s'il était un messie, et les physionomies étaient transformées en quelque chose de proprement inhumain[220] ».

Hitler avait toujours ponctué ses discours de termes religieux, parlant de la « résurrection » du peuple allemand et, comme nous l'avons vu, soulignant devant le Zentrum en 1933 son dévouement à l'Église chrétienne d'Allemagne. Il leur avait également garanti que l'article 24 du programme nazi originel de 1920 établissait que le parti « représent[ait] le point de vue d'un christianisme positif ». Et, comme nous l'avons dit ci-dessus, il avait fait des commentaires positifs sur Jésus présenté comme un « combattant » en lutte contre les Juifs[221]. Mais l'explication la plus convaincante de ces déclarations est qu'Hitler, en bon homme politique, reconnaissait simplement la réalité pratique

220. William Shirer, *Journal de Berlin*, *op. cit.*, p. 73.
221. Voir p. 47.

du monde dans lequel il vivait. Des années plus tôt, il avait dit dans une conversation avec Ludendorff : « J'ai besoin des catholiques bavarois comme des protestants prussiens pour bâtir un grand mouvement politique. Le reste viendra plus tard[222]. » Si Hitler – sa personne ou son mouvement – avait pris trop de distance par rapport au christianisme, il n'est guère imaginable qu'il eût pu jamais remporter le moindre succès dans une élection libre. Aussi sa relation avec le christianisme telle qu'il l'énonçait en public – et en fait sa relation avec la « religion » en général – était d'évidence opportuniste.

Il n'y a aucune preuve qu'Hitler lui-même, dans sa vie personnelle, ait jamais exprimé une foi personnelle dans les principes de base de l'Église chrétienne. Il dit un jour à Albert Speer : « Nous avons la malchance de ne pas posséder la bonne religion. Pourquoi n'avons-nous pas la religion des Japonais, pour qui se sacrifier à sa patrie est le bien suprême ? La religion musulmane aussi serait bien plus appropriée que ce christianisme, avec sa tolérance amollissante[223]. »

Tout cela rend le rôle progressivement quasi religieux d'Hitler dans l'État nazi particulièrement curieux. Les hordes d'Allemands qui prenaient la route – presque comme des pèlerins – pour rendre hommage à Hitler devant son domicile au-dessus de Berchtesga-

---

222. W. Breucker (ordonnance de Ludendorff), *Die Tragik Ludendorffs*, Oldenburg, 1953, p. 107, aussi en anglais dans J. C. R. Wright, *Above Parties : The Political Attitudes of the German Protestant Church Leadership 1918-1933*, Oxford, 1974, p. 78.

223. Albert Speer, *Au cœur du Troisième Reich*, *op. cit.*, p. 138.

den, les milliers de requêtes personnelles envoyées à Hitler à la chancellerie du Reich, l'iconographie pseudo-religieuse des congrès de Nuremberg, le fait qu'on enseignait aux enfants allemands qu'Hitler était un « envoyé de Dieu » et qu'il était leur « foi » et leur « lumière »[224], tout nourrissait le sentiment qu'Hitler était considéré moins comme un homme politique normal que comme un prophète touché par la grâce divine. Pour Wilhelm Roes, qui a grandi pendant les premières années de la dictature nazie, Hitler « était Dieu lui-même. Tous les médias le glorifiaient en quelque sorte. Et nous autres jeunes gens y croyions tous ; vous savez que nous étions stupides. Si je regarde mes petits-enfants, nous étions tellement stupides[225] ».

Adolf Hitler devint un objet de vénération pour des millions de personnes. Et la preuve en est que, dans ses déclarations publiques durant ces quelques premières années au pouvoir, il déplaça progressivement l'accent qu'il avait d'abord mis sur les représentations traditionnelles du christianisme vers une idée moins précise de la « Providence ». Il faut se souvenir que, dans un discours de 1935, il déclara : « Ni les menaces ni les avertissements ne m'empêcheront de suivre ma route. J'avance avec l'assurance d'un somnambule sur le chemin qu'a tracé pour moi la Providence[226]. »

---

224. Hans-Jochen Gamm, *Der braune Kult*, Hambourg, 1962, p. 213-214 ; cité en anglais dans Robert G. L. Waite, *The Psychopathic God*, *op. cit.*, p. 29.

225. Témoignage inédit.

226. Max Domarus, *op. cit.*, vol. II, discours d'Hitler du 4 mars 1936, p. 790.

Mais à qui (ou à quoi) Hitler pensait-il quand il parlait de cette « Providence » qui lui avait « tracé » son « chemin » ? Très probablement pas au Dieu chrétien. Comme Hitler le dit à un groupe de responsables nazis en 1937, « il n'existe pas de consensus universel sur la nature spécifique de Dieu[227] », mais « la foi en Dieu est un des pressentiments les plus ingénieux et nobles de l'homme, qui nous élève au-dessus des animaux ». Ainsi donc, très probablement, Hitler utilisait ce qu'il regardait comme un moyen « ingénieux », l'existence d'un être surnaturel pour justifier ses propres actions. S'il suivait la « Providence », alors seule cette « Providence » – et certainement pas de simples mortels – était habilitée à remettre en cause ses actes. Et dans la mesure où il était le seul chemin vers elle, il pouvait faire tout ce qu'il voulait en revendiquant l'appui du soutien divin. L'ambiguïté croissante dans les discours publics d'Hitler à propos de cette idée de la « Providence » – cette dernière avait-elle ou non une quelconque relation avec le christianisme ? – empêchait le clergé catholique ou protestant de prétendre interpréter son affirmation du lien direct qu'il entretiendrait avec un être surnaturel.

Le résultat fut que l'Église chrétienne allemande établie ne sut jamais trop quoi faire d'Adolf Hitler, ni comment réagir exactement à son gouvernement. Les nazis n'interdirent jamais l'Église – en réalité, un certain nombre des nazis haut placés étaient des croyants chrétiens. Par exemple, Erich Koch, le pur et dur *Gauleiter* de la Prusse orientale, expliqua après la guerre :

---

227. Discours d'Hitler du 23 novembre 1937, cité dans Arthur Schweitzer, *The Age of Charisma*, *op. cit.*, p. 75.

« J'étais d'avis que l'idée nazie devait se développer à partir des fondements de l'attitude prusso-protestante et de la réforme inachevée de Luther[228]. »

S'il est quasi certain qu'il ne partageait pas la croyance de Koch, Hitler semble s'être avant tout inquiété, dans sa conquête du pouvoir, de la puissance du bloc oppositionnel que l'Église en Allemagne – catholique et protestante – pourrait constituer à l'encontre de ses ambitions plutôt que de sa force spirituelle. Pendant quelques années, il encouragea la nomination dans l'Église protestante allemande de prêtres qui étaient incontestablement nazis. Mais, en 1937, il comprit que l'Église protestante ne serait jamais aussi consentante qu'il le désirait, et sa rhétorique se montra – en privé – plus ouvertement antichrétienne. En public, il resta toujours ambigu à propos de sa relation avec un Dieu chrétien, même si un grand nombre d'autres nazis de premier plan ne mâchaient pas leurs mots sur leur aversion pour le christianisme : Martin Bormann, qui devait devenir le secrétaire d'Hitler, Alfred Rosenberg, un idéologue du parti des plus éminents, et Heinrich Himmler le condamnaient tous ouvertement. Les membres de la SS d'Himmler n'étaient pas autorisés à dire qu'ils ne croyaient pas en Dieu, mais ils n'étaient pas non plus encouragés à dire qu'ils rendaient un culte au Dieu chrétien. L'option privilégiée par eux était de proclamer qu'ils étaient *gottglaübig*, c'est-à-dire « croyants en Dieu » – sans avoir à spécifier la nature exacte du Dieu auquel ils croyaient.

228. Richard Steigmann-Gall, *The Holy Reich – Nazi Conceptions of Christianity*, Cambridge University Press, 2003, p. 2.

Le temps passant, les véritables sentiments d'Hitler vis-à-vis du christianisme devinrent de plus en plus évidents au sein de l'élite nazie. « Le Führer est un homme complètement à l'écoute de l'antiquité, écrivit Goebbels dans son journal à la date du 8 avril 1941. Il déteste le christianisme, parce qu'il a paralysé tout ce qu'il y a de noble dans l'humanité[229]. » La même année, Hitler dit dans une conversation avec cinq de ses acolytes – dont Ribbentrop et Rosenberg : « La guerre finira un jour. Je considérerai alors que l'ultime tâche de mon existence sera de résoudre le problème religieux. » Ajoutant que le « christianisme est une invention de cerveaux malades », il précisa que « l'image concrète de l'au-delà que la religion veut m'imposer ne résiste pas à l'examen ». En lieu et place, dit-il, il rêvait « d'une situation dans laquelle chaque homme saurait qu'il vit et meurt pour la préservation de l'espèce[230] ».

Cependant, conscient comme il l'était que, s'il exprimait ouvertement un tel point de vue, sa popularité pourrait en pâtir, il s'attacha à associer deux sortes de justification à son autorité – une religieuse et une scientifique. D'un côté Hitler revendiquait une légitimité qu'il tenait de la « Providence », que des millions de chrétiens pouvaient assimiler à leur Dieu, mais de l'autre il soutenait aussi que les lois fondamentales de

229. Journal de Goebbels, entrée du 8 avril 1941, *in* Elke Fröhlich (éd.), *Die Tagebücher von Joseph Goebbels*, *op. cit.*, vol. 9, décembre 1940-juillet 1941, Munich, 1998. [Le texte n'est pas repris dans l'édition française (*NdT*).]

230. Entrée du 13 décembre 1941, *Hitler's Table Talk*, *op. cit.*, p. 142-145.

la nature validaient ses croyances – nous retrouvons donc la dualité idéologique présentée dans *Le Triomphe de la volonté* d'une iconographie pseudo-religieuse et de la puissance animale brute des jeunes nazis resplendissants de santé.

Fait révélateur, l'autorisation de tournage du film jeta Goebbels dans des affres. Son angoisse était en partie causée par sa jalousie vis-à-vis de la réalisatrice, Leni Riefenstahl. Comme l'expliqua Fritz Hippler, qui devait ultérieurement être un proche collaborateur de Goebbels : « Riefenstahl irritait Goebbels parce qu'elle jouissait de la possibilité d'être créative dans des films en étant directement en contact avec Hitler, sans que Goebbels ait rien le droit de dire à son propos[231]. » Mais sa réticence à souscrire à l'idée du *Triomphe de la volonté* admet une explication autre qu'un simple ressentiment. Goebbels s'inquiétait toujours d'un mauvais effet possible de la présence, dans un film, d'une propagande ouvertement nationale-socialiste. Wilfred von Oven révèle qu'il trouvait « terribles » des films comme *Hitlerjunge Quex* (« Le jeune hitlérien Quex ») où l'on voit un garçon des Jeunesses hitlériennes qui, à l'article de la mort, a une vision de bannières nazies volant dans le ciel[232]. Comme Goebbels l'annonça dans le *Völkischer Beobachter* en février 1934 : « Si je pense qu'il y a une attitude artistique honnête derrière un film, je le protège. [...] Je n'exige pas qu'un film commence et s'achève par des défilés nationaux-

231. Laurence Rees, *Selling Politics*, BBC Books, 1992, p. 50.

232. Entretien avec Wilfred von Oven dans *Goebbels : Master of Propaganda*, écrit et produit par Laurence Rees, BBC 2, 1992.

socialistes. Qu'on nous laisse les défilés nationaux-socialistes : nous les comprenons mieux[233]. »

Fritz Hippler explique que son patron, Goebbels, pensait que « des articles dans les journaux ou ce qui était dit influençaient le cerveau, la conscience, l'intelligence, l'imagination, alors que les véritables sentiments primaires des hommes sont mus par l'inconscient, [par] ce qu'il ne construit pas dans sa conscience, mais qui le pousse à aller au-delà de sa conscience. Sur ces sentiments primaires, les images animées agissent d'une manière particulièrement intense, et c'était donc ce médium qu'il voulait utiliser d'une façon particulièrement pointue[234]. » Pour Goebbels, afin de donner sa pleine efficacité, la propagande devait posséder deux qualités – elle devait ne pas ressembler à de la pure propagande et être divertissante. Comme il s'en ouvrit devant un rassemblement de personnalités de premier plan de la radio allemande en mars 1933 : « Premier principe : éviter à tout prix d'être ennuyeux. Je le mets avant tout le reste[235]. »

Tout cela voulait dire que Goebbels était enclin à se méfier d'un travail de propagande comme *Le Triomphe de la volonté*. Mais une fois qu'il eut vu le film et – plus important encore – perçu la réaction positive d'Hitler, il le couvrit d'éloges, en parlant comme d'une « magni-

233. *Völkischer Beobachter*, 1er février 1934.

234. Laurence Rees, *Selling Politics*, *op. cit.*, p. 21.

235. *Die zukünftige Arbeit und Gestaltung des deutschen Rundfunks. Ansprache Goebbels an die Intendanten und Direktoren der Rundfunkgesellschaften*, Berlin, Haus des Rundfunks, 25.3.1933, *in* Helmut Heiber (éd.), *Goebbels Reden*, vol. 1, *1932-1939*, Düsseldorf, 1971, p. 94.

fique vision cinématographique du Führer » et soulignant que « le film avait réussi à éviter le danger d'un film à orientation strictement politique. [...] C'est un récit épique, forgeant le tempo des troupes en marche, aussi dur que l'acier dans ses convictions et emmené par un talent artistique passionné[236] ».

Fait significatif cependant, l'expérience de représenter Hitler dans un documentaire long-métrage ne fut jamais répétée. Goebbels préférait une approche décidément plus discrète pour graver Hitler dans la psyché allemande. Sa préférence, dans les longs-métrages, allait à l'absence totale de référence au Führer. Au contraire, il voulait que les spectateurs fissent eux-mêmes le lien entre le film qu'ils voyaient et lui. Cela déboucha sur la commande d'une série de films historiques décrivant les « grands hommes » du passé allemand, comme Friedrich Schiller, Bismarck et Frédéric le Grand. Les scénarios étaient soigneusement construits de sorte que des parallèles pussent être tirés entre ces personnages historiques et Hitler, sans que les analogies soient jamais explicitées de façon flagrante. En revanche, l'histoire y était déformée à telle enseigne que, par exemple, on voyait un Bismarck qui agissait tout à fait comme Hitler en décidant de dissoudre la démocratie parlementaire[237]. Tandis que, selon Fritz Hippler, dans *Der grosse König* (« Le Grand Roi »), consacré à Frédéric le Grand, « les Allemands qui le regardaient étaient censés penser que cette époque pré-

236. David Welch, *Propaganda and the German Cinema*, *op. cit.*, p. 158.

237. *Ibid.*, p. 170.

sentait des analogies avec le moment présent. [...] Frédéric le Grand était supposé symboliser Hitler[238] ».

Goebbels tendait à démontrer que tous ces grands personnages historiques – et tout particulièrement Hitler – partageaient plusieurs composantes charismatiques fondamentales : aucun d'entre eux ne cherchait la légitimité par des moyens démocratiques classiques ; explicitement ou implicitement, ils s'appuyaient sur un concept mystique de « Providence » pour justifier leurs actes ; aucun d'entre eux n'était motivé par des objectifs banals – en particulier aucun d'entre eux ne se préoccupait de s'enrichir, ils servaient par-dessus tout les intérêts du peuple allemand. Dans ces films Goebbels martelait le fait que, comme Max Weber l'avait écrit des années auparavant, ces personnages charismatiques se tenaient « en dehors des liens de ce monde[239] ».

Qui plus est, Goebbels voulait amener les spectateurs à penser, après avoir regardé les films, qu'ils étaient eux-mêmes parvenus, de leur propre chef, à la conclusion qu'il désirait. Il arrivait à l'occasion qu'il fût en désaccord avec Hitler qui exigeait une approche moins subtile, écrivant dans son journal : « Quelques désaccords sur les actualités. Le Führer veut plus de matériau polémique dans le script. Je préférerais que les films parlent d'eux-mêmes et que le script se cantonne à une explication de ce que le public, autrement, ne pourrait pas comprendre. Je considère que c'est plus

---

238. Laurence Rees, *Selling Politics*, *op. cit.*, p. 51.

239. Max Weber, *Économie et société*, 1, *Les Catégories de la sociologie*, *op. cit.*, p. 326.

efficace, parce que le spectateur ne voit pas où est l'art dans tout cela[240]. »

Mais il n'y avait pas l'ombre d'un désaccord entre Goebbels et Hitler sur la vérité d'une autre des théories de Weber – que « l'autorité charismatique est particulièrement instable[241] ». Ils savaient aussi tous deux qu'il n'y avait aucun intérêt à encourager la population allemande à traiter Hitler comme un personnage quasi religieux si la vie de l'Allemand moyen ne s'améliorait pas sous son règne. Hitler exigeait du peuple qu'il ait « foi » et « croyance » en lui. Mais si, après un certain laps de temps, toutes ses interventions et initiatives tombaient à plat, alors, inévitablement, la foi et la croyance s'effondreraient.

Ce n'est pas un hasard si cette période d'essor de la popularité d'Hitler – entre 1934 et la fin de 1937 – coïncida avec une série de triomphes en politique étrangère, qui furent tous attribués à son mérite. Dans un court laps de temps, l'Allemagne se retira de la Société des Nations (1933), signa un pacte de non-agression de dix ans avec la Pologne (1934) et un traité maritime avec la Grande-Bretagne. Ce dernier porta un coup significatif à la Société des Nations et au concept d'une réponse européenne collective au réarmement allemand. Puis, en 1936, Hitler ordonna aux troupes allemandes de réoccuper la Rhénanie, une région d'Allemagne

240. Entrée du journal de Goebbels du 5 juillet 1941. Voir Elke Fröhlich, éd., *Die Tagebücher von Joseph Goebbels*, vol. 9, *op. cit.* [Le texte n'est pas repris dans l'édition française (*NdT*).]

241. Max Weber, *Économie et société*, 1, *Les Catégories de la sociologie*, *op. cit.*, p. 326.

dont l'accès était interdit à la Wehrmacht (nouvelle appellation de la Reichswehr depuis 1935), selon les termes du traité de Versailles. Il y eut, en conséquence, un débordement de fierté nationale.

Sur le plan intérieur, à côté d'énormes dépenses d'armement – dont la production était entièrement assurée par les usines allemandes –, les nazis réussirent à réduire le chômage à un million de personnes en septembre 1936 – à comparer au chiffre de six millions en janvier 1933 – et seulement trente-quatre mille personnes en septembre 1939 au moment où la guerre éclata. Comme une recherche récente l'a prouvé, cette réussite avait moins à voir avec les programmes tant vantés de travaux publics, comme le programme de construction d'autoroutes, qu'à une reprise dans le secteur privé de l'économie[242].

On assista, parallèlement à la chute du taux de chômage, à la montée en puissance de la *Volksgemeinschaft* (l'idée d'une « communauté du peuple ») qui ne se manifesta pas seulement dans des événements comme le congrès de Nuremberg, mais également dans des mouvements comme Kraft durch Freude (KdF, en français « La force par la joie ») et Schönheit der Arbeit (« Dignité et beauté du Travail »), deux initiatives nées sur l'instigation de Robert Ley, chef du *Deutsche Arbeitsfront* (DAF) (« Front allemand du travail »). Le premier prenait en charge le temps de loisir des travailleurs, avec l'organisation d'une large palette de différentes activités communautaires, et le second

242. Voir Adam Tooze, *The Wages of Destruction*, *op. cit.*, p. 37-166.

avait pour objet de convaincre les employeurs d'améliorer les conditions de travail.

Le sens de tout cela, selon le professeur Browning, était que : « Une bonne part de ce qu'Hitler apporte dans les années 1930 peut en un sens être présenté comme un bénéfice pour la grande majorité et d'un coût extrême pour les minorités vulnérables et isolées. Ainsi donc, quand on est asocial, quand on est tsigane, quand on est juif, quand on est communiste, on va fortement souffrir. Mais la grande majorité des Allemands en tire profit et ne se sent aucunement menacée par ces choses[243]. »

Pour quelqu'un comme Erna Kranz, alors écolière à Munich, ce fut dans sa vie un moment « positif ». « On promouvait une race d'élite, dit-elle. Bon, je dois dire que c'était assez contagieux. On disait que si tu répètes tous les jours à un jeune “Tu es quelqu'un de spécial”, à la fin il te croira[244]. »

Mais la seule façon de « promouvoir » une « race d'élite » était bien sûr d'exclure les autres. Et la persécution à laquelle Hitler entreprit de livrer les Allemands dont il ne voulait pas dans son État nazi révèle une dimension cruciale de son pouvoir charismatique. Parce que, comme Hitler le comprit, un ennemi peut être un atout des plus précieux pour un dirigeant.

---

243. Interview avec l'auteur, pour WW2History.com.

244. Laurence Rees, *Their Darkest Hour*, *op. cit.*, p. 196. [Le témoignage n'est pas repris dans Laurence Rees, *Ils ont vécu sous le nazisme*, *op. cit. (NdT)*.]

8

L'importance des ennemis

Il est presque impossible de surestimer l'importance que revêtirent, aux yeux d'Adolf Hitler, ses ennemis. Non contents d'alimenter la haine qu'il ressentait à l'égard de la majeure partie du monde depuis ses plus tendres années, ils fournirent aussi aux premiers sympathisants du Parti nazi cet élément si fédérateur. Car Hitler devait découvrir qu'il est bien plus facile pour des chefs charismatiques de se définir par ce qu'ils haïssent plutôt que par ce en quoi ils croient.

Hitler apprit aussi à apprécier la valeur d'une haine concentrée sur un unique ennemi. Comme il l'écrivit dans *Mein Kampf* : « L'art de suggérer au peuple que les ennemis les plus différents appartiennent à la même catégorie est d'un grand chef. […] c'est pour cela qu'il faut toujours mettre dans le même tas une pluralité d'adversaires les plus variés, pour qu'il semble à la masse de nos propres partisans que la lutte est menée contre un seul ennemi. Cela fortifie la foi dans son propre droit et augmente son exaspération contre ceux qui s'y attaquent[245]. »

Au plus profond de sa psyché, Hitler possédait cet ennemi, très clairement défini : les Juifs. Mais un grand nombre d'autres contraintes politiques le retinrent d'agir sur la base de cette haine qui l'habitait passionnément aussi drastiquement qu'il aurait aimé le faire. C'est pourquoi, quand une loi fut promulguée en 1933 pour exclure « légalement » les Juifs de l'emploi dans le secteur public – comme dans l'administration ou l'armée –, elle contenait un grand nombre de conditions qui exemptaient expressément certains Juifs, par exemple ceux qui avaient combattu pendant la Première Guerre mondiale ou qui avaient perdu un fils dans le conflit.

Une telle loi présentait pour Hitler cet avantage qu'elle était susceptible de recevoir un soutien plus large que des mesures autrement extrêmes, et son succès révéla la présence d'un fort antisémitisme latent en Allemagne (même si, quand les nazis arrivèrent au pouvoir, les Juifs constituaient moins de 1 % de la population allemande). Par exemple un banquier du nom de Johannes Zahn admettait que l'opinion « générale » en Allemagne était que les Juifs étaient représentés de façon disproportionnée dans des professions fondamentales comme la justice et la médecine. (Mais il se gardait bien de replacer ces statistiques dans le contexte de l'époque, la raison pour laquelle cela s'était produit étant que, pendant des siècles, les Juifs allemands s'étaient vu refuser l'accès à d'autres possibilités d'emploi.)

245. Adolf Hitler, *Mon combat*, *op. cit.*, p. 122.

Le sentiment que la population juive d'Allemagne représentait une sorte de « danger » pouvait même se retrouver chez des chrétiens fervents. Par exemple Paul Althaus, un théologien protestant, exprimait dans une conférence, en 1927, que, s'il rejetait l'antisémitisme des nazis, il reconnaissait que l'Allemagne était placée sous la « menace » d'une « classe intellectuelle urbaine démoralisée et démoralisante représentée d'abord et avant tout par la race juive »[246].

Les sympathisants nazis purs et durs allaient évidemment bien plus loin dans leur haine des Juifs. Ils pensaient que ces premières initiatives pour écarter par la loi les Juifs des positions d'influence étaient inefficaces contre un peuple qu'ils décrivaient comme leur « ennemi mondial numéro un ». Ainsi des actes spontanés de persécution contre les Juifs allemands continuèrent-ils à se produire. Lucille Eichengreen était une de ceux qui eurent à en souffrir. Elle grandit à Hambourg dans les années 1930 ; et, aussitôt qu'Hitler accéda au pouvoir, les autres enfants de son immeuble cessèrent de leur parler, à elle et à sa sœur. Sur le chemin de l'école, ils leur jetaient des pierres. « C'était une peur continuelle », dit-elle. Et, de même que la menace physique, il y avait aussi les blessures psychologiques causées par l'ostracisme et les sévices : « Il était très déplaisant d'être ridiculisée, d'être traitée de tous les noms ; de voir les gosses qui jouaient d'habitude avec nous porter [maintenant] l'uniforme brun et blanc [c'est-à-dire celui des Jeunesses hitlé-

246. J. R. C. Wright, *Above Parties – the Political Attitudes of the German Protestant Church Leadership*, *op. cit.*, p. 54.

riennes]. Il n'y avait pas de “bonjour”, il n'y avait pas de “bonsoir”, seulement des “*Heil* Hitler”. Pour un enfant, c'était vraiment terrifiant. Ce n'était pas quelque chose que l'on pouvait comprendre, parce qu'on ne cessait de demander pourquoi ? Cela n'avait aucun sens[247]. » L'expérience de Lucille n'était pas exceptionnelle. Les Juifs allemands pouvaient même être attaqués physiquement ou verbalement par des nazis intransigeants s'ils se hasardaient à nager dans une piscine publique ou à visiter une patinoire publique.

Ces attaques incontrôlées sur des Juifs étaient un sujet d'inquiétude pour le ministre de l'Économie nazi, Hjalmar Schacht, qui, au cours de l'été 1935, déclara que cette « dérive dans l'illégalité » mettait « en péril la base économique du réarmement »[248]. Johannes Zahn, qui connaissait bien Schacht, concède que, si ce dernier n'œuvra jamais contre le principe fondamental des nazis d'éliminer les Juifs de la vie publique et des professions comme la banque, il « exerça une forte pression en faveur de la promulgation de procédures réglementées, et de lois et de règlements interdisant les comportements extrêmes[249] ».

Au congrès de Nuremberg, en septembre 1935, Hitler annonça deux dispositions rédigées à la hâte : la « Loi sur la protection du sang et de l'honneur allemands », qui interdisait les relations sexuelles et le mariage entre Juifs et non-Juifs, et la « Loi sur la

247. Témoignage inédit.

248. Wolfgang Ruge et Wolfgang Schumann (éds.), *Dokumente zur deutschen Geschichte*, Berlin, 1977, p. 116.

249. Témoignage inédit.

citoyenneté du Reich » qui excluait les Juifs de la citoyenneté allemande. Cependant, dans les deux cas, il omit de préciser la définition de « Juif ». Par la suite, dans la mesure où une définition « raciale » de la judéité était impossible à établir, les nazis utilisèrent une définition religieuse : était considéré comme un « Juif à part entière » tout individu ayant trois grands-parents ayant appartenu à la communauté religieuse juive.

Cette définition allait à l'encontre de la croyance absolue d'Hitler que les Juifs n'étaient pas une religion, mais une « race ». Mais le temps et l'énergie que les nazis dépensèrent à définir qui était un Juif et qui n'en était pas un – ce qui devait se révéler ultérieurement vital pour déterminer qui devait mourir et qui avait le droit de vivre – démontrent une fois de plus le fanatisme de son approche. Peu importait qu'un Juif allemand représentât pour l'État une valeur économique considérable – le plus brillant chercheur en sciences théoriques ou un inventeur accompli –, il ou elle n'en était pas moins exclu(e) de la citoyenneté et de toute une série d'autres droits si sa « judéité » était établie. Cela illustre également de quelle manière – du point de vue d'Hitler – les Juifs se révélaient un ennemi utile. La grande majorité des Allemands savaient qu'ils n'étaient pas juifs et se trouvaient donc relativement à l'abri des menaces de persécution. Pour un chef charismatique comme Hitler, plus la propagande peut être ciblée sur un ennemi unique, et plus cet ennemi est une minorité clairement définie dont la majeure partie de la population sait qu'elle ne fait pas partie, mieux c'est.

Hitler réussit donc à récupérer l'idée d'un « ennemi unique » et à la tourner à son avantage – il aggloméra sa haine des Juifs et sa haine du régime de Staline en Union soviétique dans le but de créer un ennemi gigantesque. Dans un discours tenu à Nuremberg, le 13 septembre 1937, il déclara explicitement que le monde était confronté à une « attaque générale qui n'épargnait rien ni personne[250] » à une échelle extraordinaire, qui était dirigée par les « maîtres du judéo-bolchevisme à Moscou ». Ces « maîtres » étaient, selon Hitler, « une association internationale barbare de criminels judéo-bolcheviques » qui avait tenté, entre autres méfaits, de provoquer une révolution en Espagne. Il rappelait à son auditoire que les meneurs de la révolution à Berlin et à Munich après la Première Guerre mondiale étaient juifs.

Il n'existait bien évidemment pas la moindre preuve que Staline agissait en concertation avec un quelconque groupe juif – mais la rhétorique d'Hitler était si assurée, si persuasive, qu'elle influençait beaucoup de ceux qui l'écoutaient. Quant à Hitler, il voyait, parmi les nombreux avantages qu'il trouvait à dénoncer une conspiration mondiale chez les Juifs, la possibilité de justifier toutes les incohérences et contradictions de sa vision par les mensonges et les dissimulations des Juifs et de leurs alliés. Pour un jeune homme comme Johannes Hassebrök, ce raisonnement offrait une manière facile de comprendre le monde. Il disait éprouver « plein de gratitude[251] »,

250. Max Domarus, *op. cit.*, vol. II, p. 938.
251. Jonathan Glover, *Humanity – a Moral History of the Twentieth Century*, Pimlico, 2000, p. 361-362.

pour « l'orientation intellectuelle » qui lui était donnée. Avant de rejoindre les nazis et ensuite la SS, ses camarades et lui se sentaient « désorientés ». Ils « ne comprenaient pas » ce qui se passait autour d'eux alors que « tout était si confus ». On leur avait offert « une série d'idées simples » qu'ils pouvaient comprendre et auxquelles ils pouvaient croire.

Jutta Rüdiger, nommée en 1937 à la tête de la Ligue des jeunes filles allemandes (*Bund Deutscher Mädel*, ou BDM), dit qu'Hitler « s'adressait aux jeunes gens de façon si simple et si compréhensible – et je suppose que c'était un don – qu'ils pouvaient parfaitement le suivre et que même une personne très fruste pouvait comprendre ce qu'il disait[252] ». En s'exprimant d'une façon facilement accessible, Hitler s'assurait de les garder fidèles à sa vision raciste du monde. « Un jour, par exemple, explique Jutta Rüdiger, il dit : "Bon, en Afrique, les gens peuvent passer leur temps allongés sous un bananier" – c'était peut-être un peu exagéré, mais quoi qu'il en soit… – "et les bananes leur tombent dans la bouche. Mais ici, en Allemagne, nous devons faire des provisions pour l'hiver. Nous devons nous assurer que nous avons du charbon et des pommes de terre entreposés dans la cave et il nous faut travailler pour cela". »

Chaque année de plus passée au pouvoir, et utilisée à intensifier le réarmement, Hitler insistait davantage sur son objectif, exprimé dans *Mein Kampf*, de s'emparer du territoire de l'Union soviétique pour créer un vaste empire nazi à l'est. Pour ceux qui à cette époque l'observaient de près au travail et dans ses loisirs, comme Her-

252. Témoignage inédit.

bert Döhring qui était le majordome SS de la maison d'Hitler en Bavière, le Berghof, il n'y avait aucune ambiguïté sur l'idée que le Führer se faisait de sa propre personne : « Il se considérait comme le sauveur du Monde occidental, parce qu'à cette époque, sous Staline, le communisme était très fort. Et il sentait qu'il avait été appelé pour faire quelque chose pour le monde occidental[253]. »

En 1936, un an avant le discours à Nuremberg – où il évoqua les dangers qui découlaient du pouvoir « judéo-bolchevique » à Moscou –, Hitler avait exposé une vision pareillement apocalyptique dans un mémorandum secret – ce fut la seule fois où il déclara ouvertement qu'il pensait que la destinée de l'Allemagne était d'affronter militairement l'Union soviétique. Même dans ce mémorandum, il reliait la direction soviétique à une conspiration juive – démontrant, si quelqu'un en doutait encore, qu'il croyait authentiquement à cette idée insensée. « Depuis le déclenchement de la Révolution française, écrivit-il, démontrant une fois encore que l'histoire avait été sa matière préférée à l'école, le monde a progressé toujours plus vite vers un nouveau conflit, un conflit qui sera causé par la nécessité d'empêcher le bolchevisme, dont l'essence et le but sont uniquement l'élimination de ces strates de l'humanité qui ont jusqu'à présent fourni les élites dirigeantes et leur remplacement par la juiverie mondiale[254]. »

253. Témoignage inédit.

254. *Aufzeichnung ohne Unterschrift* (août 1936). In *Akten zur Deutschen Auswärtigen Politik 1918-1945*, Göttingen, 1977, série C : 1933-1936. « Das Dritte Reich : Die Ersten Jahre », vol. V, 2, du 26 mai au 31 octobre 1936, document n° 490, p. 793-801.

Ce mémorandum, bien sûr, allait bien plus loin que le discours qu'il tint en public l'année suivante à Nuremberg. Hitler, comme Goebbels, avait compris qu'il fallait prendre son temps pour manipuler l'opinion publique. « La propagande est comme un convoi pendant la guerre, dit Goebbels à Wilfred von Oven, qui doit se frayer son chemin jusqu'à sa cible sous haute protection militaire. Il doit adapter sa vitesse de progression à l'unité la plus lente[255]. »

Le contenu de la note d'Hitler fut communiqué à son gouvernement le 4 septembre 1936, à l'occasion de la tenue d'un conseil, ce qui se produisait de plus en plus rarement. Göring, avec son penchant pour les résumés pugnaces, annonça que la note d'Hitler « commen[çait] par la prémisse fondamentale que la confrontation avec la Russie est inévitable[256] » et que l'Allemagne devait continuer à se préparer avec enthousiasme et sans réserve pour la guerre. Il adopta le ton d'une confiance enjouée, fondée sur sa croyance en l'idéologie fondamentale d'Hitler et sur une foi absolue dans sa direction charismatique. Tous ces plans pouvaient être réalisés, dit-il, parce qu'« en vertu du génie du Führer, des choses qui paraissaient impossibles sont très vite devenues réalité[257] ».

C'était l'attitude « on peut le faire » typique de Göring – l'archétype de l'aventurier. « De tous les

255. Laurence Rees, *Selling Politics*, *op. cit.*, p. 81.

256. International Military Tribunal (IMT), *Der Prozeß gegen die Hauptkriegsverbrecher vor dem Internationalen Militärgerichtshof*, Nuremberg, 14 novembre 1945-1er octobre 1946, vol. 36, p. 489 *sqq.*

257. *Ibid.*

grands responsables nazis, Göring m'a paru de loin le plus sympathique, écrivit Sir Nevile Henderson, l'ambassadeur britannique à Berlin à partir de mai 1937. Pendant n'importe quelle crise, comme une guerre, il pouvait se montrer tout à fait impitoyable. Il m'a dit un jour que les Britanniques qu'il admirait véritablement étaient ceux qu'il décrivait comme des pirates, comme Francis Drake, et il nous reprochait d'avoir été trop "débrutalisés". Il était, à vrai dire, lui-même un parfait et brutal pirate, mais il avait certaines qualités attirantes, et je dois dire honnêtement que j'avais une affection personnelle réelle pour lui[258]. »

Göring fut nommé en octobre 1936 à la tête d'un « Plan quadriennal », conçu pour préparer l'Allemagne à la guerre en augmentant les dépenses d'armement et en diminuant la dépendance du pays vis-à-vis des matières premières venant de l'étranger, toutes choses qu'il fallait réussir à faire en maintenant la qualité de vie de la population générale à un niveau acceptable. C'était une tâche qui dépassait les capacités du plus talentueux des économistes, à plus forte raison d'un ancien pilote de chasse qui confessait joyeusement qu'il n'y connaissait rien en économie, mais avait une « volonté débridée[259] ».

Malgré ses insuffisances intellectuelles manifestes, Göring représentait, pour Hitler, une valeur énorme. Dès le premier contact entre les deux hommes, en 1922, il

258. Sir Nevile Henderson, *Failure of a Mission*, *op. cit.*, p. 159.

259. Annonce de Göring à son arrivée à la tête du ministère de l'Économie, telle que Wilhelm Ter-Nedden l'entendit (enregistrée dans un entretien avec l'auteur et filmée par lui).

avait accepté l'autorité charismatique du chef. Aussi fut-il admis dans la coterie des gens qui, rassemblés autour d'Hitler, savaient que leur Führer avait l'intention de provoquer un futur conflit. Walther Darré, autre nazi fervent, lui aussi conscient de la grandeur des événements à venir, avait déjà annoncé à des fonctionnaires du *Reichsnährstand* (RNS, corporation alimentaire du Reich), que « l'aire de peuplement naturelle du peuple allemand [était] le territoire à l'est des frontières du Reich, jusqu'aux montagnes de l'Oural, bordé au sud par le Caucase, la mer Caspienne, la mer Noire et la ligne de partage des eaux qui sépare le bassin méditerranéen de la Baltique et de la mer du Nord. Nous coloniserons cet espace en vertu de la loi selon laquelle un peuple supérieur a toujours le droit de conquérir le territoire d'un peuple inférieur et de s'en emparer[260]. »

Hitler savait qu'il devait compter, dans son gouvernement, avec ceux qui, à la différence de Göring et de Darré, ne croyaient pas en son génie charismatique – comme le ministre de l'Économie Hjalmar Schacht, par exemple, qui avait déjà vu son pouvoir rétrécir au terme de conflits avec des fonctionnaires travaillant pour le Plan quadriennal. Après sa démission de sa fonction de ministre de l'Économie en 1936, il fut remplacé par un nazi plus malléable, Walther Funk.

Pourtant Hitler savait que, quel que soit le plan qu'il mettrait en place pour attaquer ses ennemis jumeaux, judaïsme et bolchevisme (ou, selon sa représentation, son unique ennemi résultant de la combinaison des deux), le plus important groupe de pouvoir avec lequel

---

260. Adam Tooze, *The Wages of Destruction*, *op. cit.*, p. 198.

il devait composer était l'armée. Il avait déjà conquis la confiance et l'admiration de Werner von Blomberg, le ministre de la Défense, à la suite de l'élimination de Röhm et de la SA. De fait, Blomberg en vint presque à l'aduler comme un héros. Karl Boehm-Tettelbach, qui était l'aide de camp personnel de Blomberg pendant les années 1930, se rappelle que son patron revenait plein d'énergie des rencontres avec Hitler, louant toutes les idées du Führer – les grandes et les petites. « Par exemple, se rappelle Boehm-Tettelbach, Hitler pensait à sa carrière de soldat pendant la Première Guerre mondiale [...] et [se rappelait] qu'il y avait un capitaine sur un cheval devant cent à cent dix personnes portant toutes un lourd sac à dos. "Ce n'est pas la bonne façon de faire une guerre moderne [, dit Hitler]. Il [le capitaine] aurait dû marcher, son cheval tirer une charrette, et les lourds sacs à dos être sur la charrette"[261]. » Blomberg fut impressionné par cette suggestion, et quasiment par toutes les autres, diverses et variées, d'Hitler.

Blomberg et le reste du commandement de l'armée n'attachaient guère d'importance à l'antisémitisme viscéral d'Hitler et des nazis. Ludwig Beck, par exemple, le chef d'état-major de l'armée allemande, écrivit à un ami en lui disant que la décision de chasser ou non les Juifs des associations d'anciens combattants « devait être laissée essentiellement à l'appréciation de chaque membre[262] ». Citons encore cette remarque : « Je suis

261. Témoignage inédit.

262. BArch N 28/4. Cité dans Klaus-Jürgen Müller, *General Ludwig Beck*, *op. cit.*, p. 497-498.

également conscient que, dans plusieurs cas, d'anciens officiers de réserve, qui ne sont pas aryens, ont démissionné d'eux-mêmes des associations afin de ne pas s'exposer, eux-mêmes ou d'autres, à des ennuis. » Beck essayait donc de transformer l'antisémitisme des nazis en un test de bonnes manières.

« Un certain sentiment antisémite existe encore aujourd'hui, en Angleterre, en France, en Italie et en Allemagne, dit le comte Johann Adolf von Kielmansegg, alors jeune officier. Mais cela n'a rien à voir avec le concept fondamental de l'extermination des Juifs. [...] Et ces mesures graduelles de contraintes contre les Juifs [pendant les années 1930] ne permettaient en aucun cas d'imaginer ce qui pourrait en résulter[263]. » Pourtant les actes que le commandement militaire posa pour soutenir le régime nazi durant cette période allèrent bien au-delà de l'antisémitisme « traditionnel » que mentionne Kielmansegg. De hauts gradés tel Ludwig Beck acceptèrent que des officiers reçussent des formations sur l'« hygiène raciale » et la « biologie raciale »[264] conformes à la pensée idéologique nazie.

Mais si en principe des officiers comme Blomberg et Beck pouvaient tomber d'accord avec Hitler sur la menace que représentait le bolchevisme comme sur la nécessité, pour l'Allemagne, de multiplier les efforts pour devenir davantage autosuffisante – acceptant même l'hypothèse qu'il faudrait un jour essayer de

263. Témoignage inédit.

264. Nicholas Reynolds, *Treason Was No Crime : Ludwig Beck, Chief of the German General Staff*, William Kimber, 1976, p. 73-74.

s'étendre à l'est à la recherche d'un empire –, il y avait encore du chemin à faire avant d'établir un calendrier précis pour l'accomplissement d'un tel objectif. À cet égard, Hitler réussit à utiliser sa volonté – exprimée depuis longtemps – de « réparer les torts de Versailles » comme un écran de fumée derrière lequel dissimuler provisoirement son désir de combattre le bolchevisme sur le sol soviétique.

Car s'il est probable que les conséquences pratiques d'une invasion de l'Union soviétique dans les toutes prochaines années auraient effrayé de nombreux officiers allemands, la perspective d'essayer d'annuler les termes du traité de Versailles était bien moins terrifiante. Ludwig Beck, par exemple, dans un discours en présence d'Hitler en octobre 1935 à l'Académie de guerre [Kriegsakademie] exprima son espoir de voir les officiers allemands prendre conscience de la « dette de reconnaissance qu'ils ont envers l'innovateur et patron de la Wehrmacht [c'est-à-dire Adolf Hitler] », à cause de ses efforts pour « se libérer des chaînes de Versailles »[265].

Fait significatif, Beck après qu'il eut passé du temps avec Hitler lors d'un dîner, en vint aussi à la conclusion qu'il ne ressentait aucun attachement envers le Führer. De son point de vue – et en contraste aigu avec les sentiments de son supérieur, Werner von Blomberg –, Hitler ne possédait pas le moindre charisme. Mais cela importait peu : il soutenait l'armée de toutes les façons possibles. Le réarmement se poursuivait au même rythme, la conscription militaire universelle fut réintro-

265. BArch N 81/2 et OKW 898.

duite en mars 1935, et l'armée allemande réoccupa la Rhénanie en 1936. Pour Beck, il était peu important que l'homme qui avait rendu tout cela possible possédât ou non du charisme.

Mais, clairement, il restait encore beaucoup à faire pour briser complètement « les chaînes de Versailles » dont un des héritages les plus flagrants était la séparation toujours d'actualité de la Prusse orientale du reste de l'Allemagne. Les Polonais contrôlaient maintenant une bande de territoire entre ces deux régions allemandes – et le port de Dantzig, situé dans ce corridor, était placé sous la protection de la Société des Nations. « Jeune homme, j'ai moi-même visité Dantzig, dit Ulrich de Maiziere, alors officier de l'armée, parce qu'une de mes tantes habitait là-bas, et pour moi Dantzig était une ville complètement allemande. Tout le monde avait espéré que l'affaire pourrait se résoudre par la voie des négociations. Et si la Pologne s'était montrée prête à négocier sur cette question, j'oserais même affirmer qu'il n'y aurait peut-être pas eu de guerre avec elle. » Le fait que Maiziere, des années après la Seconde Guerre mondiale, puisse toujours croire que des « négociations » auraient pu résoudre le problème de Dantzig et du corridor polonais démontre la profondeur de l'enracinement, dans certains secteurs de la population, de la croyance que le réarmement n'avait été conçu que pour ramener pacifiquement l'Allemagne à ses frontières de 1914.

Quand 1937 toucha à sa fin, il y avait donc une scission parmi ceux qui servaient Hitler. Tous connaissaient la puissance de ses croyances antisémites et antibolcheviques – et ils étaient nombreux à y adhérer dans une plus ou moins grande mesure. Mais ils se partageaient entre ceux qui – comme Schacht et un certain nombre de hauts gradés de l'armée – le suivaient essentiellement sur la base de considérations rationnelles, et ceux qui – comme Göring et tant d'autres nazis fervents – obéissaient aux ordres de leur Führer non pas seulement parce qu'ils le soutenaient idéologiquement, mais aussi parce qu'ils acceptaient son autorité charismatique. Ils accordaient bien plus de valeur à leur foi qu'aux faits concrets. Et c'étaient bien évidemment ces derniers qu'Hitler tentait de rassembler autour de lui.

9

L'attrait de la radicalité

Le chef charismatique n'est pas un homme politique ordinaire, qui cherche à consulter largement avant de décider. Il existe un élément de conviction personnelle, presque magique, qui est étroitement associé au processus de prise de décision d'une personne dotée de charisme – une magie qui se trouve neutralisée dans une salle de réunion. Et Hitler, qui possédait une haine fanatique des réunions de comité ou de conseil, prit la décision de ne prendre des décisions importantes que dans la solitude la plus absolue.

On trouve difficilement un autre homme politique, par exemple, qui puisse soutenir qu'il est important de *ne pas* lire les notes et mémorandums de ses proches collaborateurs – mais c'était la position d'Hitler. Ainsi quand, en 1935, Martin Bormann lui fit passer une note sur les problèmes de la jeunesse, il reçut une réponse le 5 juin de Fritz Wiedemann, l'aide de camp personnel, où l'on peut lire : « Je vous renvoie le mémorandum ci-joint. Le Führer l'a reçu, mais il me l'a rendu sur-le-champ sans le lire. Il souhaite aborder lui-même cette question dans son principal discours au prochain congrès du parti et ne veut pas que sa pensée soit influencée d'aucune manière par qui que ce soit[266]. » C'est cette attitude qui se trouve derrière la remarque de Göring à l'ambassadeur britannique, Nevile Henderson : « Quand une décision doit être prise, aucun d'entre nous ne compte plus que les pierres sur lesquelles nous nous tenons. C'est le Führer qui décide seul[267]. »

Tout cela était en grande part une illusion, bien sûr. Hitler bénéficiait clairement d'autres apports intellectuels – par exemple il avait beaucoup profité dans les premières années du Parti nazi des idées de Dietrich Eckart et de Gottfried Feder. Mais il ne reconnaissait jamais à personne le mérite de l'avoir aidé à former ses opinions ; et, au lieu d'échanger avec autrui dans le but d'entendre des points de vue différents, Hitler préférait travailler seul sur ses propres idées.

Herbert Döhring, comme majordome du Berghof, connaissait intimement l'emploi du temps d'Hitler : « Hitler était une chouette, un travailleur nocturne, dit-il. Il se couchait très tard. Si c'était possible, il lisait un pavé dans la nuit. [...] [Au matin], il faisait venir les journaux dans sa chambre, mais il n'en bougeait pas jusqu'à 12 h 30, 13 heures, 13 h 30. [...] Il ne se détendait jamais. Il avait toujours quelque chose en projet et alors il passait toute la nuit à lire[268]. »

---

266. BArch NS 10/550.
267. Sir Nevile Henderson, *Failure of a Mission*, *op. cit.*, p. 282.
268. Témoignage inédit.

Le personnel du Berghof apprit à identifier les signes permettant de déceler si la méditation solitaire d'Hitler dans sa chambre avait été ou non féconde : « Quand il descendait, dit Döhring, si vous l'entendiez siffloter pour lui-même, c'était le signal d'alarme des plus sérieux, ne lui parle pas, laisse-le aller, dis à peine bonjour, laisse-le passer… Mais s'il descendait en fredonnant un air et en allant de tableau en tableau, en s'attardant devant chacun, et si tu étais malin, tu t'occupais d'une des peintures et quand il s'en apercevait il n'en était pas mécontent et il entrait en conversation avec toi. »

Karl Wilhelm Krause[269], qui fut le valet de chambre d'Hitler de 1934 à 1939, confirme qu'Hitler aimait passer le plus clair de ses journées seul dans sa chambre et qu'il quittait rarement son bureau à la chancellerie du Reich avant l'heure du déjeuner. De fait, Krause fait le portrait d'un homme soucieux de son intimité. Hitler demandait à Krause de ne pas entrer dans sa chambre le matin, mais de laisser sur une chaise dehors juste à côté de la porte de sa chambre les journaux et la synthèse des événements mondiaux préparée par Otto Dietrich, le chef de son service de presse. Quand il se réveillait, il ouvrait sa porte, s'emparait des documents posés sur la chaise et s'enfermait à nouveau pendant plusieurs heures. En dépit de cette curieuse habitude, Krause n'avait, pas plus que Döring, peur de son patron. « Je m'entendais bien avec lui. Ce n'était pas un tyran. Il était en colère quelquefois, mais qui ne l'est pas ? »

269. Témoignage inédit.

La volonté d'Hitler de résoudre personnellement les problèmes dans son esprit et de présenter ensuite simplement les résultats à un auditoire était, depuis sa jeunesse, un aspect constant de son caractère. Mais ce fut le 5 novembre 1937, à la chancellerie du Reich à Berlin, pendant une des plus importantes réunions qui aient jamais été tenues pendant le Troisième Reich, que cette particularité devait recevoir son illustration la plus spectaculaire. À l'origine, la conférence avait été prévue pour régler la question de la répartition des ressources entre les trois secteurs de l'armée. L'amiral Raeder, le commandant en chef de la marine allemande, sentait que son programme de fabrication de cuirassés était menacé par une pénurie d'acier. S'y ajoutait une tension provoquée par les fonctions potentiellement génératrices de conflits de Göring au sein de l'État nazi, dans la mesure où il était chargé à la fois du Plan quadriennal et de l'armée de l'air allemande. En réalité, la réunion du 5 novembre 1937 prit une bien plus grande importance parce qu'Hitler décida de se saisir de cette occasion pour présenter ce qu'il appela « les fruits d'une délibération approfondie et de l'expérience de ses quatre années et demie de pouvoir » devant un auditoire composé d'Hermann Göring (commandant en chef de la Luftwaffe), Konstantin von Neurath (ministre des Affaires étrangères), Werner von Blomberg (ministre de la Guerre), Erich Raeder (commandant en chef de la Kriegsmarine) et Werner von Fritsch (commandant en chef de la Wehrmacht).

Si tous les participants à la conférence soutenaient globalement la politique nazie, ils ne croyaient pas tous avec la même ferveur dans le charisme d'Adolf Hitler.

Göring et Blomberg étaient certainement persuadés des pouvoirs « spéciaux » du Führer, de même que, dans une moindre mesure, Raeder, un officier de marine de carrière. Mais Neurath était toujours au fond de lui un diplomate traditionnel, et Fritsch l'archétype de l'officier prussien, peu prédisposé à s'éprendre émotionnellement d'un ancien soldat prétendument « charismatique » comme Hitler.

Hitler commença la réunion par la lecture, d'un bout à l'autre, du long mémorandum qu'il avait écrit. Manière insolite pour un homme d'État d'exposer sa politique, d'autant qu'il n'avait pas organisé de consultation antérieure avec aucun des individus présents sur les questions qu'il allait soulever. Il souligna à la fois la nature vitale de son rôle dans l'État allemand et l'importance de cette réunion, avant d'ajouter que, « dans l'intérêt d'une politique allemande à long terme, cet exposé devait être considéré, dans l'éventualité de sa mort, comme l'expression de ses dernières volontés et son testament ». Il répéta ensuite son idée habituelle selon laquelle le problème de l'Allemagne était de « résoudre le besoin d'espace ». Ce qui se révéla nouveau – et choquant pour bon nombre de présents – fut l'opinion d'Hitler sur la façon et le moment de résoudre ce « problème ». Dans son analyse d'un certain nombre d'« événements imprévus » qui risquaient de se produire dans l'avenir, Hitler expliqua clairement qu'il était décidé à contraindre l'Autriche à s'unir avec l'Allemagne et à éliminer la Tchécoslovaquie au plus tard en 1943-1945, ce qui entraînerait bien sûr un éventuel conflit non seulement avec la France, mais également avec la Grande-Bretagne.

La réponse, en particulier de Fritsch, le commandant en chef des armées, ne fut pas celle qu'Hitler attendait. Fritsch émit une série d'objections contre ce plan – soulignant principalement que l'Allemagne ne pouvait pas gagner dans une guerre contre à la fois la Grande-Bretagne et la France. Blomberg l'appuya et fit également état de la force et de la puissance des défenses tchèques le long de la frontière avec l'Allemagne. Neurath pour sa part entra ouvertement en désaccord avec l'affirmation d'Hitler qu'une guerre allait éclater entre l'Italie d'un côté et la Grande-Bretagne et la France de l'autre, et que l'issue de ce conflit tournerait à l'avantage de l'Allemagne[270]. Il était évident, comme Hossbach, aide de camp d'Hitler pour la *Wehrmacht*, le dit plus tard, que la grandiose vision politique du Führer ne recueillit pas « les applaudissements et l'approbation » de ses chefs militaires, mais des critiques « réalistes »[271]. Hitler discuta avec eux et, ce faisant, manifesta un aspect de son autorité charismatique qui le différenciait d'un autre dictateur comme Staline – nul n'aurait osé discuter avec autant de franchise et de véhémence avec le dirigeant soviétique. Mais, malgré les objections émises par les participants à cette conférence, il ne modifia en rien sa résolution de coller au calendrier qu'il avait annoncé – peut-être même d'agir encore plus vite si les circonstances le permettaient. Ce

270. Robert J. O'Neill, *The German Army and the Nazi Party*, *op. cit.*, p. 190-191.

271. Friedrich Hossbach, *Entre la Wehrmacht et Hitler [Zwischen Wehrmacht und Hitler 1934-1938]*, traduit de l'allemand par R. Jouan, Payot, 1951, p. 184.

que certains considéraient comme une force de sa dictature – sa certitude – fut ici perçu comme une faiblesse. Hitler contesta ou nia simplement tous les faits qui étaient gênants pour son analyse. Il avait décidé que tous les avantages que les Allemands possédaient en termes d'armement seraient rapidement perdus car les autres pouvoirs européens intensifiaient leurs propres programmes de réarmement. C'était donc maintenant qu'il fallait agir. Ce que d'autres pouvaient penser était pour lui sans importance.

Moins de trois mois après la conférence de novembre, deux des principaux militaires qui y avaient participé – Blomberg et Fritsch – n'étaient plus en fonction. Ce n'était cependant pas le résultat de quelque plan d'ensemble imaginé par Hitler, mais le fruit des circonstances. Le 12 janvier 1938, Blomberg avait épousé Margarethe Gruhn, une femme de trente ans plus jeune que lui. Quelques jours plus tard, la police avait découvert que Mme Gruhn avait un passé mouvementé – six ans auparavant, elle avait posé pour des photographies pornographiques. Blomberg n'en avait rien su – en fait il ne connaissait sa promise que depuis très peu de temps. Elle était dactylographe, et il ne s'était que très récemment épris d'elle. Il était veuf depuis 1932 et il était tombé sous le charme de *Fräulein* Gruhn, manifestant peut-être le même type d'impétueux enthousiasme émotionnel que celui qui se dissimulait derrière sa fascination pour le charisme d'Hitler.

À la lumière du mariage controversé de Blomberg, Hitler demanda à Heinrich Himmler de rouvrir une enquête sur Fritsch, commandant en chef de la Wehrmacht. Himmler avait déjà auparavant présenté des preuves de l'homosexualité de Fritsch – des preuves qu'Hitler avait écartées. Mais après les aventures de Blomberg, Hitler voulait s'assurer que ces allégations étaient sans fondement.

Tout se passa alors très vite. Blomberg fut poussé à la démission, et Fritsch fut confronté, en présence d'Hitler, avec un témoin qui attesta avoir eu des relations homosexuelles avec lui. Fritsch donna sa parole d'honneur que les accusations étaient fausses. Mais il n'en fut pas moins démis de ses fonctions, bien qu'Hitler ait accepté que les preuves qui pouvaient exister contre lui fussent présentées, en temps utile, devant un tribunal militaire.

Il se produisit alors un événement extraordinaire. Blomberg, dans son ultime rencontre avec lui, suggéra qu'Hitler lui-même devienne ministre de la Guerre à sa place – et donc de ne pas nommer à ce poste un de ses collègues. C'était une idée calculée pour plaire à Hitler, qui avait toujours compris l'intérêt d'occuper une multiplicité de positions dans la hiérarchie du pouvoir. Par exemple, il n'était pas seulement Führer du peuple allemand et chancelier d'Allemagne, il restait aussi le chef de la SA. Mais cette nouvelle nomination que Blomberg lui proposait créerait une curieuse structure hiérarchique dans laquelle Hitler en tant que ministre de la Guerre serait responsable devant lui-même en tant que chef de l'État. Aussi amenda-t-il cette suggestion en se nommant commandant en chef des forces armées plutôt que ministre de la Guerre, une fonction qui disparut. L'attribution de ce rôle à Hitler eut de lourdes conséquences, notamment quand Wilhelm Keitel, un homme faible et velléitaire – un officier que Blomberg trouvait « falot » – fut nommé au poste de chef suprême des forces armées, relevant directement de lui. D'un seul coup, Hitler n'eut plus besoin, pour obtenir ce qu'il voulait, d'en passer par ce qu'il considérait comme les méandres de hauts gradés de l'armée à l'esprit limité.

Pourquoi Blomberg conseilla-t-il à Hitler de devenir le chef des forces armées si c'était pour n'élever ensuite aucune protestation contre la nomination d'un flagorneur comme Keitel pour l'assister ? Un historien qui a étudié les faits de près émet l'hypothèse que Blomberg était plein « de rancœur contre ses collègues[272] » parce qu'ils avaient jugé qu'il avait déshonoré le corps des officiers par son récent mariage ; mais il est bien plus probable que Blomberg voulut s'assurer que Göring n'occuperait pas la fonction. Car, pour bien des membres de l'élite des forces armées, Hitler demeurait toujours le visage « acceptable » du nazisme.

Hitler tira à coup sûr profit du départ de Fritsch. Non pas seulement parce qu'il pouvait envisager désormais de nommer un chef des armées plus malléable, mais aussi parce qu'il assortit ce changement de la mise à la retraite de plus d'une douzaine d'officiers de haut rang et de la révocation de Neurath comme ministre des Affaires étrangères. Neurath fut nommé président d'un Conseil privé secret des relations extérieures qui ne se réunit jamais et fut remplacé au ministère des Affaires étrangères par Joachim von Ribbentrop – un homme dont le principal objectif était de complaire à Hitler de toutes les manières qu'il pouvait.

272. Robert J. O'Neill, *German Army*, *op. cit.*, p. 201.

De prime abord, cette rapide réorganisation ressemble à la purge que Staline fit subir aux officiers de l'armée en Union soviétique dans les années 1930 – l'une comme l'autre impliquent un dictateur écartant des influences susceptibles de créer des obstacles au sein de la hiérarchie militaire –, mais il y a des différences significatives. Contrairement à Staline, Hitler ne fut pas à l'initiative de ces changements de personnel. Il réagit même au mauvais pas dans lequel Blomberg s'était mis. Staline en revanche fut personnellement l'instigateur de la Grande Terreur des années 1930 – une série de meurtres de masse qui causèrent la mort de quelque 700 000 personnes. Le destin des généraux que les deux dictateurs démirent de leurs fonctions fut aussi très différent. Quand le maréchal Mikhaïl Nikolaïevitch Toukhatchevski, par exemple, fut arrêté par la police secrète en 1937, il était le plus brillant penseur militaire de l'Armée rouge, le théoricien du concept innovateur d'« opérations en profondeur », dans lesquelles des unités blindées sont utilisées pour détruire les arrières de l'ennemi et sa logistique. Mais Staline, qui se méfiait de lui – sans pouvoir s'appuyer sur aucune preuve cohérente –, le fit torturer, puis exécuter d'une balle dans la nuque. À l'inverse quand le maréchal von Blomberg tomba en disgrâce en février 1938, il ne fut ni torturé ni arrêté : on lui donna un « parachute doré » de 50 000 marks-or[273] ainsi qu'une munificente pension. Puis les époux Blomberg partirent faire un tour du monde d'une année. Après leurs

---

273. Karl-Heinz Janssen, *Der Sturz der Generäle : Hitler und die Blomberg-Fritsch-Krise 1938*, Munich, 1994, p. 55.

luxueuses vacances, ils s'installèrent paisiblement dans la maison que possédait Blomberg dans la station balnéaire de Bad Wiessee.

Bien sûr, les deux dirigeants furent – en dernier ressort – des meurtriers de masse autant l'un que l'autre, mais Hitler employa des techniques de gouvernement charismatique auxquelles ne recourut pas Staline. Hitler, comme le prouve la réunion du 5 novembre 1937, se sentait tenu d'essayer de persuader ses chefs militaires d'accepter sa vision, alors que Staline préférait terroriser ses généraux pour obtenir leur assentiment. Hitler savait qu'il aurait besoin sous peu de ses forces armées pour mener des guerres de conquête agressives, là où Staline n'avait rien conçu qui ressemblât à ce plan grandiose. Son premier objectif était d'empêcher ses généraux de comploter contre lui et de tenter de le renverser par une révolution. Et Staline, qui était à l'instar d'Hitler un lecteur passionné d'histoire, gardait présente à l'esprit la façon dont Napoléon, alors encore Bonaparte, s'y était pris pour supplanter les dirigeants de la Révolution française (il avait même surnommé Toukhatchevski « Napoleonshik[274] »). Plus récemment, il avait été surpris par la facilité avec laquelle le général Franco avait pu fomenter un soulèvement contre la République espagnole en 1936[275].

---

274. Simon Sebag-Montefiore, *Staline : la cour du tsar rouge [Stalin : The Court of the Red Tsar]*, traduit de l'anglais par Florence La Bruyère et Antonina Roubichou-Stretz, Éditions des Syrtes, 2005, p. 239-240.

275. Robert Service, *Stalin – A Biography*, Macmillan, 2004, p. 348.

En Allemagne, parce qu'il ne redoutait pas de devenir la victime de tortures ou d'un meurtre à l'instigation de l'État nazi, Ludwig Beck, le chef d'état-major de l'armée, avait ajouté sa voix au chœur de ceux qui protestaient contre les idées avancées par Hitler à la réunion du 5 novembre 1937. Beck qui, contrairement à Hitler, aimait beaucoup coucher ses pensées sur le papier, rédigea une critique dévastatrice de la pensée de son commandant suprême, allant même jusqu'à remettre en cause le principe politique fondamental qui sous-tendait tout le reste – le *Lebensraum*. Tout en reconnaissant que des nations intégrées dans un réseau de commerce extérieur n'étaient pas « indépendantes », il ajoutait qu'« en conclure que la seule solution est la création d'un plus grand espace vital *(Lebensraum)* me paraît un peu vite pensé »[276].

Cependant, quand la crise qui allait engloutir Blomberg et Fritsch éclata, Beck continuait à trouver difficile à croire qu'Hitler ne fût pas un homme d'honneur. Le général Keitel l'avait délibérément laissé dans l'ignorance du projet d'Hitler de nommer un nouveau commandant en chef de l'armée en remplacement de Fritsch – alors même que les accusations contre Fritsch n'avaient pas encore été examinées par un tribunal militaire. Keitel demanda confidentiellement au général Walther von Brauchitsch s'il serait disposé à devenir le commandant en chef de l'armée allemande,

276. BArch N 28/4. Cité en allemand dans Klaus-Jürgen Müller, *General Ludwig Beck*, *op. cit.*, p. 498-501. On ne sait pas bien si Beck écrivit ce papier pour mettre de l'ordre dans ses pensées ou bien pour le faire lire à des collègues.

pourvu tout du moins qu'il adhérât aux changements structurels qu'Hitler mettait en place et qu'il rendît l'armée encore plus sympathisante de l'État nazi.

Quand il s'en aperçut, Beck sollicita l'aide de l'éminent général Gerd von Rundstedt pour qu'il intervienne auprès d'Hitler et obtienne la modification des changements proposés, mais ce fut en vain. La décision d'Hitler était prise. L'ensemble de l'organisation au sommet de la Wehrmacht serait restructuré. Hitler serait le commandant suprême de toutes les forces armées, et Keitel son adjoint tout dévoué. Le général von Brauchitsch – un personnage bien plus soumis aux nazis que Fritsch ne l'avait jamais été – allait devenir commandant en chef de l'Armée allemande. Ainsi Hitler obtint-il ce qu'il voulait. Mais chacun à sa façon, les généraux Keitel et Brauchitsch avaient eux aussi obtenu ce qu'ils voulaient. Keitel était élevé à un poste de pouvoir auquel il n'aurait autrement jamais pu seulement aspirer (Blomberg avait dénigré Keitel auprès d'Hitler, disant qu'il « remplissait difficilement ses fonctions » auprès de lui[277]), et Brauchitsch avait franchi à saute-mouton plusieurs rivaux pour remplacer Fritsch. Leur principale motivation était l'ambition personnelle plus qu'un dévouement profond à Hitler. Mais ce dernier était certainement conscient que ces deux généraux allemands étaient plus sensibles à son autorité charismatique que Fritsch ne l'avait été. Brauchitsch notamment le craignait beaucoup et restait souvent muet en sa présence. « Je vous en prie, ne le dressez pas contre moi, devait-il dire plus tard au général Halder. Je sais

277. Nicholas Reynolds, *Treason Was No Crime*, *op. cit.*, p. 128.

que vous êtes mécontent de moi. Quand je suis face à cet homme, j'ai l'impression que quelqu'un m'étouffe et je ne trouve plus mes mots[278]. » Brauchitsch devait aussi être – littéralement – le débiteur d'Hitler qui lui donna 250 000 reichsmarks peu après sa nomination à la tête des armées pour lui permettre d'obtenir le divorce contre sa femme et d'épouser sa maîtresse, une nazie fanatique.

Ludwig Beck, le chef d'état-major de l'armée allemande, était scandalisé par la manière dont Fritsch avait été traité, mais ses idées restaient confuses quant au rôle d'Hitler dans la crise. Personnellement insensible à l'autorité charismatique d'Hitler, il lui avait toujours obéi consciencieusement comme au chef de l'État – non sans se réserver cependant le droit de remettre en question ses décisions. Pourtant, à la suite du renvoi de Fritsch, Beck en vint à comprendre peu à peu qu'on ne pouvait pas faire confiance à Hitler. Après une conférence le 5 février 1938, il dit à un de ses pairs qu'il n'avait pas tenu sa parole envers lui : il lui avait promis de le consulter pour toute restructuration militaire envisagée et il ne l'avait pas fait. Le collègue de Beck le traita de « fou » pour avoir cru à ses promesses et lui demanda : « Jusqu'à quand continuerez-vous à être dupe des stratagèmes d'Hitler[279] ? »

Ce fut un important tournant dans l'histoire du règne d'Hitler, le moment dans lequel des traditionalistes

---

278. Harold C. Deutsch, *The Conspiracy Against Hitler in the Twilight War*, University of Minnesota, 1968, p. 34.

279. Nicholas Reynolds, *Treason Was No Crime*, *op. cit.*, p. 138.

comme Beck finirent par ouvrir les yeux sur le caractère et la personnalité de leur chef d'État. Pour des soldats comme lui, une « parole d'honneur » était une promesse sacrée. Et, non content de ne pas tenir sa promesse à Beck de lui demander conseil sur tout changement majeur dans l'armée, Hitler avait également refusé d'accepter la parole d'honneur de Fritsch quand il lui avait dit que les accusations d'homosexualité portées contre lui étaient fausses. Et Fritsch n'était pas un officier ordinaire, mais le commandant d'un corps d'officiers pour qui l'honneur était la valeur suprême.

« Je connaissais très bien [Fritsch], dit Johann Adolf von Kielmansegg, alors jeune officier. Il était le parrain d'un de mes fils, et donc il y avait là une relation humaine. Fritsch était un officier prussien conservateur venant d'un bon milieu, dans le meilleur sens du terme. [...] Il existe beaucoup de bonnes qualités prussiennes, et Fritsch les avait toutes. » Qui plus est, du point de vue de Kielmansegg, « Fritsch était l'ultime digue contre Hitler, et l'armée était la seule à pouvoir faire quelque chose [contre la dictature nazie][280] ».

Beck concentra alors ses efforts dans la préparation de la défense de Fritsch contre l'accusation d'homosexualité devant un tribunal militaire qui devait être prochainement constitué. Il croyait toujours à la façon vieux jeu, « honnête », de faire les choses. Et la suite des événements sembla lui donner raison, quand les collègues de Beck qui menaient l'enquête découvrirent qu'un jeune officier, le capitaine von Frisch, avait eu des relations sexuelles avec l'homme qui accusait

280. Témoignage inédit.

maintenant Fritsch. Ce n'était pas seulement une preuve de l'innocence du commandant en chef de l'armée, mais aussi une possible explication pour l'ensemble de l'épisode. Peut-être l'incident était-il fondé sur une simple erreur d'identité. Beck attendit alors avec impatience la réhabilitation de Fritsch.

Mais les événements avaient tourné en faveur d'Hitler. En même temps que s'ouvrait l'enquête officielle de l'armée sur l'affaire Fritsch, une plaie de politique étrangère depuis longtemps béante atteignit une phase critique. Le 10 mars 1938, Beck et son adjoint, Manstein, convoqués pour rencontrer Hitler, furent informés que l'armée devait immédiatement se préparer à entrer en Autriche.

Depuis sa jeunesse, Hitler n'avait jamais cessé de rêver d'un *Anschluss* – union[281] – entre l'Allemagne et l'Autriche, et les nazis autrichiens faisaient campagne depuis des années en faveur de la fusion des deux pays. L'affaire devint d'un coup urgente à cause de la décision du chancelier autrichien, Kurt Schuschnigg, d'organiser un référendum le 13 mars sur la question de l'unification avec l'Allemagne.

Hitler était déterminé à faire en sorte que la population autrichienne n'ait jamais l'occasion de s'exprimer dans le cadre du référendum de Schuschnigg. Mais Beck manifesta une très forte inquiétude devant l'éventualité d'une action militaire contre l'Autriche ; il s'inquiétait surtout des réactions étrangères à cette invasion. Finalement, ce n'est que lorsque Hitler fit clairement comprendre qu'il était absolument déter-

281. Le terme français consacré est « annexion » (*NdT*).

miné à passer à l'action qu'il quitta les lieux pour élaborer – à contrecœur – les plans nécessaires à l'armée, selon les ordres de son Führer.

Beck n'était pas seul à s'inquiéter des conséquences politiques d'une incursion allemande en Autriche. Le général Keitel, dans son nouveau rôle de coordination interservices des quartiers généraux de toutes les forces armées, l'OKW (Oberkommando der Wehrmacht : commandement suprême des forces armées allemandes), garda de la nuit du 10 au 11 mars 1938 le souvenir d'un « martyre[282] ». Il reçut plusieurs appels téléphoniques de la part de hauts gradés – dont même Brauchitsch – l'implorant presque de faire « renoncer » Hitler à ses plans. Keitel, qui avait déjà pris conscience de la susceptibilité de son nouveau patron, n'informa pas Hitler de ces appels. Certain qu'il serait indigné de la circonspection de ses chefs militaires, il « voulut épargner cette expérience » à tous les intéressés.

Devant les menaces d'Hitler, Schuschnigg annula le référendum et démissionna. Mais Hitler n'en ordonna pas moins que l'on procédât à l'invasion le 12 mars. Ce fut un succès écrasant, à l'encontre des inquiétudes des généraux allemands. Les troupes allemandes furent bombardées de fleurs par des Autrichiens qui leur souhaitèrent la bienvenue au milieu de scènes de quasi-extase. « L'*Anschluss* autrichien était comme un fruit mûr, il était prêt à tomber[283] », observa Reinhard Spi-

282. Walter Görlitz, *Generalfeldmarschall Keitel, Verbrecher oder Offizier ? Erinnerungen, Briefe, Dokumente des Chefs OKW*, Göttingen, 1961, p. 179.

283. Témoignage inédit.

tzy, un nazi d'origine autrichienne qui rentra dans sa patrie avec Hitler.

Affaiblis par une dépression économique fort semblable à celle qui avait frappé les Allemands six ans plus tôt, des millions d'Autrichiens accueillirent les troupes allemandes à bras ouverts. « J'eus le sentiment que nous devions vraiment appartenir à l'Allemagne[284] », dit Susi Seitz, alors adolescente. On lui avait enseigné que les Autrichiens s'étaient vu refuser le droit de rejoindre l'Allemagne après la Première Guerre mondiale, et elle avait personnellement vécu les effets de la dépression économique des années 1930. « Nous voyions les besoins des gens, et j'étais terriblement déprimée quand je marchais dans la grande rue et voyais à chaque coin quelqu'un qui tendait la main ou une coupelle pour demander un peu d'argent. [...] Il y avait des enfants, et ils avaient l'air affamés. [...] À la fin de 1937, les gens avaient pris l'habitude de venir jusqu'à la porte des appartements et des logements pour demander à manger. Et j'ai vu des quantités de gens venir, et il me fallait toujours sortir une assiette de soupe, ou du pain, un croûton de pain. »

Quand ils entrèrent en Autriche, des Allemands comme Herbert Richter, fonctionnaire au ministère des Affaires étrangères, furent abasourdis par l'ampleur de l'accueil qu'ils reçurent : « Le jour de l'*Anschluss*, je parcourus le Tyrol autrichien en décapotable avec ma femme. Et nous découvrîmes que nos plaques d'immatriculation berlinoises provoquaient à elles seules l'enthousiasme des Autrichiens. Puis nous avons déjeuné

284. Témoignage inédit.

à Schwaz, une petite ville aux portes d'Innsbruck, et il y avait là un fermier autrichien avec ses bœufs, il avait mis de petits drapeaux avec la croix gammée entre leurs cornes. [...] Je m'en souviens très clairement. L'enthousiasme dépassait la mesure. L'Autriche était dans une situation économique de grande pauvreté à l'époque. Et ils espéraient une amélioration de leur situation. Mais, quoi qu'il en soit, leur enthousiasme était immense[285]. »

Ce fut, pour un nazi fervent comme Bruno Hähnel, un moment de joie intense : « Pendant mes dix années de participation à des conférences ou à des congrès du parti avec Adolf Hitler, j'avais eu ma part d'enthousiasme, je peux en témoigner ; mais le degré d'enthousiasme qui prévalait en Autriche à ce moment fut pour nous non seulement étonnant, mais aussi tout à fait inoubliable. Telle fut notre impression du premier au dernier jour. Quand je voulais expliquer à des gens de quoi j'avais été le témoin, j'avais coutume de dire que les Autrichiens grimpaient sur les façades de leurs maisons jusqu'au troisième étage par pur enthousiasme[286] ! »

Ce fut un succès spectaculaire pour Hitler, et surtout parce que, du côté des puissances étrangères, aucun des problèmes que Beck et ses homologues avaient redoutés ne se fit jour à aucun moment. Hitler avait reçu la bénédiction de Mussolini pour l'invasion juste avant de la lancer, et ni la Grande-Bretagne ni la France ne donnèrent jamais l'impression qu'elles partiraient en guerre à cause de l'*Anschluss*. L'attitude de la Grande-

285. Témoignage inédit.
286. Témoignage inédit.

Bretagne fut résumée par Sir Frank Roberts, un diplomate britannique : « Je suppose qu'un tas de gens en Grande-Bretagne se disaient : "Bon, en Autriche, après tout, ce sont des Allemands, et si c'est vraiment ce qu'ils veulent"[287]… » Et cette opinion se répandait au milieu d'un sentiment plus général que, les années précédentes, l'Allemagne avait peut-être été mal traitée. « L'idée répandue en Grande-Bretagne, dit Sir Frank, était que les Français avaient imposé – et nous y avions bien évidemment consenti – un règlement trop dur à l'Allemagne, en 1918, et que cela devait être corrigé. Et dans ces conditions il y avait un léger sentiment de "Nous aurions dû faire mieux". Si vous appelez cela un sentiment de culpabilité, très bien. Mais je ne suis pas sûr que nous ressentions cela tout à fait comme une faute. »

Il était presque quatre heures de l'après-midi, le 12 mars 1938, quand Hitler, en voiture, entra en triomphe dans sa patrie autrichienne. Il traversa sa ville de naissance, Braunau am Inn, avant de rouler doucement vers Linz, répondant aux applaudissements d'immenses foules en liesse tout au long de la route. Le soir même, il prit la parole au balcon de la mairie de Linz, déclarant à la foule frénétique massée plus bas sur la place principale : « Si la Providence m'a un jour appelé hors de cette ville pour diriger le Reich, c'est qu'elle avait une mission spéciale pour moi, et cette mission ne peut être autre que celle de rendre mon cher pays natal au Reich allemand[288] ! » Le lendemain, il

287. Témoignage inédit.
288. Max Domarus, *op. cit.*, vol. II, p. 1050.

signa une proclamation annonçant que l'Autriche était dorénavant unie à l'Allemagne, et, le 15 mars, il s'écria dans un discours à Vienne que « ce pays [était] allemand » et qu'il avait « compris sa mission »[289].

Ce fut un moment charnière dans l'évolution de la séduction charismatique d'Hitler. Ce fut de loin le plus grand triomphe en politique étrangère qu'il ait emporté jusqu'à ce jour – et la relation émotionnelle avec sa patrie le lui rendit plus délicieux encore. Fait peut-être plus important, il avait maintenu ses plans d'invasion de l'Autriche en dépit des sévères appréhensions exprimées par de nombreux officiers supérieurs. « En conséquence, écrivit Franz von Papen, Hitler devint imperméable aux conseils de tous ceux qui souhaitaient le voir faire preuve de modération en matière de politique étrangère[290]. »

Pour faire mesure comble, il reçut l'adulation directe de centaines de milliers d'Autrichiens qui l'accueillirent comme un héros. Il y eut à Vienne, en particulier, des scènes de liesse d'une ampleur inégalée. Comment imaginer que le spectacle d'une foule de presque un quart de million de personnes criant *« Sieg Heil ! »* (Salut à la victoire) et *« Ein Volk, ein Führer »* (Un peuple, un Führer) n'allait pas renforcer la croyance d'Hitler en sa « mission » et ses pouvoirs charismatiques ? Il avait effectivement fait un parcours remarquable. Lui qui avait quitté Vienne vingt-cinq ans plus tôt sans qualifications, sans perspective, apparemment

289. *Ibid.*, p. 1057.

290. Von Papen, *Memoirs*, *op. cit.*, p. 438. [Le passage n'est pas retenu dans la traduction française (*NdT*).]

sans espoir, il y revenait maintenant comme le dirigeant qui avait uni l'Allemagne et l'Autriche.

Quant à ceux qui, amassés sur les places de Linz ou de Vienne, entendirent les discours d'Hitler, bon nombre d'entre eux n'oublieraient jamais les émotions qui les avaient envahis : « Je pense que nous avons pleuré, la plupart d'entre nous, à ce moment, dit Susi Seitz qui était présente dans la foule, à Linz, le 12 mars. Les larmes ruisselaient le long de nos joues, et quand nous regardions nos voisins, chez eux c'était pareil. »

Susi Seitz réussit à offrir à Hitler quelques fleurs et jouit de la douce sensation qu'elle éprouvait en sa présence. Elle affirme que cette rencontre lui fit prendre la résolution de devenir meilleure : « Et, au fond de mon cœur, je lui promis de tout mettre en œuvre pour être bonne, aider autrui et ne jamais rien faire qui soit malhonnête. Tout mon temps libre, après l'école, je le consacrais au travail car il avait fait appel à nous : "Vous tous, nous avait-il dit, vous m'aiderez à construire mon empire pour en faire un bon empire peuplé de gens heureux qui se soucient d'être bons et promettent de l'être"[291]. » Elle pouvait s'engager avec joie dans sa nouvelle vie dans le Reich allemand : « Toute [la période] d'avant la guerre, et même les premières années de la guerre, ce furent les meilleurs moments de ma vie. Avec bien d'autres tout aussi enthousiastes, nous étions heureux d'aider. [...] Tous ces objectifs pour l'avenir qui nous étaient enseignés : une famille en bonne santé, un peuple en bonne santé, un pays en bonne santé et des gens qui travaillent avec

291. Laurence Rees, *Ils ont vécu sous le nazisme*, *op. cit.*, p. 110.

plaisir et enthousiasme, c'était quelque chose que nous jugions précieux. Et ainsi, bien sûr, nous pensions que nous vivions une période heureuse. »

Les gens aujourd'hui s'interrogent souvent : « Pourquoi tant d'Allemands et d'Autrichiens ont-ils suivi Hitler et les nazis dans les années 1930 ? » Mais le témoignage de Susi Seitz nous aide à nous rappeler que c'est peut-être une mauvaise question. Il vaudrait mieux se demander : « Pourquoi tant d'Allemands et d'Autrichiens ont-ils *embrassé* Hitler et le nazisme dans les années 1930 ? » Et à cet égard le témoignage de Susi Seitz nous offre des indices. Non seulement dans sa dimension émotionnelle, mais aussi dans la relation qu'elle a éprouvée entre le public et Hitler. Elle a senti que celui-ci devenait presque un réceptacle que les Autrichiens enthousiastes pouvaient remplir de leurs propres aspirations. On peut dire, dans le langage actuel des conseillers politiques, qu'Hitler réussissait à « parler aux besoins » de son public.

Tous les éléments composant le « charisme » d'Hitler que nous avons examinés jusqu'à présent étaient rassemblés – soit ouvertement soit dans les coulisses – pendant sa progression triomphale à travers l'Autriche : sa mission – unir tous les Allemands sous son autorité – ; sa capacité à exprimer au travers de sa rhétorique ce que son auditoire désirait et pensait ; son retour « héroïque » dans son « cher pays natal » en tant qu'Autrichien ; sa vision d'une société « sans classes » ; l'espoir qu'il offrait aux Autrichiens frappés par la crise économique ; sa certitude que tout irait bien maintenant que les deux nations étaient unies ; son affirmation de sa propre place dans ces grands événements, non pas comme un dirigeant ordinaire mais comme un élu de la « Providence » investi d'une tâche spéciale ; et le fait que la décision d'envahir l'Autriche ait été la sienne et la sienne seulement.

L'épisode autrichien mit aussi en scène l'aspect du charisme d'Hitler qui séduisait beaucoup de ses fidèles les plus ardents – son désir d'isoler des groupes vulnérables, puis de les persécuter comme ennemis de l'État. Un grand nombre de Juifs furent soumis à des traitements brutaux aussitôt après l'absorption de l'Autriche par les nazis, et de nombreux opposants politiques furent emprisonnés dans des camps – l'ex-chancelier Schuschnigg, par exemple, fut arrêté peu de temps après l'entrée des nazis. Mais la majorité des Autrichiens jugeaient tout cela de nulle importance au regard du « renouveau national » qu'Hitler leur offrait.

Difficile d'imaginer un contraste plus grand que celui qui distingue la quasi-hystérie chez les Autrichiens et la réaction de pondération d'un certain nombre de généraux allemands comme Ludwig Beck. Beck était écœuré par le comportement des nazis en Autriche, révolté par les « charognards du parti qui suivent derrière le bouclier immaculé de l'armée[292] ». Il fut aussi épouvanté par la solution apportée à l'affaire Fritsch. Le 19 mars, alors que l'attention de la grande majorité des Allemands était retenue par les événements autrichiens, Fritsch fut finalement innocenté de tout acte répréhensible – il s'avéra que les pièces d'accusation de la Gestapo contre lui avaient été fabriquées. Mais cela ne lui apporta rien. Hitler, récemment

292. Nicholas Reynolds, *Treason Was No Crime*, *op. cit.*, p. 144.

rentré de son triomphe autrichien, n'allait pas le réintégrer dans ses fonctions maintenant que le plus docile Brauchitsch occupait la place.

Fritsch et bon nombre d'autres officiers supérieurs qui venaient juste d'être mis à la retraite de force payaient le prix pour avoir accepté le pouvoir d'Hitler. Ils avaient déjà considérablement collaboré avec son régime – ils avaient prêté serment au Führer, adopté la croix gammée sur leur uniforme, chassé leurs pairs juifs de leurs rangs, assisté à des conférences sur « l'hygiène raciale », mais il en aurait fallu davantage pour les protéger.

10

Le frisson de la libération

La construction du charisme d'Hitler reposait sur une condition *sine qua non* : sa capacité à entrer en relation directe avec les sentiments, espoirs et désirs de millions de ses compatriotes allemands. C'est dans la nature de cette relation que réside le pouvoir de son charisme. Et, après plusieurs années d'exercice du pouvoir, Hitler était de plus en plus capable, par ce lien, d'offrir à ses partisans un puissant sentiment de délivrance, non seulement de la perte traumatique de la Première Guerre mondiale et des humiliations de Versailles, comme il l'avait fait dans ses premières années de chancellerie, mais aussi de les libérer des limites de toute contrainte traditionnelle.

Hitler avait par exemple dit à la femme d'Albert Speer, dans les années 1930 : « Votre mari va bâtir pour moi des édifices comme il n'y en a plus eu depuis quatre millénaires[293]. » Il n'est pas difficile d'imaginer

293. Albert Speer, *Au cœur du Troisième Reich*, *op. cit.*, p. 84.

le sentiment de libération que ce type de remarque peut avoir créé en Speer – qui était déjà un architecte férocement ambitieux. Hitler lui donnait l'occasion de devenir célèbre non seulement en Allemagne, non seulement dans le monde, mais jusque dans l'histoire. Comme on gardait la mémoire des pyramides, on se rappellerait ses bâtiments. Speer, méprisant les souffrances des Juifs soumis au travail forcé dans des camps de concentration, fit même plus tard cette remarque : « Après tout, les Juifs faisaient déjà des briques sous le règne des pharaons[294]. »

Mais ce fut peut-être la profession médicale allemande qui, dans les années 1930, éprouva le plus fort sentiment de libération du fait de la présence d'Adolf Hitler. Presque la moitié des médecins allemands étaient membres du Parti nazi, si bien que, naturellement, bon nombre d'entre eux approuvaient la politique raciale d'Hitler, et en particulier son désir d'introduire la stérilisation obligatoire de ceux que les nazis considéraient comme « indésirables ». L'Allemagne ne fut certes pas le premier pays à légiférer dans ce sens. La Suisse avait déjà promulgué une loi autorisant la stérilisation forcée en 1928[295] ; et, au milieu des années 1930, quelque trente États américains autorisaient la stérilisation obligatoire de certaines catégo-

294. Remarque d'Albert Speer, selon son frère Hermann, cité dans Michael Thad Allen, *The Business of Genocide – the SS, Slave Labor, and the Concentration Camps*, University of North Carolina Press, 2002, p. 59.

295. M. J. Drake, I. W. Mills et D. Cranston, « The chequered history of vasectomy », *British Journal of Urology*, septembre 1999, p. 475-481.

ries de malades mentaux. Mais ce fut aux nazis que revint d'avoir adopté la stérilisation forcée à une ampleur qui éclipsa tout autre.

En juillet 1933, juste cinq mois après être devenu chancelier, Hitler fit passer la « Loi de prévention d'une descendance atteinte de maladie héréditaire » (*Gesetz zur Verhütung erbkranken Nachvuchzes*). Cette dernière autorisait les « tribunaux de santé génétique » à ordonner la stérilisation forcée de ceux qui étaient atteints, non pas seulement d'un éventail de maladies mentales comme la schizophrénie, mais également d'une surdité ou d'une cécité d'ordre génétique, et même les alcooliques chroniques.

L'inhumanité fondamentale de cette pratique est illustrée par le cas de Paul Eggert, de Dortmund. Paul était l'aîné de onze enfants nés d'un père qui avait servi pendant la Première Guerre mondiale et qui maintenant « caressait la bouteille ; [...] et bon, il avait coutume de battre ma mère et il n'y avait rien à manger[296] ». En sa qualité d'aîné, il devait mendier de la nourriture chez les fermiers locaux : « Et si je rapportais quelque chose à la maison, tout allait bien, sinon je recevais une raclée. » Finalement, « les gens en eurent assez ; [...] donc ils informèrent les services sociaux qui nous dispersèrent. L'un dans une direction, les autres dans une autre. »

Paul fut envoyé dans un hôpital pour enfants à Bielefeld où, à son insu, il fut classé comme « délinquant ». Puis, à l'âge de onze ans, on lui dit qu'il devait subir l'ablation d'une hernie. Ce fut seulement des

296. Témoignage inédit.

années plus tard qu'il découvrit qu'il n'avait pas été opéré pour une hernie, mais stérilisé. Le sentiment de viol qu'il éprouva quand il apprit ce qui lui avait été fait reste toujours aussi fort : « Je revis la même chose, tous les ans, à Noël, pour la veillée de Noël. Ma belle-sœur… Ils ont tous des enfants, ils dévalent les escaliers et je reste assis là-haut avec mon épouse, je n'ai pas d'enfants qui courent autour de moi. »

Les médecins allemands n'étaient pas obligés de stériliser des enfants comme Paul Eggert. Mais tout indique que de nombreux professionnels de santé se jetèrent sur l'occasion que l'État nazi leur offrait. Comme le dit le professeur Richard Evans : « Dans la culture allemande tout entière, la médecine s'est forgé une réputation et un prestige énormes à la fin du XIXe, grâce à des hommes comme Robert Koch qui découvrit la cause de la tuberculose, du choléra et de toute une série d'autres maladies. Il fut le Louis Pasteur de l'Allemagne, pas aussi connu que lui, mais je pense qu'il devrait l'être. La médecine avait fait d'immenses progrès en Allemagne, et le prestige de la profession médicale était vraiment énorme. S'y ajoutait l'idée que la médecine devait prendre les devants en purgeant la race allemande de ses éléments prétendument dégénérés, si bien qu'elle devint largement la profession la plus prisée dans les années 1930. En 1939, plus de la moitié des étudiants allemands faisaient des études de médecine. C'était extraordinaire. Il y avait beaucoup de postes à pourvoir dans les personnels de santé dans l'armée, les forces armées, dans la SS. Des instituts d'hygiène raciale furent créés partout, et une sorte d'orgueil apparut autour de la conviction qu'ils pouvaient mener des expérimentations sur ce qu'ils considéraient comme des sous-hommes du point de vue racial ou des gens inférieurs pour une raison ou une autre, tels des criminels ou des détenus de camp de concentration. Ils se croyaient autorisés à faire cela pour l'avenir de la race allemande[297]. »

C'est dans ce contexte que plus de deux cent mille personnes furent stérilisées de force sous l'État nazi (certaines estimations vont jusqu'à trois cent cinquante mille[298]). Ce nombre colossal ne fut possible que grâce à l'interaction entre des membres de la profession médicale pleins de bonne volonté – et parfois d'enthousiasme – et les visions largement diffusées dans le public d'un chef de l'État pour qui la sélection raciale et le contrôle social brutal étaient les pierres angulaires de l'existence. Dans la conclusion de *Mein Kampf*, Hitler avait dit explicitement qu'« un État qui, à une époque de contamination des races, veille jalousement à la conservation des meilleurs éléments de la sienne, doit devenir un jour le maître de la terre[299] », et la profession médicale allemande souscrivait dans son ensemble à ce but. En même temps, les médecins se rendaient compte que leur métier – qui avait toujours été important – était devenu plus capital encore. Le racisme étant une religion de substitution pour Hitler, les médecins étaient donc presque des prêtres.

---

297. Entretien avec l'auteur pour WW2History.com.

298. Voir Ernst Klee, *Euthanasie im NS-Staat : Die « Vernichtung lebensunwerten Lebens »*, Francfort-sur-le-Main, Fischer, 1983, p. 86.

299. Adolf Hitler, *Mon combat*, *op. cit.*, p. 686.

Vu la place centrale que la race occupait dans sa vision du monde, il était pour Hitler quasiment aussi important de gagner le soutien enthousiaste de la profession médicale que de s'assurer de l'appui de l'armée. Et, fait significatif, il n'eut avec les pontes de la profession médicale aucun des problèmes qu'il rencontra avec de hauts gradés de l'armée comme Fritsch ou Beck. Bien sûr, des quantités de médecins s'opposèrent individuellement à l'interprétation nazie de l'éthique médicale, mais la majorité approuvait à coup sûr l'introduction de la stérilisation forcée[300] et le contrôle de leur profession par la Chambre des médecins du Reich (*Reichsärztekammer*). Il était aussi assurément de l'intérêt économique des médecins allemands « aryens » d'embrasser l'idéologie nazie, en partie parce que cela leur offrait de nouvelles possibilités d'avancement au fur et à mesure que les nazis interdisaient aux médecins juifs d'exercer en Allemagne ; un processus qui fut finalement achevé en 1939 après qu'une kyrielle de mesures restrictives leur eut été imposée à partir de 1933.

Il ne s'agit pas de dire que la majorité des médecins allemands qui s'étaient déclarés en faveur de l'idée d'empêcher des « indésirables » raciaux d'avoir des enfants soutenait nécessairement le passage à leur élimination pure et simple – mais telle était la politique

---

300. Dans son étude classique, *Les Médecins nazis. Le meurtre médical et la psychologie du génocide [The Nazi Doctors]*, traduit de l'américain par Bernard Pouget, Robert Laffont, 1989, Robert Jay Lifton confirme que « la grande majorité » des médecins qu'il interviewa « avaient approuvé à l'époque les lois de stérilisation », p. 47.

qu'Hitler voulait poursuivre. Fait stupéfiant, il ne fit pas secret de sa volonté – en théorie – de détruire les membres les moins productifs de la société allemande. « Si chaque année l'Allemagne avait un million d'enfants, dit-il dans un discours au congrès de Nuremberg de 1929, et éliminait sept cent à huit cent mille des plus faibles, il en résulterait probablement à la fin un accroissement de la force nationale[301]. » Mais Hitler savait qu'une réorganisation raciale de cette ampleur était impraticable – surtout à cause de l'éventuelle opposition massive des familles concernées et de l'Église.

Cependant, l'idée fondamentale qu'il pouvait être légitime de tuer certaines personnes pour le bénéfice global du reste de la société n'était pas nouvelle – non plus que l'élimination des handicapés mentaux dont rêvaient les nazis. En 1920, avait paru un livre intitulé *Die Freigabe der Vernichtung lebensunwerten Lebens* (littéralement : « La libéralisation de la destruction de la vie qui ne vaut pas d'être vécue »), fruit de la collaboration entre un des principaux juristes d'Allemagne, le professeur Karl Binding, et un des plus éminents psychiatres du pays, le professeur Alfred Hoche, qui s'inquiétaient de voir qu'à la suite de la Première Guerre mondiale vivaient en Allemagne, à la charge de l'État, un grand nombre de personnes dites « inutiles » – ils appelaient ces personnes des *Ballastexistenzen*, existences-ballast, autrement dit les individus qui n'avaient qu'une existence de « ballast ». Binding et Hoche rejetaient l'idée de tuer qui que ce soit pouvant

301. *Völkischer Beobachter*, 2 août 1929.

exprimer consciemment et rationnellement le désir de ne pas l'être. Mais ceux qui étaient dans un état végétatif ou atteints de graves pathologies mentales pouvaient à coup sûr être éliminés sans donner leur consentement. « Nous n'arrêterons jamais de soigner des malades physiques et mentaux jusqu'à l'extrême, écrivait le professeur Hoche, aussi longtemps qu'il y aura une quelconque perspective d'amélioration de leur état. Mais peut-être parviendrons-nous un jour à la conception mature que *l'élimination des personnes totalement mortes mentalement ne constitue ni un crime, ni un acte immoral, ni une marque de rudesse sentimentale, mais un acte permis et utile*[302]. »

Derrière cette discussion sur les éliminations pouvant être considérées comme des « actes permis et utiles » se trouve une idée qui est au centre de la vision du monde d'Hitler : la primauté de la nation raciale ou *Volk* sur l'individu. Franz Jagemann, qui grandit en Allemagne dans les années 1930, en témoigne : « On nous le martelait dans les Jeunesses hitlériennes : "L'Allemagne doit vivre, même s'il nous faut mourir"[303]. » C'est pourquoi ceux qui étaient atteints de maladies mentales sévères *devaient* être tués, non parce qu'ils auraient choisi de mourir, s'ils avaient pu le faire, mais parce qu'ils étaient inutiles à la nation.

302. Karl Binding, Alfred Hoche, *Euthanasie, le dossier Binding et Hoche*, traduction de l'allemand, présentation et analyse par Klaudia Schank, Michel Schooyans de *Libéraliser la destruction d'une vie qui ne vaut pas d'être vécue*, texte intégral de l'ouvrage publié en 1922 à Leipzig [par] Karl Binding et Alfred Hoche, Le Sarment, 2002, p. 109.

303. Témoignage inédit.

Le premier pas avait déjà été effectué par un grand nombre de médecins qui choisissaient d'effectuer des opérations non liées au bien-être médical de l'individu, comme la stérilisation forcée. Ils avaient par là franchi la ligne jaune de l'éthique médicale. Et rationaliser leurs actes était pour eux un moyen de déplacer leur obligation de soin de l'individu à la nation. À l'instar d'Hitler, ils agissaient dorénavant comme si la santé du *Volk* – l'ensemble du peuple allemand racialement pur – était de bien plus grande importance que la santé des individus[304].

Hitler n'en prit pas moins conscience qu'il devait avancer en douceur vers la mise en œuvre d'une politique de meurtre sélectif des Allemands handicapés. Il avait besoin du consentement anticipé d'au moins quelques médecins et – idéalement – d'un élément de soutien dans l'ensemble de la population. À cette fin, un film documentaire intitulé *Opfer der Vergangenheit* (« Victime du passé ») sortit dans les salles de cinéma allemandes en 1937. Le film montrait des images d'enfants atteints de maladies chroniques et handicapés, tandis que le commentaire détaillait les dépenses nécessaires pour les maintenir en vie. Il se terminait par l'affirmation suivante : « En abrégeant humainement leur vie misérable et sans défense, nous observerions la loi de sélection et d'ordre naturels de notre Créateur[305]. »

304. Voir, par exemple, Rudolf Ramm, *Ärztliche Rechts – und Standeskunde : Der Arzt als Gesundheitserzieher*, Berlin, W. de Gruyter, 1943, p. 79-80.

305. David Welch, *Propaganda and the German Cinema*, *op. cit.*, p. 123.

Les nazis avaient déjà réduit systématiquement les sommes qui pouvaient être dépensées pour les patients handicapés, de sorte que les conditions de vie dans les hôpitaux psychiatriques empirèrent progressivement[306]. Les décideurs locaux étaient maintenant encouragés à visiter les hôpitaux et à aller voir les handicapés de près – délibérément exposés de manière à ressembler le plus possible à des *Ballastexistenzen*. Bruno Hähnel, un nazi convaincu, se forgea l'opinion suivante, après une visite de l'hôpital psychiatrique d'Aplerbeck, près de Dortmund : « La chose la plus choquante, dont la vision ne me quitta jamais, et que j'ai vue et revue de mes yeux, était le service des schizophrènes. C'était une simple pièce dans laquelle il y avait, disons, quarante couchettes, pas vraiment des lits, mais de simples planches de bois. Et sur ces quarante lits étaient allongés des gens nus, décharnés. [...] Le professeur disait qu'ils étaient au dernier stade de la schizophrénie et que la maladie pouvait attaquer n'importe lequel d'entre nous demain, du fait d'une sorte de mutation du cerveau. Cette éventualité m'inquiétait terriblement, que cela puisse vraiment se produire, et plus qu'autre chose, j'ai quitté cette pièce avec la certitude que la seule bonne chose à faire était de tuer les gens qui sont dans un tel état, de ne pas les garder en vie, pas dans le sens de l'enseignement de l'Église chrétienne qui nous apprend que toute personne est précieuse. [...] Dans mon esprit, la vie de ces gens ne valait plus la

306. Voir Ernst Klee, éd., *Dokumente zur Euthanasie*, Francfort-sur-le-Main, 1985, p. 63.

peine d'être vécue. Voilà la leçon que j'ai tirée de [ma visite de] ce service[307]. »

Les nazis, naturellement, avaient eux-mêmes créé les conditions choquantes dans lesquelles ces patients étaient maintenant contraints de passer leur existence. Rien d'étonnant si de nombreux visiteurs leur trouvaient une apparence effroyable. On reconnaît là le stratagème de la prophétie autoréalisatrice auquel les nazis recouraient couramment ; ils devaient utiliser plus tard une technique analogue avec les Juifs polonais. En créant des conditions pathogènes de surpeuplement et de saleté dans les ghettos polonais, les nazis parvinrent ensuite à convaincre de la manière lamentable dont les Juifs vivaient et à en faire une justification de leur préjugé contre eux.

Entre-temps, malgré le soutien apporté par des nazis comme Bruno Hähnel au dessein de tuer les handicapés mentaux sévères, Hitler hésitait à introduire des mesures en ce sens en temps de paix – mais il l'envisageait comme une voie à suivre. En 1935, il fit remarquer au *Reichsärzteführer* (médecin en chef du Reich) Gerhard Wagner qu'il mettrait en œuvre cette politique après le début de la guerre, parce que des actes de ce type seraient plus faciles à faire accepter dans le contexte d'une lutte à la vie et à la mort pour l'avenir de la nation[308].

---

307. Témoignage inédit.

308. Karl Brandt, le propre médecin d'Hitler, a entendu la remarque et l'a évoquée à titre de preuve lors du procès des médecins de Nuremberg en 1947 – voir *USMT Nuremberg, Case I (Medical Case). Transcript of Proceedings*, p. 2482.

C'est un commentaire révélateur, parce qu'il prouve que, pour Hitler, il n'y avait pas d'absolu en politique. Il n'était à ses yeux jamais justifié de dire que telle politique particulière était impossible à mettre en œuvre : simplement elle pourrait l'être à tel moment. Toute modification des circonstances modifiait également la réceptivité éventuelle de la population à une nouvelle mesure, et il était plus facile d'introduire des politiques radicales dans des époques radicales. Hitler alliait à cette conception deux autres certitudes qui se rejoignaient. La première était qu'il avait le pouvoir – principalement grâce au travail de Joseph Goebbels – de modifier les réticences de la population allemande et de rendre ainsi acceptable un programme d'« euthanasie ». Le terrain préparé par *Opfer der Vergangenheit*, par exemple, serait encore davantage labouré quatre ans plus tard avec le film *Ich klage an* (« J'accuse »), consacré au geste d'un mari qui tuait sa femme atteinte d'une sclérose en plaques incurable.

Hitler avait également compris ce que le terme d'« opinion publique » peut avoir de trompeur, dans la mesure où il masque le fait qu'il y a dans une société différentes nuances d'opinion. L'opinion d'un individu n'est souvent pas toute noire ou toute blanche sur des questions comme l'euthanasie, mais décline des dégradés de gris. Il pouvait personnellement jouer un rôle important pour encourager les individus à avancer graduellement dans leur réflexion jusqu'à ce qu'ils s'approprient ses points de vue et les fassent leurs. En tant que dirigeant charismatique, Hitler agissait à cet égard comme un catalyseur, quelqu'un qui légitime, celui qui donne la permission, presque comme une figure paternelle qui dit à ses partisans : « Oui, poursuis ces rêves qui sont tiens – oublie les conventions d'une société prétendument civilisée. » Et désormais, soit ouvertement, soit tacitement, de nombreux médecins se conformaient à l'exhortation d'Hitler de rejeter l'« humanitarisme sentimental moderne[309] ».

Il suffisait dès lors d'une étincelle pour provoquer l'introduction formelle d'une politique d'assassinat dans les hôpitaux psychiatriques. L'événement se produisit vers la fin de 1938 (nul ne connaît précisément la date exacte) quand Philipp Bouhler, qui dirigeait le bureau de la Chancellerie du Führer, trouva parmi les myriades de lettres et requêtes adressées à Hitler une demande émanant du père d'un garçon handicapé physique et mental, qui implorait les médecins de lui permettre de tuer son fils. Hitler autorisa son propre médecin, Karl Brandt, à enquêter sur le cas. Brandt se rendit à Leipzig pour rencontrer les médecins de l'enfant et leur dit alors qu'ils pouvaient tuer le garçon. Ainsi commença l'« euthanasie des enfants ».

Cette affaire, souvent considérée comme un exemple classique d'une attitude que le professeur Sir Ian Kershaw a définie par une formule mémorable, « travailler en direction du Führer[310] » – les partisans d'Hitler prenaient l'initiative d'actions avec l'espoir qu'il les apprécierait –, illustre également la puissance de la domination charismatique d'Hitler. Car s'il est vrai que d'ambitieux fonctionnaires nazis comme Bouhler s'emparèrent sciemment de cette requête particulière

309. *Völkischer Beobachter*, 2 août 1929.

310. Ian Kershaw, *Hitler. 1889-1936 : hubris*, *op. cit.*, p. 747-838.

parce qu'elle concernait un sujet qui intéressait leur patron, il est difficile d'imaginer que le père de cet enfant si gravement atteint ait cherché autre chose qu'un moyen désespéré pour sortir d'une situation terrible. Le père ne « travaillait pas en direction du Führer », mais était en quête d'une issue à un problème émotionnel manifestement insoluble – et qui, plus que la figure paternelle du chef de l'État nazi, était en mesure d'offrir une solution ? Créer une atmosphère dans laquelle le jugement du Führer passait pour infaillible avait été l'idée maîtresse de la propagande de Goebbels dans les années 1930, et ainsi ce père avait-il dû penser que seul Adolf Hitler saurait quoi faire pour son fils, pourrait « légitimer » sa mort et le délivrer de ses souffrances.

Après que cet enfant eut été tué à la demande de son père, Hitler donna son autorisation pour que d'autres cas reçoivent le même traitement. On créa une nouvelle organisation, chargée d'appliquer la « volonté du Führer » – séparée de la structure de l'administration de la santé déjà existante – sous le nom de « Comité du Reich pour le recensement scientifique des souffrances héréditaires et congénitales graves ». Les sages-femmes reçurent l'ordre de faire un rapport sur tout enfant qui naîtrait avec un soupçon de malformation congénitale. Trois médecins différents, après examen des rapports qui leur étaient soumis, contenant la description détaillée de ces malformations, évaluaient séparément si l'enfant devait ou non vivre. Les enfants sélectionnés pour mourir étaient enlevés à leurs parents (les parents étaient « persuadés » de confier leurs enfants aux bons soins des médecins d'une « clinique spéciale ») et assassinés dans un des quelque trente différents centres disséminés dans toute l'Allemagne. L'hôpital d'Aplerbeck, près de Dortmund, était un de ces centres où les enfants étaient assassinés par une injection mortelle ou bien contraints à avaler des cachets de Luminal (un phénobarbital).

Hitler ordonna que l'action « euthanasie enfant » fût conduite en grand secret. Les médecins pouvaient individuellement refuser d'y participer – et certains le firent –, mais on ne fut jamais à court de médecins désireux de prendre part aux meurtres. Et, fidèle à sa parole que la réalisation de ces actes serait facilitée dans le contexte de la guerre, Hitler parapha l'autorisation officielle uniquement une fois que la guerre eut commencé, en octobre 1939 – et, fait plus significatif encore, il antidata le document du 1er septembre, le jour même de l'invasion de la Pologne par les Allemands.

La progression se fit donc relativement lentement entre l'introduction de la stérilisation et les meurtres du programme d'euthanasie des enfants. C'est pourquoi on peut comprendre l'étonnement fréquent des non-initiés à l'histoire du Troisième Reich quand ils découvrent que la politique antisémite des nazis ne montre pas une progression aussi systématique dans sa mise en œuvre. La raison n'en est pas qu'il n'y avait pas de personnes profondément antisémites au sein du parti – qui se jugeaient tenues par « les chaînes » des convenances et aspiraient à s'en libérer afin de rechercher une solution vraiment radicale à ce qu'ils percevaient comme le « problème juif ». Les Sections d'assaut nazies, comme nous l'avons vu, avaient mené de nombreuses actions contre les Juifs allemands en 1933, et une persécution localisée des Juifs avait été, entre autres, à l'origine de l'accélération donnée à la promulgation de la législation antisémite des lois de Nuremberg en 1935. Mais seule une minorité de Juifs allemands s'étaient sentis contraints de quitter l'Allemagne à la fin de 1937. Si la politique d'Hitler avait été d'expulser tous les Juifs allemands, il est clair qu'au bout de cinq années de chancellerie, elle avait échoué. Et pourtant Hitler savait que, dans le parti, beaucoup de partisans de la ligne dure – comme Julius Streicher – attendaient le moindre signe pour lâcher la bride et agir sans retenue.

Dans un discours extraordinairement révélateur qu'il prononça devant des responsables du Parti nazi en avril 1937, Hitler dévoila qu'il cherchait à amener le parti et la nation à s'emparer de la question juive. Il donna en même temps des indices précieux de la façon dont il gérait les effets de son propre charisme. Tout en affirmant que l'objectif ultime de la politique nazie vis-à-vis des Juifs était « clair comme de l'eau de roche pour nous tous », il précisa : « Mon principal soin est toujours d'éviter de faire un pas tel que je pourrais plus tard être obligé de reculer, ou un pas qui pourrait nous porter tort d'une manière ou d'une autre. Vous devez comprendre que je vais toujours aussi loin que je l'ose – mais pas au-delà. Il est vital de posséder un sixième sens qui vous dise en gros : “Que puis-je faire de plus, que ne dois-je pas faire ?”[311] »

---

311. « Rede Hitlers vor Kreisleitern auf der Ordensburg Vogelsang am 29. April 1937 », dans Hildegard von Kotze et Helmut Krausnick (éds.), *Es spricht der Führer. 7 exemplarische Hitler-Reden*, Gütersloh, 1966, p. 123-177.

Hitler rappelait ainsi une fois de plus qu'il est crucial, pour un dirigeant charismatique quel qu'il soit, de projeter une aura de certitude et de force. Au point d'affirmer que le désir de ne pas paraître faible était « tout » ce qui le souciait : « Ce n'est pas que mon intention soit de provoquer immédiatement et violemment un ennemi au combat. » À la place, il préférait éveiller l'hostilité de son adversaire et l'exciter en criant : « Je veux vous détruire. » Ce n'est qu'après avoir acculé son ennemi dans un « coin » qu'Hitler lui « donnait le coup fatal ».

À l'analyse, c'est une stratégie bien étrange. Sans doute le but à long terme d'Hitler était-il assez clair, mais on peine à repérer un mécanisme politique cohérent qui ait mis en relation les questions du court terme avec ce but à long terme. En se contentant de crier sur son adversaire, Hitler ne donnait à ses partisans aucune recommandation sur la façon de réaliser leurs objectifs. Mais le discours explique aussi pourquoi Hitler voulait que ses généraux fussent comme « des bull-terriers en laisse[312] ». Le bénéfice était pour lui immense de paraître « freiner » une partie de ses soutiens pour les retenir de commettre des actes radicaux. Et même s'il lui arrivait de faire des réflexions sur ses généraux qui le décevaient parce qu'il devait les encourager plutôt que les retenir, l'argument de fond demeure.

Cette « attitude retenue » contre les Juifs disparut spectaculairement dans le sillage de l'*Anschluss* en mars 1938. Walter Kammerling, un lycéen juif qui

312. Propos de Reinhard Spitzy, *in* Laurence Rees, *Ils ont vécu sous le nazisme*, *op. cit.*, p. 103.

avait quinze ans à l'époque, se rappelle la catastrophe que fut l'arrivée des nazis – les boutiques furent cassées, les Juifs violemment attaqués et les commerces juifs expropriés. « Nous étions tout à fait "hors-la-loi", dit-il, sans aucune protection de nulle part. N'importe qui pouvait venir à nous et faire ce qu'il voulait ; les gens entraient dans les appartements qu'ils voulaient et les prenaient[313]. »

La violence et la persécution en Autriche, au printemps 1938, prirent une ampleur bien plus grande que tout ce qui avait été déjà vu sur le sol allemand, et cela pour deux raisons. D'abord, il y avait proportionnellement bien plus de Juifs en Autriche qu'en Allemagne (autour de 4 % de la population en Autriche contre 0,76 % en Allemagne) ; et, en second lieu, l'Autriche, bien qu'elle fût destinée à être sans tarder annexée par le Reich, n'était pas exactement une terre allemande. L'Autriche fut le premier théâtre de ce qui allait devenir un phénomène courant dans l'État nazi – les scènes de la plus grande violence prirent souvent place en dehors des frontières de l'ancien Reich –, mais les conséquences de ce nouveau radicalisme devaient dans bien des cas avoir des répercussions en Allemagne.

Ce fut certainement le cas en 1938. À la suite de la persécution violente des Juifs autrichiens, les nazis retournèrent leur attention sur leur propre pays. Le 26 avril, six semaines après l'entrée en Autriche des nazis, Hermann Göring ordonna que tous les Juifs allemands déclarent leurs biens et soumit la vente ou la location de toute propriété d'une valeur supérieure à

313. *Ibid.*, p. 110.

5 000 reichsmarks à l'autorisation des autorités nazies. Ce fut de toute évidence un premier pas sur le chemin du vol au sens strict du terme des biens juifs. D'autres mesures ne tardèrent pas à suivre – les médecins, avocats, dentistes et vétérinaires juifs se virent interdire de travailler pour des clients « aryens », et les Juifs furent forcés d'utiliser seulement certains noms de manière à pouvoir être facilement identifiés, comme « Israël » pour les hommes et « Sarah » pour les femmes.

C'est à la suite de la persécution des Juifs allemands et autrichiens que le président Franklin Roosevelt décida de s'impliquer plus activement. Il demanda la tenue d'une conférence internationale pour débattre de ce qu'on pouvait faire, et, en juin 1938, des représentants de plus de trente pays se réunirent à l'hôtel Royal d'Évian-les-Bains. En public, Hitler apporta aux délégués un soutien cynique : « J'espère que le reste du monde qui a une telle sympathie pour ces criminels [les Juifs], aura suffisamment de générosité pour convertir cette sympathie en aide effective. Pour nous, nous sommes prêts à mettre ces criminels à la disposition de ces pays, et même sur des bateaux de luxe, peu importe[314]. »

La conférence d'Évian déboucha sur la pire des issues possibles pour les Juifs allemands et autrichiens, qui avaient espéré que le reste du monde se hâterait de leur ouvrir ses portes. Sur les quelque trente pays représentés à Évian, seule la République dominicaine offrit

314. Ronnie S. Landau, *The Nazi Holocaust*, Londres, I.B.Tauris, 2006, p. 137-140. Rapporté dans un article du *New York Times*, 27 mars 1938, p. 25.

de recevoir un nombre important de Juifs. Les autres – pour l'essentiel – prodiguèrent des paroles de sympathie, mais peu d'aide effective, ce qui parut confirmer ce que Chaïm Weizmann avait dit à un journal britannique deux ans auparavant : « Le monde semble être divisé en deux parties : les endroits où les Juifs ne peuvent pas vivre et ceux où ils ne peuvent pas entrer[315]. »

Golda Meir, qui devait plus tard devenir Premier ministre d'Israël, assista aux débats de la conférence : « Assise dans cette grande salle splendide, regardant les délégués des trente-deux nations se lever, chacun à leur tour, et les écoutant expliquer combien ils eussent aimé pouvoir absorber un nombre substantiel de réfugiés, mais comme il était malheureux que ce fût impossible, j'ai vécu une expérience terrible. Je crois vraiment que quiconque n'a pas vécu cela ne peut comprendre mes sentiments à Évian ; ce mélange de chagrin, de rage, de désillusion impuissante et d'horreur. J'aurais voulu me dresser et crier à tous ces gens : “Est-ce que, véritablement, vous ne savez pas que ces statistiques cachent des êtres humains ? Des gens qui vont peut-être passer le reste de leur vie dans des camps de concentration, ou à errer par le monde comme des lépreux, si vous ne les laissez pas entrer[316] ?” »

Le jugement des nazis sur Évian fut lapidaire : « Personne ne veut d'eux[317] », pouvait-on lire en gros titre dans le *Völkischer Beobachter*. Et Hitler exprima par

315. *Manchester Guardian*, 23 mai 1936.

316. Golda Meir, *Ma vie*, traduit de l'anglais par Georges Belmont et Hortense Chabrier, Paris, R. Laffont, 1975, p. 169.

317. *Völkischer Beobachter*, 13 juillet 1938.

la suite tout le mépris que l'approche par les nations démocratiques de la question de l'émigration juive lui inspirait dans son ensemble. Dans un discours au congrès de Nuremberg, le 12 septembre 1938, il ridiculisa l'attitude des « pays démocratiques » qui condamnaient les Allemands « parce qu'ils essayaient de "se débarrasser" seuls de "l'élément juif" », ajoutant : « On n'entend pas un mot dans ces pays démocratiques sur le fait de remplacer cette lamentation hypocrite par un acte charitable ou d'assistance. Non, au contraire, tout ce qu'on entend, ce sont de froids raisonnements, soutenant que dans ces États, malheureusement, il n'y a pas non plus de place. [...] Hélas, aucune aide, que de la morale[318] ! »

La conférence d'Évian n'apporta donc pas grand-chose en termes de solutions effectives à la situation critique des Juifs, tout en nourrissant les fantasmes d'Hitler sur la domination juive, dans la mesure où la plupart des pays – dont les États-Unis – désapprouvaient l'Allemagne nazie sur cette question capitale. Comme le dit le professeur Adam Tooze, Hitler était « fondamentalement convaincu, à mon sens, que la conspiration juive mondiale avait pris un nouveau caractère menaçant. On peut en dater le début au moment de la conférence d'Évian, au cours de l'été 1938, quand l'Amérique a commencé à s'impliquer dans les affaires européennes autour de la question de l'émigration organisée des Juifs d'Europe orientale. Et cela fut déclenché bien sûr par l'incroyable violence

318. Discours d'Hitler, 12 septembre 1938, *in* Max Domarus, *op. cit.*, vol. 2, p. 1153.

que les Allemands avaient déchaînée en Autriche après l'*Anschluss*. Hitler passa alors de la certitude que le cœur de la conspiration juive mondiale, l'ennemi ultime de l'Allemagne à ses yeux, qui avait été auparavant assimilé au communisme, était Moscou, à la conviction très claire, au début 1939, que le véritable centre de la conspiration juive mondiale était Washington, Wall Street et Hollywood. Cela, bien sûr, [modifiait] fondamentalement [son] appréciation du tableau stratégique parce que, derrière la Grande-Bretagne et la France, comme au cours de la Première Guerre mondiale, se tenait en fin de compte toute la force de l'économie américaine de l'armement[319]. »

Le 9 novembre 1938, les voyous nazis, bel et bien libres d'agir comme ils le voulaient contre les Juifs, commirent une série d'atrocités au cours de la nuit à laquelle l'histoire devait donner le nom de *Reichskristallnacht* (Nuit de Cristal). Deux jours avant l'attaque, le 7 novembre, Herschel Grynszpan, un garçon de dix-sept ans né en Allemagne de parents polonais, avait pénétré dans l'ambassade allemande à Paris et avait tué un jeune fonctionnaire du nom d'Ernst vom Rath. C'est la détresse de ses parents, Shmuel et Rivka, qui l'avait poussé à commettre ce crime. Ils faisaient partie des quelque 12 000 Juifs polonais vivant en Allemagne qui venaient d'être arrêtés par les nazis et abandonnés à la frontière polonaise. Les Polonais n'avaient pas consenti à les recevoir, si bien que ces Juifs se retrouvaient bloqués, apatrides, entre deux régimes qui ne voulaient rien savoir d'eux. C'était une illustration

319. Entretien avec l'auteur pour WW2History.com.

puissante et concrète des conséquences de la persécution nazie ainsi que de l'impuissance de la communauté internationale à Évian. Les nazis expulsaient leurs Juifs, et « personne ne [voulait] d'eux ».

Vom Rath finit par succomber à ses blessures le 9 novembre. C'était déjà un jour « sacré » pour tout le mouvement nazi – l'anniversaire du putsch de la Brasserie seize ans plus tôt. Hitler et les autres membres de la direction nazie s'étaient rassemblés à Munich pour la commémoration annuelle, et c'est là que Joseph Goebbels, qui avait toujours été un antisémite « pur et dur », demanda à Hitler d'autoriser une action violente contre les Juifs allemands afin de tirer vengeance du meurtre de vom Rath. Il y avait déjà eu des attaques sporadiques contre des biens juifs avant, mais cette nuit-là fut sans précédent : plus de vingt mille hommes juifs furent emprisonnés dans des camps de concentration, et plus d'un millier de synagogues détruites. Plusieurs centaines de Juifs y perdirent la vie. À Nuremberg, Rudi Bamber, alors âgé de dix-huit ans, regarda avec horreur les Sections d'assaut enfoncer la porte d'entrée de sa maison et détruire tout ce qui leur tombait sous la main. Puis arriva un second groupe de SA, qui le tabassèrent. Une fois qu'ils furent repartis, Rudi trouva sa mère en larmes, et de l'eau coulant des canalisations éventrées se répandait sur le sol. Il se fraya un passage à travers les débris des meubles, verres et porcelaines cassés et tomba sur son père moribond. Les Sections d'assaut l'avaient assassiné. Rudi n'avait été épargné que parce que le chef des Sections d'assaut avait décidé de rentrer chez lui, parce qu'il devait aller travailler le lendemain matin, ce qui fait que les autres « étaient très énervés et ils ne voulaient plus perdre de temps et donc ils m'ont donné un coup de pied vite fait et m'ont dit "dégage" ou quelque chose comme ça et ils sont sortis en me laissant là[320] ». Rudi résume en une phrase sa propre expérience aux mains des nazis : « Toute cette histoire n'a aucun sens, vraiment ; tout ça est absurde. »

La violence de la Nuit de Cristal résulta à la fois d'initiatives venues d'en bas et d'une orchestration venue d'en haut. Comme dans le cas du programme de l'euthanasie des enfants, un faisceau de preuves invite à conclure que de hauts responsables nazis ont suggéré puis mis au point des actions dont ils pouvaient penser qu'elles plairaient à leur patron. Philipp Bouhler voulait accroître son propre pouvoir et celui du bureau de la chancellerie du Reich et Joseph Goebbels était très désireux de se racheter aux yeux d'Hitler après l'embarras provoqué par son aventure avec l'actrice tchèque Lida Baarová et ses difficultés conjugales consécutives.

Les nazis vivaient dans un monde où, selon les termes du docteur Günter Lohse, qui appartenait au ministère allemand des Affaires étrangères : « Tout le monde voulait être proche de lui [c'est-à-dire d'Hitler]. Seulement vivre dans ses bonnes grâces, être en sa présence, pour un déjeuner ou une conversation, qu'importe. Se trouver à côté de lui, ne fût-ce qu'une seule fois. C'était le grand événement pour un individu. [...] J'oserais dire que toute proposition qui arrivait à la chancellerie du Führer avait derrière elle le désir de

---

320. Témoignage inédit.

prouver que l'on était un sympathisant fidèle d'Adolf Hitler[321]. »

C'est vrai, mais cela n'explique pas complètement les actions des Sections d'assaut qui dévastèrent la maison de Rudi Bamber à Nuremberg et assassinèrent son père. C'est aussi à cause de leurs propres croyances qu'ils avaient eux-mêmes grande envie de tabasser et de tuer des Juifs, et de détruire leurs biens. La propagande nazie et la structure de l'État nazi ont pu, avec le temps, étayer et amplifier ces croyances, mais fondamentalement un nombre important d'antisémites virulents n'ont pas attendu qu'Hitler entre en scène pour y adhérer profondément. Ce qu'Hitler leur offrait, c'était la liberté et le pouvoir d'agir sans retenue.

Même avant la violence de la Nuit de Cristal, *Das schwarze Korps* (« Le Corps noir ») – le magazine officiel des SS – avait publié des articles qui exprimaient une haine extrême envers les Juifs. Et, une semaine après les horreurs de la nuit du 9 au 10 novembre, un article intitulé « Cette bande est nuisible », qui appelait ouvertement à des représailles collectives contre les Juifs, nous en dit long sur l'état d'esprit qui devait plus tard contribuer à créer les camps de la mort : « Gare aux Juifs si l'un d'entre eux ou l'un de leurs complices, stipendiés et qu'ils ont remplis de haine, lève encore ses mains meurtrières contre un Allemand ! Ce n'est pas un unique individu juif qui sera tenu pour responsable d'un Allemand mort ou blessé, mais tous les Juifs. Voilà ce que devraient savoir tous ceux qui n'ont pas capté le message de notre premier avertissement

321. Témoignage inédit.

raisonnable [la Nuit de Cristal]. Nous n'allons pas non plus nous engager dans des pinaillages et des acrobaties arithmétiques sur la culpabilité ou l'innocence de certains individus. Parce que nous ne sommes pas en guerre contre les Juifs en vertu du droit international. [...] Juifs et Allemands ne sont pas des partenaires égaux en l'occurrence ; nous ne sommes pas de la même espèce. Il n'y a qu'un seul droit, qui est notre droit, notre autodéfense, et nous déciderons seuls comment et quand il sera recouvré[322]. » Un autre article de décembre 1938 décrivait plus explicitement encore le destin éventuel des Juifs : « Le jour où une arme meurtrière, qu'elle soit juive ou achetée par un Juif, se lève contre un des dirigeants de l'Allemagne, il n'y aura plus de Juifs en Allemagne ! Nous espérons nous faire bien comprendre[323] ! »

Das schwarze Korps militait aussi pour l'intensification immédiate de la persécution contre les Juifs allemands. « Parce qu'elle est nécessaire, parce que nous n'entendons plus les protestations du monde et parce qu'aucune puissance au monde ne peut nous arrêter, nous donnerons à la question juive une solution finale. Le programme est clair : expulsion totale, séparation complète ! Qu'est-ce que cela signifie ? Cela signifie non seulement l'élimination des Juifs de l'économie

322. *« Dieses Pack ist schlimmer ! »* [« Cette bande est nuisible ! »], *Das Schwarze Korps*, journal des *Schutzstaffeln* (escouades de protection, en français SS) de la NSDAP, Berlin, 17 novembre 1938, n° 46, vol. 4, page de titre.

323. *« Damit wir uns recht verstehen »* [« Pour que nous nous comprenions bien »], *Das Schwarze Korps*, Berlin, 1er décembre 1938, n° 48, vol. 4, p. 2.

allemande, qu'ils ont confisquée par leur attaque meurtrière et leur incitation à la guerre et au meurtre. Les Juifs doivent être sortis de nos maisons et de nos quartiers, et installés dans des rues ou des quartiers où ils seront entre eux et auront le moins de contact possible avec des Allemands[324]. »

Les obsessions d'Hitler étaient maintenant ouvertement revendiquées comme étant les passions partagées des SS. C'était quelque chose de radical qui, non seulement révélait un cocktail puissant de haine et d'ambitions, mais démontrait à quel point les SS étaient prêts pour la guerre. Les bull-terriers étaient lâchés.

---

324. *« Juden, was nun ? »* [« Juifs, et maintenant ? »], *Das Schwarze Korps*, Berlin, 24 novembre 1938, n° 47, vol. 4, page de titre.

11

Transformer la vision en réalité

Le 31 août 1939, la veille du jour où la Wehrmacht entra en Pologne et précipita la Seconde Guerre mondiale, William Shirer, un journaliste américain, décrivait l'ambiance qui régnait en Allemagne : « Tout le monde est contre la guerre. Les gens le disent ouvertement. Comment un pays peut-il se lancer dans une grande guerre quand sa population y est ainsi foncièrement opposée[325] ? » L'opinion de Shirer sur la profondeur du sentiment pacifiste en Allemagne était partagée par des fonctionnaires du SD [le *Sicherheitsdienst*], le service de renseignements de la SS qui avait écrit l'année précédente, dans un rapport confidentiel, que l'état d'esprit en Allemagne était « souvent morose, à cause de l'avenir » et que « de larges pans de la population ressentent la plus sérieuse inquiétude devant la perspective plus ou moins proche d'une guerre qui éliminerait la prospérité écono-

325. William Shirer, *Journal de Berlin. 1934-1941*, *op. cit.*, entrée du 31 août 1939, p. 243.

mique et précipiterait l'Allemagne vers une fin terrible[326] ». Un autre rapport du SD exposait qu'il régnait dans la campagne allemande « un sentiment majeur de tension et d'inquiétude partout, avec un désir généralisé : "De grâce, pas de guerre !"[327] »

La guerre n'en était pas moins en marche ; et, quoique, comme pour tous les événements historiques majeurs, toute une myriade de facteurs en soient à l'origine, la raison fondamentale pour laquelle elle allait éclater était qu'Hitler le voulait – et son autorité charismatique aida à changer sa volonté en réalité.

En effet, c'est la présence d'Hitler dans cette histoire qui fait des quelques mois entre le début de 1938 et le déclenchement de la guerre une période à ce point extraordinaire. Des hommes politiques comme le Premier ministre britannique, Neville Chamberlain, fondaient leur travail sur le principe que personne ne *voulait* de guerre en réalité. Adolf Hitler, en revanche, savait qu'il n'obtiendrait ce qu'il désirait qu'à condition d'avoir la guerre, qui était donc absolument inévitable. Ernst von Weizäcker, secrétaire général au ministère allemand des Affaires étrangères, essaya d'expliquer l'étrangeté singulière de cette situation à l'ambassadeur britannique à Berlin, Sir Nevile Henderson : « Je dois dire encore une fois à Henderson que ce n'est pas un jeu d'échecs, mais une mer

326. BArch RW 19/41, p. 56, Wehrwirtschaftsinspektion [Inspection de l'économie de guerre] VII (Munich), Wirtschaftsbericht [rapport économique], août 1938, 9 septembre 1938.

327. BArch RW 19/41, p. 35, Wehrwirtschaftsinspektion [Inspection de l'économie de guerre] VII (Munich), Wirtschaftsbericht [rapport économique], octobre 1938, 18 novembre 1938.

montante. On ne peut pas faire le même genre d'hypothèses que pendant une époque normale avec des raisons normales et des gens normaux[328]. »

Mais les Britanniques n'étaient pas les seuls à avoir du mal à comprendre qu'Hitler n'était pas un homme d'État « normal ». Des personnalités allemandes persistaient à penser que leur Führer écouterait une argumentation raisonnée. Ludwig Beck se cramponnait toujours à la conviction erronée qu'Hitler pourrait se laisser persuader d'être réaliste et pragmatique dans sa politique extérieure, en termes de calendrier et de buts. Il continuait à vouloir les « bonnes » choses qu'à ses yeux le charisme et l'instinct politique d'Hitler avaient apportées à l'Allemagne – en particulier une renaissance de la fierté nationale et une armée toujours plus importante – sans les « mauvaises » choses, comme la persécution violente de ceux qui ne correspondaient pas à l'image nazie de l'Allemand idéal et la poursuite imprudente d'un nouvel empire nazi. Mais Beck, comme tant d'autres membres intelligents de l'élite allemande, n'eut en dernier ressort que lui-même à blâmer pour son erreur de jugement. Car, comme Frederick Douglass, l'abolitionniste américain, le dit en un tout autre contexte, il était le genre d'homme à vouloir « l'océan, mais sans le terrible grondement de ses eaux[329] ».

328. Leonidas E. Hill, *Die Weizsäcker Papiere 1933-1950*, Francfort-sur-le-Main/Berlin/Vienne, 1974, p. 142.

329. Frederick Douglass, discours à Canandaigua, New York, 3 août 1857. Texte intégral dans John W. Blassingame (éd.), *The Frederick Douglass Papers*, vol. 3 : *1855-1863*, Yale University Press, p. 204.

Beck et un certain nombre de ses collègues parmi les plus hauts gradés de l'armée allemande découvrirent l'ampleur de leur méprise quand Hitler commença à s'intéresser au voisin tchèque. La Tchécoslovaquie étant à la fois une démocratie et une émanation des traités de la Première Guerre mondiale, Hitler était déjà prédisposé à la haïr. Mais il s'y ajoutait les raisons concrètes pour lesquelles la Tchécoslovaquie posait problème à l'Allemagne. Il était impossible pour lui d'envisager de s'étendre vers l'est sans neutraliser d'une façon ou d'une autre les Tchèques – ils étaient géographiquement sur le chemin de toute expansion. De plus, à l'intérieur des frontières de la Tchécoslovaquie vivaient un peu plus de trois millions d'Allemands ethniques, la plupart dans les Sudètes, la région frontalière.

Günther Langer, âgé de vingt-quatre ans en 1938, était un de ces Allemands des Sudètes qui se sentaient persécutés en Tchécoslovaquie. « Les commerces allemands étaient boycottés, et voilà pourquoi nous nous trouvions à la fin dans un état vraiment lamentable… » Dans son village, composé en majorité d'Allemands ethniques, « nous avions un maître des postes tchèque, nous avions un instituteur tchèque, nous avions un maire tchèque. Avant, c'étaient des Allemands qui occupaient tous ces postes, voyez-vous. […] Elles [les autorités tchèques] ne s'arrêtaient pas à cela, mais elles exploitaient aussi la situation de cruel dénuement dans laquelle se trouvaient les Allemands et tentaient de faire venir les enfants allemands à l'école tchèque en les aguichant avec des promesses.

C'était ce qu'on appelait la “capture des âmes allemandes”[330]. »

Cela faisait plusieurs années que les nazis soutenaient les Allemands des Sudètes dans leur revendication d'une plus grande indépendance au sein de la Tchécoslovaquie et, quelques jours après l'*Anschluss*, Hitler rencontra Karl Frank et Konrad Henlein du Parti allemand des Sudètes. Il leur conseilla d'adresser au gouvernement tchèque une série de requêtes dont ils savaient qu'elles étaient inacceptables.

Initialement, il semblait qu'Hitler n'était pas pressé de provoquer une crise sur la question des Sudètes. Mais après que les Français et les Britanniques eurent averti le gouvernement allemand de ne pas lancer d'action militaire contre les Tchèques (par une ironie de l'histoire, ce fut sur la base d'un rapport erroné sur les intentions allemandes), Hitler convoqua à Berlin, le 28 mai 1938, une réunion au cours de laquelle il annonça que la résolution de ce problème était devenue une priorité : « Je suis absolument déterminé, dit-il, à rayer la Tchécoslovaquie de la carte[331]. » Le propre aide de camp d'Hitler, Fritz Wiedemann, déclara qu'il fut « extrêmement choqué[332] » par ces paroles. Mais ce n'était que peu de chose par rapport à la réaction qu'elles suscitèrent chez Ludwig Beck.

Beck avait envoyé, le 5 mai, une note à Brauchitsch, le commandant en chef de l'armée, pour attirer son

330. Témoignage inédit.

331. F. Wiedemann, *Der Mann, der Feldherr werden wollte*, Kettwig, 1964, p. 127-128.

332. *Ibid.*

attention sur le fait qu'il « n'y avait pas le moindre espoir de résoudre la question tchèque par des moyens militaires et sans impliquer la Grande-Bretagne et la France[333] ». Aussitôt après qu'Hitler eut révélé ses intentions, ce 28 mai, il retourna à son bureau pour rédiger une nouvelle note de mise en garde. Une fois encore, il souligna que, si l'Allemagne envahissait la Tchécoslovaquie, cela risquait d'avoir pour conséquence une « guerre européenne, voire mondiale » et que cette guerre « sera[it] perdue par l'Allemagne[334] ». Mais l'opposition de Beck au plan d'Hitler présentait deux points faibles. D'abord Beck convenait avec le Führer que l'existence même de la Tchécoslovaquie constituait un obstacle à tout futur plan d'expansion allemande. Il avait remarqué précédemment : « Aussi longtemps que l'appendice tchèque sera incrusté en Allemagne, nous serons incapables d'engager une guerre[335]. » L'autre point faible de Beck rappelle de façon intéressante la crise de Strasser de 1932. Exactement comme Gregor Strasser, Ludwig Beck prétendait être insensible au charisme d'Hitler. Pourtant – là encore comme Strasser –, il fit état de la contrariété qu'il éprouvait à ne pas pouvoir avoir accès directement à Hitler. Dans la note rédigée après la réunion du 28 mai (envoyée à Brauchitsch le 30 mai), il agissait toujours comme si – il l'exprime dans une autre note

---

333. Klaus-Jürgen Müller, *General Ludwig Beck*, *op. cit.*, p. 502-512.

334. *Ibid.*, p. 521 *sqq*. Texte original dans BArch N 28/3.

335. Nicholas Reynolds, *Treason Was No Crime*, *op. cit.*, p. 119-120.

six semaines plus tard – « ce combat [était] mené pour le Führer[336] ». Manfred von Schröder, qui était alors diplomate au ministère allemand des Affaires étrangères, ne dit pas une chose différente : « À cette date – et c'était une illusion – même Weizsäcker pensait qu'une conversation en tête-à-tête avec Hitler pourrait avoir des résultats raisonnables. [...] Tout le monde pensait qu'on pourrait s'entendre beaucoup mieux avec Hitler s'il n'était pas toujours entouré de tous ces *gauleiters* et autres membres du parti, mais de personnes raisonnables, vous voyez[337]. »

Ainsi, alors même qu'il avait entendu le 28 mai qu'Hitler avait l'intention dans un proche avenir de « rayer de la carte » la Tchécoslovaquie, Beck persista dans la conviction que la solution n'était pas la rapide destitution d'Hitler, mais un changement administratif qui créerait « une claire délimitation des responsabilités respectives et une adhésion à ces dernières[338] ». Et même si Beck n'était pas ouvertement sensible au charisme d'Hitler, on peut avancer en guise d'interprétation convaincante de son comportement qu'à l'instar de Strasser, il l'était implicitement. La satisfaction profonde que lui donnaient les succès d'Hitler et le fait qu'il partageait les objectifs généraux de ses plans d'expansion future le rendaient aveugle à la réalité : il

---

336. Notes pour une présentation par le chef d'état-major de l'armée, 19 juillet 1938, avec des suggestions additionnelles du 16 juillet 1938, citées par Klaus-Jürgen Müller, *General Ludwig Beck*, *op. cit.*, p. 554-556. Texte original dans BArch N 28/4.

337. Témoignage inédit.

338. Cité par Klaus-Jürgen Müller, *General Ludwig Beck*, *op. cit.*, p. 521-528. Texte original dans BArch N 28/3.

n'y avait là rien qui ressemblât à un « combat » à mener « pour le Führer ». Il n'était pas encore prêt à admettre que le problème n'était pas l'accès à Hitler, mais Hitler lui-même.

Comme Strasser, Schacht et Fritsch avant lui, Beck se montrait incapable de saisir pleinement qu'Hitler n'était pas accessible à une critique intelligente et raisonnée de ses plans. L'idée que quelqu'un pouvait être à la tête de cet État puissant et sophistiqué qu'était l'État allemand – et pouvait déjà s'enorgueillir de tant de résultats en seulement cinq années de pouvoir – sans être pourtant disposé à suivre les avis d'experts qui souscrivaient à ses buts n'avait simplement aucun sens pour lui.

Ensuite, il y avait la question de l'atmosphère politique et militaire dans laquelle Beck exposait ses préoccupations. Il était facile pour un homme comme Beck, près du sommet de la hiérarchie militaire, de sous-estimer l'effet de cinq ans de propagande nazie sur l'opinion des officiers subalternes. Comme Hitler lui-même en avait fait, en novembre 1933, la remarque devenue célèbre : « Quand un adversaire me dit : “Je ne passerai pas dans votre camp”, je lui réponds calmement : “Votre enfant nous appartient déjà… Vous, qu'est-ce que vous êtes ? Vous ne serez pas toujours là. Mais vos descendants sont maintenant dans le camp nouveau. D'ici peu de temps ils ne connaîtront rien d'autre que cette communauté nouvelle”[339]. »

---

339. Discours du 6 novembre 1933, cité dans William Shirer, *Le IIIe Reich : des origines à la chute [The Rise and Fall of the Third Reich]*, Stock, 1990, p. 272.

Ces jeunes officiers étaient diplômés d'écoles et d'un système de formation militaire qui, non seulement mettaient en exergue la relation étroite entre l'armée et l'État nazi, mais qui claironnaient également le génie d'Hitler. De plus, tous savaient que leur propre carrière dépendait moins d'officiers de la vieille école comme Beck que du jugement d'une nouvelle sorte de chefs militaires politiquement conscients, plus sensibles à la vision d'Hitler.

Cet état de fait explique en partie la réaction mitigée que provoqua Beck, lorsqu'il tenta, à l'occasion d'une conférence militaire, en juin 1938, de révéler les risques d'une invasion de la Tchécoslovaquie à ses pairs officiers. Edgar Röhricht, alors lieutenant-colonel, écrivit plus tard qu'il avait simplement donné la sensation « de parler contre la guerre dans son propre état-major ». Il se souvenait aussi que, lorsque ses camarades se réunirent à l'hôtel Esplanade à Berlin et réfléchirent à ce qu'ils avaient entendu, le major Rudolf Schmundt fit la remarque que de toute évidence Beck ne comprenait rien au « dynamisme du nouveau régime » et que, si ses conseils avaient été suivis, « on serait très probablement un plaignant ridicule assis à la table de conférence de Genève ». Hans Jeschonnek, un officier de la Luftwaffe encore trentenaire, alla même jusqu'à dire que Beck n'accordait aucun crédit à la puissance de la nouvelle force aérienne allemande : « Schlieffen [l'architecte du plan allemand d'invasion pendant la Première Guerre mondiale] avait [aussi] vingt ans de retard en termes de développement technologique – et à la [bataille de la] Marne nous avons pris la raclée que nous méritions. Et pour Beck, nos escadrons ne sont guère qu'un accessoire encombrant. Mais vous aurez tous le choc de votre vie[340] ! »

Quoique certains officiers présents ce jour-là fussent proches de la position de Beck, il était clair aux yeux de tous que ses idées le plaçaient de plus en plus à la périphérie du pouvoir. Or ce n'était pas là que voulaient être des hommes comme le lieutenant-colonel Röhricht, le major Schmundt ou le lieutenant-colonel Jeschonnek. Fait significatif, ils étaient tous destinés à occuper de hautes fonctions. En 1945, Röhricht serait général d'infanterie, commandant la XVIIe Armée sur le front Est ; Schmundt serait lui aussi général et chef du service du personnel de l'ensemble de l'armée allemande quand, le 20 juillet 1944, il serait tué par la bombe qui visait Hitler. Jeschonnek se suiciderait en 1943, dans le quartier général du Führer, parce que, en tant que chef d'état-major général de la Luftwaffe, il avait l'impression d'avoir laissé tomber Hitler.

Entre-temps Beck n'avait pas faibli dans sa détermination à convaincre ses collègues de ne pas suivre un plan d'agression dont il était persuadé qu'il mènerait l'Allemagne à sa perte. Et la manière dont Hitler réussit à neutraliser Beck au cours de l'été 1938 permet de mesurer, une fois encore, l'importance de son charisme dans toute cette histoire – car, sans une pareille capacité à persuader le reste de ses généraux à le suivre, souvent contre leurs objections logiques, on ne voit guère comment l'Allemagne aurait pu prendre un chemin aussi destructeur.

---

340. Edgar Röhricht, *Pflicht und Gewissen. Erinnerungen eines deutschen Generals 1932 bis 1944*, Stuttgart, 1965, p. 119 *sqq*.

Beck remit le 16 juillet à Brauchitsch la dernière d'une série de notes remplies de doléances. Ce fut la plus directe qu'il écrivit – appelant presque à la mutinerie. « Je considère qu'il est de mon devoir en ce jour de présenter la requête urgente que le commandant en chef de la Wehrmacht [c'est-à-dire Hitler] soit incité à abandonner les préparatifs de guerre qu'il a ordonnés[341]. » Peu de temps après, quand Beck rencontra Brauchitsch, il lui dit que tous les officiers du Haut-Commandement militaire devaient démissionner de conserve si Hitler ne changeait pas ses plans. Quelques jours plus tard, après avoir consulté des collègues qui partageaient ses vues, il lui confia que la tâche à accomplir n'était rien de moins que de modifier la nature du pouvoir nazi. Il avait toujours la même certitude que le problème résidait moins en Hitler que dans la pernicieuse influence de la Gestapo et des SS. « C'est probablement la dernière fois, écrivit-il, que le destin [nous] donne une occasion de libérer le peuple allemand, ainsi que le Führer lui-même, du cauchemar de la police secrète. [...] Nous ne pouvons et devons avoir aucun doute sur le fait que nous menons ce combat pour le Führer[342]. » Et, non content de soutenir que c'était pour le compte d'Hitler qu'il fallait lancer le « combat » contre la guerre, il suggéra même que l'action qu'il proposait pourrait avoir comme « mot d'ordre » : « Pour le Führer – contre la guerre. »

Beck avait certainement compris le risque qu'il cou-

341. Cité par Klaus-Jürgen Müller, *General Ludwig Beck*, *op. cit.*, p. 542-550.

342. *Ibid.*, p. 554-556. Texte original dans BArch N 28/4.

rait à tâcher de gagner le consentement du commandement de l'armée au projet d'une conspiration directe contre le chef de l'État ; et il continuait à dire, contre les preuves manifestes du contraire, qu'Hitler était excessivement influencé par les institutions du parti comme la SS et la Gestapo. Il avait un simple désaccord de calendrier avec Hitler sur l'affaire de la Tchécoslovaquie, mais il partageait son but d'éliminer ce pays parce qu'il faisait barrière à l'expansion allemande ; et il révérait l'ancien système impérial de gouvernance et le principe d'un chef de l'État qui respectait les conseils des militaires. « Pourquoi Hitler ne pouvait-il pas être davantage comme le Kaiser ? » : telle était sans doute une question que se posait Beck au plus profond de lui-même. Et, très probablement, il voulait réduire Hitler au statut de figure emblématique, comme le Kaiser l'avait été pendant la Première Guerre mondiale.

Mais ce que Beck continuait à ne pas vraiment comprendre, c'était qu'Hitler n'était pas un homme politique classique qui pouvait se laisser impressionner par des notes soigneusement argumentées. Comme l'explique le professeur Adam Tooze : « Il n'est pas un homme d'État au sens normal du terme, faisant des calculs franchement rationnels et supposant toujours qu'il y aura une haute probabilité de succès à la fin. C'est un homme pour qui la politique est un drame, un drame tragique qui ne se terminera pas forcément bien. Et il est donc prêt à prendre des risques dont il pense qu'ils sont inévitables, même si l'Allemagne a tout à y perdre[343]. »

343. Interview avec l'auteur pour WW2History.com.

La réponse exacte de Brauchitsch au plaidoyer de Beck ne nous est pas connue, mais il ne donna sans doute pas immédiatement son appui à l'idée de brandir la menace d'une démission collective. Cependant, à une conférence d'officiers supérieurs, le 4 août, il demanda à ses collègues ce qu'ils pensaient du plan d'invasion de la Tchécoslovaquie proposé. Ils furent nombreux à soutenir Beck et à évoquer les problèmes concrets que posait l'opération – surtout la probabilité que la Grande-Bretagne et la France soient entraînées dans le conflit. Brauchitsch admit ouvertement, en conclusion de la conférence, que suivre le calendrier d'Hitler pour la guerre conduirait à la destruction de l'Allemagne[344].

Ce fut un moment décisif dans l'histoire du Troisième Reich. Si les généraux avaient été loyaux les uns envers les autres et unis dans leur rejet des plans d'Hitler, ils auraient précipité une crise dans l'État nazi. Mais ils n'étaient pas unis. Le général Walter von Reichenau alla voir Hitler pour lui dire ce qui s'était passé durant la réunion. Reichenau appartenait à la poignée de généraux allemands qui semblent avoir eu réellement une foi complète en leur Führer. Il servait avec le général von Blomberg en Prusse orientale quand il avait rencontré Hitler pour la première fois, en 1932, et il avait cru dès lors qu'il se révélerait comme le sauveur de l'Allemagne.

---

344. BArch N 19/6 Nachlass von Weichs. Erinnerungen – Band 2 – Weimar und Nürnberg – Anschluß Österreichs, Besetzung Sudetenland und Boehmen-Mähren – 1. Teil (handschriftlich), 1937-1939 (legs de Weichs. Mémoires – Volume 2 – Weimar et Nuremberg – *« Anschluss »* de l'Autriche, occupation des Sudètes et de la Bohême-Moravie – part. 1 (manuscrit), 1937-1939).

Ainsi n'est-ce pas un hasard si c'est Reichenau qui avertit Hitler de la rencontre du 4 août.

La réaction immédiate d'Hitler était prévisible – une rage des plus intenses. Il convoqua Brauchitsch à Berchtesgaden et hurla contre le commandant des armées allemandes pendant plus d'une heure. Il décida ensuite d'une conférence le 10 août avec tous les généraux qui avaient été présents à la réunion du 4 août. Comme à son habitude, ce ne fut pas pour débattre des mérites de ses propositions avec ses experts militaires, mais pour leur faire la leçon sur les raisons pour lesquelles il était certain d'avoir raison ! Quand un général osa mettre en cause la sécurité de la ligne Siegfried *(Westwall)* – le système de fortifications défensives de l'Allemagne contre la France –, Hitler lui hurla qu'il avait tort. Cinq jours plus tard, à l'occasion d'un autre discours, après un exercice militaire à Jüterbog, Hitler critiqua ceux – implicitement Beck – qui s'étaient laissé affaiblir et martela que la décision d'envahir la Tchécoslovaquie reposait sur des jugements essentiellement politiques, et non pas militaires.

Ce fut une nouvelle manifestation de la confiance en soi d'Hitler devant ses généraux, étayée par une composante clef de son pouvoir : sa certitude absolue qu'il avait raison. Son jugement avait démontré sa justesse dans des circonstances analogues dans un récent passé. Puisque Beck et les autres avaient aussi averti qu'une invasion de l'Autriche pourrait déboucher sur une guerre, il en concluait qu'il ne fallait accorder aucune considération à leurs avertissements. Ainsi donc, malgré toutes les bonnes raisons que les généraux pouvaient avoir d'être préoccupés par les possibles conséquences d'une invasion de la Tchécoslovaquie, un bon nombre d'entre eux étaient disposés à le soutenir. Cette voie de la moindre résistance fut résumée par le commandant de la 18e division d'infanterie Erich von Manstein[345], qui conseilla à Beck de laisser la politique à Hitler et de se concentrer sur l'élaboration des détails pratiques pour vaincre les Tchèques au combat.

Pourtant il y avait, derrière l'exhortation couronnée de succès d'Hitler, plus qu'une simple insistance pour que les généraux obéissent à ses ordres. Hitler leur offrait aussi quelque chose de spécial – une occasion de gloire, d'héroïsme, de succès militaire qui les rendrait illustres dans l'histoire allemande. Bien sûr les risques étaient immenses, mais il avait bien expliqué qu'il assumerait toute la responsabilité de la décision d'envahir la Tchécoslovaquie. C'était un exemple classique de ce que le docteur Fritz Redl appelait « la magie de l'acte initiatique[346] » – l'idée que les dirigeants, s'ils sont assez charismatiques, peuvent prendre sur eux le risque et la culpabilité éventuels de toute action qu'ils initient. Ils sont, par la suite, capables de créer un formidable sentiment de libération chez leurs partisans.

Pourtant, en l'espèce, tous les sympathisants d'Hitler ne le vécurent pas ainsi. Beck ne fut pas convaincu, non plus qu'un certain nombre d'autres généraux, comme Hase et Witzleben. Il semble que le contre-amiral

---

345. Ian Kershaw, *Hitler. 1936-1945 : Némésis [Hitler, Nemesis]*, traduit de l'anglais par Pierre-Emmanuel Dauzat, Paris, Flammarion, 2000, p. 184.

346. Fritz Redl, « Group Emotion and Leadership », *Psychiatry*, 1942, vol. 5, p. 573-596.

Canaris, le chef des services secrets allemands, l'*Abwehr*, ait lui aussi flirté avec ces opposants à la politique d'Hitler, à ceci près qu'il intriguait tellement ordinairement qu'il est probable qu'il était un agent double, lié à Heydrich et Himmler. L'adjoint de Wilhelm Canaris, Hans Oster, était plus engagé dans la cause de l'opposition, de même qu'Hjalmar Schacht. Par le truchement d'intermédiaires, ces messieurs réussirent, avec d'autres, à approcher le Foreign Office en août 1938. « À partir de là, Beck et ce groupe d'Allemands – ils ne représentaient en aucune façon tous les généraux – sont demeurés clandestinement en contact avec nous, et ils passaient généralement par moi, explique Sir Frank Roberts, qui était alors diplomate pour le bureau allemand du Foreign Office à Londres. Et nos échanges étaient du genre : "Si seulement les Français et vous pouviez tenir tête à Hitler, alors nous nous occuperions de lui", et nous leur disions plutôt : "Eh bien, ne feriez-vous pas mieux de commencer à vous occuper de lui et alors nous pourrions peut-être vous aider." Mais bien sûr, au fur et à mesure qu'Hitler volait de succès en succès, l'influence de ce groupe de généraux allemands décrut de plus en plus[347]. »

Au milieu des tergiversations de Beck, de ses partenaires dans la conspiration et des Britanniques, Hitler fit, début septembre 1938, un discours qui non seulement attaquait sur un ton passionné le gouvernement tchèque, mais abordait la question de la création de la Tchécoslovaquie après la Première Guerre mondiale : « La majorité

347. Sir Frank Roberts dans l'épisode 3 du documentaire pour BBC TV, *Nazis : A Warning from History*, 1997.

de son peuple fut tout bonnement forcée de se soumettre à la structure imaginée à Versailles sans que personne lui demande jamais son avis. Cet État, comme une vraie démocratie, s'est aussitôt mis à réprimer la majorité de son peuple, à le maltraiter et à le priver de ses droits inaliénables[348]. » Quant aux Allemands des Sudètes, leur situation était devenue « insupportable », Hitler soutenant que, « sur un plan économique, ces gens ont été méthodiquement ruinés et se retrouvent donc sujets à une extermination lente et régulière. La misère des Allemands des Sudètes défie la description ».

Nous avons là un nouvel exemple de la technique de gouvernement confessée par Hitler lui-même : crier « de plus en plus fort », puis observer la réaction de ses adversaires. Les Britanniques et les Français avaient déjà fait pression sur le gouvernement tchèque pour qu'il acceptât un compromis avec Hitler, mais, après ce discours de Nuremberg, il était clair que la situation prenait un virage dangereux.

Le voyage à Londres que fit, au milieu de l'été, Ewald von Kleist-Schmenzin, un membre du groupe d'opposition de Beck, instruisit Chamberlain de ce que des membres clefs de l'élite allemande pensaient qu'Hitler essayait de conduire l'Allemagne à la guerre. Mais quand les ministres du cabinet britannique débattirent de la politique étrangère allemande, le 30 août 1938[349], ils firent preuve de davantage de circonspec-

348. Discours d'Hitler du 12 septembre 1938, *in* Max Domarus, *op. cit.*, vol. II, p. 1153.

349. Réunion du 30 août 1938, document du bureau du Cabinet (Archives nationales, Kew, Londres), CAB 23/94.

tion et de moins d'assurance dans leur point de vue. D'autres sources de renseignements – comme l'ambassadeur britannique à Berlin, Sir Nevile Henderson – contestaient qu'Hitler fût déterminé à provoquer un nouveau conflit européen. Les minutes de la réunion sont surtout imprégnées par le sentiment que des acteurs politiques de premier plan comme Neville Chamberlain et son secrétaire aux Affaires étrangères Lord Halifax ne parvenaient tout simplement pas à croire qu'un chancelier d'Allemagne, et donc le dirigeant d'une nation cultivée au cœur de l'Europe, pouvait réellement *vouloir* une autre guerre.

Ils pensaient également que, si les Britanniques menaçaient d'entrer en guerre à cause de l'occupation des Sudètes par les Allemands, cette sommation risquait de provoquer Hitler encore davantage, étant donné ce qu'ils percevaient de sa personnalité instable. Pour Chamberlain et Halifax, qui avaient tous deux des souvenirs très vifs des souffrances de la Première Guerre mondiale, la perspective d'un autre conflit européen était épouvantable – d'autant qu'ils étaient conscients du nouveau danger présenté par un bombardement aérien de la Luftwaffe.

Ce fut pour essayer de prévenir cette catastrophe que Chamberlain décida de faire la traversée en avion pour aller rencontrer Hitler en Allemagne – ce faisant, « il inventa les sommets modernes[350] ». Il décolla de Londres à environ 8 heures et demie le matin du 14 septembre pour arriver à Munich juste après midi et demi. À cinq heures

350. David Reynolds, *Summits : Six Meetings That Shaped the Twentieth Century*, Allen Lane, 2007, p. 37.

de l'après-midi, il gravissait les marches du Berghof, la maison d'Hitler au-dessus de Berchtesgaden. Pendant la discussion qui s'ensuivit, Chamberlain annonça qu'il était personnellement tout à fait disposé à ce que les Allemands des Sudètes quittent la Tchécoslovaquie et se réunissent au Troisième Reich, mais il voulait des assurances qu'Hitler n'aurait pas d'exigences supplémentaires – comme celle de conquérir l'ensemble de la Tchécoslovaquie ; et Hitler les lui donna. Chamberlain rentra en Angleterre le lendemain ; il avait passé moins de quatre heures en compagnie d'Hitler, mais s'était cependant forgé une opinion claire de lui. Loin de posséder aucun pouvoir charismatique, le Führer était, lit-on sous la plume de Chamberlain, « sans aucun caractère distinctif. Quelqu'un que l'on ne remarquerait jamais dans une foule et que l'on prendrait pour le peintre en bâtiment qu'il fut naguère[351] ». En outre, comme il le fit remarquer ultérieurement au cabinet britannique, Hitler était « le plus vulgaire des petits chiens [qu'il eût] jamais vus[352] ».

Chamberlain n'était pas le premier membre de l'élite politique britannique à avoir conçu l'idée qu'Hitler n'était certainement pas un *gentleman*. Une délégation conduite par Lord Halifax, qui avait rendu visite à Hitler au Berghof l'année précédente, était arrivée à la même conclusion. Un des hauts fonctionnaires aux Affaires étrangères qui en avait fait partie, Ivone Kirkpatrick, avait raconté qu'Hitler s'était comporté comme

351. Lettre de Chamberlain à sa sœur Ida, 19 septembre 1938. Voir Reynolds, *Summits*, *op. cit.*, p. 55.

352. John Julius Norwich (éd.), *The Duff Cooper Diaries*, Phoenix, 2006, entrée du 17 septembre 1938, p. 260.

un « enfant gâté et boudeur » pendant le déjeuner. Pire, quand ils eurent fini de manger, Hitler dit à Halifax que, pour résoudre tous les problèmes qu'ils avaient avec l'Inde, les Britanniques n'avaient qu'à abattre Gandhi et que, « si cela ne suffisait pas pour les amener [les Indiens] à se soumettre, il fallait exécuter une douzaine de membres éminents du Congrès ; et [que] si cela ne suffisait toujours pas, en tuer deux cents et ainsi de suite jusqu'à ce que l'ordre soit rétabli ». Kirkpatrick rapporta qu'au moment où Hitler conseillait aux Britanniques de recourir en Inde au meurtre de masse, Lord Halifax, cet homme aux si belles manières, le regarda « avec un mélange d'étonnement, de répugnance et de compassion[353] ».

Halifax et bien d'autres en Grande-Bretagne étaient donc insensibles au charisme d'Hitler. Ils étaient assez intelligents pour reconnaître que des millions d'Allemands avaient succombé à son charme, mais ils n'en pensaient pas moins que la personnalité d'Hitler était beaucoup plus proche de celle d'un commerçant que d'un demi-dieu. Il était certes dangereux et peut-être déséquilibré, mais il restait un personnage presque méprisable –, l'antithèse de toutes les valeurs qu'ils tenaient pour précieuses.

L'attitude d'Halifax vis-à-vis d'Hitler avait énormément de choses en commun avec l'opinion initiale d'hommes politiques allemands de l'élite, comme Papen et Hindenburg. Eux aussi, à l'issue de leur première rencontre avec lui, avaient jugé Hitler comme un agitateur

353. Ivone Kirkpatrick, *The Inner Circle*, Macmillan, 1959, p. 94-97.

mal élevé. De fait, Papen et Lord Halifax partageaient de façon frappante certains traits de caractère et certaines croyances. Ces deux aristocrates possédaient un sens élevé des vertus et obligations de la classe patricienne à laquelle ils appartenaient ; et tous deux étaient profondément religieux – Halifax était surnommé « Saint Renard » (*Holy Fox*) par Churchill à cause de son amour pour la chasse au renard et de sa piété. Il ne s'agit certes pas d'affirmer que tous les Allemands aristocrates et pieux étaient insensibles au charisme d'Hitler, mais il vaut la peine de noter que les principaux membres de la conspiration contre Hitler, qui culmina avec le complot d'attentat à la bombe de juillet 1944, étaient nourris de ces mêmes valeurs aristocratiques et religieuses.

Il faut également rappeler que de nombreux membres de l'élite britannique qui rencontrèrent Hitler durant cette période *sentirent effectivement* qu'il possédait un certain charisme. Non pas seulement des membres écervelés de la classe supérieure comme Unity Mitford[354], mais des hommes politiques d'expérience comme l'ancien Premier ministre Lloyd George, qui écrivit en 1936 qu'il croyait qu'Hitler était « un meneur d'hommes né. Une personnalité magnétique et dynamique avec une détermination farouche, une volonté résolue et un cœur intrépide[355] ».

Toujours convaincu qu'Hitler ne voulait pas la guerre, Chamberlain rencontra d'abord ses collègues,

354. Unity Valkyrie Mitford était une jeune aristocrate anglaise, amie d'Adolf Hitler, qui souhaitait l'alliance entre la Grande-Bretagne et l'Allemagne nazie (*NdT*).

355. Lloyd George, dans le *Daily Express*, 17 septembre 1936.

puis, le 18 septembre, une délégation française dirigée par le président du Conseil Édouard Daladier. Ensemble, les Britanniques et les Français firent pression sur le gouvernement tchèque pour qu'il cède les Sudètes à l'Allemagne. À contrecœur, mais reconnaissant le caractère désespéré de leur position s'ils refusaient, les Tchèques se laissèrent fléchir. Chamberlain reprit ensuite l'avion pour l'Allemagne le 22 septembre et rencontra une nouvelle fois Hitler, cette fois à Bad Godesberg au sud de Bonn, sur le Rhin. Il apportait avec lui ce que voulait Hitler, et il croyait qu'il avait ainsi évité la guerre.

Pour toute réponse cependant, Hitler exigea que l'affaire fût complètement réglée le 1er octobre – moins de dix jours plus tard – et que la nouvelle frontière fût reconnue de part et d'autre. Il n'y aurait pas de supervision calme et internationale du transfert de territoire comme les Britanniques le proposaient. Chamberlain en fut sidéré. Ce n'était pas un comportement « raisonnable ». Il rentra en Grande-Bretagne le 24 septembre sans savoir avec certitude si Hitler modérerait ou non ses exigences.

Entre-temps, l'attitude de Chamberlain vis-à-vis d'Hitler commençait à troubler Duff Cooper, le premier Lord de l'Amirauté. Après avoir soigneusement écouté son point de vue, il était arrivé à la conclusion qu'Hitler avait « jeté un sort[356] » sur le Premier ministre britannique. « Après tout, écrivit Cooper dans son journal le 24 septembre 1938, les réussites d'Hitler

356. *The Duff Cooper Diaries*, *op. cit.*, entrée du 17 septembre 1938, p. 260.

ne sont pas dues à ses performances intellectuelles ni à sa puissance rhétorique, mais à l'extraordinaire influence qu'il semble capable d'exercer sur ses congénères. Je crois que Neville est actuellement sous cette influence. » Et Cooper n'était pas seul à penser qu'Hitler avait mystifié le Premier ministre britannique. Sir Alexander Cadogan, secrétaire permanent au Foreign Office, un fonctionnaire clef qui avait été exclu des voyages éclairs de Chamberlain au Berghof et à Bad Godesberg, écrivit dans son journal, le 24 septembre : « J'étais complètement horrifié – il [Neville Chamberlain] se prononçait très calmement pour une capitulation totale. Encore plus horrifié cependant de découvrir que de toute évidence Hitler l'avait à ce point hypnotisé[357]. »

Hitler avait-il réellement « hypnotisé » Chamberlain ou lui avait-il « jeté un sort » ? Le Premier ministre britannique avait-il succombé à son charisme ? Chamberlain avait certainement nuancé son point de vue négatif initial, confiant au cabinet qu'« il était impossible de ne pas être impressionné par la puissance de l'homme[358] ». Comme tant d'autres membres aux manières impeccables de l'élite allemande l'avaient découvert par le passé, il avait appris qu'on ne pouvait pas traiter avec Hitler comme avec un homme d'État normal, et il est manifeste qu'il avait été troublé par le contact direct avec lui. Hitler ne respectait aucune des limites de la bienséance diplomatique. Il utilisait dans ces rencontres toutes les techniques

357. *The Diaries of Sir Alexander Cadogan (1938-1945)*, David Dilks (éd.), Cassel, 1971, entrée du samedi 24 septembre 1938, p. 103.

358. David Reynolds, *Summits*, *op. cit.*, p. 60.

émotionnelles – hurlements, crises de colère, brusques changements d'humeur, bouderies. Chamberlain put dire de lui au cours de l'été de 1939 : « Je n'aimerais pas l'avoir comme associé dans mes affaires[359]. » S'il ne fut pas victime du charisme d'Hitler, il fut certainement secoué par ses sautes d'humeur quand il cherchait désespérément une façon de trouver un arrangement avec lui.

Ces journées durent mettre Chamberlain au supplice. Comment était-il possible, s'interrogeait-il, qu'Hitler se vît offrir tout ce qu'il demandait et cherchât néanmoins toujours à imposer des conditions impossibles lorsqu'il s'agissait de la mise en œuvre de ces demandes ? (Bien sûr, Hitler n'avait jamais pensé que les Britanniques et les Français accepteraient de livrer les Sudètes à l'Allemagne, et il ne savait plus trop comment avancer maintenant, car son prétexte pour déclencher la guerre lui avait été retiré d'un seul coup.) Comme Chamberlain le dit dans sa fameuse émission de radio du 27 septembre 1938 : « Combien il est horrible, combien fantastique, combien incroyable, que nous en soyons à creuser des tranchées et à essayer des masques à gaz en raison d'une querelle qui s'est produite dans un pays lointain, entre des gens dont nous ne savons rien. Il semble encore plus impossible qu'une querelle déjà réglée en principe puisse donner lieu à une guerre[360]. »

Cependant, Lord Halifax était devenu hostile à l'idée de céder complètement à Hitler – comme l'étaient fort

---

359. Tels furent les propos qu'il tint à Birger Dahlerus en août 1939. Voir Birger Dahlerus, *The Last Attempt*, Hutchinson, 1947, p. 73.

360. David Reynolds, *Summits*, *op. cit.*, p. 107.

naturellement aussi les Tchèques. Ce changement amena à la fois les Britanniques et les Français à dire aux Allemands que, si la Tchécoslovaquie était envahie, ils entreraient en guerre. Mais Chamberlain offrit d'aller encore une fois en Allemagne pour parler avec Hitler, et, le 29 septembre, une conférence fut organisée à Munich pour discuter de la crise. La rencontre eut lieu dans le bureau d'Hitler, à quelques mètres seulement des deux « temples de l'honneur » (*Ehrentempel*) contenant les restes des « martyrs » tués quinze ans plus tôt pendant le putsch de la Brasserie.

Un marché fut alors conclu entre les Britanniques et les Français d'un côté et les Allemands de l'autre. On avait demandé à Mussolini d'aider à sortir de l'impasse – laquelle était entièrement imputable à l'incertitude d'Hitler lui-même qui n'arrivait pas à savoir s'il désirait ou non pousser ses exigences jusqu'au point de provoquer la guerre. Ainsi l'Allemagne se vit-elle accorder les Sudètes, et les Britanniques et les Français réussirent-ils à avancer une proposition qui leur permettait de sauver la face : qu'un peu moins de territoire soit transféré à l'Allemagne, sur une période légèrement plus longue (mais le processus n'en devait pas moins être achevé en moins de deux semaines). De façon ahurissante pour un observateur moderne, aucun représentant de la seule nation qui fût directement concernée par ces changements monumentaux dans la carte de l'Europe – la Tchécoslovaquie – ne fut convié aux pourparlers. Le marché fut effectivement imposé aux Tchèques après coup – et comment auraient-ils pu refuser quand toutes les grandes puissances européennes étaient maintenant liguées contre eux ? Ce ne serait pas la dernière fois que les Britanniques conviendraient de céder un territoire sans que les représentants du pays concernés soient présents à la réunion décisive – ils devaient agir de même vis-à-vis des Polonais aux conférences de Téhéran et de Yalta moins de sept ans plus tard.

Les accords de Munich furent salués en Grande-Bretagne avec une immense satisfaction. Fait significatif, quand Chamberlain atterrit à l'aéroport d'Heston le 30 septembre, à son retour de Munich, il fut accueilli par le comte de Clarendon, le lord chambellan, qui l'invita à se rendre directement à Buckingham Palace pour une audience avec le roi. Il avait même été question que le roi vînt lui-même à l'aéroport pour rencontrer Chamberlain et le féliciter de sa réussite[361].

Quelques jours plus tard, les Allemands des Sudètes, comme Günther Langer, regardèrent émerveillés arriver la Wehrmacht. « Ils sortirent directement de la forêt, raconte-t-il. Quand ils passèrent près de chez nous, nous avons tous poussé des cris de joie, nous étions enchantés, nous les avons invités à entrer, nous leur avons donné à manger, nous leur avons donné à boire, nous avons parlé avec eux, oui, et nous étions heureux. La joie devant notre délivrance était très grande, et nous l'avons tous accueillie avec bonheur. Je vais vous dire quelque chose : quand vous entendiez dire combien les Allemands d'Allemagne allaient bien par rapport à nous, ce n'est pas étonnant, n'est-ce pas ? Les gens disaient : Dieu soit loué, les temps vont changer pour nous maintenant. [...] Parce que nous savions

361. *Ibid.*, p. 111.

que nous avions été libérés au moins du joug tchèque. Tout le monde jubilait. Et les quelques rares personnes qui disent le contraire, ce n'est pas vrai, tout le monde était ravi. Mais qu'un tel événement puisse déboucher sur la Seconde Guerre mondiale, pour sûr, personne ne l'imaginait[362]. »

Hitler n'en éprouvait pas moins un sentiment d'urgence. On lui avait fait ces derniers mois un grand nombre de remarques sur son âge. Il était inquiet, selon l'expression du professeur Richard Evans, de « n'avoir plus si longtemps à vivre[363] ». Et outre ces terreurs personnelles sur son espérance de vie, il avait aussi dit clairement dans des réunions en mai qu'il était dans l'intérêt de l'Allemagne d'agir rapidement, avant que la France et la Grande-Bretagne n'aient achevé leur réarmement respectif. Pourtant, les trois navettes diplomatiques de Chamberlain lui avaient aussi appris que certains de ses camarades nazis les plus proches étaient angoissés par la perspective d'un conflit avec la Grande-Bretagne et la France. Göring, par exemple, essaya de le dissuader de faire la guerre, et Goebbels avait pris conscience que l'offre de Chamberlain d'abandonner les Sudètes annihilait toute possibilité de propagande en faveur d'un conflit : il pensait désormais que ce ne serait pas une mince affaire de persuader la population allemande de partir en guerre uniquement pour des modalités techniques de transfert des Sudètes au Reich[364]. Il avait lui

362. Témoignage inédit.

363. Entretien avec l'auteur pour WW2History.com.

364. Entrée du 29 septembre 1938, Joseph Goebbels, *Journal 1933-1939*, *op. cit.*, p. 632-633.

aussi – en présence de beaucoup de personnages de premier plan du régime – averti Hitler qu'on constatait dans le pays en général un très net manque d'enthousiasme pour la guerre[365]. Et l'allié militaire potentiel de l'Allemagne, l'Italie, n'était pas pressé d'entrer en conflit avec l'Occident, si l'on en croyait le désir de Mussolini de participer aux pourparlers de paix de Munich. Donc, Hitler attendit.

En reculant par rapport à la guerre, Hitler – consciemment ou non – mit également un coup d'arrêt à une possible mutinerie. Les historiens débattent depuis de nombreuses années du sérieux d'un éventuel complot contre lui, sujet controversé[366]. Chose peut-être étonnante, étant donné sa conduite passée, ce n'était pas Ludwig Beck qui était à l'origine de la conspiration. Il avait démissionné de sa fonction de chef d'état-major général au milieu du mois d'août, quoiqu'Hitler lui eût demandé de garder sa décision confidentielle pour le moment. Il avait été remplacé par le général Franz Halder, et ce fut Halder qui multiplia les discussions avec des militaires qui partageaient ses vues sur la possibilité de résister à l'ordre d'Hitler d'envahir la Tchécoslovaquie, et cela de manière à éviter une guerre avec la France et l'Angleterre. Après la conférence de Munich, tous ces plans s'effondrèrent. Cependant, étant donné l'emprise d'Hitler sur les SS et

365. Citation du journal de Weizsäcker, 9 septembre 1938, dans *Die Weizsäcker Papiere 1933-1950*, *op. cit.*, p. 145.

366. Par exemple, Gerd Überschär, *Generaloberst Franz Halder*, Göttingen, 1991 ; Ian Kershaw, *Hitler. 1936-1945 : Némésis*, *op. cit.* ; et David Reynolds, *Summits*, *op. cit.*

le reste de l'infrastructure nazie, ainsi que le nombre de simples soldats de l'armée allemande qui le soutenaient fidèlement et avaient toute confiance en son jugement, il est difficile d'imaginer par quel miracle le désir d'Halder d'arrêter Hitler aurait pu se réaliser – sauf à le tuer, mais cela aurait été aller trop loin pour la plupart des conspirateurs.

La perspective d'une guerre immédiate avec la Grande-Bretagne et la France s'étant éloignée, Hitler fut confronté à ce que les hommes politiques des démocraties occidentales prirent pour un douloureux dilemme – emprunter la voie de la coexistence pacifique avec les autres pays européens ou poursuivre une politique d'expansion qui ne pouvait que conduire au conflit. Pour Hitler cependant, la question du choix ne se posait pas du tout : il se dirigeait toujours vers la guerre.

Tous les signes nous indiquent que Chamberlain croyait à la sincérité d'Hitler quand, au matin du 30 septembre 1938, celui-ci signa le tristement célèbre « morceau de papier » dans lequel il prétendait qu'il avait à cœur, tout comme Chamberlain, d'« assurer la paix en Europe ». En partie, bien sûr, Chamberlain était simplement optimiste. L'idée qu'Hitler mentait était tout bonnement trop horrible à envisager. C'était une pure abomination à ses yeux d'imaginer que le chef de l'État allemand pût s'engager publiquement à quelque chose de diamétralement opposé à ses intentions. (Et Chamberlain ne devait pas être le dernier Premier ministre britannique à se laisser abuser par un dictateur. À son retour de la conférence de Yalta, en février 1945, Winston Churchill confia à ses ministres : « Ce pauvre Neville Chamberlain a cru pouvoir faire confiance à

Hitler. Il avait tort. Mais je ne crois pas me tromper avec Staline[367]. » La suite de l'histoire a bien sûr démontré que Churchill s'était autant trompé sur Staline que Chamberlain en son temps sur Hitler[368].)

Lors d'une réunion, le 14 octobre 1938 – soit un peu plus de deux semaines après la conférence de Munich –, Hitler, par l'intermédiaire de son fidèle serviteur Hermann Göring, exprima de la façon la plus claire ses intentions réelles. Göring déclara qu'à cause de la « situation dans le monde », le Führer l'avait chargé de « mettre en œuvre un gigantesque programme [de fabrication d'armes] en regard duquel les précédentes réalisations [étaient] insignifiantes[369] ». C'était un plan d'expansion ahurissant – presque inconcevable. « De façon très spectaculaire, à l'automne 1938, ils planifient de bâtir une force aérienne de vingt mille avions, explique le professeur Adam Tooze, ce qui correspond à la taille de la flotte aérienne américaine à la fin de la Seconde Guerre mondiale, la plus grosse armée de l'air qu'on ait vue à l'époque. Il s'agit donc d'un programme extraordinairement ambitieux pour un petit État européen, bien plus gros que ce que la RAF était capable de

367. Ben Pimlott (éd.), *The Second World War Diaries of Hugh Dalton 1940-1945*, Jonathan Cape, 1986, entrée du 23 février 1945, p. 836.

368. Laurence Rees, *World War Two : Behind Closed Doors : Stalin, the Nazis and the West*, BBC Books, 2008, p. 345-411.

369. « Besprechung bei Generalfeldmarschall Göring am 14.10.38, 10 h 00 im Reichsluftfahrtministerium, in Dokument 1301-PS », in *Der Prozess gegen die Hauptkriegsverbrecher vor dem Internationalen Militärgerichtshof Nürnberg*, 1er novembre 1945-1er octobre 1946, vol. XXVII, Nuremberg, 1948, p. 160-164.

réaliser en 1945. Il aurait consommé en termes de dépenses annuelles quelque chose comme un tiers du produit intérieur brut de l'Allemagne en temps de paix avant que la guerre ait seulement commencé, alors que des dépenses militaires normales constituent quelque chose comme 2, 3 ou 4 % du PIB, soit dix fois plus que ce que l'OTAN, par exemple, demandait à ses membres dans les années 1970 et 1980[370]. » De plus, selon le calcul de Tooze, pour maintenir la nouvelle flotte aérienne en état de voler, « l'Allemagne aurait eu besoin d'acheter au début des années 1940 du carburant à hauteur de trois millions de mètres cubes par an, deux fois le niveau contemporain de production mondiale[371] ».

Il n'est donc pas étonnant que toute l'économie allemande fût au bord de l'effondrement sous la contrainte des objectifs de réarmement d'Hitler. « La situation financière du Reich est catastrophique, écrivait Goebbels en décembre 1938. Cela ne peut durer[372]. » Hitler avait enlisé l'Allemagne dans une position peu enviable. Il voulait la guerre, sans se soucier des accords qu'il avait signés. Mais l'ampleur de son nouveau plan d'armement était ruineuse. Göring lui-même fut très proche de l'admettre : « On pourrait presque arriver à la conclusion : *non possumus* [impossible][373] », dit-il devant le conseil de défense. Il

370. Interview avec l'auteur pour WW2History.com.

371. Adam Tooze, *The Wages of Destruction*, *op. cit.*, p. 294.

372. Ian Kershaw, *Hitler. 1936-1945 : Némésis*, *op. cit.*, p. 260.

373. « Besprechung bei Generalfeldmarschall Göring am 14.10.38, 10 h 00 im Reichsluftfahrtministerium, in Dokument 1301-PS », in *Der Prozess gegen die Hauptkriegsverbrecher vor dem Internationalen Militärgerichtshof Nürnberg*, 1er novembre 1945-1er octobre 1946, vol. XXVII, Nuremberg, 1948, p. 160-164.

souligna néanmoins que, confronté par le passé à une situation analogue, il n'avait « jamais baissé les bras » et avait « fini par trouver une solution ».

Hitler tenta de persuader les Allemands qu'il n'était pas l'agresseur, mais qu'il s'agissait seulement d'une réponse à un redoutable groupe d'ennemis – lesquels devenaient chaque jour plus dangereux. Dans un discours devant des ouvriers du bâtiment le 9 octobre 1938[374], il rappela à grands traits les raisons pour lesquelles l'Allemagne avait besoin de se réarmer : « Je suis d'avis qu'il revient moins cher de s'armer avant certains événements plutôt que de les subir sans y être préparés et d'avoir à payer des compensations plus tard. [...] À la minute où un autre homme accède au pouvoir en Grande-Bretagne et remplace Chamberlain, quelqu'un comme M. Duff Cooper [qui avait démissionné du gouvernement à cause de la question de Munich], M. Eden ou M. Churchill – à cette minute, nous savons que l'ambition de ces hommes sera de déchaîner encore une autre guerre mondiale, et cela sans tarder. Ils le disent tout à fait ouvertement, ils n'en font pas un secret. » Hitler fit alors une allusion spéciale aux Juifs – sa rhétorique contre eux s'était amplifiée dans le sillage de l'échec de la conférence d'Évian et juste un mois avant les atrocités de la Nuit de Cristal : « De plus, nous savons que le démon juif international se profile de façon menaçante dans les coulisses de la pièce qui est en train de se jouer et qu'il fait aujourd'hui exactement ce qu'il a fait hier. »

Hitler ne faisait bien sûr rien d'autre qu'utiliser la bonne vieille recette consistant à exagérer l'ampleur de

374. Max Domarus, *op. cit.*, vol. II, p. 1223.

potentielles menaces sur l'Allemagne. Il avait compris que la population allemande ne désirait surtout pas une autre guerre, si bien qu'il cherchait maintenant à grossir le danger censé venir de l'extérieur et à le présenter comme une raison pour l'Allemagne de se préparer au conflit. Il devait ensuite, les mois suivants, ajouter à cette rhétorique l'exacerbation du sentiment d'indignation ressenti dans certains milieux allemands du fait que tous les « torts » de Versailles n'avaient toujours pas été réparés – en particulier le retour des territoires allemands perdus au bénéfice de la Pologne à la fin de la Première Guerre mondiale. Il pouvait s'appuyer, dans la poursuite de cette politique, sur l'immense confiance que beaucoup d'Allemands plaçaient maintenant en lui. « Les gens à cette époque étaient vraiment enthousiastes, dit le professeur Norbert Frei, et ils avaient à présent l'expérience de plusieurs très bonnes années sous le nazisme – quand on n'était ni Juif ni un opposant politique, le bilan était plutôt positif. Et les gens aimaient Hitler, la plupart des Allemands l'aimaient à ce stade, non pas à cause de son intention de faire la guerre, mais parce qu'il pouvait se targuer de toutes ces réussites sans avoir eu besoin de la faire. [...] Les Allemands à cette époque appelaient même Hitler le "général qui ne fait pas couler le sang", un militaire capable de parvenir à pareils résultats sans verser une goutte de sang[375]. »

Quant aux fidèles nazis comme Bruno Hähnel, les événements de l'automne 1938 n'avaient eu d'autre effet que de renforcer leur foi dans le jugement d'Hitler. « Les gens suivaient tous ces événements avec

375. Entretien avec l'auteur pour WW2History.com.

grand intérêt, bien sûr, dit-il ; mais en attendant nous avions adopté une attitude telle que nous disions que le Führer saurait quoi faire. Le Führer ferait ce qu'il fallait. Et les gens étaient également fiers de voir que les dirigeants politiques de l'Europe étaient venus à Munich. Une fois encore, c'était pour nous un atout, et notre conviction qu'Adolf Hitler avait acquis de l'importance dans le monde en était renforcée[376]. »

Hitler savait que cette attitude de confiance – qu'il « ferait ce qu'il fallait » – se fondait sur la foi en sa domination charismatique. Mais cette confiance découlait en bonne part de ce qui était perçu comme sa capacité à accroître l'influence et le pouvoir de l'Allemagne tout en évitant la guerre. Ainsi était-il maintenant confronté à la tâche difficile de faire glisser l'opinion publique vers l'acceptation d'un conflit militaire, tout en gardant la foi intacte. Dans un discours aux plus importants journalistes allemands à Munich, le 10 novembre 1938, il exposa brièvement – en des propos remarquablement francs et directs – à la fois le problème auquel il se heurtait et la possible solution. Il admit : « ... pendant des années, les circonstances m'ont forcé à parler presque exclusivement de paix ». Et que le souci était que cela pouvait avoir amené les Allemands à penser que le « présent régime » était déterminé à « sauver la paix à tout prix » – mais ce serait, reconnut-il, une « appréciation inexacte » des buts du nazisme. Donc le défi à la fois pour le régime et pour ces journalistes était maintenant de créer dans la population le sentiment qu'« il y a des

376. Témoignage inédit.

choses qui, si elles ne peuvent être mises en œuvre par des moyens pacifiques, doivent l'être par des moyens violents ». Et il fallait susciter chez les Allemands ordinaires le sentiment que « si les choses ne peuvent être réglées à l'amiable, il faudra recourir à la force, car en tout état de cause ça ne peut continuer comme ça ». Pour parvenir à cette fin, « il était nécessaire de mettre en lumière certains événements de politique étrangère d'une manière telle que la voix intérieure du peuple allemand appellerait à grands cris l'usage de la force[377] ».

Hitler dit sa fierté d'« user lentement les nerfs » de ses adversaires – et surtout des autorités en Tchécoslovaquie. S'il avait été en mesure d'y parvenir, c'était – la conclusion s'imposait – parce qu'il possédait tout au fond de lui une très forte croyance en lui-même. Et il s'ensuivait qu'il considérait la question de la « confiance en soi » du peuple allemand vitale, étant donné ce qui l'attendait. « L'ensemble du peuple allemand, disait-il, doit apprendre à croire à la victoire finale si fanatiquement que, même si nous étions occasionnellement défaits, la nation regarderait cela à partir d'une perspective globale et dirait : ce n'est qu'une phase provisoire, la victoire sera nôtre à la fin ! » Il expliqua alors comment, selon lui, cet objectif pouvait être atteint. Le point crucial était invariablement d'affirmer : « Le Führer a toujours raison ! » Et si Hitler acceptait que les dirigeants de l'Allemagne « soient

377. « Rede Hitlers vor der deutsche Presse (10 november 1938) », *Vierteljahreshefte für Zeitgeschichte*, vol. 6 (1958), n° 2, p. 175-191.

autorisés à faire des erreurs », il était important de comprendre que « tous autant que nous sommes, nous ne pouvons survivre que si nous cachons nos erreurs au reste du monde ». Une fois une décision prise, il demandait que « toute la nation serre les rangs derrière cette décision. Elle doit faire front uni, et ensuite tout ce qui peut n'être pas tout à fait juste dans la décision sera compensé par la détermination avec laquelle la nation se tient derrière elle. »

Hitler prononça ce discours révélateur à Munich le matin qui suivit la Nuit de Cristal – et il est donc significatif qu'il ait choisi de ne pas y faire allusion. En effet, à en croire les différents documents historiques, il n'en parla jamais, ni en privé ni en public. Comme lors du boycottage juif de 1933, Hitler se rendait intuitivement compte que son autorité pourrait s'en ressentir si les Allemands non juifs qui s'opposaient à ce que leurs voisins juifs soient frappés, emprisonnés dans des camps de concentration et assassinés pouvaient associer son nom à un tel massacre. Pourtant aucun de ces événements ne se serait produit s'il ne l'avait pas désiré.

Malgré sa volonté d'agir comme si les atrocités de la nuit du 9 au 10 novembre 1938 n'avaient pas eu lieu, la Nuit de Cristal n'en marqua pas moins un moment décisif à la fois dans l'histoire du Troisième Reich et dans la perception d'Hitler comme dirigeant – en Allemagne et ailleurs. Moins d'une semaine plus tard, le 16 novembre, Ludwig Beck fit cette réflexion dans une conversation privée qu'il pensait maintenant qu'Hitler était un « psychopathe total », ajoutant : « J'avais alerté à plusieurs reprises [les généraux allemands] – et finalement je suis resté seul[378]. »

À Londres, la Nuit de Cristal modifia spectaculairement le point de vue de Lord Halifax, le secrétaire aux Affaires étrangères. Il avait jusque-là approuvé les actes de Chamberlain à Munich et sa déclaration que ces accords représentaient la « paix pour notre temps[379] », mais il déclara devant une réunion de la Commission des affaires étrangères que les événements récents démontraient que des « fous » avaient réussi à « prendre le contrôle » de l'Allemagne. Il pensait que « l'objectif immédiat [du gouvernement britannique] devait être de corriger l'impression fausse que nous étions décadents et lâches, et qu'on pouvait jouer au chat et à la souris avec nous impunément[380] ».

Halifax, qui devait plus tard admettre en privé qu'il était « plutôt antisémite[381] », avait été épouvanté par les actes nazis contre les Juifs. Il sentait qu'une ligne jaune avait été franchie. Neville Chamberlain n'était cependant pas de cet avis. S'il déplorait indubitablement la violence de la Nuit de Cristal, il ne voyait pas en quoi ces événements concernaient la sécurité de la Grande-Bretagne ou préjugeaient des intentions des autorités allemandes en

378. Visite à Beck du 16 novembre 1938. Transcription de la déclaration sous serment d'Holtzmann du 19 avril 1946 ; annexe à une lettre de Robert Holtzmann à Ricarda Huch, 8 juin 1946, Institut für Zeitgeschichte (IfZ) Munich, ZS/A-26a/1, p. 13f.

379. Paroles prononcées par Chamberlain devant le 10 Downing Street le 30 septembre 1938.

380. CAB 27/624 32nd, 14 novembre 1938.

381. Papiers de Peake, 19 février 1957, cité par Andrew Roberts, *The Holy Fox, The Life of Lord Halifax*, Phoenix, 1997, p. 128.

matière de politique étrangère. Il avait investi beaucoup de son autorité personnelle dans la confiance qu'il avait témoignée à Hitler et il n'était pas prêt à admettre qu'il s'était trompé – du moins pas encore[382].

On voit dans le discours qu'Hitler donna au Reichstag le 30 janvier 1939 à quel point il était proche de dévoiler devant le peuple allemand la véritable mesure de ses ambitions. Ce discours, qui dura plus de deux heures, est resté tristement célèbre à cause de la « prophétie » qu'Hitler fit sur les Juifs, en écho aux vues exprimées dans le magazine SS *Das Schwarze Korps* les mois précédents[383] : « Si la finance juive internationale en Europe et hors d'Europe devait parvenir encore une fois à précipiter les peuples dans une guerre mondiale, dit-il, alors le résultat ne serait pas la bolchevisation du monde, donc la victoire de la juiverie, au contraire, ce serait l'extermination de la race juive en Europe[384]. »

Le discours retient également l'attention parce qu'Hitler y révéla sa seconde obsession : le *Lebensraum*. Il affirma que la surpopulation flagrante de l'Allemagne la mettait devant un choix fondamental : soit continuer à exporter des biens manufacturés allemands afin de générer des ressources financières pour payer l'importation de produits alimentaires, soit acquérir des territoires, et il ne cacha pas sa préférence pour la seconde solution, sans expliquer cependant dans le détail comment on acquerrait ce *Lebensraum* – à cela près qu'Hitler ayant aussi précisé que l'Alle-

382. *Ibid.*, p. 128.
383. Voir p. 269.
384. Max Domarus, *op. cit.*, vol. III, p. 1449.

magne avait des relations pacifiques avec les nations de l'Ouest, du Sud et du Nord, le fait qu'il avait omis l'« Est » de sa liste désignait par là la direction où allaient ses ambitions.

Sa performance fut d'autant plus remarquable qu'elle pouvait mettre en péril son autorité charismatique et sa popularité. Car, malgré les références à son désir de paix, dont il ponctua son discours, la menace de la guerre y était partout présente. Le thème sous-jacent observait la tactique qu'il avait suggérée aux journalistes allemands le matin qui avait suivi la Nuit de Cristal – Hitler avait de fait dit : « Si les choses ne peuvent être réglées à l'amiable, il faudra recourir à la force, car en tout état de cause ça ne peut continuer comme ça. » Le vent en poupe, il profitait d'une vague de confiance de millions d'Allemands à la suite de la résolution pacifique de Munich. Leur foi émotionnelle dans le jugement de leur Führer s'alliait à leur ancien, familier et récurrent motif de passer à l'action : la « réparation des torts » de Versailles. Cette obsession permettait à des Allemands comme l'officier de la Luftwaffe Karl Boehm-Tettelbach de continuer à maintenir qu'Hitler « avait quelque chose de bon en tête[385] ». Comment se faisait-il, demandait Boehm-Tettelbach, que les alliés de la Première Guerre mondiale – la Grande-Bretagne, la France et les États-Unis – « après tant d'années continuent à reconnaître la validité du traité de Versailles ? C'était impossible[386] ! »

Une autre raison, parfois négligée, qui permit à Hitler de persévérer dans son projet belliciste sans entamer

385. Laurence Rees, *Ils ont vécu sous le nazisme*, *op. cit.*, p. 118-119.
386. Témoignage inédit.

son autorité charismatique était que son propre comportement contribuait à créer de réels dangers, ceux-là mêmes dont il soutenait maintenant qu'ils motivaient ses actions présentes – exactement comme le dégoût pour les malades mentaux avait été créé par les conditions sordides dans lesquelles ils vivaient, alors que celles-ci étaient la conséquence des coupes budgétaires que les nazis avaient imposées aux hôpitaux psychiatriques[387]. Par exemple, il disait vouloir que l'Allemagne se réarme massivement à cause de la menace que faisaient peser d'autres nations, et pourtant c'était l'échelle du réarmement de l'Allemagne qui avait provoqué le réarmement des autres nations. Il disait que la presse américaine était du côté des Juifs, mais c'était lui qui avait créé cette compassion par la façon dont les Juifs allemands étaient traités.

En s'aliénant les puissances occidentales, en favorisant un potentiel effondrement financier en Allemagne par le programme de réarmement massif qu'il poursuivait, en générant une atmosphère dans laquelle la marche à la guerre ne pouvait être stoppée qu'à condition que l'Allemagne consente à une perte de prestige – ce qui était parfaitement inenvisageable pour lui –, c'est lui qui rendit la guerre pratiquement inévitable. Au moment où il tint son discours devant le Reichstag le 30 janvier 1939, Hitler avait déjà obtenu plus que quiconque ne l'aurait jamais cru possible : il avait créé une Grande Allemagne qui allait de la Carinthie au sud à Flensbourg au nord, d'Aix-la-Chapelle à l'ouest à Vienne à l'est. Mais ce n'était pas assez.

---

387. Voir p. 251-252.

La soif de guerre d'Hitler ne rencontrait désormais plus guère d'obstacles à l'intérieur de l'Allemagne. Toute opposition au sein de l'armée allemande avait été complètement balayée en janvier 1939. Le 18 décembre 1938, par exemple, Brauchitsch inscrivit dans le cadre des instructions sur ce que devait être la formation des officiers allemands qu'« Adolf Hitler, le génial Führer, qui a transformé l'enseignement fondamental de “la camaraderie du front” *[Frontkämpfertum Otto von Lossow]* pour en faire l'idéologie propre du national-socialisme, a bâti pour nous le nouveau Grand Reich allemand. [...] Il y a maintenant un changement formidable dans tous les domaines. Un nouvel homme allemand a grandi dans le Troisième Reich, plein d'idéaux. [...] Une nouvelle communauté nationale *[Volksgemeinschaft]* unique a été créée par-delà toutes les classes, et nous lui appartenons tous – le peuple, la Wehrmacht et le parti. Sans faille est notre fidélité, ferme notre confiance, envers l'homme qui a créé tout cela, qui a causé ce miracle par sa foi et sa volonté[388]. »

Pourtant seulement quatre mois auparavant, en septembre 1938, le général Alfred Jodl du Haut-

388. Instructions secrètes du commandant suprême de l'armée, le général von Brauchitsch, sur la formation du corps des officiers, 18 décembre 1938. Cité par Klaus-Jürgen Müller, *Armee und Drittes Reich 1933-1939. Darstellung und Dokumentation*, avec la collaboration de Ernst Willi Hansen, Paderborn, 1987, p. 180-182. Et *Offiziere im Bild von Dokumenten aus der Jahrhunderten*, Militärgeschichtliches Forschungsamt, Stuttgart, 1964. Le texte original se trouve dans Militärgeschichtliches Forschungsamt (MGFA), H 7/30, Sammelheft zu Oberkommando des Heeres n° 300/40g PA (2) Ia vom 25.10.1940.

Commandement de la Wehrmacht avait écrit dans son journal : « Il est profondément affligeant que le Führer ait tout le peuple derrière lui, mais pas les principaux généraux de l'armée. À mon sens, seule l'action peut leur permettre de racheter les fautes que leur manque d'obéissance leur a fait commettre. C'est le même problème qu'en 1914. Il n'y a qu'une seule désobéissance dans l'armée, celle des généraux – et en dernier ressort elle est le produit de leur arrogance. Ils ne peuvent pas plus [que les généraux de 1914] croire et obéir parce qu'ils ne reconnaissent pas le génie du Führer, en qui certains continuent à coup sûr de voir le caporal de la guerre mondiale, et non pas le plus grand homme d'État depuis Bismarck[389]. »

Il fallut seulement quatre mois pour passer du refus de « reconnaître le génie d'Hitler » à une loyauté « sans faille » vis-à-vis d'un dirigeant qui avait fait un « miracle ». Et ce sont bien les accords de Munich, combinés avec la puissance du charisme d'Hitler, qui rendirent ce revirement possible. Hitler avait exprimé sa certitude que tout s'arrangerait – et tout avait tourné mieux que ses généraux n'auraient pu l'espérer. Il ne

389. Entrée du journal de Jodl pour le 13 septembre 1938. *« Aus den Tagebüchern des Chef der Abteilung Landesverteidigung, dann Wehrmachtsführungsamt im OKW, Oberst d. G. Jodl »*, cité dans Hans-Adolf Jacobsen, Werner Jochmann, *Ausgewählte Dokumente zur Geschichte des Nationalsozialismus 1933-1945*, *op. cit.* Le journal de Jodl est également reproduit dans *Der Prozess gegen die Hauptkriegsverbrecher vor dem Internationalen Militärgerichtshof Nürnberg*, 1er novembre 1945-1er octobre 1946, vol. XXVIII, Nuremberg, 1948, document 1780-PS, p. 345-393. Le texte original est dans BArch N 69 (Legs Jodl).

restait maintenant plus, devaient penser bon nombre de ces hauts gradés de l'armée, qu'à faire ce que des millions d'autres Allemands faisaient déjà – et avoir « foi » en le jugement du Führer.

Hitler s'approchait toujours plus de la guerre. Il montrait par mille signes qu'il était fortement contrarié – bien qu'il eût récupéré les Sudètes – de voir que la Tchécoslovaquie existait toujours. Par le truchement de Joachim Ribbentrop, il fit pression sur les Slovaques pour qu'ils proclament leur indépendance par rapport au reste de l'État tchèque – et le parlement slovaque le fit en bonne et due forme le 14 mars 1939. Ce qui restait de la Tchécoslovaquie – en gros la Bohême et la Moravie – était maintenant extrêmement vulnérable à l'agression nazie. Vu la sécession slovaque, les assurances que la Grande-Bretagne et la France avaient données à la conférence de Munich sur l'intégrité de la Tchécoslovaquie étaient totalement vaines. La Tchécoslovaquie qu'ils avaient accepté de défendre n'existait plus.

Le nouveau gouvernement tchèque, sous le président Hácha, avait essayé de ne pas offenser Hitler depuis la conférence de Munich et la perte des Sudètes, mais il n'y avait rien – sauf leur propre destruction – qui puisse le satisfaire. Le 14 mars, le président Hácha et son ministre des Affaires étrangères, František Chvalkovský, se rendirent à Berlin pour supplier Hitler de ne pas ordonner l'invasion de ce qui restait des terres tchèques. Hitler les reçut dans l'immense nouvelle chancellerie dessinée par Albert Speer, inaugurée deux mois auparavant. Il avait souhaité un bâtiment qui pût intimider les hommes d'État étrangers. Les visiteurs devaient parcourir les marbres glissants d'un salon de réception deux fois plus long que la galerie des Glaces à Versailles avant d'atteindre son bureau. Une fois admis en sa présence, ils ne pouvaient que remarquer, sur sa table de travail, une marqueterie qui, la décrit Speer[390], montrait « une épée à moitié dégainée ». « Très bien, très bien, avait dit Hitler à la vue de ce motif, quand les diplomates assis à la table devant moi verront cela, ils apprendront à trembler. »

Quand Hitler daigna enfin recevoir Hácha, à une heure du matin – après la fin de la comédie filmée qu'il était en train de regarder –, il lui assena que les troupes allemandes s'apprêtaient à envahir ce qui restait des terres tchèques dans cinq heures. Hácha s'évanouit et dut être réanimé par Theodor Morell, le médecin d'Hitler. À quatre heures du matin, afin d'éviter un carnage, il accepta de céder entre les mains allemandes ce qui restait de la Tchécoslovaquie.

Les Tchèques comme Anna Krautwurmowa étaient terrifiés. Ils se rappelaient avoir vu leurs concitoyens fuir les Sudètes devant l'agression allemande : « Les Tchèques qui revenaient des régions frontalières nous dirent comment ils avaient été attaqués et battus à coups de crosse de fusil. Les gens devaient fuir avec leurs enfants en bas âge. Voilà ce qui se passait, ils étaient cruels. Ils étaient vraiment cruels, sans pitié, et ils injuriaient les gens sans raison[391]. »

Ces territoires tchèques restants n'avaient pas de majorité germanophone en leur sein. Il ne s'agissait pas de récupérer des Allemands ou un territoire allemand

---

390. Albert Speer, *Au cœur du Troisième Reich*, *op. cit.*, p. 163.

391. Témoignage dans l'épisode 3 de *Nazis : a Warning from History*, BBC TV.

perdu à la fin de la Première Guerre mondiale. C'était une agression impérialiste. « Pourquoi auraient-ils eu le droit [d'envahir] ? demande Anna Krautwurmowa. C'était la République tchèque. La Tchécoslovaquie. Comment pouvaient-ils avoir des droits sur un autre pays ? » Dans les jours qui suivirent l'entrée des troupes allemandes à Prague et après que les Allemands eurent pris les Tchèques sous leur « protection », ce fut une question qui vint aux lèvres de bien des gens – dont certains occupaient des postes de pouvoir, comme Sir Alexander Cadogan du ministère britannique des Affaires étrangères. « J'ai bien peur que nous ayons atteint la croisée des chemins, écrivit-il dans son journal le 20 mars 1939. J'ai toujours dit que tant qu'Hitler pourrait prétendre qu'il incorporait des Allemands dans le Reich, nous pourrions considérer qu'il avait des arguments à faire valoir. S'il se mettait à engloutir d'autres nationalités, il serait temps de dire "Stop !"[392]. »

À la fin du mois de mars, la Grande-Bretagne s'était engagée à protéger trois pays contre toute éventuelle agression allemande – la Grèce, la Roumanie et la Pologne. Ce fut un revers pour Hitler parce qu'il se cramponnait à l'espoir que la France et la Grande-Bretagne laisseraient d'une façon ou d'une autre à l'Allemagne les mains libres en Europe orientale. Son ambition était – comme elle l'avait toujours été – de gagner de la terre à l'ouest de l'Union soviétique. C'est à cette fin qu'il testa la manière dont les autorités polonaises réagissaient à une espèce de marché au terme

392. Journal de Cadogan, in *The Diaries of Sir Alexander Cadogan*, *op. cit.*, entrée du 20 mars 1938, p. 161.

duquel la Pologne passerait sous domination nazie, sans qu'il soit cependant besoin d'une invasion allemande, plutôt comme l'arrangement qu'il venait d'obtenir avec la Slovaquie. Il avait déjà témoigné sa « bonne volonté » auprès des Polonais à l'époque de la crise des Sudètes, pensait Hitler, en leur permettant d'annexer un morceau du territoire de la Tchécoslovaquie autour de Cieszyn/Teschen. Mais maintenant, forts de la garantie britannique, les Polonais n'allaient pas laisser les nazis les intimider.

Hitler n'avait pas changé d'un iota sa « vision » de la politique extérieure – la guerre avec les « criminels tout souillés de sang » de l'Union soviétique –, mais les réalités de la géographie européenne l'entraînaient vers un échec. Il y avait trop de pays encombrants entre l'Allemagne et l'Union soviétique pour que son rêve soit facile à réaliser. Une guerre avec la Pologne semblait inévitable et – très probablement – une guerre avec la Grande-Bretagne et la France tout aussi bien. Et, ironie de l'histoire, pour protéger son armée d'une guerre à long terme sur deux fronts, Hitler allait conclure un pacte de non-agression avec l'Union soviétique, qui fut signé par Ribbentrop à Moscou dans les premières heures du 24 août 1939.

À bien des égards, pour Hitler, c'était un gâchis. Il était sur le point de combattre le mauvais adversaire – la Grande-Bretagne – après avoir conclu un pacte avec le mauvais pays – l'Union soviétique. Cela démontrait de façon absolue l'un des grands échecs de son gouvernement. Il avait la clarté de la vision – indispensable à tous les dirigeants charismatiques – et il avait la capacité de réagir à des problèmes à court terme – indispensable à tous les hommes politiques –, mais il n'avait pas l'habileté de lier ces deux talents ensemble en un tout cohérent. Cinq ans plus tôt, dans un discours au congrès de Nuremberg filmé dans *Le Triomphe de la volonté*, Hitler avait appelé le Parti nazi à être « immuable dans sa doctrine » tout en se montrant « souple et adaptable dans ses tactiques ». Mais il était trop « souple et adaptable dans ses tactiques » pour atteindre les buts visés par son immuable doctrine.

Quoi qu'il en soit, il est presque certain que l'idée qu'Hitler nourrissait d'une alliance avec l'Angleterre était d'emblée mal fondée. Une de ses grandes faiblesses comme dirigeant était qu'il construisait ses « visions » de ce que devait être à ses yeux l'avenir de l'Allemagne sans une compréhension suffisante du point de vue de ses adversaires potentiels. « [Ses] illusions et chimères étaient en rapport avec [ses] méthodes de travailler et de penser peu réalistes [...], écrivit Albert Speer. En réalité, Hitler ne savait rien de ses ennemis et refusait même les informations qui étaient à sa disposition. Au lieu de quoi il faisait confiance à son inspiration[393]. » Et quant aux intentions de la Grande-Bretagne, l'« inspiration » d'Hitler était totalement fausse. Comme l'explique la professeure Anita Prażmowska, les Britanniques qui firent une « évaluation stratégique » honnête au printemps 1939 arrivèrent à la conclusion que « l'équilibre des pouvoirs en Europe [...] penchait dangereusement contre les intérêts britanniques »[394]. C'est ce constat, plutôt qu'un quelconque souci idéologique ou humani-

393. Albert Speer, *Au cœur du Troisième Reich*, *op. cit.*, p. 236.
394. Entretien avec l'auteur pour WW2History.com.

taire, qui les conduisit à envisager la guerre. En effet, il est difficile d'imaginer que le gouvernement britannique eût permis à l'Allemagne de créer un empire gigantesque en Europe centrale et orientale.

Hitler avait été furieux quand il avait appris que Chamberlain avait donné des garanties à la Pologne après l'occupation par l'Allemagne des territoires tchèques en mars 1939. Pourquoi n'avait-il pas continué à agir dans la continuité de son comportement à Munich et simplement accédé à ses demandes ? Il ne semblait pas s'être rendu compte à quel point le comportement des autres se modifiait en réponse au sien. Chamberlain avait fait confiance à Hitler, et celui-ci avait manqué à sa parole, si bien qu'il ne lui ferait plus confiance une seconde fois. L'obsession de soi d'Hitler, l'attention exclusive portée à sa propre « volonté » le rendaient aveugle à l'éventualité que les gens avec qui il traitait puissent changer radicalement d'opinion à son égard.

Pour autant, il contrôlait maintenant la seule institution qui aurait encore pu l'empêcher d'entraîner l'Allemagne dans la guerre : l'armée. Sa domination se révéla brutalement lors d'une conférence donnée au Berghof, le 22 août 1939, devant ses généraux : « Fondamentalement tout dépend de moi, de mon existence. [...] Il n'y aura probablement jamais à l'avenir une seconde fois un homme ayant plus d'autorité que moi[395] », leur déclara-t-il. Il leur ordonna dans la pers-

395. Déclaration du Führer aux commandants en chef le 22 août 1939, *Akten zur deutschen auswärtigen Politik 1918–1945 (ADAP), aus dem Archiv des Deutschen Auswärtigen Amts*, Série D, *1937-1945*, vol. VII, Göttingen et autres, 1953, p. 167-170, p. 171-172.

pective de la guerre à venir de « s'endurcir le cœur » contre l'ennemi.

Pourtant, certains, au sein même de l'élite nazie – dont Hermann Göring, le plus notoirement –, menaient maintenant un combat intérieur entre leur « foi » en la domination charismatique d'Hitler et leurs appréhensions quant aux conséquences concrètes d'une guerre. Le caractère d'Hermann Göring était bien plus complexe que la caricature bourrue, brutale qui en est souvent faite, et l'appréciation qu'il portait sur Hitler est assez confuse. Ce n'était pas que Göring fût contre l'agression nazie – bien au contraire. Il avait encouragé Hitler à aller de l'avant au moment de l'*Anschluss* et avait pris un malin plaisir à décrire au président Hácha ce que ses bombardiers feraient s'ils étaient lâchés sur Prague. Ce qui l'inquiétait – ainsi que les généraux d'Hitler –, c'était la perspective d'un conflit de grande envergure impliquant l'Angleterre, la France et éventuellement les États-Unis, ainsi que l'Union soviétique. Göring avait fait un mariage heureux avec l'actrice Emmy Sonnemann et était le père d'une petite Edda qui venait juste d'avoir un an. Ils vivaient dans la splendeur imposante de sa vaste propriété de Carinhall dans la forêt de Schorfheide ou de sa grande demeure berlinoise. Pour lui, c'était la belle vie. Pourquoi aurait-il voulu contribuer à déclencher une guerre qui risquait de compromettre tout cela ? Göring avait laissé voir ses inquiétudes déjà à l'époque de Munich, dans une fameuse dispute avec Joachim Ribbentrop, le belliqueux ministre des Affaires étrangères, auquel il avait dit que lui s'y connaissait en matière de guerre, et que, si une guerre se produisait, il serait dans le premier avion pour se jeter dans la bataille, mais qu'il demanderait instamment au ministre de prendre place sur le siège à côté de lui[396].

D'un autre côté, Göring – comme nous l'avons déjà vu maintes fois – avait une foi absolue dans le charisme d'Adolf Hitler. Dans ses dernières remarques obséquieuses en public, prononcées au Reichstag après le discours du 30 janvier 1939, il avait promis de suivre « aveuglément » cet homme dont il disait : il « nous a rendu une vie qui vaut la peine d'être vécue, une vie splendide et magnifique[397] ».

Mais, malgré sa promesse, Göring n'en voulait pas moins éviter la guerre. De là l'apparition sur la scène, au début du mois de juillet 1939, d'un diplomate amateur très enthousiaste du nom de Birger Dahlerus, un homme d'affaires suédois de quarante-neuf ans que Göring connaissait depuis des années. Épouvanté par la perspective de la guerre et fort de ses amis influents en Angleterre, Dahlerus approcha Göring et lui proposa d'œuvrer pour la paix entre les gouvernements allemand et britannique. Göring sauta sur l'occasion de l'utiliser et rencontra le 7 août quelques hommes d'affaires britanniques importants dans sa maison du nord de l'Allemagne. Plusieurs autres rencontres suivirent, si bien que, pour finir, le Suédois – dûment briefé par Göring – s'en fut à Londres où, le 27 août, il s'entretint, avec le calme et la mesure qui le caractérisaient, des intentions allemandes avec Neville Chamberlain, Lord Halifax et Sir Alexander Cadogan.

---

396. Ian Kershaw, *Hitler. 1936-1945 : Némésis*, *op. cit.*, p. 209.
397. Max Domarus, *op. cit.*, vol. 3, p. 1459.

Cette mission était dès le départ vouée à l'échec. Les Britanniques ne consentiraient pas à forcer les Polonais à céder du territoire aux Allemands – vu l'occupation allemande des terres tchèques, un nouveau Munich était inconcevable – et Hitler était bien déterminé, non seulement à prendre Dantzig et le corridor polonais, mais également à conquérir du *Lebensraum* à l'est. Göring le savait. Il avait même entendu Hitler déclarer sans détour : « Il y aura une guerre[398] », lors d'un briefing militaire en mai. Pourquoi perdait-il donc tant de temps avec Dahlerus ? Une possible explication est que la présence de Ribbentrop aux côtés d'Hitler lui donnait le sentiment d'être exclu, si bien qu'il comptait sur cette escapade pour se faufiler au cœur des événements. Mais d'après le récit que Dahlerus donne de cet été-là, il semble plus probable que Göring ait réellement essayé de faire tout son possible pour éviter une guerre avec les Britanniques. C'est aussi l'impression que donne la scène étrange que Sir Alexander Cadogan décrivit le 30 août[399] : Dahlerus, dans un bureau du ministère britannique des Affaires étrangères, parle au téléphone avec Göring et le questionne pour savoir si

398. Réunion du 23 mai 1939, in *Akten zur deutschen auswärtigen Politik 1918-1945 (ADAP), aus dem Archiv des Deutschen Auswärtigen Amts*, Série D, *1937-1945*, vol. VI, Göttingen et autres, 1956, p. 477-483. Ce document fut également versé à titre de preuve dans le dossier du procès de Nuremberg, document 79-L, cf. *Der Prozess gegen die Hauptkriegsverbrecher vor dem Internationalen Militärgerichtshof Nürnberg,* 1er novembre 1945-1er octobre 1946, vol. XXXVII, Nuremberg, 1946.

399. Journal de Cadogan, in *The Diaries of Sir Alexander Cadogan*, *op. cit.*, entrée du 30 août 1939, p. 205.

un compromis est possible entre l'Allemagne et l'Angleterre – ce qui n'était bien sûr pas le cas.

Göring devait son pouvoir, sa réputation et ses richesses à sa position dans l'État nazi – une position qu'il n'occupait qu'en raison de sa croyance dans le pouvoir charismatique d'Adolf Hitler. Or, un des inconvénients de cette croyance venait de lui apparaître : suivre un chef au nom d'une foi aveugle laisse peu d'échappatoires si vous craignez que le voyage ne vous emmène vers un lieu où vous ne voulez pas aller.

Göring organisa pourtant une rencontre entre Dahlerus et Hitler à la chancellerie du Reich le 29 août, à la première heure, et le Suédois y remit en mains propres au Führer une lettre de Lord Halifax exprimant la volonté de paix des Britanniques. Que Göring ait pensé que cette note anodine aurait pu changer quoi que ce soit en dit long sur son envie désespérée d'éviter la guerre avec la Grande-Bretagne ainsi que sur son désir ardent de plaire à Hitler en démontrant son influence auprès de personnages puissants du gouvernement britannique.

Dahlerus fit à travers la chancellerie du Reich jusqu'au bureau d'Hitler le même parcours impressionnant que celui qu'Hácha avait emprunté quelques mois auparavant. Quand les deux hommes furent mis en présence, Hitler fixa Dahlerus avec intensité avant de se lancer dans un monologue sur l'histoire allemande. Dahlerus remarqua comment il réussit à se mettre lui-même dans un état d'excitation – manifestement sans stimulation extérieure. « Il avait une façon séduisante de placer son propre point de vue sous la lumière la plus favorable, écrivit Dahlerus, mais il souffrait d'une déplorable incapacité à voir ou à respecter le point de vue de l'autre partie[400]. » Hitler se vanta de la puissance des différentes forces armées allemandes, et, quand il mentionna la force de la Luftwaffe, Göring – qui était resté assis en silence jusque-là – « gloussa de satisfaction ».

Dahlerus avait dès lors compris que « l'équilibre mental [d'Hitler] était manifestement instable » et donc, quand il eut l'occasion de glisser un mot, il parla doucement dans l'idée de calmer le dirigeant allemand. Mais quand il se hasarda à dire que la Grande-Bretagne et la France étaient elles aussi de puissantes nations militaires, la réaction ne se fit pas attendre. Hitler « se leva d'un coup et manifesta une grande nervosité, il faisait les cent pas en disant, comme pour lui-même, que l'Allemagne était invincible et pouvait vaincre ses adversaires en une guerre rapide. Soudain il s'arrêta au milieu de la pièce et resta immobile, le regard fixe. Sa voix était brouillée, et son comportement celui d'une personne tout à fait anormale. Il parlait d'une voix saccadée, et il était clair que ses pensées étaient concentrées sur les tâches qui l'attendaient en cas de guerre. "S'il devait y avoir la guerre, dit-il, *dann werde ich U Boote bauen, U Boote bauen, U Boote, U Boote, U Boote"* [ensuite, je construirai des sous-marins, construirai des sous-marins, sous-marins, sous-marins, sous-marins]. Sa voix se fit de plus en plus indistincte, et finalement on ne pouvait plus du tout le suivre. Alors il se ressaisit, leva la voix comme s'il s'adressait à une large audience et hurla : *"Ich werde Flugzeuge bauen, Flugzeuge bauen, Flugzeuge, Flugzeuge, und ich*

400. Birger Dahlerus, *The Last Attempt*, *op. cit.*, p. 60.

werde meine Feinde vernichten" [Je construirai des avions, des avions, des avions, des avions, et j'anéantirai mes ennemis]. Il ressemblait plus à un fantôme sorti d'un livre d'histoire qu'à une personne réelle[401]. »

L'entretien se termina alors que Dahlerus essayait encore de comprendre ce qu'Hitler voulait exactement des Polonais. Mais, comme tant d'autres avant lui, il fit le constat qu'il était impossible d'obtenir d'Hitler qu'il formule le détail de sa pensée. Il partit, épouvanté à la fois par le comportement d'Hitler et par la façon dont Göring s'humiliait devant lui.

Si cette rencontre remarquable n'est pas difficile à expliquer en termes d'histoire politique – sans doute Hitler pensait-il qu'il lui fallait exploiter même la plus minime chance que la Grande-Bretagne se laisse persuader de rester en dehors de tout conflit avec la Pologne, tout en sachant pertinemment qu'un tel résultat était hautement improbable –, elle est autrement fascinante si on la considère sous le point de vue du dirigeant charismatique. Dahlerus, qui n'avait jamais rencontré Hitler auparavant, ne le trouva pas « charismatique » ; de fait, il écrivit qu'il « ne vit pas la moindre trace de l'extraordinaire fascination qu'il était généralement censé exercer sur tout le monde[402] ». En réalité, Dahlerus se dit qu'Hitler n'était pas sain d'esprit.

Hitler perdait son sang-froid régulièrement et n'avait jamais pu conduire des négociations normales sur une longue durée, poliment et en détail. De la même façon,

401. *Ibid.*, p. 62.
402. *Ibid.*, p. 70.

il avait déjà utilisé son aptitude à laisser aller sa colère comme une tactique diplomatique – particulièrement quand le chancelier autrichien Kurt Schuschnigg lui avait rendu visite au Berghof le 12 février 1938 : Hitler tempêta et tempêta encore contre Schuschnigg le matin avant de se métamorphoser en hôte convivial quand vint l'heure de déjeuner avec la délégation autrichienne. Le docteur Otto Pirkham, un diplomate autrichien présent ce jour-là, nota que Schuschnigg était alors « très déprimé[403] » – presque dans un état de choc.

Mais il ne semble pas qu'en face de Dahlerus, Hitler ait délibérément utilisé ses rodomontades comme une manœuvre de négociation. Si cela est vrai, alors Dahlerus pourrait bien avoir aperçu un aspect important du véritable Hitler. Nous avons déjà vu qu'un élément central de sa personnalité était sa capacité illimitée à haïr, et ici ce trait était conjugué à une émotivité à laquelle il était donné libre cours au point qu'elle paraissait incontrôlable. La capacité à ressentir les événements émotionnellement et à manifester cette émotion aux autres était un élément fondamental de sa séduction charismatique. Or, pour pouvoir susciter une émotion chez ses auditeurs, il devait la ressentir le premier.

Mais, progressivement, ses démonstrations d'émotion brute conduisirent les autres diplomates et hommes d'État européens à conclure qu'il était – comme le dit Dahlerus – « manifestement instable ». À cette époque, Nevile Henderson, l'ambassadeur britannique à Berlin, par exemple, pensait qu'il avait « perdu la tête » et

403. Témoignage inédit.

avait « franchi la limite de la folie »[404]. Pourtant il n'en était pas moins le dirigeant incontesté de l'Allemagne. De fait, Göring avait assisté sans s'émouvoir à la diatribe d'Hitler devant Dahlerus.

Les raisons pour lesquelles Göring – ainsi que d'innombrables autres Allemands – continua à lui apporter son soutien durant cette période décisive permettent d'entrevoir la manière dont il vivait sa domination. Tout d'abord, cela faisait des années que Göring était le témoin des harangues passionnées d'Hitler. Et si des étrangers pouvaient qualifier le Führer de « dingue », Göring et le reste de l'élite nazie n'étaient pas susceptibles de repérer les moments où il franchissait la frontière entre passion et instabilité dangereuse. Manfred von Schröder, par exemple, a pu constater *de visu*, en sa qualité de jeune diplomate allemand et de membre du Parti nazi, le comportement d'Hitler dans la chancellerie du Reich immédiatement après que le président Hácha eut été forcé d'accepter de céder les terres tchèques. Il « parlait tout le temps » et « dictait à deux secrétaires » à la fois[405]. Sur le moment, Schröder vit dans ce comportement hyperactif le signe d'un « génie au travail » ; mais, « quand j'y repense aujourd'hui et que je le vois clairement se lever et puis se rasseoir, je pense que son comportement était typiquement celui d'un maniaque ». De « génie » charismatique à « maniaque typique » – nous avons là le jugement de la même personne modifié seulement par le temps et par l'expérience.

---

404. Ian Kershaw, *Hitler. 1936-1945 : Némésis*, *op. cit.*, p. 167.
405. Laurence Rees, *Ils ont vécu sous le nazisme*, *op. cit.*, p. 115.

Une autre idée sur laquelle pouvaient s'appuyer les partisans d'Hitler quand le doute les assaillait, était qu'il était indubitablement influencé par des conseillers furieux et radicaux. Exactement comme Goebbels avait décidé à l'issue de la conférence de Bamberg en 1926 qu'Hitler critiquait les plans de Strasser parce qu'il était tombé entre les griffes des responsables douteux de la section bavaroise du Parti nazi, de même un grand nombre de personnes imputaient la ruée de l'Allemagne vers la guerre à ce va-t-en-guerre qu'était Ribbentrop, le secrétaire allemand aux Affaires étrangères. La question que se posaient les fonctionnaires du ministère allemand des Affaires étrangères était, selon Manfred von Schröder : « Comment nous débarrasser de Ribbentrop et avoir un contact direct avec Hitler ? » Paradoxalement, cette idée qu'Hitler avait été quelque part induit en erreur pouvait coexister avec le sentiment dominant qu'il savait – tout au fond de lui – ce qui était le mieux pour l'Allemagne. À nouveau, cette croyance reposait à la fois sur la confiance profonde et manifestement inébranlable qu'Hitler avait constamment en son propre jugement et sur le fait que ses récentes aventures en politique extérieure s'étaient en fin de compte bien terminées pour l'Allemagne. « La confiance en soi dont Hitler fit preuve en ces journées dissipa mes doutes, écrivit Albert Speer. Il m'apparaissait alors comme un héros des légendes antiques qui, sans la moindre hésitation, conscient de sa force, se lançait dans les entreprises les plus aventureuses et en sortait victorieux[406]. »

406. Albert Speer, *Au cœur du Troisième Reich*, *op. cit.*, p. 232.

Nevile Henderson soupçonnait lui aussi que la clef du succès d'Adolf Hitler pouvait être en relation avec sa confiance en soi illimitée, étayée par son sentiment intuitif de ce qu'il fallait faire ensuite. Henderson, comme Dahlerus, ne trouva jamais Hitler charismatique et chercha à comprendre, pendant tout son séjour à Berlin, « en quoi pouvait bien résider la grandeur d'Hitler, par quels moyens il s'était imposé comme le dirigeant indiscuté d'un grand peuple, et ce qu'était – pour moi – l'origine cachée de cette influence sur ses partisans et de leur totale servilité à son égard[407] ». Une des réponses qu'il découvrit fut la confiance des partisans d'Hitler en son intuition : « J'ai en permanence demandé à ceux qui étaient en contact étroit avec lui en quoi consistait sa qualité principale. Je me suis vu répondre presque unanimement : son *Fingerspitzengefühl* [sa sensibilité à fleur de peau][408]. »

Outre cette foi inébranlable qui lui était étroitement associée, il y avait le sentiment que le Führer était quelque part « destiné » à conduire l'Allemagne là où il l'aurait choisi. « Cet homme – Hitler – est le destin de l'Allemagne pour le pire ou pour le meilleur », dit Werner von Fritsch, après avoir été forcé de démissionner de son poste de commandant en chef de l'armée allemande. Et Fritsch ne doutait guère de la destination où Hitler entraînait l'Allemagne : ce serait « la course à l'abîme[409] ».

---

407. Nevile Henderson, *Failure of a Mission*, *op. cit.*, p. 39.

408. *Ibid.*, p. 73.

409. Journal d'Ulrich von Hassell, 20 décembre 1938. Voir Ulrich von Hassell, *Journal d'un conjuré, 1938-1944 : l'insurrection de la conscience [Die Hassell-Tagebücher. Aufzeichnungen*

Pourtant, au cours de l'été 1939, de nombreux Allemands croyaient toujours qu'Hitler pouvait empêcher que la guerre contre la Pologne ne dégénère en conflit généralisé. « Nous avions de nombreux exemples de la démission des puissances occidentales face à Hitler, dont Munich, dont aussi l'occupation de Prague[410] », dit Ulrich de Mazière, alors jeune officier de l'armée. Et quand la nouvelle du pacte de non-agression germano-soviétique tomba le 24 août 1939, ce fut comme si Hitler, une fois de plus, avait obtenu un triomphe en politique extérieure en partant de rien. Maintenant, quoi qu'il pût arriver, les Allemands n'auraient pas à faire face à une guerre sur deux fronts, piégés entre la Grande-Bretagne et la France à l'ouest, et la Russie à l'est, comme cela avait été le cas vingt ans auparavant.

La Wehrmacht envahit la Pologne le 1er septembre 1939, et, deux jours plus tard, la Grande-Bretagne et la France déclarèrent la guerre à l'Allemagne. Ulrich de Mazière ne pouvait rien dire d'autre que : « Prédire avec certitude [ce qui allait se passer maintenant] n'était vraiment pas évident[411]. »

---

vom Andern Deutschland], traduit par Pascal Delhom, Pascal Dethurens, Antoine Raybaud, avec la collaboration de Christian Muguet, préface de Hans Rothfels, postface de Pierre Morel, Belin, 2009, p. 39.

410. Témoignage inédit.

411. Témoignage inédit.

Troisième partie

LE PARI ET LA RÉCOMPENSE

12

Le grand pari

Après des décennies de recherches historiques, nombre de mythes à propos d'Hitler et du nazisme continuent à persister dans la conscience du plus grand nombre. L'un des plus largement répandus est que la victoire allemande sur les Français en 1940 a été rendue possible par la supériorité de l'équipement militaire – c'est-à-dire, essentiellement, le fait que la Wehrmacht disposait de plus de chars, ce qui lui aurait permis d'imaginer la tactique novatrice de la *Blitzkrieg* (guerre éclair). Mais ce n'est pas le cas. En effet, les Allemands possédaient *moins* de chars que les Alliés sur le front de l'Ouest, et une étude de cette période capitale, du début de la guerre jusqu'à la défaite de la France – de septembre 1939 à l'été 1940 – révèle les vraies raisons qui expliquent le succès d'Hitler. Parmi celles-ci son charisme, qui a joué une part essentielle. La vision d'Hitler, ses certitudes, son don oratoire, sa capacité à libérer les ambitions sans limites de ses partisans et à créer une atmosphère d'intense excitation devant la possibilité qui leur était donnée de faire l'histoire, tout cela a joué un rôle pour assurer la victoire allemande.

Mais, par-dessus tout, cette période est celle du grand pari. Et là encore nous sommes confrontés à un autre mythe populaire : la décision d'Hitler d'envahir l'Union soviétique passa à l'époque pour le plus grand risque qu'il ait jamais pris. En réalité, sa décision d'attaquer la France était jugée bien plus risquée – à telle enseigne que l'offensive allemande sur le front Ouest au printemps 1940 fut alors considérée comme l'un des plus grands défis militaires de l'histoire. Selon l'opinion populaire de l'époque, l'attaque allemande n'aurait pas dû réussir[412]. Qui plus est, pendant cette période, Hitler devait non seulement persuader ses généraux d'obéir à ses ordres et d'attaquer à l'ouest, mais aussi décider de la nature de la guerre contre la Pologne et de la forme que prendrait l'occupation nazie de ce pays.

Naturellement, il n'y a rien de mystérieux en ce qui concerne la destruction militaire de la Pologne, que les Allemands accomplirent en quelques semaines. Sans doute Varsovie n'est-elle tombée que le 28 septembre, mais le sort de la Pologne avait été réglé onze jours plus tôt quand l'Armée rouge, agissant de conserve avec les Allemands, l'avait pénétrée à l'est pour s'emparer de sa part du territoire. Piégés entre Hitler

412. En effet, même aujourd'hui, quand les batailles sont rejouées par le biais de simulations informatiques, les Alliés gagnent toujours. Voir Ernst R. May, *Strange Victory, Hitler's Conquest of France*, I.B. Tauris, 2000, p. 6.

et Staline – qui agissaient en alliés dans le démembrement de la Pologne en vertu du pacte secret de non-agression germano-soviétique –, les Polonais n'avaient pas la moindre chance.

Mais si l'action militaire fut menée sans anicroche, il n'en fut pas de même de la politique nazie dans la Pologne occupée. Le général Johannes Blaskowitz, comme d'autres officiers supérieurs allemands, maintenait encore pendant son interrogatoire en 1947 qu'il avait cru à cette époque qu'« une guerre destinée à effacer les pertes économiques et politiques résultant de la création du corridor polonais et à diminuer la menace de séparation de la Prusse orientale entourée par la Lituanie et la Pologne était considérée comme un devoir sacré tout autant qu'une triste nécessité[413] ». En réalité, il proclamait qu'il avait mené une guerre pour « réparer les torts de Versailles ».

Une guerre visant cet objectif emportait également le soutien sans réserve des Allemands ethniques qui avaient été pris au piège à la fin de la Première Guerre mondiale lorsque ce territoire, allemand depuis des générations, avait été livré aux Polonais. « Eh bien, pour nous qui vivions là-bas, le traité de Versailles fut une expérience difficile et terrible, parce que cela signifiait que nous étions coupés du Reich », dit Charles Bleeker Kohlsaat, membre d'une importante famille

413. Memorandum Brief of the Prosecution, Crimes against Peace : Counts one and four ; Planning, Preparing, Initiating and Waging Wars of Aggression and Invasions, the Common Plan or Conspiracy, 26 août 1948, Records of the United States Nuremberg War Crimes Trials Interrogations, 1946-1949. 898, Roll 58, 30.

allemande ethnique de l'ouest de la Pologne. Il espérait qu'Hitler créerait une nouvelle Allemagne dans laquelle tous les Allemands ethniques seraient inclus : « Lorsqu'il y avait des retransmissions radiophoniques des discours du Führer, des discours d'Hitler, nous étions collés à la radio et écoutions avec intérêt ce qu'il disait. À écouter ses discours, nous pensions qu'Hitler était en train d'accomplir un miracle et qu'il conduirait le Reich à une nouvelle grandeur ; et nous étions pleins d'enthousiasme devant les réalisations de cet homme [...] Et tout le monde était fasciné, tant que vous ne regardiez pas dans les coulisses – et le citoyen lambda ne regardait pas dans les coulisses – vous pensiez : bon sang, cet homme est en train d'accomplir quelque chose, c'est un véritable Allemand[414]. »

Ainsi donc, pour des Allemands comme Blaskowitz, Kohlsaat et des millions d'autres, l'opération en Pologne n'était pas une guerre « idéologique », mais faisait partie des promesses d'Hitler de rétablir le territoire allemand et l'honneur des Allemands après les humiliations de Versailles. Dans la mesure où ils étaient influencés par son charisme, leur soutien était basé pour une large part sur cet objectif partagé. Mais il devint bientôt évident qu'ils se trompaient. Il ne s'agissait pas du tout d'une guerre classique pour récupérer les territoires perdus. Comme le professeur Mary Fulbrook, qui a spécialement étudié cette période, le dit : « Quand on regarde l'invasion de la Pologne en septembre 1939, on observe, dès la première semaine de guerre, des atrocités de masse contre les civils,

414. Témoignage inédit.

contre les Juifs, femmes, enfants et vieillards. [...] Pour ne prendre en considération que la première semaine de guerre et l'exemple de l'est de la Haute-Silésie, on a des incendies de synagogues, et des gens à l'intérieur mourant dans les flammes. On a des atrocités avec le meurtre d'hommes, de femmes, d'enfants et de vieillards dans toutes les maisons du voisinage de la synagogue à Będzin [le 8 septembre 1939] ; il s'agit là d'un crime de masse. [...] Nous parlons là de plusieurs centaines de civils qui ont été brûlés vivants ou tués alors qu'ils tentaient de s'échapper, ou qui sautaient dans le fleuve pour se soustraire aux flammes et étaient tués dès qu'ils sortaient leur tête de l'eau pour respirer[415]. » Bien que ces attaques soient modestes à l'échelle des meurtres de masse qui accompagneront l'invasion allemande de l'Union soviétique à l'été 1941, elles représentaient néanmoins, comme le souligne Fulbrook, « des violations qui ne font pas partie des actes de guerre ordinaires et ne ressemblent pas à ce que nous avions vu pendant la Première Guerre mondiale, où des atrocités existaient mais étaient d'une certaine manière légitimées en termes militaires, ce qui n'était pas le cas ici. C'était racial ».

Des soldats allemands comme Wilhelm Moses, qui était membre d'une unité de transport de la Wehrmacht, étaient choqués de ce qu'ils voyaient. Il fut témoin de la pendaison de sept ou huit Polonais dans un jardin public, tandis qu'un orchestre de cuivres jouait. Cette scène, ajoutée à d'autres horreurs auxquelles il assista, l'amena à « avoir honte de tout ce qui

---

415. Interview avec l'auteur sur WW2History.com.

s'est passé. Et je ne me sens plus allemand. [...] J'en étais arrivé à penser : "Si une balle devait me toucher, je n'aurais plus à avoir honte de dire que je suis allemand, plus tard, une fois la guerre terminée[416]." »

L'année suivante, en 1940, Charles Bleeker Kohlsaat vécut un événement qui lui fit prendre conscience de la véritable nature de l'occupation nazie de la Pologne : « Nous étions assis sur le balcon un dimanche et prenions notre petit déjeuner. Une voiture entra soudain dans la cour. [...] Baissant les yeux, je vis les chevaux, je reconnus le fermier... et ma mère me dit : "Va voir ce qu'il veut." Je courus donc à travers le jardin jusqu'à la cour et m'approchai du véhicule, où était assis le valet de ferme du fermier polonais, que je connaissais aussi, au moins de vue. Et il y avait à côté de lui un homme que je ne connaissais pas. C'était encore un jeune homme, et je lui jetai un coup d'œil. Il avait l'air en état de choc et bafouillait.

« Arrivé tout près de la charrette, je regardai plus attentivement l'homme et remarquai que ses pieds étaient attachés. Il se parlait à lui-même : "Moi, bon travailleur, pouvoir conduire les chevaux." Je dis alors au valet de ferme : "Qui est-ce ?" Il répondit : "C'est un Juif."

« Je courus donc vers la maison et je dis tout cela aux autres. Je me sentais très important, parce que c'était le premier Juif vivant que je voyais de ma vie. Après quoi ma mère me dit : "Descends, va voir la servante et dis-lui de préparer quelque chose à manger pour lui."

---

416. Laurence Rees, *Ils ont vécu sous le nazisme*, *op. cit.*, p. 124.

« Je descendis donc pour voir la domestique, et elle dit : “Eh bien, en fait, il ne me reste pas grand-chose.” Et elle me tendit un pot bleu avec une anse, qui contenait de la soupe de lait, une soupe au lait un peu aigre avec quelques pommes de terre dedans.

« Quand j'ai quitté la cuisine, j'ai dû évidemment raconter ce qui se passait en bas. Cela me prit un moment, et il fallait que j'attende que la soupe se réchauffe, puis je sortis par la porte située sur le côté de la maison, et j'entendis des voix qui venaient des marches de devant. Comme je faisais le tour, je vis ma grand-mère qui se tenait debout en haut des escaliers et deux policiers en bas de la volée de marches, et ils dirent : “Où est le Juif ?”

« Ce à quoi ma grand-mère répondit : “Mon petit-fils vient juste d'aller lui chercher quelque chose à manger.” C'est alors que l'un des deux policiers sortit sa matraque, la prit en main et dit : “Il va goûter de ça d'abord ; [quand on l'aura embarqué] il en recevra davantage, mais jusque-là ça suffira.” Ce à quoi ma grand-mère, mettant les mains sur ses hanches, répondit : “Dites-moi, vous n'avez pas honte de vous-mêmes ?” Mais il se contenta de hausser les épaules et dit : “Mais c'est juste un Juif.” C'est alors qu'ils emmenèrent le Juif. Il fut probablement pendu quelque part le jour même, je ne sais pas. »

Les Bleeker Kohlsaat tentèrent de s'accommoder des terribles événements auxquels ils avaient assisté en Pologne – tous commis sous l'autorité d'un homme qu'ils avaient considéré comme « un véritable Allemand » – en tentant de se convaincre que tous ces Polonais qui avaient souffert du fait des forces d'occupation devaient bien avoir été coupables d'une quelconque infraction. L'homme qu'ils avaient attendu comme un sauveur ne pouvait certainement pas ordonner le meurtre de gens innocents, cela était-il possible ? Comme le dit Kohlsaat : « Les gens disaient : "Grand Dieu, le grand et glorieux Adolf Hitler ne doit pas être du tout informé de ce que ses gens font ici, autrement il ne laisserait jamais cela se produire !" Nous avions profondément honte du comportement de nombreux [Allemands] que nous observions dans les rues ; la manière dont ils arboraient l'attitude de la race des maîtres, la façon dont ils paradaient dans leurs uniformes, la certitude absolue que les Polonais étaient un peuple inférieur, tout cela nous remplissait profondément de honte et nous déprimait aussi. Nous nous moquions d'eux [des Polonais], mais nous ne les traitions pas mal, nous faisions des plaisanteries sur eux en cachette. En disant des choses comme : "Regardez, regardez ces nouilles !" mais il n'y avait aucune raison de les traiter mal, nous n'aurions jamais fait ça, ce n'était pas une chose à faire, ce n'était pas juste, et tout reposait sur l'étiquette, n'est-ce pas ? Un Allemand ne fait pas de telles choses, d'accord ? Mais les Allemands sont venus et ils les ont faites ! »

Dès avant l'invasion de septembre, les nazis avaient mis au point des plans pour cibler des groupes spécifiques de Polonais. En juillet 1939, la décision avait été prise de former cinq groupes de forces spéciales (portés plus tard à six) – *Einsatzgruppen* – qui opéreraient derrière les lignes de front et anéantiraient les classes dirigeantes polonaises[417]. Reinhard Heydrich déclara aux

417. Martin Kitchen, *The Third Reich, Charisma and Community*, Longmann, 2008, p. 306.

plus hauts gradés des forces de sécurité de la police le 7 septembre que la classe dirigeante de la Pologne devait être « rendue inoffensive[418] ». Quant aux deux millions de Juifs polonais, ils étaient particulièrement vulnérables, et plusieurs milliers d'entre eux furent tués pendant le premier mois de la guerre, les autres étant enfermés dans des ghettos. Le premier grand ghetto – contenant deux cent trente mille Juifs – fut constitué à Lodz à la fin du mois d'avril 1940. Tout ceci fut approuvé par Adolf Hitler, qui, comme le rapporte Goebbels, voyait dans les Polonais « des animaux plus que des êtres humains » et pour qui « la crasse des Polonais [était] inimaginable »[419]. Son « jugement » en ce qui concerne les Polonais, dit Goebbels, était « extermination ».

Il n'est pas exact de dire que les atrocités en Pologne furent commises uniquement par des membres de l'appareil du Parti nazi – la SS ou les *Einsatzgruppen*. Des éléments de l'armée allemande y participèrent aussi. « Les réussites et succès de la campagne militaire en Pologne ne doivent pas faire perdre de vue que certains de nos officiers ont manqué de fermeté morale, écrivit Brauchitsch dans une circulaire à tous les officiers allemands en octobre 1939. Un nombre alarmant de cas tels que confiscations abusives, arrestations illégales, enrichissement personnel, malversations et vols, harcèlement et abus sur des subordonnés, parfois sous l'effet de l'excitation, parfois à cause de l'abus de boissons, désobéissance ayant de sévères conséquences sur

418. *Ibid.*, p. 307.
419. Ian Kershaw, *Hitler, 1936-1945 : Némésis*, *op. cit.*, p. 379.

les troupes, viols de femmes mariées, etc., constituent un tableau de comportements dignes de mercenaires qui ne peuvent qu'être condamnés avec la plus grande sévérité[420]. »

Cependant ces remarques doivent être replacées dans un contexte dans lequel un certain nombre d'officiers allemands – comme le général Johannes Blaskowitz – étaient épouvantés par les atrocités systématiquement commises par les fonctionnaires nazis. Comme Beck avant lui, Blaskowitz n'avait jamais succombé au charisme d'Adolf Hitler. Mais il faisait partie d'un groupe relativement important d'officiers de l'armée qui avaient été affectés par le traité de Versailles – en particulier il détestait le « corridor » polonais qui séparait la Prusse orientale, son lieu de naissance, du reste de l'Allemagne.

Blaskowitz était le fils d'un pasteur protestant, et lui-même un chrétien fervent. Il était aussi cultivé et extrêmement maître de lui. Hitler, qui ne l'aimait pas, le jugeait avant la guerre comme un général craintif. Pourtant, Blaskowitz dirigea la 8e armée allemande avec distinction lors de la bataille de Bzura, à l'ouest de Varsovie, le plus important engagement de la guerre en Pologne. Plus de cent mille soldats polonais se rendirent aux Allemands, pris dans un vaste encerclement. Malgré

420. Ordonnance de l'ObdH [commandant en chef des armées], colonel général von Brauchitsch, aux officiers de l'armée, Berlin 25.10.1939. BArch, N 104/3. Citée dans Helmuth Groscurth, *Tagebücher eines Abwehroffiziers 1938-1940. Mit weiteren Dokumenten zur Militäropposition gegen Hitler*, éds. Helmut Krausnick et Harold C. Deutsch et avec la collaboration d'Hildegard von Kotze, Stuttgart, Deutsche Verlags-Anstalt, 1970, p. 386.

ce succès, Hitler n'était toujours pas impressionné par Blaskowitz quand il le rencontra en Pologne, le 13 septembre. Il fit plus tard la remarque que Blaskowitz ne semblait pas « avoir compris sa mission ». Par cette phrase sibylline, il voulait certainement dire que Blaskowitz était résolument « de la vieille école » – pas un commandant d'avenir. « Je recherche des hommes résolus, confia-t-il à son aide de camp le même jour. J'ai besoin de nationaux-socialistes fanatiques[421]. » Sachant qu'Hitler souhaitait le remplacement de Blaskowitz – et considérant que les griefs contre lui étaient infondés –, le général Halder, chef de l'état-major général des armées, diligenta une enquête sur Blaskowitz qui démontra qu'il s'était parfaitement comporté pendant l'invasion[422]. Hitler n'en fut pas davantage impressionné, mais Blaskowitz resta en Pologne.

Un conflit menaçait d'éclater à propos de la question du traitement des Polonais entre certains des officiers de la vieille école tel Blaskowitz et les « hommes résolus » du national-socialisme. Nous en avons un signe précoce dans le journal du général Halder. Celui-ci nota, le 19 septembre 1939, que le SS Reinhard Heydrich avait annoncé un « nettoyage » en Pologne chez « les Juifs, l'intelligentsia, le clergé, les nobles ». Cependant, écrivait Halder, « l'armée réclame instamment que le "nettoyage" soit reporté après le retrait de

421. Richard Hargreaves, *Blitzkrieg Unleashed*, Stackpole Books (USA), p. 158.

422. Richard Giziowski, *The Enigma of General Blaskowitz*, New York, Hippocrene Books, et Londres, Leo Cooper Books, 1997, p. 143.

l'armée, quand le pays aura été remis à une administration civile. Début décembre[423] ». (Le « nettoyage » était évidemment l'un des différents euphémismes que les nazis allaient utiliser pendant la guerre pour parler de leurs atrocités. Et, comme nous l'avons vu, il ne fut certainement pas « reporté » jusqu'en décembre : on estime que cinquante mille Polonais avaient déjà été exécutés par les Allemands à la fin 1939[424].)

Halder fut informé par le général Eduard Wagner, sortant d'une réunion avec Hitler, que la Pologne devait devenir une terre « d'esclaves bon marché[425] » et que l'armée devait se cantonner aux « matières militaires ». L'objectif était de créer une « désorganisation totale » dans le pays. De son point de vue, exprimé dans son journal, c'était un « plan démoniaque ». Fait significatif, la veille du jour où il écrivit cette note, le 17 octobre 1939, Hitler avait ordonné que les SS et d'autres unités non militaires de sécurité opéraient en dehors de la juridiction de l'armée. Désormais, si le commandement militaire voyait les SS en train de commettre une action qui lui déplaisait en Pologne, il n'avait plus aucun moyen légal pour poursuivre les auteurs.

---

423. Charles Burdick et Hans-Adolf Jacobson (éds.), *The Halder War Diary 1939-1942*, Greenhill Books, 1988, entrée du 19 septembre 1939, p. 57.

424. Bogdan Musial, *Deutsche Aivilverwaltung und Jugenverfolgung im Generalgovernement*, Wiesbaden, 1999, p. 106. Cette référence est également citée dans Christopher Browning, *Les Origines de la solution finale : l'évolution de la politique antijuive des nazis, septembre 1939-mars 1942*, Points, 2009.

425. *The Halder War Diary*, *op. cit.*, entrée du 2 novembre 1939, p. 73.

Si l'est de la Pologne était aux mains des Soviétiques poursuivant leur propre plan démoniaque de réorganisation ethnique, la Pologne de l'Ouest occupée par les nazis devait être divisée en deux zones. La première, « le Gouvernement général », centrée sur Cracovie et placée sous le contrôle du fidèle nazi Hans Frank, deviendrait une sorte de dépotoir pour ceux qui n'avaient pas le droit de poursuivre leur existence dans le Reich, tandis que l'autre serait incorporée à l'Allemagne. La partie allemande étant elle-même divisée en de nombreux nouveaux districts ou *Gaue*[426]. Les deux plus importants étaient d'une part celui de Dantzig/Prusse occidentale, dirigé par Albert Forster, et d'autre part le Warthegau[427], confié à Arthur Greiser. Ces hommes, tous deux *Gauleiter*, ainsi que leurs supérieurs SS respectifs, étaient chargés de la réorganisation raciale de la Pologne de la manière la plus brutale qu'on puisse imaginer. Le général Johannes Blaskowitz, commandant de l'armée en Pologne, fut tout à fait mis à l'écart.

Cela n'empêcha pas Hans Frank de développer une profonde aversion pour Blaskowitz et sa façon de diriger l'armée en Pologne. Quand Goebbels lui rendit visite, le 2 novembre 1939, le gouverneur nazi se plaignit de ce que l'armée allemande en Pologne n'était pas « racialement consciente[428] » et l'entravait dans son travail.

---

426. Les *Gaue* étaient des subdivisions territoriales du NSDAP désignant les provinces allemandes, placées sous l'autorité d'un *Gauleiter (NdT)*.

427. *Reichsgau Wartheland*, un *Gau* créé dans la région de Warta *(NdT)*.

428. *Goebbels Diary*, 2 novembre 1939, cité dans Richard Giziowski, *Enigma*, *op. cit.*, p. 162.

L'aversion était mutuelle. Helmuth Stieff, un officier d'état-major, fut épouvanté par les effets du pouvoir de Frank, lors de sa visite à Varsovie en novembre 1939. « La majeure partie des millions de gens qui composent la population de la ville gagnent misérablement leur vie où et comme ils le peuvent, écrivit-il à sa femme. On ne sait pas de quoi ils vivent. C'est une tragédie indescriptible qui se déroule ici. On n'a aucune idée de la manière dont tout cela va évoluer [...] C'est une ville et une population qui sont condamnées [...] C'est déprimant, quand on est dans une belle chambre d'hôtel en train de manger du rôti de dinde et qu'on voit au même moment comment les femmes, qui jouaient un rôle extraordinaire il n'y a pas trois mois, se vendent pour un morceau de pain à nos soldats de façon à pouvoir continuer à traîner leur vie misérable un peu plus longtemps [...] L'extermination de générations entières de femmes et d'enfants n'est possible que par des sous-hommes qui ne méritent plus désormais le nom d'Allemands. J'ai honte d'être allemand[429]. »

À la fin de cette lettre, Steiff rapporte qu'il a rencontré le général Blaskowitz qui « m'a vidé son cœur et m'a dit ses inquiétudes et ses préoccupations ». Mais il semble improbable à ce stade que Blaskowitz ait directement accusé Hitler des crimes dont il savait

429. Lettre du 21 novembre 1939. Ausgewählte Briefe von Generalmajor Helmuth Stieff (hingerichtet am 8. August 1944), dans : *Vierteljahreshefte für Zeitgeschichte (VfZ)*, vol. 2, 1954, n° 3, p. 291-305. Certaines parties de la lettre (mais pas tous ces extraits, qui sont tirés de l'original allemand) sont également citées dans Giziowski, *Enigma*, *op. cit.*, p. 164.

qu'ils étaient commis en Pologne. Comme le général Beck avant lui, il paraît avoir découvert progressivement la réalité des choses. Il était, au moins au départ, plus facile pour l'un et l'autre, qui ainsi ne réfléchissaient pas à leur propre responsabilité, d'agir comme si ces atrocités étaient à mettre au compte des SS ou d'autres nazis fanatiques plutôt que d'en accuser le chef de l'État allemand. Quand bien même, dans leur for intérieur, ils auraient pensé autrement.

À l'automne 1939, Blaskowitz réunit les preuves des crimes que les SS commettaient en Pologne, avant de soumettre enfin, le 16 novembre, un rapport au commandant en chef des armées, Brauchitsch. Le document fut ensuite transmis à l'aide de camp d'Hitler, le major Gerhard Engel, qui le lui montra. Il n'existe pas de copie de ce rapport, mais nous connaissons les réactions d'Hitler à sa lecture, parce qu'Engel les a soigneusement consignées. « Il prend le rapport calmement au début, mais ensuite se met en colère en proférant de graves accusations contre "l'attitude puérile" du commandement de l'armée. On ne dirige pas une guerre avec les méthodes de l'Armée du Salut. Une aversion ancienne d'Hitler trouva là confirmation. Hitler n'avait jamais fait confiance au général Blaskowitz. Il avait également été opposé à sa nomination à la tête d'une armée et trouvait justifié de le limoger, parce qu'il ne convenait pas à son poste[430]. »

Pourtant Blaskowitz ne fut pas relevé de son commandement. Halder et Brauchitsch ne tinrent tout sim-

430. *Heeresadjtant bei Hitler 1938-1943. Aufzeichnungen des Majors Engel*, éd. Hildegard von Kotze, Stuttgart, 1974, p. 67 *sqq*.

plement pas compte du point de vue d'Hitler. Blaskowitz put rester en fonction en Pologne en dépit des critiques virulentes de celui qui n'était pas seulement le chef de l'État, mais aussi le chef des forces armées allemandes. Comme avant la guerre, Hitler se trouva incapable d'exercer le contrôle que Staline possédait sur les nominations dans l'armée.

Le rapport de Blaskowitz se révéla être l'un des moments les plus critiques dans les relations d'Hitler avec ses généraux. Les difficultés allaient grandissant depuis une réunion qu'il avait eue avec ses officiers supérieurs du commandement militaire trois mois plus tôt seulement, le 27 septembre 1939. Cette rencontre fut au moins aussi dramatique que celle de novembre 1937 lors de laquelle Hitler avait déclaré que la guerre était tout à fait inévitable. Car il annonçait maintenant qu'il exigeait que des « plans immédiats[431] » fussent mis au point pour une attaque contre la France. C'était une nouvelle terrible pour les commandants de l'armée. Quelques semaines auparavant, ils espéraient encore que la Grande-Bretagne et la France resteraient complètement en dehors de la guerre, et ils redoutaient toujours une attaque venant de l'ouest. L'Allemagne était particulièrement vulnérable dans cette période, l'essentiel de ses forces étant encore à l'Est. Et maintenant, au lieu d'entreprendre une phase de consolidation avant de parvenir ensuite, avec un peu de chance, à une forme ou une autre d'arrangement pacifique avec la Grande-Bretagne et la

431. *The Halder War Diary*, *op. cit.*, entrée du 27 septembre 1939.

France, Hitler leur disait qu'ils devaient se préparer à envahir la France le plus tôt possible.

Il est difficile de se représenter aujourd'hui à quel point les idées d'Hitler ont pu paraître chimériques dans l'esprit de ces généraux. Parce que nous en connaissons tous le dénouement – une spectaculaire victoire allemande au printemps 1940 –, d'aucuns ont tendance à lire l'histoire à rebours et à penser que, d'une manière ou d'une autre, les Allemands pouvaient considérer à cette époque l'invasion de la France comme une option raisonnable. Elle ne l'était pas. Non seulement les Britanniques et les Français disposaient de plus de chars que les Allemands, mais qui plus est leurs chars étaient meilleurs. Les Français possédaient le char B équipé d'un canon de 75 mm et d'un blindage de 60 mm, très supérieur à n'importe quel véhicule de combat utilisé alors par les Allemands. De plus, comme le rappelle le professeur Adam Tooze, un examen attentif du programme d'armement allemand à ce moment décisif révèle que la pensée d'Hitler était résolument tournée vers le passé : « Si nous regardons de près les premiers mois de la guerre, le plus extraordinaire est que les programmes auxquels Hitler donnait la priorité n'allaient pas dans le sens d'une accélération de la construction d'une force blindée, mais il s'agissait en fait d'un énorme programme de fabrication [de munitions] qui avait pour objet d'éviter la même crise d'approvisionnement qui avait paralysé l'offensive allemande à l'automne de 1914. Hitler, en bon fantassin de la Première Guerre mondiale, se rappelle bien la crise d'approvisionnement en munitions qui, pensait-on, avait été la cause de l'enlisement de l'armée allemande dans les débuts de la Première Guerre mondiale. Et tel est son défi en décembre 1939 : ne pas accroître la production de chars mais tripler la production de munitions dans les six mois à venir. Ce qui veut dire qu'Hitler semblait envisager à cet instant, comme type de guerre, une confrontation laborieuse vers la Manche[432]. »

Il était en conséquence très peu crédible pour l'état-major général allemand – dont tous les membres ou presque avaient eu l'amère expérience personnelle de la dernière « confrontation laborieuse vers la Manche » – qu'Hitler puisse concevoir une invasion rapide de la France. Les plus hauts gradés partageaient le même point de vue : c'était tout simplement impossible – ils estimaient qu'une telle offensive ne pourrait pas s'envisager avant 1942 au plus tôt[433].

Ils étaient sur ce point du même avis que leurs ennemis. Les Français, en particulier, ne doutaient pas un instant de pouvoir vaincre les Allemands, certains allant jusqu'à penser que le régime nazi s'effondrerait rapidement sans qu'il y ait seulement besoin d'une intervention extérieure. Un rapport de l'époque, en provenance d'experts des services de renseignements militaires du Deuxième Bureau, expose : « Selon des renseignements de source fiable, le régime d'Hitler restera au pouvoir jusqu'au printemps 1940 – il sera ensuite remplacé par le communisme[434]. »

---

432. Interview avec l'auteur pour WW2History.com.

433. *Kriegstagebuch des Oberkommandos der Wehrmacht* (Wehrmarchtführungsstab), vol. I : 1er août 1940-31 décembre 1941, tenu par Helmut Greiner, Francfort-sur-le-Main, Bernard & Graefe Verlag für Wehrwesen, 1965, p. 950.

434. Ernst R. May, *Strange Victory*, *op. cit.*, p. 287.

La crise s'aggrava quand Hitler, rendu furieux par le peu d'enthousiasme manifesté par ses généraux à l'idée d'une attaque contre la France, les houspilla à nouveau le 10 octobre. Comme il l'avait fait lors de la célèbre rencontre de novembre 1937, il leur lut un interminable manuscrit. Une fois encore il montrait là son extraordinaire façon de commander – il avait décidé entièrement seul de ce qui était bon pour l'Allemagne, et ses généraux n'avaient qu'à exécuter ses ordres. Il n'avait eu aucune consultation préalable avec ses experts militaires avant de prendre sa décision, ni demandé aucune analyse logistique, ne serait-ce que pour vérifier que l'objectif pouvait être atteint.

Cette technique était efficace à au moins un niveau de commandement. Elle servait à montrer qu'Hitler pensait être le « seul génie », un dirigeant charismatique qui n'avait pas besoin de l'avis des autres. La confiance en quiconque s'opposait à lui s'en trouvait ruinée et ses collaborateurs étaient continuellement obligés de réagir aux visions d'Hitler plutôt que de participer aux décisions politiques en amont. Cependant, c'était aussi une attitude très risquée. À ce stade de la guerre, Hitler comptait dans une large mesure sur ses propres techniques de persuasion pour contrôler son Haut-Commandement militaire. C'est pourquoi, lorsqu'il ne parvenait pas à convaincre son auditoire, il rencontrait des difficultés auxquelles d'autres dictateurs, moins charismatiques, n'étaient jamais confrontés.

Ainsi ayant échoué à persuader ses généraux qu'une attaque contre la France était raisonnable, Hitler dut faire face à une opposition grandissante. Un simple coup d'œil sur le journal du général Halder nous restitue cet état d'esprit. Il écrivit à la date du 14 octobre 1939, après une rencontre avec Brauchitsch : « Trois possibilités : attaquer, attendre, changer[435]. » Par « changer », Halder faisait allusion à un changement de commandement – la mise à l'écart, si ce n'est l'élimination, d'Adolf Hitler. Une telle opération avait un précédent récent. Pendant la Première Guerre mondiale, deux hauts gradés allemands – Ludendorff et Hindenburg – avaient pris le contrôle de toutes les décisions stratégiques militaires, laissant le Kaiser Guillaume II aux marges du pouvoir. Et c'est un autre général – Wilhelm Groener – qui avait informé le Kaiser, en novembre 1918, qu'il devait abdiquer. Mais Halder et Brauchitsch reconnaissaient aussi qu'aucune des options disponibles n'était idéale – surtout s'ils choisissaient de « changer », à partir du moment où « c'est essentiellement un choix négatif et qui risque de nous rendre vulnérables[436] ».

Ce ne sont pas des raisons morales ou juridiques qui conduisaient Halder à exclure l'éventualité d'une invasion de la France. Il considérait simplement que l'armée allemande n'était pas prête dans l'immédiat. Il ne s'opposait donc pas à une guerre d'agression à l'Ouest, il redoutait simplement de la perdre. Et il n'était pas le seul à penser de la sorte. Le 3 novembre, il écrivait : « Personne au sein du Haut-Commandement [l'état-major] ne pense qu'une offensive lancée par OKW [le commandement suprême des forces armées qui travaillait directement avec Hitler]

435. *The Halder War Diary*, *op. cit.*, entrée du 14 octobre 1939, p. 72.

436. *Ibid.*

ait une quelconque chance de succès[437]. » Brauchitsch et Halder envisageaient désormais un coup d'État contre Hitler.

Dans le même temps, nombre des visages familiers du coup d'État avorté de l'année précédente – y compris Ludwig Beck – complotaient également pour empêcher Hitler d'entraîner l'Allemagne dans une guerre désastreuse contre la France. Une de leurs idées était d'envoyer les unités qui leur étaient loyales contre l'état-major d'Hitler et de l'arrêter, après que l'attaque à l'Ouest aurait été lancée. Hitler serait écarté du pouvoir, et Beck deviendrait le nouveau chef de l'État allemand[438].

Lors d'une rencontre avec Hitler, le 5 novembre, Brauchitsch tenta de le persuader que l'armée n'était pas prête pour attaquer la France, ajoutant que l'invasion de la Pologne avait révélé un certain nombre de problèmes de discipline. Il compara même l'attitude de la Wehrmacht en 1939 avec celle de l'armée allemande à la fin de la Première Guerre mondiale. Hitler – comme on pouvait s'y attendre – perdit son sang-froid. Il menaça de se rendre immédiatement sur le front pour se rendre compte de la situation par lui-même. Ce qui tracassait plus encore Brauchitsch, c'était d'entendre Hitler affirmer que l'armée manquait du volontarisme nécessaire pour aller se battre comme il le souhaitait. Hitler traita ce défaitisme d'« esprit de Zossen[439] »

---

437. *Ibid.*, entrée du 3 novembre 1939, p. 76.

438. Institut für Zeitgeschichte (IfZ) Munich, ZS 603 (von Dohnanyi), *Protokoll der Bespreschung mit Frau von Dohnanyi am 1.12.52*, p. 14 *sqq*.

439. Ian Kershaw, *Hitler : Némésis*, *op. cit.*, p. 269-270.

(l'état-major de l'armée en temps de guerre se trouvait tout près du village de Zossen, au sud de Berlin) et menaça de le détruire. Dévasté par la réaction d'Hitler, Brauchitsch déclara après la rencontre qu'il ne prendrait aucune part à un putsch. Halder, qui redoutait qu'Hitler n'en vînt à soupçonner que des hauts gradés étaient en train de comploter contre lui, abandonna lui aussi l'idée de prendre la tête d'une conspiration contre le Führer.

Ce fut un moment révélateur. Brauchitsch n'avait rien entendu pendant la réunion du 5 novembre avec Hitler qui pût apaiser ses inquiétudes quant à l'offensive à l'ouest. En fait, la situation, pour Halder et lui, empira dans la journée : Hitler donna l'ordre d'envahir la France peu de temps après la réunion – l'attaque devait être lancée le 12 novembre. Ils s'abstinrent pourtant de faire quoi que ce soit, alors même qu'ils savaient que la date donnée par Hitler marquerait le lancement d'une campagne de grande ampleur dont ils pensaient que les Allemands sortiraient perdants.

Leur erreur de jugement fondamentale avait été de croire qu'une action quelconque contre Hitler pourrait ressembler à celle qui avait été entreprise pour écarter et renverser le Kaiser vingt et un ans auparavant. Contrairement au Kaiser, Hitler était toujours considéré par des millions d'Allemands comme un dirigeant qui méritait leur confiance. Malgré l'état de guerre déclaré entre les Allemands et les Franco-Britanniques, et malgré les doutes et les inquiétudes sur la manière dont cette guerre finirait, restait que le Führer avait aussi orchestré la défaite rapide des Polonais et la réincorporation dans le Reich de Dantzig ainsi que du corridor polonais, tout comme celle des territoires perdus au bénéfice de la Pologne à Versailles. Aussi certains – comme Walter Mauth, qui était alors âgé de seize ans – se rassuraient : « Comme la guerre contre la Pologne s'était terminée en trois semaines [...] nous pensions que nous étions invincibles[440]. »

Une autre preuve de la popularité d'Hitler auprès de la population générale allemande s'afficha en ce mois de novembre, conséquence d'un événement dont Munich fut le théâtre. Trois jours après sa rencontre orageuse avec Brauchitsch, Hitler se rendit à Munich pour le seizième anniversaire du « putsch de la Brasserie ». Après avoir prononcé un discours à la Bürgerbräukeller, il reprit rapidement le chemin de la gare de Munich pour repartir vers Berlin. Dix minutes après qu'il eut quitté la Bürgerbräukeller, une bombe cachée dans un pilier explosa. Pendant des mois, George Elser, un charpentier, avait réussi à travailler secrètement, la nuit, dans la cave à bière et avait caché l'explosif juste derrière la tribune où Hitler devait prononcer son discours. Ancien membre du Parti communiste que la guerre mettait en colère, il avait décidé que le seul moyen pour améliorer la situation en Allemagne était de tuer Hitler et d'autres dirigeants du parti.

Elser était un assassin solitaire qui avait agi sans l'aide de personne. Hitler avait eu de la chance de survivre, et il mit cela une fois de plus sur le compte de la providence attachée à sa personne. Mais l'important fut la réaction de l'opinion publique à la nouvelle qu'une tentative d'assassinat avait eu lieu contre lui.

---

440. Témoignage inédit.

Un rapport établi par le SD, le service de renseignements des SS, le constatait : « Sa tentative d'assassinat à Munich a grandement renforcé la notion de solidarité au sein de la population », et « l'amour pour le Führer a encore grandi[441]. » Un autre rapport, daté de décembre 1939, notait que, « depuis le déclenchement de la guerre et surtout après la tentative d'assassinat à Munich, de nombreux commerçants ont pris l'initiative d'afficher le portrait du Führer dans leur vitrine. Dans certains cas, cet hommage au Führer est toutefois rendu de la manière la plus déplaisante. Par exemple, on nous dit que la vitrine d'une boutique de spiritueux à Kiel a exposé le portrait du Führer au milieu de nombreuses bouteilles d'alcool avec le slogan : "Nous ne nous rendrons jamais !"[442] »

Ce soutien enthousiaste apporté à Hitler n'est dans un sens guère surprenant. Depuis plus de six ans, la propagande de Goebbels avait diffusé le message qu'Hitler était un personnage quasi mythique dont la présence était essentielle pour le succès et la sécurité futurs de l'Allemagne. Ce bourrage de crâne, associé à une succession de triomphes en matière de politique étrangère avant le déclenchement de la guerre, avait laissé une empreinte durable. De nombreuses personnes pouvaient ainsi continuer à révérer Hitler, mal-

441. « Bericht zur innenpolitischen Lage (n° 15) 13 novembre 1939 », in *Meldungen aus dem Reich 1938-1945. Die geheimen Lageberichte des Sicherheitsdienstes der SS*, éd. Heinz Boberach, vol. 3, Herrsching, 1984, p. 449-456.

442. « Meldungen aus dem Reich (n° 28), 13 décembre 1939 », in *Meldungen aus dem Reich 1938-1945*, *op. cit.*, p. 563-573.

gré leurs inquiétudes sur la guerre et les effets des mesures économiques – comme le récent décret sur l'économie de guerre – qui affectaient très concrètement leurs revenus.

L'on comprend moins bien que les divers petits groupes de comploteurs ne se soient pas rendu compte dès le début que Hitler – à la différence du Kaiser – avait toujours accès à cette immense réserve de confiance et de vénération. Le pouvoir charismatique est toujours renforcé par le succès, et Hitler n'avait encore connu aucun échec. C'est la leçon qui s'imposa au général Wilhelm Ritter von Leeb lorsqu'il essaya de rallier des soutiens pour réaliser un putsch contre Hitler à la suite de l'écroulement de Brauchitsch lors de la réunion du 5 novembre. Il avait fallu reporter la date qu'Hitler avait initialement fixée pour l'invasion – le 12 novembre – du fait d'informations météorologiques défavorables et d'inquiétudes concernant des mouvements de troupes alliées ; en réalité, cette date devait encore être reportée plusieurs fois avant la date finale du 10 mai 1940.

Pour autant, à la fin de 1939, le conflit avec la France semblait toujours imminent. Leeb qualifiait l'attaque prévue à l'ouest de « folie[443] ». Lui aussi épouvanté par les atrocités commises en Pologne, il avait protesté auprès de Halder que les actions de la « police » allemande en Pologne étaient « indignes d'une nation civi-

---

443. Georg Meyer (éd.) Generalfeldmarschall Wilhelm Ritter von Leeb, entrée du 9 octobre 1939, *Tagebuchaufzeichnungen und Lagebeurteilungen aus zwei Weltkriegen*, Stuttgart, Deutsche Verlags-Anstalt, 1976, p. 187-188.

lisée[444] ». Il essaya de solliciter l'aide de deux autres généraux, Bock et Rundstedt, pour préparer un coup d'État – mais ni l'un ni l'autre n'étaient intéressés. Et, finalement, ce fut l'un des officiers de Leeb, le général commandant de corps d'armée Geyr von Schweppenburg[445], qui lui fit remarquer qu'il était possible que les soldats du rang et les jeunes officiers refusent tout simplement d'agir contre Hitler. Ce jugement fut confirmé, après la guerre, par un autre officier supérieur allemand servant à l'ouest, Walther Nehring, qui explique qu'il eût été « vain » d'ordonner à ses hommes de se retourner contre le régime parce que « chez la majorité des jeunes soldats, le prestige d'Hitler était déjà trop profondément enraciné[446] ».

Le 23 novembre, Hitler parla devant environ deux cents hauts gradés militaires à la chancellerie du Reich,

---

444. Lettre de Wilhelm Ritter von Leeb à Franz Halder du 19 décembre 1939, brouillon dactylographié ; dans l'original, il existe une annotation manuscrite « envoyé par courrier le 20 décembre 1939. Becker, Major ». Citation reprise de *Tagebuchaufzeichnungen und Lagebeurteilungen aus zwei Weltkriegen*, *op. cit.*, p. 473-474. Une copie carbonée du brouillon dactylographié figure dans les archives d'État de Bavière, BayHStA, Abt. IV Kriegsarchiv, Nachlass Wilhelm Ritter von Leeb.

445. Helmuth Groscurth, *Tagebücher eines Abwehroffiziers 1938-1940. Mit weiteren Dokumenten zur Militäropposition gegen Hitler*, éds. Helmut Krausnick et Harold C. Deutsch avec la collaboration d'Hildegard von Kotze, Stuttgart, 1970, p. 222.

446. Lettre écrite par Walther Nehring, général des forces blindées, à Geyr von Schweppenburg le 26 octobre 1967 sur le fait de savoir si son régiment blindé [celui de Nehring] aurait agi contre Hitler. Ce document se trouve à l'Institut für Zeitgeschichte (IfZ) Munich, ED 91/16.

dans une ultime tentative pour faire naître l'enthousiasme de ses généraux quant à l'imminence du conflit avec l'Ouest. Cette lutte ouverte entre sa vision d'un côté, et celle de ceux dont il savait avoir besoin pour la réaliser de l'autre, Hitler savait qu'il devait la gagner.

Une fois de plus, il utilisa toutes les techniques de persuasion dont il était coutumier, insistant d'abord et avant tout sur l'idée qu'il était la seule personne qui comptât vraiment. « Le sort du Reich ne dépend que de moi[447] », affirma-t-il, se dépeignant comme un seigneur de la guerre charismatique envoyé pour sauver l'Allemagne. Et, comme auparavant, il annonça qu'il était venu devant ses généraux pour « leur dire » ses décisions.

Son discours comportait une leçon d'histoire – faite pour montrer combien les événements lui avaient donné raison alors même que d'autres avaient douté de lui – et quelques notions de sa propre philosophie brutale : « C'est dans le combat que se joue pour moi le sort de toutes les créatures. Nul ne peut éviter le combat s'il ne veut pas couler. » Il affirma que sa mission était claire – obtenir un *Lebensraum* pour un peuple qui en avait désespérément besoin.

C'est ce genre de discours qui conduisit Hugh Trevor-Roper à conclure dans son essai « L'Esprit d'Adolf Hitler » que, pour Hitler, « la raison d'être de la vie humaine » était « simplement que les Allemands devaient être les maîtres du monde » et que « pour lui il s'agissait seulement qu'il y ait plus de gâteaux pour les Alle-

447. Discours d'Hitler du 23 novembre 1939, *in* Max Domarus, vol. III, *op. cit.*, p. 1887.

mands et moins pour les non-Allemands »[448]. Mais c'était sous-estimer l'attraction qu'Hitler exerçait sur ses généraux. Il ne proposait pas uniquement un objectif pratique – les Allemands devaient conquérir plus de territoire – mais également une justification philosophique : la vie est un combat permanent, et nous sommes des animaux qui doivent se battre ou mourir. C'était un appel à libérer la bête qui sommeille en chaque être humain. Le discours répétait à foison le mot « anéantir » – Hitler parlait d'« anéantir quiconque s'oppose à moi. [...] Je veux anéantir mes ennemis ». Ainsi, longtemps avant l'annonce de ce qui est généralement désigné comme sa « guerre d'anéantissement » contre l'Union soviétique, on le voit ici vouloir pratiquer l'« anéantissement » à l'ouest. Plus encore, son discours était aussi un appel à chercher asile dans la certitude absolue. « J'ai le choix entre la victoire et l'anéantissement, dit-il. Je choisis la victoire. » Comme nous l'avons vu, cette posture de l'alternative « soit/soit » était l'une de ses tactiques habituelles, comme l'était sa menace de se suicider si les événements lui donnaient tort : « Je ne survivrais jamais à la défaite de mon peuple. »

Hitler se rendait évidemment compte que son long discours ne suffirait pas à convaincre Brauchitsch et Halder, et c'est pourquoi il les fit venir dans son bureau après la conférence pour leur redire à quel point il était mécontent de l'attitude du commandement militaire, en le rapportant une fois encore à

448. Hugh Trevor-Roper, *The Mind of Adolf Hitler*, dans *Hitler's Table Talk*, Phoenix Press, 2002, p. XXXVII.

« l'esprit de Zossen[449] ». Brauchitsch « offrit de démissionner[450] », mais Hitler lui dit de rester et de faire son « devoir ».

Pendant ce temps, Halder et ses collègues avaient, à leur corps défendant, planifié l'invasion de l'Ouest – même s'ils pensaient qu'ils n'avaient aucune chance de succès. Ils avaient quelques raisons d'être aussi pessimistes. Si les Allemands avaient lancé l'invasion selon les plans dressés au début du mois de novembre, ils seraient allés vers une défaite immédiate ou la même sorte d'impasse qui avait saigné l'Allemagne à blanc sur le front Ouest pendant la Première Guerre mondiale. Petit à petit, cependant, les plans évoluèrent. Le groupe d'armées A du général von Rundstedt, la force qui avait toujours été chargée de la protection du flanc sud du groupe d'armées B du général Block se vit allouer plus de ressources alors qu'il faisait marche pour contrôler la Hollande et attaquer la Belgique. À la date du 23 novembre et du discours d'Hitler, le « Plan jaune » *(Fall Gelb)*, nom donné au plan d'attaque, était cependant encore un imbroglio où aucun des deux groupes d'armée n'était désigné comme étant la force prioritaire.

Le général Erich von Manstein défendait maintenant l'idée que le seul moyen d'avoir une chance de battre les Alliés en France – par opposition à cet enlisement où l'on risquait de tomber – était de faire du groupe d'armées A la principale force offensive. Il proposait

449. *The Halder War Diary, op. cit.*, 23 novembre 1939, p. 80.
450. D'après le témoignage de Brauchitsch à Nuremberg, IMT, vol. XX, p. 628.

que le groupe d'armées de Bock, le groupe B, envahisse la Belgique pour faire croire aux Alliés qu'il s'agissait de la principale force d'attaque allemande, tandis que les unités blindées du groupe d'armées A, plus au sud, traverseraient la forêt des Ardennes, franchiraient la Meuse et se précipiteraient vers les côtes de la Manche à l'endroit où la Somme se jette dans la mer. Un grand nombre de soldats britanniques et français seraient dès lors pris au piège entre les deux pinces des groupes d'armée A et B. Comme le remarque le professeur Adam Tooze : « C'était une opération d'un risque logistique sans précédent qui donnait à chacun des adversaires de l'Allemagne – Grande-Bretagne, France, Belgique et Hollande – la possibilité, s'ils étaient suffisamment bien organisés, de monter une contre-attaque dévastatrice sur l'Allemagne et dans un mouvement en tenailles de contourner le nord de la France. C'est pourquoi les Allemands comprenaient parfaitement que, si ce plan échouait, ils avaient perdu la guerre. [...] Ce pari portait en lui la possibilité d'une victoire totale, [...] mais aussi le risque d'une défaite catastrophique, ce dont ils étaient pleinement conscients[451]. »

En dépit – ou plus vraisemblablement à cause – de l'immensité de ce risque, ce plan retint les faveurs d'Hitler, après que Manstein l'eut personnellement défendu auprès de lui. L'idée d'unités blindées opérant à toute allure avait été développée par le général Guderian dans son ouvrage *Achtung Panzer !* publié deux ans auparavant, et Halder avait vu en Pologne à quel point il était important que les unités blindées puissent mener

451. Interview avec l'auteur pour WW2History.com.

l'attaque. Différentes personnes s'employaient donc à la mise au point de la mouture finale du Plan jaune – et le hasard joua aussi sa partie quand les Alliés découvrirent en janvier 1940, lors de l'accident d'un avion allemand en Belgique, une copie du plan d'attaque dans sa mouture originelle. Les Allemands jugèrent dès lors plus prudent de changer la nature de leur offensive à venir.

Néanmoins, l'adoption de cette approche révolutionnaire de l'invasion de la France a pour causes fondamentales la volonté d'Adolf Hitler et les effets de son commandement charismatique. Hitler partait toujours d'une vision – en l'occurrence « envahir l'Ouest » – et recherchait ensuite chez d'autres des idées sur la manière dont il pourrait la réaliser. Mais il manifestait aussi en permanence son attirance pour le jeu du tout ou rien. L'occupation de la Sarre, l'*Anschluss*, la crise de Munich – toutes ces actions mettaient en jeu le destin de l'Allemagne. Pour Hitler, sa capacité à prendre des risques était un autre signe de la supériorité de son pouvoir, si bien qu'il n'avait que mépris pour ceux qui, dans leur vie, optaient toujours pour la prudence. « Les hommes de Munich, dit-il en août 1939, ne prendront pas le risque[452]. » C'était précisément la quasi-addiction d'Hitler au risque qui dérangeait des officiers traditionnels comme Ludwig Beck. Cependant, il y en avait d'autres qui considéraient que cette qualité même indiquait qu'il était ouvert aux idées nouvelles.

Une autre caractéristique du charisme d'Hitler, qui sous-tendait toutes les discussions sur l'invasion de la France, allait se révéler avec la plus grande netteté après

---

452. *The Halder War Diary*, 14 août 1939, *op. cit.*, p. 20.

la triomphante victoire allemande. Outre qu'il offrait aux Allemands l'excitation et la chance d'écrire l'Histoire, il associait cette perspective à l'idée que chacun devait agir *hic et nunc*. Il rappelait souvent qu'il n'avait devant lui qu'une courte vie pour réaliser ses objectifs – et il redoutait de ne pas vivre vieux. Il était pressé, et il transmettait ce sentiment d'urgence à tous ceux qui l'entouraient, un sentiment exacerbé par son absence de foi en une vie après la mort. L'idée sous-jacente de nombre de ses discours pendant cette période est claire – on n'a qu'une vie, on doit mourir et s'éteindre à jamais, que l'on passe son temps à prendre des risques énormes et excitants avec l'intention de changer le monde, ou à travailler tranquillement dans un bureau. C'est à chacun de décider. Une vie ennuyeuse ou une vie exaltante – l'une comme l'autre conduisent à l'éternité du néant. Le chemin qu'avait choisi Hitler était évident. Comme il le précise à la fin de son discours du 23 novembre à ses généraux : « J'ai décidé de vivre ma vie de telle façon à pouvoir me présenter sans honte quand le moment sera venu de mourir. »

Plus encore, le plan répondait à sa volonté de surprendre l'ennemi. « Le facteur surprise est la moitié de la bataille, dit-il plus tard. C'est pourquoi on ne doit pas répéter indéfiniment une opération pour la seule raison qu'elle a été un succès[453]. » Et Hitler s'était rendu compte dès octobre 1939, bien avant d'avoir entendu exposer le plan de Manstein, que ses adversaires à l'Ouest étaient particulièrement vulnérables à l'inattendu. « Le Führer nous rappelle sans cesse que

453. *Hitler's Table Talk*, 17 septembre 1941, *op. cit.*, p. 32.

nous ne devons pas retomber dans les tactiques des batailles linéaires de la [Première] Guerre mondiale, écrivit le général von Bock dans son journal le 25 octobre, mais que nous devons bousculer l'ennemi, par des attaques pointues et des avancées rapides d'unités blindées et motorisées pour opérer et agir vite, ce qui n'était pas dans la nature systématique des Français, ni dans celle, laborieuse, des Britanniques[454]. »

C'est cette intuition qui allait se révéler essentielle dans la bataille à venir. Les simulations du plan Manstein qui seraient effectuées par la suite au quartier général de l'armée allemande, à Zossen, confirmèrent que l'offensive tout entière reposait sur une seule question : à quelle vitesse les Alliés s'apercevraient-ils que le principal objectif de l'attaque n'était pas de traverser la Belgique mais les Ardennes ? Si les Allemands n'arrivaient pas à traverser la Meuse en quatre jours, les Britanniques et les Français auraient alors le temps de se rendre compte de ce qui se passait et d'envoyer des forces substantielles pour les stopper. Il était déjà clair au stade de la planification que la ville de Sedan, à cheval sur la Meuse, avait une importance déterminante. Il suffisait de prendre Sedan et de traverser la Meuse rapidement, et il n'y aurait plus d'obstacle insurmontable en face du groupe d'armées A pour atteindre la côte française dans la baie de la Somme. (Ici, l'histoire joua aussi son rôle dans la décision du commandement allemand d'adopter cette version radi-

---

454. Klaus Gerbet (éd.), *Generalfeldmarschall Fedor von Bock. Zwischen Pflicht und Verweigerung. Das Kriegstagebuch*, Munich/Berlin, Herbig Verlag, 1995, p. 67 *sqq*.

cale du Plan jaune. Les forces armées allemandes étaient encore dans l'ombre de la Première Guerre mondiale, et le plan Manstein donnait l'occasion de venger cette défaite – non pas seulement de vaincre les Français, mais encore de les humilier.)

En définitive, en tout cas Hitler l'espérait, le fait que les Alliés possédaient plus de chars que les Allemands n'avait pas d'importance – pour autant que ces chars restent au mauvais endroit. Là était bien sûr l'aspect du pari qui devait se révéler spectaculairement payant. Le combat à venir inspirait aux Alliés un débordement de confiance en soi, et cet excès de confiance allait les conduire à leur perte. Le général Maurice Gamelin, le commandant des forces armées françaises, était si orgueilleux qu'il avait confié à ses officiers supérieurs, en septembre 1939, que, si les Allemands attaquaient au printemps 1940, il était certain de la victoire[455].

Mais Adolf Hitler était tout aussi confiant dans la victoire. En effet, l'un des nombreux aspects remarquables de la planification de l'attaque sur la France est, au-delà de toutes les variations de tactiques et de stratégie, la certitude constante qu'il avait que tout irait pour le mieux. Le général Halder nota dans son journal le 17 mars qu'Hitler « était manifestement convaincu de la réussite[456] » – et cela malgré la très profonde

455. Le général Édouard Requin entendit cette remarque de Gamelin, citée dans Claude Paillat, *Désastre, Les Dossiers secrets de la France contemporaine*, vol. 4, 2e partie, Robert Laffont, 1985, p. 186.

456. *The Halder War Diary*, *op. cit.*, entrée du 17 mars 1940, p. 106.

inquiétude qui tenaillait de nombreux commandants allemands. Il ajouta, en date du 14 février, que les généraux Guderian et Wietersheim « montrent clairement leur manque de confiance[457] » dans l'opération, et, le 25 février, il commença la rédaction de sa note sur une réunion avec Fedor von Bock, qui devait commander le groupe d'armées B pendant l'attaque, par ce simple mot : « Soucis[458]. »

Hitler réserva une autre surprise aux Alliés avant le lancement du Plan jaune : les Allemands envahirent le Danemark et la Norvège. Hitler savait qu'il était essentiel à la bonne santé de la machine de guerre allemande de protéger l'approvisionnement en acier depuis la Suède, restée neutre, dont la plus grande partie parvenait en Allemagne *via* le port norvégien de Narvik. Des rumeurs couraient depuis longtemps sur une possible attaque alliée en Scandinavie, et il apparut par la suite que l'action allemande, qui fut lancée le 9 avril, coïncida presque exactement avec une initiative britannique d'installer des mines dans les eaux norvégiennes.

Sur terre, les Allemands triomphèrent au Danemark en une poignée d'heures et firent des progrès rapides en Norvège ; mais, sur mer, la Kriegsmarine perdit plus d'une douzaine de vaisseaux. Néanmoins, en dépit des succès de la Royal Navy, les soldats alliés ne parvinrent pas à vaincre les Allemands, et la controverse qui naquit aussitôt sur l'échec de la campagne norvégienne conduisit à la démission de Chamberlain et à la nomination de Winston Churchill au poste de Premier

457. *Ibid.*, entrée du 14 février 1940, p. 99.
458. *Ibid.*, entrée du 25 février 1940, p. 103.

ministre le 10 mai 1940 – par le plus grand des hasards, le jour même où le Plan jaune, l'invasion allemande de la France et des Pays-Bas, était lancé.

La Wehrmacht attaqua les Alliés avec cent douze divisions, dont moins de 10 % de divisions blindées, et les Britanniques et les Français commencèrent par penser que les Allemands agissaient exactement comme ils l'attendaient. Le premier mouvement du groupe d'armées Bock en Belgique neutre confirma au général Gamelin le bien-fondé de son intuition que la principale poussée de l'attaque se ferait dans le Nord. Un officier français qui le vit ce jour-là se rappelle l'avoir vu fredonner, une expression de contentement sur le visage[459]. Il paraissait logique, aux Français et aux Britanniques, que les Allemands attaqueraient à la fois en Belgique et en Hollande de façon à disposer de bases aériennes pour frapper la Grande-Bretagne.

Les forces alliées avancèrent donc, comme prévu, en Belgique afin d'engager le combat contre l'ennemi. Le 14 mai, pendant les batailles de Hannut et Breda, les Français résistèrent très bien aux Allemands, passant même parfois à l'offensive. Cependant, il y avait déjà des signes annonçant qu'une action serait lancée ailleurs. Le 12 mai, les premiers rapports d'une percée massive du groupe d'armées allemand A à travers la forêt des Ardennes parvinrent aux Alliés. Cette information ne fut pas prise en considération immédiatement, les Alliés jugeant qu'il s'agissait d'une manœuvre dilatoire pour soutenir la zone principale du conflit en Belgique. Mais, au fil des heures, il devint évident que les Allemands menaçaient Sedan et

459. Général André Beaufre, *Le Drame de 1940*, Plon, 1965.

avaient l'intention de traverser la Meuse. Le 13 mai, Gamelin apprit que des unités allemandes avaient déjà franchi la Meuse au nord de Sedan, par le déversoir de Houx. Le même jour, la Luftwaffe lança un bombardement intense et concentré sur Sedan. Et le 14, les Allemands avaient réussi à traverser la Meuse en de nombreux endroits. C'étaient là des nouvelles terribles pour les Français. Un officier vit de ses yeux le commandant du front Nord-Est, le général Alphonse-Joseph Georges, fondre en larmes en annonçant : « Nous avons connu quelques déboires[460] » à Sedan. Le lendemain, le Premier ministre français, Paul Reynaud, appela au téléphone Winston Churchill à sept heures et demie du matin. Churchill décrocha le combiné sur sa table de chevet pour entendre d'un homme qui « semblait fort ému » : « Nous sommes battus… nous avons perdu la bataille[461]. »

Ce fut un moment extraordinaire dans l'histoire militaire. « Une guerre perdue en quatre jours[462] », dira Paul-Émile Caton dans le titre de son livre sur la bataille de France. Et il est difficilement possible d'exagérer l'effet que ce triomphe rapide sur les Alliés eut sur la psyché collective allemande. Erwin Rommel, qui avait supplié Hitler de lui donner le commandement d'une division de Panzer pendant l'attaque, nota que ce qui était arrivé était « à peine concevable ». Les chars de sa 7e division, une unité

460. Ernst R. May, *Strange Victory*, *op. cit.*, p. 413.

461. Winston S. Churchill, *Mémoires sur la Deuxième Guerre mondiale,* vol. 2, *L'Heure tragique, mai-décembre 1940*, Paris, Plon, 1949, p. 45.

462. Paul-Émile Caton, *Une guerre perdue en quatre jours*, vol. 1, *Vers la pire des guerres par le pire des chemins*, Blainville-sur-mer, L'Amitié par le livre, 1969.

fer de lance du Groupe d'armées A, avaient percé « la célèbre ligne Maginot, et nous avancions profondément en territoire ennemi ! Ce n'était pas un beau rêve, c'était la réalité[463] ».

Si ce « beau rêve » s'était réalisé, ce n'était pas seulement à cause de la volonté inflexible d'Hitler d'adopter le plan novateur de Manstein et des défaillances alliées. La mise en œuvre préalable par l'armée prussienne d'une méthode de commandement innovante se mariait parfaitement avec la manière dont Hitler régentait son propre pouvoir. L'armée prussienne, comme le rapporte le professeur Robert Citino, avait développé une « certaine forme de culture militaire » qui découlait de la géographie, des traditions, et de la position de la « Prusse au sein de l'Europe et de son relatif manque de ressources. Cet État avait toujours essayé de faire des guerres "courtes et de mouvement", une expression forgée en fait par Frédéric le Grand au XVIIIe siècle. Des guerres "courtes et de mouvement" qui se transformaient en des victoires relativement rapides sur les forces principales de l'ennemi dans les six à huit semaines du conflit. [...] Je pense que c'est ce qui a toujours maintenu l'Allemagne à l'écart de ses voisins, c'était un État coincé dans un endroit relativement inconfortable de l'Europe centrale avec une base de ressources plutôt étroite et une population certainement plus faible que la coalition des ennemis que l'Allemagne devrait potentiellement affronter[464] ».

---

463. Erwin Rommel, *La Guerre sans haine*, préface de Maurice Vaïsse, commentaires et annotations de Berna Günen, Paris, Nouveau Monde éditions, 2011, p. 51.

464. Interview avec l'auteur pour WW2History.com.

Cette nécessité de mener des guerres « courtes et de mouvement » signifiait en retour que les commandants sur le champ de bataille ne pouvaient jamais compter sur des tactiques de défense fiables et éprouvées. Selon Citino, « Frédéric le Grand au XVIIIe siècle établit la doctrine prussienne de manière lapidaire : l'armée prussienne attaque toujours. L'ordre transmis à sa cavalerie était intangible : elle devait donner la charge en premier sans attendre d'être chargée par l'ennemi. Cette force de frappe de bouledogue associée à une grande rapidité de manœuvre appartenait de longue date à la tradition allemande ».

Parallèlement à cette approche « bouledogue » de la guerre, l'armée allemande avait développé le concept d'*Auftragstaktik* ou mission commandée[465]. Plus qu'aucun de ses adversaires, elle pratiquait la délégation de pouvoirs. Les commandants sur le champ de bataille se voyaient donner des objectifs à remplir, mais étaient aussi investis d'un degré d'indépendance dans la prise de décision incompréhensible pour les armées britanniques ou françaises. Les actions de Rommel pendant l'invasion de la France illustrent parfaitement cette façon de faire la guerre. Des unités du 7e Panzer furent parmi les premières à traverser la Meuse le 12 mai – au grand étonnement des Alliés. Autour du hameau de Houx et de la ville toute proche de Dinant, la Meuse coule à travers des gorges profondes, ce qui en fait un territoire idéal à défendre. Les soldats de la IXe Armée française s'étaient retranchés sur la rive opposée, prêts à combattre. Mais une suite de déci-

465. Une doctrine militaire axée sur la réussite de la mission et l'initiative du commandement sur le terrain (*NdT*).

sions que Rommel et ses hommes prirent sur le terrain – depuis l'incendie de plusieurs maisons pour créer un écran de fumée, en passant par la mise en place d'un système de câbles équipés de poulies – permirent la traversée du fleuve. Par-dessus tout, Rommel appliquait la doctrine prussienne : agir rapidement et provoquer la surprise. Si les chefs français l'avaient anticipé, ils auraient eu plusieurs jours pour préparer leur défense après avoir fait sauter tous les ponts sur la Meuse. À cause de la rapidité de mouvement de Rommel, ils n'eurent que quelques heures.

Rommel, s'il était sans doute un général exceptionnel, ne faisait en réalité rien d'autre que ce qui était attendu de tous les chefs allemands sur un champ de bataille – jusqu'au grade de sous-officier. Comme le général Manstein l'écrivit après la guerre : « La méthode allemande est en vérité enracinée dans le caractère allemand, qui – contrairement à ce que ressassent toutes les absurdités sur "l'obéissance aveugle" – montre une forte propension à l'individualisme et, peut-être en lien avec son héritage germanique, trouve un certain plaisir à la prise de risques[466]. »

Nous avons vu à plusieurs reprises à quel point les généraux allemands furent d'abord épouvantés par l'ampleur des risques qu'Hitler était prêt à courir en termes de stratégie générale – comme le démontrent à

466. Erich von Manstein, *Lost Victories*, Presidio Press, 1982, p. 383. (Ces Mémoires doivent être lus avec la plus extrême précaution – il semble que Manstein les ait conçus dans une large mesure pour s'absoudre de sa culpabilité pour ses actions dans l'Est. Des recherches universitaires ultérieures ont révélé que ce texte n'est pas fiable en ce qui concerne la campagne dans l'Est en général et les actes commis personnellement par Manstein en particulier.)

la fois sa réunion avec Hossbach en 1937 et sa décision d'envahir la France. Cependant, paradoxalement, au niveau opérationnel, l'armée allemande valorisait fortement l'aptitude d'un chef à prendre, de sa propre initiative, des risques calculés pendant la bataille. L'*Auftragstaktik* avait été déjà un principe central de la pratique du pouvoir d'Hitler sur le terrain de la politique intérieure. « Je n'ai jamais eu une réunion avec Schacht [ministre de l'Économie allemand pendant les années 1930], précisait Hitler, pour être informé des moyens qui étaient à notre disposition. Je me limitais à dire simplement : "C'est ce que je demande et c'est ce que je dois obtenir."[467] » Il y avait donc, au cœur de la domination charismatique d'Hitler, son désir que ses subordonnés choisissent le chemin qui leur semblerait bon pour accomplir sa grande vision – l'essence même de la doctrine militaire de l'*Auftragstaktik*.

Cet esprit d'initiative était diamétralement opposé, en mai 1940, avec la manière dont fonctionnaient les soldats des armées alliées. Edward Oates, par exemple, servait dans une unité du British Royal Engineers[468] en France et il put vérifier de première main le manque d'*Auftragstaktik* pendant la retraite : « Je me souviens de certains Belges qui portaient des casques en cuivre et ils étaient assez nombreux dans ce cas, et ils disaient, vous savez : "Nous voulons un officier. Si nous pouvons avoir un officier nous nous battrons, mais nous ne savons pas quoi faire." […] J'étais [aussi] un peu surpris, je suppose, que

467. *Hitler's Table Talk*, 16 août 1942, *op. cit.*, p. 635.

468. Équivalent dans l'armée britannique du Génie dans l'armée française (*NdT*).

l'armée française ait cessé le combat aussi facilement, mais je n'y avais même pas réfléchi. Nous étions juste des soldats ordinaires et nous faisions ce que l'on nous disait de faire. Nous n'avions aucune stratégie ou réflexion sur l'endroit où on livrait bataille ou quoi que ce soit, nous étions là, et c'est tout[469]. »

Mais si, au niveau de la stratégie générale, Hitler tenait à prendre des risques et adhérait au concept de surprise, certains signes donnaient à penser que, si les événements ne tournaient pas exactement comme il l'avait escompté sur le champ de bataille, il pouvait se montrer tout à la fois timoré et indécis. Goebbels, on l'a vu, était l'un des nombreux dirigeants nazis qui avaient identifié cette caractéristique chez le Führer dès avant la guerre[470]. C'était aujourd'hui au tour de ses généraux de le remarquer. Pendant l'opération en Norvège, par exemple, le général Walter Warlimont estimait qu'Hitler avait manifesté « une faiblesse de caractère véritablement terrifiante[471] » dès que les événements ne s'étaient plus déroulés selon le plan prévu, et, le 17 mai, quand il annonça que le groupe d'armées A était vulnérable à des attaques sur ses flancs, Halder nota : « Le Führer est terriblement nerveux. Effrayé par son propre succès, il a peur de prendre un risque quelconque et nous retiendrait plutôt d'avancer[472]. » Le

469. Interview avec Edward Oates, section témoignages, WW2 History.com.

470. Voir p. 124.

471. Ian Kershaw, *Hitler. 1936-1945, Némésis*, *op. cit.*, p. 438 ; voir aussi Warlimont, *Inside Hitler's HQ*, Weidenfeld and Nicolson, 1964, p. 76, 79-80.

472. *The Halder War Diary*, *op. cit.*, 17 mai 1940, p. 149.

matin suivant, Hitler, en rage et hurlant, ordonna à Halder de stopper l'avance à l'Ouest, pour changer d'avis à six heures du soir. « Nous avons finalement fait ce qu'il fallait faire après tout, écrivit Halder, mais dans une sale atmosphère[473]... »

À première vue, ces deux caractéristiques d'Hitler – prise de risque et indécision alliée à une apparente prudence – semblent contradictoires. Tel était pourtant le sentiment d'Halder. Le 6 juin 1940, à la fin de la campagne de France, il écrivit qu'Hitler considérait que les plans du Haut-Commandement étaient trop « hasardeux » et qu'il voulait jouer « la sécurité absolue ». Il avait bien du mal à concilier ce comportement avec son expérience antérieure d'un Hitler partisan du tout ou rien. « [...] Pas un seul esprit sensé n'oserait risquer un enjeu élevé sur un simple coup de dés[474]. » Mais il avait tort. Ces deux aspects du commandement chez Hitler n'étaient pas antinomiques, mais une conséquence de son mode de fonctionnement dans la prise de décision. Comme nous l'avons vu, Hitler avait une manière de décider en matière politique qui paraîtrait abominable à la plupart de ceux qui exercent aujourd'hui le pouvoir. Au lieu de consulter les parties concernées, de réfléchir aux différentes options et de parvenir ensuite à une décision concertée, il s'enfermait seul dans son bureau et attendait l'inspiration. « L'esprit de décision ne signifie pas agir à tout prix, disait-il. L'esprit de décision consiste simplement à ne pas hésiter quand une conviction intime vous com-

473. *Ibid.*, 18 mai 1940, p. 150-151.
474. *Ibid.*, 6 juin 1940, p. 182.

mande d'agir[475]. » Une fois que sa « conviction intime » lui avait dicté quoi faire, il utilisait alors tous ses pouvoirs de persuasion pour convaincre ses collaborateurs qu'il s'agissait de la voie à suivre, correcte et logique. Mais cette manière de décider, entre autres problèmes, n'était pas adaptée à des réunions structurées au jour le jour destinées à prendre un grand nombre de petites décisions. Comment Hitler aurait-il pu attendre que sa « conviction intime » se révèle à lui sur des questions comme le mouvement exact de telle ou telle division de l'armée allemande ? La solution, bien entendu, aurait été pour lui de laisser Halder et les autres membres du Haut-Commandement du quartier général prendre ces décisions eux-mêmes en continuant pendant ce temps à travailler à la vision générale qu'il avait établie. Mais il n'en était pas capable. Et la raison n'a rien de mystérieux : son manque de confiance dans la capacité de son entourage à prendre des décisions. La poignée d'officiers qui essayaient de diriger cette campagne au plus haut niveau, et en premier lieu Halder et Brauchitsch, n'étaient-ils pas ceux-là mêmes qui s'étaient dans un premier temps si fermement opposés à l'invasion de la France ?

Ironie de l'histoire, donc, si l'exemple le plus connu de gestion directe des opérations sur le terrain et de la pusillanimité d'Hitler pendant cette campagne – la décision de stopper l'avance des forces allemandes devant Dunkerque le 24 mai – ne soit même pas une décision d'Hitler. Comme l'explique le professeur Sir Ian Kershaw : Hitler « était en fait d'accord avec la

475. *Hitler's Table Talk*, *op. cit.*, 17 septembre 1941, p. 31.

proposition faite par le commandant des forces allemandes à l'Ouest, le général – bientôt feld-maréchal – von Rundstedt, qui voulait alors préserver les chars pour ce qu'il considérait comme la plus impérieuse nécessité, à savoir la destruction des troupes françaises, en faisant mouvement contre eux vers le sud. Et Göring avait promis à Hitler que les troupes britanniques seraient en tout état de cause réduites en pièces par l'aviation allemande. Pendant vingt-quatre heures donc, Hitler se rallia à cette décision, se rendit compte par la suite que c'était une erreur et fit machine arrière, mais il était déjà trop tard, et les Britanniques étaient en train de quitter Dunkerque. Mais ce fut en fait Hitler qui suivit à ce stade l'avis de ses généraux, loin de passer outre comme il le ferait de plus en plus par la suite[476] ».

Conséquence du retard des Allemands à marcher sur Dunkerque, plus de huit cents bateaux civils – chalutiers, bateaux de plaisance, remorqueurs – eurent le temps d'arriver pour aider la Royal Navy à faire traverser les troupes de l'autre côté de la Manche, en Angleterre. En tout plus de trois cent trente mille soldats alliés furent récupérés, contre les quelque quarante mille que le gouvernement britannique avait initialement pensé pouvoir sauver. La situation n'en paraissait pas moins désespérée pour les Alliés. Non seulement la France s'était effondrée devant les Allemands en six semaines, l'armistice ayant été signé le 22 juin, mais les Britanniques avaient été contraints de se retirer avec à peine plus que leurs uniformes sur le dos. « Tous

476. Interview avec l'auteur pour WW2History.com.

leurs véhicules étaient restés sur la plage, écrit le professeur Geoffrey Wawro, historien militaire. La plus grande partie de leur artillerie de campagne, les armes antichars, les munitions, les stocks de carburant, tout était tombé aux mains des Allemands. Il faudrait un temps terriblement long pour les reconstituer, et on allait en effet bientôt voir de vieux véhicules, vétustes, circuler dans le désert [d'Afrique du Nord] parce que le matériel moderne était resté à Dunkerque[477]. »

Le mois de juin 1940 représente pour Hitler le point culminant de toute sa carrière. Les Français, les Norvégiens, les Danois, les Belges et les Hollandais étaient maintenant tous sous domination allemande – et cette conquête considérable avait été réalisée en seulement quelques semaines. Plus d'un million deux cent mille prisonniers de guerre avaient été capturés, et les pertes allemandes s'élevaient à moins de cinquante mille hommes[478]. Keitel, à la suite de ce succès, appellerait désormais Hitler *« Grösster Feldherr aller Zeiten »* – « le plus grand chef militaire de tous les temps ». Hitler n'avait plus qu'un seul adversaire à affronter : les Britanniques. Leur refus de faire ce qu'il voulait allait mettre son autorité charismatique en question comme jamais auparavant.

477. Interview avec l'auteur pour WW2History.com.
478. Adam Tooze, *The Wages of Destruction*, *op. cit.*, p. 370.

13

Charisme et excès de confiance

Le 6 juillet 1940, après avoir supervisé la capitulation de la France, Hitler rentra à Berlin au milieu de scènes de liesse qui frisaient l'hystérie. Des centaines de milliers de Berlinois s'entassaient dans les rues pour l'acclamer. Les enfants des écoles grimpaient aux lampadaires pour avoir la chance d'apercevoir leur Führer. Des fleurs étaient lancées sur sa voiture. Une forêt de drapeaux frappés de la croix gammée s'agitait le long du parcours. Toute cette allégresse, toute cette extase étaient concentrées sur cet unique individu si frêle. Si Hitler n'avait jusque-là pas encore imaginé qu'il était un personnage infaillible envoyé par la Providence pour rendre à l'Allemagne sa grandeur, il ne pouvait qu'y croire à cet instant.

Nous pouvons nous faire une idée de son état d'esprit dans la période qui suivit l'effondrement de la France en examinant les considérations qu'il avait exprimées quelques semaines auparavant, au cours d'une promenade matinale dans Paris. Après avoir visité les sites touristiques les plus importants – dont le Panthéon, l'Opéra et le tombeau de Napoléon –, Hitler dit à Albert Speer qu'il s'était « souvent demandé, dans le passé, s'il ne fallait pas détruire Paris », parce que la beauté de la ville en faisait une rivale de Berlin. Mais il avait finalement décidé de ne pas faire disparaître la capitale française pensant qu'un jour la grandeur de Berlin réduirait Paris à n'être « que son ombre » en comparaison. Pour Speer, ces propos démontraient que la nature d'Hitler était caractérisée par des contradictions, il réunissait « en lui les oppositions les plus extrêmes », « de l'homme conscient de ses responsabilités au nihiliste sans scrupule méprisant l'humanité »[479]. Mais on est peut-être mieux fondé à voir dans cet incident la démesure d'Hitler se vautrant dans l'immensité de son pouvoir personnel : lui – et lui seul – pouvait maintenant décider si l'une des villes les plus glorieuses sur la terre pouvait continuer à exister.

La confiance en soi d'Hitler, sa croyance en lui étaient simplement démesurées. Au point qu'il se sentit capable d'annoncer lors d'un briefing avec ses chefs militaires, à la fin juillet 1940, que la position des Britanniques étant « désespérée », « nous avons gagné la guerre »[480]. C'est un moment qui résume parfaitement les avantages et les inconvénients d'un pouvoir charismatique, et cela parce que les qualités mêmes qui avaient permis à Hitler de jouer un rôle central dans la victoire sur la France allaient maintenant assurer le lent glissement de l'Allemagne vers la défaite. Hitler, dans

479. Visite d'Hitler à Paris, le 23 juin 1940, décrite dans Albert Speer, *Au cœur du Troisième Reich*, *op. cit.*, p. 246-247.

480. *The Halder War Diary*, 22 juillet 1940, *op. cit.*, p. 230.

les mois suivants, démontrerait jusqu'où peut conduire l'excès de confiance issu du pouvoir charismatique.

Le problème central auquel les Allemands étaient dorénavant confrontés venait de la Grande-Bretagne qui refusait d'admettre qu'elle avait perdu la guerre. Dans un discours devant le Reichstag, le 9 juillet, Hitler lança un « appel à la raison » à l'Angleterre (comme il désignait la Grande-Bretagne) indiquant qu'il ne voyait « aucune raison impérieuse[481] » de voir la guerre continuer. Mais les Britanniques rejetèrent cet « appel ». Au cours d'une série de réunions du cabinet de guerre plusieurs semaines auparavant, au moment où la situation des Britanniques était au plus bas, quand on pensait que beaucoup moins de soldats s'échapperaient de France qu'il n'y en eut dans les faits, Churchill avait débattu avec ses collègues de ce que serait l'attitude de la Grande-Bretagne et orchestré la décision de poursuivre le combat contre l'Allemagne. Il avait su persuader le cabinet sur la base du raisonnement logique que, dans le cadre de n'importe quel traité de paix signé immédiatement dans la foulée de la défaite de la France, Hitler demanderait le désarmement effectif de la Grande-Bretagne et que le pays se retrouverait donc « complètement à sa merci ». Par conséquent, avait-il remarqué, « les conditions ne seront pas pires si nous continuons le combat, même si nous sommes vaincus, que ce qui nous est offert aujourd'hui[482] ».

481. Discours d'Hitler, 19 juillet 1940, *in* Max Domarus, vol. III, *op. cit.*, p. 2062.

482. Cabinet de guerre, minutes du 27 mai 1940, Public Record Office Cab 65/13 et Cab 66/7.

Hitler avait désormais des discussions[483] avec le grand amiral Raeder sur les possibilités d'une invasion par mer sur la côte Sud de l'Angleterre, mais il est clair que les deux hommes doutaient qu'une telle action fût réalisable. Et ils avaient raison de nourrir de tels doutes. Comme le dit le professeur Adam Tooze : « Ils [les Allemands] n'avaient jamais réfléchi à une guerre contre la Grande-Bretagne, sans parler d'une invasion, avant mai 1938. Le programme d'armement maritime n'avait pris sa vitesse de croisière qu'à partir de janvier 1939. Pendant les cinq années précédentes, les dépenses de la Grande-Bretagne dans ce domaine avaient dépassé celles de l'Allemagne et l'écart déjà énorme entre la marine allemande et la marine britannique en 1933, loin de s'être réduit, s'était plutôt accentué au fil des années. Quand les Allemands perdirent, de surcroît, la grande majorité de leurs forces navales modernes dans la débâcle de Norvège, ce qui, du point de vue allemand, était une catastrophe, ils ne disposaient plus d'une marine de surface suffisante pour protéger une invasion à l'été 1940[484]. »

Dans ce contexte, la « Directive de guerre n° 16 » qui appelle à la préparation de l'opération « Lion de Mer » – l'invasion de la Grande-Bretagne – est d'un optimisme qui prête à rire. Cette directive précisait que l'attaque à venir exigeait au préalable une destruction suffisante de la Royal Air Force afin qu'elle ne compromette pas sérieusement l'invasion, et que le détroit de Douvres fût « scellé » par des mines pour prévenir

483. Réunion tenue le 11 juillet 1940 au Berghof.

484. Interview avec l'auteur pour WW2History.com.

une attaque de la Royal Navy contre les Allemands pendant leur traversée de la Manche. Mais, comme l'écrit Andrew Roberts, « en admettant même une neutralisation de la RAF [...], je ne crois pas que les Allemands étaient à même de réussir l'invasion [de la Grande-Bretagne] en 1940. Je pense que les plans de l'époque pour transporter une armée de l'autre côté de la Manche n'étaient tout simplement pas au point. Ils ne disposaient pas d'un nombre suffisant de bateaux de débarquement à fond plat, ils n'étaient pas particulièrement bons marins et, si la Royal Navy leur était tombée dessus, cela aurait été un massacre[485] ». Il ne s'agit pas ici de dénigrer le sacrifice fait par « *the Few*[486] » pendant la bataille d'Angleterre à l'été et l'automne 1940, mais seulement de reconnaître que tant Hitler que le grand amiral Raeder avaient compris que la perspective d'une invasion de la Grande-Bretagne en 1940 était difficilement envisageable. En effet, le 22 juillet 1940, Hitler dit à Brauchitsch qu'il pensait que la traversée de la Manche était une entreprise « très risquée » qui ne devait être menée que s'il n'y avait pas d'autre moyen pour en finir avec la Grande-Bretagne[487].

Tout cela déboucha sur un moment d'intense paradoxe. D'une part, en juillet 1940, Hitler était au sommet de sa popularité, seigneur de la guerre charismatique

485. Interview avec l'auteur pour WW2History.com.

486. Tel est le nom que Winston Churchill donnait aux trois mille pilotes – dont 544 ont perdu la vie – qui ont permis la victoire contre la Luftwaffe (*NdT*).

487. *The Halder War Diary*, 22 juillet 1940, *op. cit.*, p. 230.

auprès des Allemands. Comme l'explique Walter Mauth, qui avait alors dix-sept ans : « Partout la guerre ne durait que trois ou quatre semaines, et tout allait comme sur des roulettes. Il était évident que rien ne pouvait arrêter les soldats allemands. Et cette situation nous rendait tous – pour être honnête – enthousiastes, même ceux qui avaient auparavant eu une attitude différente à l'égard du régime dans son ensemble. D'un coup, considérant que tout marchait si bien et que personne n'était capable de nous arrêter, nous étions tous devenus soudainement nationalistes. Où se trouvaient les soldats allemands personne d'autre ne pouvait prendre pied. C'était vraiment comme ça[488]. »

Mais, d'autre part, le seigneur de la guerre charismatique qui avait conduit l'Allemagne vers ces succès militaires ne pouvait pas terminer la guerre contre la Grande-Bretagne comme il le souhaitait. La Grande-Bretagne dont l'armée, piteuse et inefficace, s'était effondrée – comme Hitler l'avait prévu – pour ensuite s'enfuir des plages de Dunkerque.

Pourquoi refusait-elle de reconnaître sa défaite ? Nous avons bien des preuves de l'authentique perplexité d'Hitler devant l'intransigeance britannique. Comme Halder le nota le 13 juillet, Hitler restait « profondément embarrassé[489] » par « l'absence de volonté persistante » des Britanniques de faire la paix. Sans doute avait-il été reçu avec enthousiasme par les Berlinois le 6 juillet, sans doute avait-il conduit l'Allemagne à la « plus grande et plus glorieuse victoire de

488. Témoignage inédit.
489. *The Halder War Diary*, 13 juillet 1940, *op. cit.*, p. 227.

tous les temps », mais il ne pouvait pas faire en sorte que la Grande-Bretagne abandonne la bataille. Et cela, il ne le comprenait pas, malgré l'explication claire que Lord Halifax donna des raisons du rejet de son « appel à la paix », dans une émission radiophonique, le 22 juillet : « Il [Hitler] dit qu'il n'a pas le désir de détruire l'Empire britannique, mais il n'y avait dans son discours aucun élément qui donne à penser que la paix doit être basée sur la justice, aucun mot reconnaissant que les autres nations d'Europe ont le moindre droit à l'autodétermination, principe qu'il a si souvent invoqué pour les Allemands. Il n'a fait appel qu'à la force instinctive de la peur et a eu la menace pour tout argument. [...] Personne ne doute non plus que, si Hitler devait triompher, ce serait, pour beaucoup de nos proches et de nos voisins, la fin de tout ce qui, comme on dit, fait que la vie vaut d'être vécue. Nous mesurons parfaitement que nous pouvons tout perdre dans le combat, mais c'est parce que les choses que nous défendons valent tous les sacrifices ; c'est un noble privilège d'être le défenseur de choses aussi précieuses[490]. »

Hitler devait passer le reste de la guerre à se demander pourquoi ce refus de faire la paix. Il ne pouvait pas imaginer que les gens aient sincèrement cru que « les choses que nous défendons valent tous les sacrifices ». Son attitude est d'autant plus surprenante qu'il était lui-même un adepte convaincu de l'approche du « tout ou rien » que les Britanniques avaient adoptée. C'était comme s'il se réservait les motivations de principe et

490. Lord Halifax, émission radiodiffusée par la BBC, 22 juillet 1940.

d'honneur, mais attendait des autres qu'ils se comportent avec un pragmatisme basique.

Les actions d'Hitler pendant l'été 1940 illustrent également une faiblesse colossale dans le mode de fonctionnement concret de son pouvoir. Se reposant sur « sa conviction intime », il faisait peu d'efforts pour comprendre le point de vue de ses ennemis. Il ne percevait pas qu'il y avait, à l'origine de l'intransigeance britannique, la certitude que le dirigeant allemand ne tiendrait pas parole. C'est sur cette base que Winston Churchill pouvait dire, en mars 1940, alors qu'il était encore Premier lord de l'amirauté : « Il y a des irréfléchis, des dilettantes ou des mondains qui parfois nous demandent : "Pourquoi la Grande-Bretagne et la France combattent-elles ?" À cela je réponds : "Si nous cessions le combat, vous le comprendriez bientôt[491]." »

Il existait aussi pour Hitler des signes inquiétants laissant entendre que la Grande-Bretagne serait soutenue par les États-Unis dans le combat à venir. « Ce n'est pas une guerre ordinaire, déclara Franklin Roosevelt devant la Convention démocrate nationale le 19 juillet 1940. C'est une révolution imposée par la force des armes qui menace tous les hommes partout dans le monde. C'est une révolution qui propose non de rendre les hommes libres mais de les réduire en esclavage, de les réduire en esclavage dans l'intérêt d'une dictature qui a déjà montré la nature et l'ampleur des avantages qu'elle espère obtenir. Tel est le fait qui domine notre monde et qui domine nos vies à tous autant que nous sommes. En face du dan-

491. Winston Churchill, émission radiodiffusée par la BBC, 31 mars 1940.

ger auquel notre époque se trouve confrontée, personne ne peut empêcher ou espérer empêcher le droit au choix personnel dont jouissent les hommes libres en temps de paix. »

Le contraste est donc frappant entre la foi immense que de nombreux Allemands plaçaient désormais en la capacité d'Hitler de les conduire à la victoire, et cette complète incapacité à convaincre les Britanniques – ainsi que leurs amis les Américains – que l'Allemagne avait déjà gagné la guerre. Aussi la pression sur Hitler était-elle énorme. Lui et lui seul devait décider de l'issue à donner à cette nouvelle situation. Le Haut-Commandement allemand, qui savourait la gloire de sa victoire historique sur la France – Hitler avait récemment récompensé huit généraux pour leur rôle dans la campagne en les élevant au rang de maréchal –, avait maintenant besoin qu'on lui dise ce qu'il fallait faire ensuite.

Une des possibilités était, bien sûr, d'envahir la Grande-Bretagne. Mais, outre qu'une telle action était considérée comme extrêmement risquée, Hitler n'était pas certain qu'il fût très avisé de détruire l'Empire britannique, qu'il voyait comme un utile contrepoids à la domination maritime américaine ou asiatique, non plus que d'occuper la Grande-Bretagne qui – comme l'Allemagne – était une nation relativement surpeuplée, qui ne pouvait se nourrir sans importer une partie de ses besoins alimentaires. Une autre idée était d'engager les forces britanniques en Méditerranée en prenant Gibraltar et le canal de Suez, en même temps qu'accroître les attaques de sous-marins dans l'Atlantique sur les convois venant d'Amérique, dans l'idée d'affamer les Britanniques et de les pousser ainsi vers la table des négociations. Il y avait ensuite la dernière option, à première vue la plus étrange de toutes : rompre le pacte de non-agression et se retourner contre Staline. « Hitler avait cette idée, explique le professeur Sir Ian Kershaw, qui peut paraître vraiment bizarre aujourd'hui, mais c'est l'idée qu'il mit en avant : nous battons Londres par Moscou, nous assommons l'Union soviétique en une guerre éclair, qui prendra quatre ou cinq mois, à la fin de l'année nous aurons détruit l'Union soviétique, la Grande-Bretagne sera en conséquence privée de son seul allié potentiel en Europe, et les Américains retourneront alors à leur propre hémisphère. Nous aurons ainsi gagné la guerre par une autre voie[492]. »

Bien entendu, c'est cette option que les Allemands devaient finalement adopter lorsqu'ils marchèrent sur l'Union soviétique, lors de la plus grande invasion de l'histoire, le dimanche 22 juin 1941. Et c'est cette décision qui est encore souvent regardée comme l'exemple le plus puissant du pouvoir charismatique d'Hitler. Sinon, poursuit le raisonnement commun, comment Hitler aurait-il pu convaincre ses généraux de faire quelque chose d'aussi fou que de déclarer la guerre à Staline ? Après tout, selon la phrase célèbre du maréchal Montgomery, « la règle numéro un » de l'art de la guerre est : « On ne marche pas sur Moscou[493]. » Le général Halder partageait ce point de vue quand il déclara après la guerre que, lors d'une réunion avec Brauchitsch en juillet 1940, il avait dit qu'Hitler était

492. Interview avec l'auteur pour WW2History.com.

493. Alun Chalfont, *Montgomery of Alamein*, Weidenfeld and Nicolson, 1976, p. 318.

« fou[494] » d'envisager un conflit avec l'Union soviétique. Mais cela ne reflète pas bien la pensée du temps. Quels que soient les doutes que pouvait avoir ou non Halder en 1940, loin de protester contre l'invasion de l'Union soviétique comme il avait protesté contre l'invasion de la France l'année précédente, il avait en réalité commencé à étudier les mérites d'une telle aventure quelques jours seulement après la fin de la campagne de France[495]. Les Allemands ne croyaient pas à cette « règle » de ne pas marcher sur Moscou. Car la compréhension de l'histoire qu'avait Montgomery était sommaire. S'il était vrai que la campagne de Napoléon s'était terminée par un désastre, d'autres invasions de la Russie avaient été couronnées de succès. Tokhtamysh, par exemple, un descendant de Gengis Khan, et l'un des héros d'Hitler, était entré dans Moscou en 1382 et y avait massacré plus de 20 000 Moscovites. Et les généraux d'Hitler connaissaient un précédent dans leur propre vie qui pouvait servir de modèle à la manière de conduire une guerre contre l'Union soviétique. Le traité de Brest-Litovsk entre les Allemands et l'État soviétique naissant en mars 1918 avait donné à l'Allemagne d'immenses territoires à l'Est, dont la Biélorussie, l'Ukraine et les États baltes. Les Allemands avaient perdu ces territoires dans les règlements plus généraux qui étaient intervenus à la fin de la Première Guerre mondiale, mais cet accaparement de terres réussi sur le territoire soviétique restait dans les mémoires. Comme Golo Mann,

494. Franz Halder, *Spruchkammeraussage*, 20 septembre 1948, Institut für Zeitgeschichte (IfZ) Munich, ZS 240/6, p. 446.

495. *The Halder War Diary*, 3 juillet 1940, discussion avec Hans von Greiffenberg, *op. cit.*, p. 220.

l'historien allemand, l'indique : « On a baptisé Brest-Litovsk la paix oubliée, mais les Allemands ne l'avaient pas oubliée. Ils savaient qu'ils avaient battu la Russie et ils considéraient parfois cette victoire avec fierté comme la véritable réussite de la guerre, bien qu'elle fût restée sans récompense[496]. »

La décision d'Hitler d'envisager une invasion de l'Union soviétique prit encore plus de sens pour ses commandants militaires quand elle fut comparée aux différentes possibilités qui s'offraient à eux. Elles furent toutes évoquées lors d'une rencontre avec Hitler au Berghof, le 31 juillet 1940[497]. La première partie de la réunion fut occupée par un long et obscur rapport du grand amiral Raeder sur les perspectives d'une invasion de la Grande-Bretagne. Raeder osa, devant Hitler, proposer de reporter l'invasion jusqu'à l'année suivante – et cela avant même que les résultats d'une attaque concertée de la Luftwaffe sur les Britanniques fussent connus. Hitler, que le manque d'enthousiasme de ses chefs militaires rendait habituellement furieux, manifesta alors son propre « scepticisme » sur la faisabilité d'une telle invasion. Il poursuivit en disant que si l'on devait décider de ne pas organiser une invasion de la Grande-Bretagne, alors l'« action [devait] être dirigée vers l'élimination de tous les facteurs qui laissent à l'Angleterre l'espoir d'un changement de situation », ce qui signifiait que la Russie – Hitler persistait à appeler l'Union soviétique « Russie »

496. Vejas Gabriel Liulevicius, *War Land on the Eastern Front : Culture, National Identity and German Occupation in World War I*, University of Cambridge Press, 2004, p. 249.

497. *The Halder War Diary*, 31 juillet 1940, *op. cit.*, p. 241-246.

bien que la Russie ne soit que l'une de la douzaine de républiques soviétiques – devait être écrasée. La préparation d'une offensive contre l'Union soviétique prenait désormais place en parallèle des tentatives en demi-teinte pour mettre au point un plan pour envahir la Grande-Bretagne, auxquelles il ne fut donné un coup d'arrêt qu'en septembre 1940, lorsque l'opération « Lion de Mer » fut finalement reportée.

L'idée d'une invasion de l'Union soviétique paraissait sensée à bon nombre de collaborateurs d'Hitler, plus qu'aucune autre option même, et cela pour bien des raisons – et pas seulement parce que les performances modestes de l'Armée rouge pendant l'invasion de la Finlande l'hiver précédent démontraient que les forces soviétiques n'étaient pas redoutables, affaiblies qu'elles étaient par les purges des années 1930. Comme nous l'avons vu, Hitler n'avait jamais procédé à une épuration similaire à grande échelle des officiers de l'armée qui n'étaient pas des soutiens inconditionnels des nazis. En effet, selon Goebbels, Hitler pensait qu'il fallait que Staline fût « probablement malade du cerveau[498] » pour massacrer ou chasser de l'Armée rouge la plupart des officiers expérimentés sur le simple soupçon de manque de fiabilité politique.

Tout ceci signifiait que les officiers allemands comme Peter von der Groeben estimaient qu'ils pouvaient envisager un tel conflit avec une certaine confiance, mais aussi que le raisonnement sous-jacent

498. Journal de Goebbels, entrée du 10 juillet 1937, *in* Elke Fröhlich (éd.), *Die Tagebücher von Joseph Goebbels*, *op. cit.* [L'entrée n'est pas reprise dans la traduction française du *Journal* (*NdT*).]

à l'attaque était sensé : « De mon point de vue, elle [l'invasion de l'Union soviétique par l'Allemagne] était d'une certaine manière – surtout d'un point de vue militaire – presque inévitable. Quelle était la situation ? La France avait été vaincue. Les tentatives pour mettre la Grande-Bretagne à genoux avec la fameuse opération "Lion de Mer" avaient échoué, parce qu'il n'avait pas été possible de gagner la suprématie aérienne – bien au contraire, on avait subi des pertes contre les forces aériennes britanniques. Il était clair que dans un avenir prévisible, d'ici deux ans, l'Amérique entrerait en guerre du côté de nos adversaires. On savait que Roosevelt était déterminé à mener cette guerre depuis le début. Et donc la question se posait de déterminer ce qu'il était possible de faire pour parvenir à leur résister, à résister à cette menace. Et de l'autre côté il y avait cette Russie extrêmement instable, qui avait des exigences de plus en plus grandes [...] D'où il ressortait – de mon point de vue – l'absolue nécessité de supprimer la menace russe avant que l'Amérique n'entre en action. [...] Les gens pensaient, et les chefs militaires les rejoignaient, qu'il serait relativement facile d'éliminer l'armée russe d'un seul coup de boutoir. Sur la base des informations dont je disposais, ce que nous savions sur l'armée russe, je croyais aussi qu'elle ne représenterait pas un gros problème[499]. »

Envahir l'Union soviétique permettrait aussi à Hitler, bien sûr, de poursuivre l'objectif fondamental du *Lebensraum* qu'il avait décrit dans *Mein Kampf* seize ans plus tôt. Les liens tissés sur cette initiative pragma-

499. Témoignage inédit.

tique qu'avait été le pacte de non-agression avec Staline seraient rompus. Hitler pourrait enfin conduire les Allemands contre les « quartiers généraux », comme il l'écrivait, de « la conspiration mondiale judéo-bolchevique[500] ». Et il n'est guère surprenant que des hommes de la SS qui, comme Walter Traphöner, avaient toujours cru à la propagande nazie, accueillirent avec satisfaction l'idée d'un conflit avec l'Union soviétique. « Nous voulions empêcher le bolchevisme de diriger le monde, voyez-vous [...] Et nous nous étions engagés à l'empêcher de s'étendre plus avant en Europe[501]. »

Mais même si, du point de vue d'Hitler et de ses camarades, il existait des arguments à la fois pratiques et idéologiques qui faisaient paraître sensée la perspective d'une attaque contre l'Union soviétique, leur logique était entachée d'une faille évidente. Hitler avait dit, le 31 juillet : « La Russie est le facteur sur lequel l'Angleterre compte le plus » – mais cette assertion était tout bonnement fausse. Des personnalités clefs du gouvernement britannique s'étaient toujours méfiées de l'Union soviétique et n'avaient aucune confiance en Staline. Chamberlain, Lord Halifax et Churchill avaient tous exprimé leur aversion pour les communistes. Aussi récemment que le 31 mars 1940, Churchill avait déclaré publiquement qu'à son avis les Soviétiques venaient d'illustrer en Finlande les « ravages » que le communisme – « cette maladie mortelle mentale et morale » –

500. Discours d'Hitler lors d'un rassemblement à Nuremberg, le 13 septembre 1937.

501. Témoignage inédit.

provoque « sur l'esprit d'une nation »[502]. Plus encore, Staline avait jusque-là suivi la stratégie de rester en dehors de la guerre de manière à laisser les Allemands et les Alliés occidentaux se saigner à blanc mutuellement. Par ailleurs, s'il était vrai qu'il existait des tensions grandissantes dans la relation entre les nazis et Staline – surtout à propos de l'occupation soviétique des États baltes durant l'été 1940 –, rien n'indiquait jusque-là que Staline voulait la guerre contre l'Allemagne.

Ce n'était pas sur « la Russie » que comptait la Grande-Bretagne pour continuer la guerre, mais sur l'Amérique. Le 20 mai 1940, l'un des jours les plus sombres de la bataille de France, Churchill avait écrit au président Roosevelt : « Si ce pays était abandonné par les États-Unis à son sort, personne n'aurait le droit de blâmer ceux qui seraient alors aux commandes de rechercher les meilleures conditions possibles pour les habitants qui auraient survécu[503]. » Churchill, comme le professeur David Reynolds nous le rappelle, « avait toujours les États-Unis pour référence. Il était à moitié américain et il avait longtemps soutenu que la Grande-Bretagne devait construire une alliance avec les États-Unis et attirer l'Amérique dans les affaires de l'Europe.

---

502. Winston Churchill, émission radiodiffusée par la BBC, 31 mars 1940.

503. Warren F. Kimball (éd.), *Churchill and Roosevelt : The Complete Correspondance* : vol. I, William Collins, 1984, WSC à FDR 20 mai 1940, C-11x, p. 40. [Cette entrée n'est pas reprise dans la traduction française incomplète de Winston Churchill, Franklin D. Roosevelt, *Correspondance : 1939-1945*, trad. de l'anglais par l'Institut de recherches historiques sur le maréchal Pétain, Éditions du Trident, 1994 (*NdT*).]

Cela lui tenait donc à cœur d'une manière qui ne venait pas spontanément à Halifax ou Chamberlain. Cela dit, et considérant les changements dramatiques intervenus dans le cours de la guerre à l'été 1940, n'importe quel dirigeant britannique se devait de commencer à regarder vers l'Amérique d'un autre œil parce qu'elle était la seule source de soutien conséquent[504] ».

Les Américains, bien avant d'entrer en guerre en décembre 1941 après l'attaque japonaise sur Pearl Harbor, accordaient déjà une aide militaire aux Britanniques. Fait bien connu, en décembre 1940, après sa réélection, le président Roosevelt avait engagé les États-Unis dans une loi *Lend-Lease* (prêt-bail), qui permettait la fourniture d'équipements aux Britanniques sans en attendre le paiement immédiat. Mais les Américains soutenaient déjà l'effort de guerre britannique avant même cette date. En juillet 1940, Churchill savait que les Américains avaient prévu de fournir à la Grande-Bretagne plus de dix mille avions dans un délai d'un an et demi[505]. Ce qui, ajouté aux quinze mille que les Britanniques construiraient eux-mêmes dans la même période, signifiait que la RAF grossirait plus rapidement que la Luftwaffe.

Le seul moyen pratique d'arrêter le flux de marchandises venant d'Amérique était, bien sûr, de couler les navires marchands dans leur traversée de l'Atlantique. Et les Allemands se heurtaient là aussi à des problèmes. Le programme de sous-marins avait été négligé pendant des années, car la construction navale allemande avait donné

504. Interview avec l'auteur pour WW2History.com.
505. Adam Tooze, *The Wages of Destruction*, *op. cit.*, p. 405.

la priorité à la gigantesque flotte de surface nécessitée par le « plan Z ». Au début de la guerre, la marine de guerre allemande disposait de moins de trois douzaines de sous-marins en état de défier les convois de marchandises alliés en Atlantique-nord. Et seulement vingt sous-marins supplémentaires avaient été construits au moment de la défaite française, en juin 1940[506].

Dans les discussions avec ses généraux, Hitler essayait de parer la menace américaine en suivant une logique qui – même venant de lui – paraît tortueuse. Il soutenait qu'une défaite de la « Russie » permettrait aux Japonais de se concentrer plus facilement sur leur propre expansion territoriale en Asie et dans le Pacifique, ce qui, en retour, provoquerait un conflit avec les Américains. Ces derniers, par voie de conséquence, s'occuperaient alors de protéger leurs intérêts de l'autre côté de la planète. De plus, affirmait Hitler, si les Américains voulaient combattre en Europe, il leur faudrait plusieurs années avant d'y être prêts, et, d'ici là, les nazis contrôleraient la totalité de l'Europe continentale et bénéficieraient des matières premières en provenance de leur nouvel empire à l'Est, inaccessible aux attaques[507].

C'était une stratégie bâtie sur l'espoir. Hitler espérait que les Américains seraient incapables de soutenir l'effort de guerre britannique si, comme il l'escomptait, les Japonais les entraînaient dans un conflit dans le Pacifique. Il espérait en même temps que les Britanniques signeraient une paix de compromis une fois que les Soviétiques auraient été défaits. De l'espoir empilé

506. *Ibid.*, p. 399.
507. *The Halder War Diary*, 31 juillet 1940, *op. cit.*, p. 241-246.

sur de l'espoir. Même Hitler ne pouvait pas cacher son impuissance immédiate à réaliser l'ensemble de ce programme. Il ne pouvait pas ordonner à l'armée allemande de traverser l'Atlantique pour vaincre les Américains, il ne pouvait même pas, les faits devaient le confirmer, lui commander de traverser la Manche pour défaire les Britanniques. Plus encore, ce citoyen d'Europe centrale par naissance et par inclination qu'était Hitler n'avait jamais montré aucun goût pour les conquêtes navales. À ses yeux, c'était en Europe continentale que l'Allemagne devait s'étendre.

Pour autant, personne ne remettait sérieusement en cause ses analyses à l'été 1940. L'aura charismatique autour de lui s'était intensifiée – nul ne l'approchait dorénavant sans avoir à l'esprit ses récents succès. Hitler avait dit que l'Allemagne pouvait battre la France, et la démonstration avait été faite que ceux qui doutaient s'étaient trompés. Il prétendait maintenant que la Grande-Bretagne et l'Amérique pouvaient être vaincues si l'Allemagne attaquait l'Union soviétique. Et, selon des rapports confidentiels des SD qui surveillaient l'opinion publique vers la fin de 1940, une forte proportion de la population – dans son ignorance complète des plans exacts d'Hitler pour l'avenir – donnait foi à son jugement. « Quand le Führer parle, tous les doutes s'effondrent[508]... » : voilà une remarque

508. Ian Kershaw, *Le Mythe Hitler*, *op. cit.*, p. 195, tiré de Meldungen aus dem Reich (n° 141), 14 novembre 1940, *in* Heinz Boberach (éd.), *Meldungen aus dem Reich 1938-1945. Die geheimen Lageberichte des Sicherheitsdienstes des SS*, vol. 5, Herrsching, 1984, p. 1762-1774.

d'un habitant de Schwerin dans le nord de l'Allemagne que les SD signalaient comme « très représentative ». Un autre rapport de l'été 1940 indiquait que le discours d'Hitler à son retour de France « était partout perçu avec émotion *[Ergriffenheit]* et enthousiasme », et de résumer l'humeur dominante par ces propos recueillis d'un anonyme : « Le discours du Führer ressemblait à un orage purificateur[509]. »

Une telle attitude s'expliquait aussi par le sentiment de supériorité qui avait été inculqué aux Allemands, un sentiment confirmé par la victoire sur la France. « On nous disait que seuls les Allemands étaient des êtres humains précieux, se souviendrait plus tard un étudiant de l'époque. Il existait une petite brochure intitulée "Les inventeurs allemands, les poètes allemands, les musiciens allemands", et rien d'autre n'existait. Et nous la dévorions, et nous étions absolument convaincus que nous étions les plus grands. Et nous écoutions les nouvelles, nous en étions incroyablement fiers et émus, et il n'était pas rare que certains versent des larmes de fierté. Il vous faut l'imaginer – j'ai du mal à le comprendre aujourd'hui – mais c'était juste comme ça [...] Même mon père, pourtant sceptique, disait "nous", il s'était soudain mis à dire "nous", lui qui, avant, quand il nous racontait des histoires de la guerre et tout ça, utilisait le "je", mais maintenant c'était soudain "nous" : "Nous" sommes des types formidables[510] ! »

509. « Meldungen aus dem Reich (n° 107), 22 juillet 1940 », in *Meldungen aus dem Reich 1938-1945*, *op. cit.*, p. 1402-1412.

510. Témoignage inédit de Maria Mauth.

La décision d'Hitler de se retourner contre les Soviétiques puisait aussi dans un mélange de souvenirs, de pragmatisme et de romantisme – une combinaison puissante qu'Hitler savait manipuler. Depuis que les Chevaliers teutoniques avaient conquis des territoires sur les États baltes au XIIIe siècle, les Allemands étaient nourris de récits de victoires sur la conquête germanique de « l'Est ». Plus récemment, ceux qui avaient combattu dans la Wehrmacht sur le sol soviétique pendant la Première Guerre mondiale et au sein des *Freikorps* dans les États baltes au sortir de la guerre, s'étaient forgé sur ce vaste espace une opinion qui venait renforcer les mythes d'antan. « La Russie profonde, sans la moindre lueur de la *Kultur* [civilisation] d'Europe centrale, l'Asie, la steppe, les marais, un monde souterrain oppressant, se rappelait un soldat allemand, et un désert de boue oublié de Dieu[511]. » Pour un autre, les Allemands seraient une force civilisatrice dans ces contrées sauvages, comme des « pionniers de la *Kultur* » et « en conséquence, qu'il en soit ou non conscient, le soldat allemand devenait un éducateur en territoire ennemi »[512]. Par ailleurs, les stratèges militaires allemands de l'époque savaient qu'ils dépendaient des importations en provenance d'Union soviétique – surtout de pétrole et de blé – pour continuer la guerre. Que se passerait-il si Staline menaçait d'interrompre la fourniture de ces produits vitaux ? Et pourquoi ne pas livrer bataille pour obtenir un accès permanent et sécurisé à ces matières premières une fois pour toutes ?

511. Vejas Gabriel Liulevicius, *War Land*, *op. cit.*, p. 278.
512. *Ibid.*

L'arrivée à Berlin, le 12 novembre 1940, de Viatcheslav Molotov, le ministre soviétique des Affaires étrangères, ne réussit qu'à rendre cette option encore plus attrayante pour Hitler. Molotov avait été invité pour discuter des relations entre l'Union soviétique et l'Allemagne, quinze mois après la signature du pacte de non-agression. Le mode de fonctionnement du ministre soviétique était à l'opposé de celui d'Hitler. Il aimait tellement siéger en d'interminables réunions qu'il avait reçu le surnom de « cul de pierre ». Il s'occupait des questions pratiques et quotidiennes, et se méfiait des envolées grandioses ou extravagantes. Antithèse même du charisme, Molotov était la dernière personne à pouvoir se laisser influencer par les visions de grandeur d'Hitler, comme il le montra lors de leur entrevue à la chancellerie du Reich les 12 et 13 novembre.

Hitler commença par des remarques préliminaires où il attira l'attention de Molotov sur le fait qu'il voulait parler « à grands traits » des relations entre l'Union soviétique et l'Allemagne. Il cherchait donc à éviter « les petites considérations immédiates ». Il souleva ensuite le « problème de l'Amérique », laissant entendre que l'aide des Américains à la Grande-Bretagne faisait en réalité partie d'un complot cynique pour « poursuivre leur réarmement et renforcer leur puissance militaire en acquérant des bases[513] ». Mais ce ne serait pas avant « les années 1970 ou 1980 » que l'Amérique serait en position de « menacer sérieusement les autres nations ». Dans l'intervalle, Hitler suggérait que l'Union

513. BArch RM 41/40.

soviétique participe au Pacte tripartite récemment signé entre l'Allemagne, l'Italie et le Japon.

Mais Molotov démontra que « les petites considérations immédiates » étaient précisément ce qui l'intéressait. Il balaya la volonté d'Hitler de parler en termes généraux et essaya de centrer la conversation sur les questions pratiques, notamment les intentions de l'Allemagne au regard de la Finlande. Hitler liquida rapidement cette question (« La Finlande restera dans la sphère d'influence de la Russie ») pour évoquer ce que serait le monde « après la conquête de l'Angleterre », quand « l'Empire britannique ne serait plus qu'un immense État, de 40 millions de kilomètres carrés, en faillite. Par la conquête de cet État en faillite, la Russie [qui ne disposait pas de ports libres de glace en permanence] gagnerait l'accès à un océan véritablement ouvert ». Mais Molotov ne fut absolument pas intéressé par le démembrement futur d'un pays qui n'avait pas encore été vaincu – et qui pouvait même ne jamais l'être. Au cours d'une réunion ultérieure, lors de ce même voyage à Berlin, il confia explicitement à Ribbentrop qu'il savait que les plans de l'Allemagne pour l'avenir reposaient sur l'hypothèse que la guerre contre la Grande-Bretagne « avait en fait déjà été gagnée ».

Le rejet – presque dédaigneux – du charisme d'Hitler par Molotov était prévisible, pas seulement en raison de sa personnalité mais aussi parce que Staline méprisait cette forme de pouvoir. Staline avait défait au moins deux rivaux « charismatiques » dans la course à la succession de Lénine – Zinoviev et Trotski –, il était parvenu à triompher par la ruse et l'exercice de la force brutale. Hitler prospérait sur la rhétorique – c'était la base de sa séduction –, au contraire de Staline : « On doit toujours se méfier des mots, disait-il. Les actes sont plus importants que les paroles[514]. » Sans surprise, les discussions avec Molotov se terminèrent donc sur un constat d'échec, et, peu de temps après leur clôture, le 18 décembre 1940, Hitler donna des instructions formelles pour le lancement de l'opération Barbarossa *(Unternehmen Barbarossa)* : l'invasion de l'Union soviétique.

Entre-temps, les événements en Pologne continuaient de démontrer à quel point les relations entre Hitler et ses partisans pouvaient créer du dynamisme et encourager les forces de destruction. Comme avant la guerre, il assurait son emprise sur ses soutiens idéologiques grâce à un facteur clef : l'absence de définition de ses objectifs précis. Selon le professeur Norbert Frei : « Le secret était de rester dans le vague [...] On ne parvenait pas à se faire une idée concrète même si on se trouvait au sommet de la hiérarchie[515]. » Comme le confiait Joseph Goebbels, le 5 avril 1940, au cours d'un briefing devant la presse allemande : « Aujourd'hui, quand quelqu'un nous demande comment nous imaginons la nouvelle Europe, nous devons répondre que nous n'en savons rien. Certainement nous en avons une idée. Mais si nous la parons de mots, elle suscitera

514. Rencontre de Staline, au Kremlin à Moscou, avec la délégation polonaise, le 9 août 1944. *Documents of Polish-Soviet Relations 1939-1945*, vol. 2, 1943-1945, Général Sikorski Historical Institute, p. 334, doc. 189.

515. Interview avec l'auteur pour WW2History.com.

immédiatement des ennemis et accroîtra la résistance [...] Aujourd'hui nous disons : *"Lebensraum"*. Chacun peut imaginer ce qu'il veut. Nous saurons ce que nous voulons quand les temps seront venus[516]. »

Cette méthode de domination orchestrait, pour les nouveaux dirigeants de la Pologne, les plus stupéfiants comportements de violence et de chaos. Arthur Greiser, gouverneur de Warthegau, une zone nouvellement créée en Pologne, et Arthur Forster, le responsable nazi de Dantzig/Prusse occidentale, disposaient tous deux d'un pouvoir considérable sans avoir à en référer à aucune autorité au-dessus d'eux. Ils étaient tous deux *Gauleiters*, soit responsables régionaux. Ces hommes – c'étaient tous des hommes – étaient nommés directement par Hitler et n'avaient de comptes à rendre qu'à lui. Beaucoup le suivaient depuis les débuts du mouvement nazi. Albert Forster, par exemple, était devenu un *Sturmabteilung* nazi en 1923 à vingt et un ans. Forster et Greiser avaient tous deux entendu de la bouche d'Hitler qu'ils avaient « dix ans pour achever la germanisation de leurs régions, sans poser de questions sur les méthodes employées pour y parvenir[517] ». Aussi chacun d'eux se sentait-il libre d'accomplir sa tâche comme il le voulait, et chacun avait sa manière de faire. Greiser, proche allié de Himmler, utilisait des

516. Déclaration secrète du Dr Goebbels aux représentants invités de la presse allemande le 5 avril 1940, *in* Hans-Adolf Jacobsen, *Der zweite Weltkrieg. Grundzüge der Politik und Strategie in Dokumenten*, Francfort-sur-le-Main/Hambourg, Fischer Bücherei, 1965, p. 180-181.

517. Laurence Rees, *Ils ont vécu sous le nazisme*, *op. cit.*, p. 122.

méthodes nazies éprouvées pour déterminer qui était « allemand » dans cette zone de Pologne. Forster, tout aussi brutal mais plus libéral dans ses méthodes, considérait comme plus rapide de désigner des villages « germaniques » et d'en « germaniser » les habitants en masse. Dans les deux cas, les conséquences pour ceux qui n'étaient pas considérés comme « Allemands » pouvaient être catastrophiques – déportation, famine et mort étaient le sort qui attendait la plupart d'entre eux.

La situation en Pologne était rendue encore plus chaotique par l'arrivée de plusieurs centaines de milliers d'Allemands ethniques qui, avec l'accord de l'Union soviétique, avaient été autorisés à émigrer vers le « Reich » depuis des régions comme les États baltes récemment intégrées à l'URSS. Ce fut un choc pour beaucoup d'entre eux de découvrir que ce « Reich » dans lequel on leur demandait d'établir leur foyer ne se trouvait pas à l'intérieur des frontières allemandes d'avant-guerre, mais dans des territoires nouvellement incorporés qui faisaient jusque très récemment partie de la Pologne. Certains de ces nouveaux immigrants se voyaient offrir à leur arrivée des logements et des commerces dont les propriétaires polonais avaient été tout simplement expropriés et déportés. Mais la majorité ne trouvaient pas de nouveau foyer et croupissaient dans des camps d'accueil en attendant que les autorités nazies s'occupent de leur cas.

Heinrich Himmler présidait aux destinées de ces êtres humains en détresse. Hitler lui avait donné toute latitude, comme aux autres dirigeants nazis en Pologne, concernant les méthodes qu'il jugerait nécessaires pour réorganiser ce pays sur une base raciale. Et Himmler savait très bien qu'Hitler soutiendrait l'adoption de mesures violentes et radicales pour que le travail soit fait. Il venait d'avoir trente-neuf ans à l'été 1940, et c'était déjà un vétéran du mouvement nazi qui avait pris part au putsch de la Brasserie en 1923 et s'était ensuite retourné contre son ancien chef, Ernst Röhm, lors de la Nuit des Longs Couteaux, en 1934.

En outre, Himmler était aussi un partisan passionné de la primauté de la « race » dans l'histoire de l'humanité. « Nous devons être clairs sur un point, déclara-t-il lors d'un rassemblement de *Gauleiters* nazis en février 1940, nous sommes fermement convaincus, je le crois, comme je crois en Dieu, je crois que notre sang, le sang nordique, est vraiment le meilleur sang sur cette terre [...] Dans un millier de siècles ce sang nordique sera toujours le meilleur. Il n'y en a pas d'autres. Nous sommes supérieurs en tout et à tous. Pourvu que nous soyons libérés des inhibitions et des contraintes, personne ne peut nous surpasser en qualité et en force[518]. »

À la recherche du « meilleur sang », Himmler avait été nommé par Hitler « commissaire du Reich pour le renforcement de la nation allemande » dès octobre 1939,

518. Heinrich Himmler : discours aux *Gauleiters* et autres représentants du parti, le 29 février 1940, cité *in* Bradley F. Smith et Agnes F. Petersen (éds.), *Heinrich Himmler. Geheimreden 1933 bis 1945 und andere Ansprachen*, Francfort-sur-le-Main/Berlin/Vienne, Propyläen Verlag, 1974, p. 115-144. [La traduction française incomplète ne reprend pas ce passage : Heinrich Himmler, *Discours secrets*, éd. par Bradley F. Smith et Agnes F. Peterson, introd. de Joachim C. Fest, trad. de l'allemand par Marie-Martine Husson, Gallimard, 1978 (*NdT*).]

et, à ce titre, il avait engagé l'une des plus grandes réorganisations ethniques de l'histoire. Ou plutôt, comme Goebbels l'écrivit dans son journal en janvier 1940 : « Himmler est actuellement en train de déplacer les populations. Pas toujours avec succès[519]. »

L'une des conditions qui permettaient à Himmler de mener des actions violentes dans l'Est était, ce qui n'a rien d'étonnant, l'inébranlable certitude d'Hitler qu'il lui était totalement loyal et reconnaissait son « génie charismatique ». Dès janvier 1923, avant même de nouer des relations personnelles avec Hitler, Himmler notait : « Il est en vérité un grand homme et par-dessus tout un homme pur et dur[520]. » Mais malgré la confiance d'Hitler dans sa loyauté, il devait pousser très loin ses désirs pour tenir compte des autres intérêts nazis en compétition en Pologne. Quand, par exemple, Himmler s'opposait à la manière laxiste avec laquelle Albert Forster mettait en œuvre la sélection raciale dans la zone de Dantzig/Prusse occidentale, il ne pouvait pas faire grand-chose pour faire respecter sa volonté, car Forster, en tant que *Gauleiter*, avait un accès direct à Hitler. Himmler rencontrait aussi des problèmes avec Göring, lequel était d'accord avec les critiques de Hans Frank, le chef du Gouvernement

519. Journal de Goebbels, entrée du 24 janvier 1940, *in* Elke Fröhlich (éd.), *Die Tagebücher von Joseph Goebbels*, *op. cit.* [L'entrée n'est pas reprise dans la traduction française du *Journal* (*NdT*).]

520. Peter Longerich : *Heinrich Himmler*, *Biographie*, Munich, 2010, p. 86, 797. [Nous n'avons pas eu accès à la traduction française : *Himmler : biographie*, traduite de l'allemand par Raymond Clarinard, H. d'Ormesson, 2010 (*NdT*).]

général, qui s'était plaint à lui, en sa qualité de responsable du Plan quadriennal, de l'effet que les déportations de masse résultant de la réorganisation raciale d'Himmler avaient sur sa zone en Pologne.

Mais Himmler était un expert pour conduire sa barque dans ce labyrinthe d'ambitions et de responsabilités contradictoires. Il savait qu'Hitler détestait lire des rapports et demandait la plupart du temps à ses subordonnés de devancer ses besoins sur la base d'indications verbales qu'ils devaient être capables de saisir. C'est ainsi, après tout, qu'Himmler avait compris ce qu'on attendait de lui individuellement, et de la SS dans son ensemble, au moment de l'attaque contre Röhm et la direction de la SA. Mais il avait aussi compris que, très exceptionnellement, on pouvait avoir intérêt à transmettre ses propositions par écrit à Hitler, et cela, à condition que la nécessité d'une décision claire de la part du Führer se fît urgemment sentir et que l'occasion fût favorable. En mai 1940, il sentit que ces deux conditions étaient remplies et il écrivit un long mémorandum destiné à Hitler sous le titre : « Quelques réflexions sur le traitement des populations étrangères dans l'Est. » D'évidence, Hitler avait besoin de conseils sur la manière dont la politique raciale en Pologne devait être mise en œuvre, et Himmler fit en sorte que sa note parvînt entre les mains d'Hitler à un moment où les Allemands progressaient dans la bataille de France.

Himmler ne s'adressait pas à Hitler afin de résoudre des problèmes qu'il aurait rencontrés. Au contraire, il proposait un moyen de développer ce qu'il savait être la vision d'Hitler pour l'Est. Il proposait que la population « non allemande » des « territoires de l'Est » soit maintenue dans une condition d'esclaves ignorants et qu'on ne leur enseigne que des rudiments : « À compter, pas au-delà de 500, à écrire son nom, à obéir aux Allemands – une doctrine qui soit un commandement divin –, à être honnête, à travailler dur et à être vertueux. Savoir lire, je pense, n'est pas nécessaire[521]. » Dans le même temps, le pays devait être vidé des enfants de « notre sang » qui seraient emmenés en Allemagne pour y être élevés.

C'était un plan radical et raciste calculé pour plaire à Hitler – et c'est ce qui se passa. Il déclara à Himmler qu'il trouvait son mémorandum *« gut und richtig »* (« bon et correct »). C'était de cette manière que se prenaient les décisions, nous dit le professeur Christopher Browning. « Hitler ne rédigeait pas de plan complexe qu'il aurait ensuite signé et communiqué de haut en bas. Ce que vous aviez, c'était un encouragement à Himmler de régler avec les autres la question par la force, et la possibilité d'invoquer l'approbation d'Hitler si ceux-ci ne cédaient pas. Hitler, quant à lui, pouvait toujours par la suite revenir en arrière. Il réservait ses choix, mais il encourageait Himmler qui devait anticiper le genre de chose que le Führer souhaitait voir à long terme[522]. »

521. Heinrich Himmler : « Quelques réflexions sur le traitement des populations étrangères dans l'Est », 15 mai 1940, *in* Wolfgang Michalka (éd.), *Das Dritte Reich Dokumente zur Innen-und Außenpolitik*, vol. 2 : *Weltmachtsanspruch und nationaler Zusammenbruch 1939-1945*, Munich, 1985, p. 163-166.

522. Interview avec l'auteur, cité dans Laurence Rees, *Ils ont vécu sous le nazisme*, *op. cit.*, p. 143.

Ce système d'une « vision d'en haut », telle qu'il laissait ensuite le soin à ses subordonnés de la définir et de la traduire dans les faits, incitait ces derniers à promettre beaucoup plus qu'ils ne pourraient jamais tenir. Contrairement aux généraux qui avaient, par exemple, élevé des objections réalistes au plan d'Hitler d'envahir la France, les fidèles dévoués comme Himmler et Göring cherchaient à complaire à leur patron en lui offrant l'assurance que ce qui était pratiquement impossible – et l'était parfois réellement – pouvait être accompli. À l'été 1940, Göring avait déjà montré cette propension à plusieurs reprises : en matière économique en fixant des objectifs irréalistes dans le Plan quadriennal, et sur le terrain militaire en garantissant à Hitler que la Luftwaffe pouvait détruire les troupes alliées rassemblées sur les plages de Dunkerque. Himmler avait aussi montré qu'il ne pourrait pas mener à bien ses plans ambitieux de réorganisation raciale. Non seulement les déplacements massifs de Polonais à l'intérieur de la Pologne n'avaient produit qu'un chaos économique et administratif, mais plusieurs centaines de milliers d'Allemands ethniques qui étaient arrivés dans le nouveau Reich pleins d'espoir en l'avenir étaient maintenant obligés de vivre dans des camps de transit parce qu'ils n'avaient nulle part où aller. Pourtant, dans son mémorandum du 15 mai, Himmler écartait volontairement ces obstacles et, au contraire, défendait l'idée d'accroître encore l'étendue de la réorganisation raciale de l'Est. Comme Göring, il savait qu'Hitler était par-dessus tout séduit par les plans qui débordaient à la fois d'optimisme et de radicalisme.

Une autre conséquence de cet aspect de la domination charismatique d'Hitler était la manière dont ses subordonnés les plus proches en venaient à imiter sa tendance à ignorer les problèmes pratiques qui se dressaient sur le chemin de leur objectif. Himmler a montré cette disposition un nombre incalculable de fois, mais de manière particulièrement flagrante lors de sa première visite du camp de concentration d'Auschwitz, au printemps 1941. Auschwitz, à ce moment de son développement, était destiné à semer la terreur dans la population polonaise de Haute-Silésie. Quand le camp ouvrit ses portes en juin 1940, les premiers internés furent des prisonniers politiques polonais. En dépit du fort taux de mortalité consécutif à d'épouvantables mauvais traitements, ce n'était pas encore un lieu d'extermination systématique. Himmler vint le visiter parce qu'il savait que le conglomérat chimique géant IG Farben était intéressé par l'idée d'ouvrir une nouvelle usine dans ses environs immédiats. Il espérait qu'Auschwitz pourrait fournir des travailleurs pour ce projet de complexe de caoutchouc synthétique dit caoutchouc Buna.

Le 1er mars 1941, il annonça que la superficie du camp serait multipliée par trois, balayant une série d'objections – comme la question du drainage – par ces mots : « Messieurs, le camp sera agrandi. Mes raisons pour le vouloir sont de loin plus importantes que vos objections[523]. » La décision aurait tout à fait pu venir

523. Rudolf Höss, *Le commandant d'Auschwitz parle*, La Découverte 2004, p. 135, et interrogatoire de Höss par Jan Sehn, Cracovie, 7-8 novembre 1946, Instytut Pamieci Narodowej, Varsovie NTN 103.

d'Hitler – et c'était une décision, à y bien réfléchir, absurde : les objections pratiques aux plans de Himmler demeuraient, sa volonté n'y pouvait rien. Plus tard le même jour, Rudolf Höss essaya de le convaincre de la réalité des problèmes qu'il rencontrerait en tentant de faire passer la capacité du camp de dix mille détenus à trente mille. « Je ne veux plus entendre parler de difficultés ! lui répondit Himmler. Pour un officier SS, il n'y a pas de difficultés ! Quand elles se présentent, c'est son travail de les résoudre. La manière dont vous vous y prenez, c'est votre affaire, pas la mienne ! »

Bien que cela soit – il faut le dire – un système d'administration étrange, il fonctionnait depuis plus longtemps qu'on ne pourrait le supposer, pour des raisons sous-jacentes. Hitler avait répété pendant des années que la réalisation des objectifs reposait essentiellement sur la force de la volonté et la foi – et il se targuait de ses succès, comme la prise du pouvoir par les nazis et la victoire sur la France, pour affirmer que la démonstration était par lui faite de la vérité de cette doctrine. Encore plus significatif cependant, les futures victimes de l'échec de ces objectifs ambitieux étaient des individus dont les nazis se souciaient comme d'une guigne ou qu'ils souhaitaient en réalité voir souffrir. Dans le cas des Polonais, les milliers qui mouraient dans les trains au cours de leur acheminement vers le Gouvernement général, ou qui étaient condamnés à mourir de faim après leur arrivée faute de trouver à manger et d'un lieu où aller, ne comptaient pour rien aux yeux des nazis qui les considéraient comme une partie négligeable de « la classe ouvrière sans chef ».

Cette tendance à fixer des objectifs absurdes et à fermer les yeux sur la souffrance qui en résultait quand ils n'étaient pas atteints était particulièrement flagrante dans la politique nazie envers les Juifs. À la fin du mois de septembre 1939, les nazis tenaient en leur pouvoir un grand nombre de Juifs polonais – environ deux millions –, et la « vision » première d'Hitler les concernant suivait naturellement en droite ligne les objectifs de persécution et d'expulsion qu'il avait développés avant-guerre. Les groupes d'intervention des forces spéciales – *Einsatzgruppen* – en avaient tué plusieurs milliers, mais il y en avait un plus grand nombre encore qui étaient confinés dans des ghettos dans l'attente de leur déportation. La capacité de chaque commandant à agir à sa guise dans l'exécution de sa mission était inscrite dans le plan dès sa phase d'élaboration. Reinhard Heydrich écrivit dans une série d'instructions aux chefs des *Einsatzgruppen* : « Il est évident qu'il est impossible de définir aujourd'hui les tâches à venir dans leurs moindres détails. Les instructions et les directives qui suivent ont pour seul objectif d'exhorter les commandants des *Einsatzgruppen* à réfléchir par eux-mêmes aux considérations pratiques[524]. »

---

524. Lettre urgente du Bureau du chef de la sécurité centrale du Reich, R. Heydrich, aux commandants des forces de sécurité de la police concernant les étapes à suivre et les méthodes de la « solution finale de la question juive », datée du 21 septembre 1939. La lettre constitue un « document de Nuremberg » (doc. 3363-PS), reproduite en tant que telle dans : *Der Prozess gegen die Hauptkriegsverbrecher vor dem Internationalen Militärgerichtshof Nürnberg*, 1er novembre 1945-1er octobre 1946, vol. XXXII, Nuremberg, 1948.

Le 29 septembre, Hitler déclara qu'il voulait que les Juifs fussent déplacés dans la zone sud-est du nouvel empire nazi entre le Bug et la Vistule[525], une contrée reculée près de la frontière qui séparait la Pologne sous occupation allemande de la zone occupée par l'Union soviétique, où ils seraient soumis aux travaux forcés dans des camps. Adolf Eichmann, un capitaine *(Hauptsturmführer)* SS de trente-trois ans qui avait contribué à l'organisation de la déportation des Juifs d'Autriche après l'*Anschluss*, entendit parler de cette idée et essaya immédiatement de la mettre en pratique. Il n'existe aucune preuve qui permette de dire qu'il en avait reçu l'ordre. Il en prit plutôt la décision de sa propre initiative, en agissant dans l'idée de satisfaire ses supérieurs. Le 6 octobre, Eichmann rencontra le chef de la Gestapo, Heinrich Müller, qui préconisait quelques déportations à titre de test, afin de voir si le système pouvait fonctionner. Dans les jours qui suivirent, Eichmann, allant au-delà de ce qui lui était demandé, commença à planifier la déportation de Juifs sur de longues distances. Fait à peine croyable, vu le faible laps de temps, le premier train contenant près d'un millier de Juifs en provenance de ce qui est aujourd'hui la ville d'Ostrava (autrefois Mährisch-Ostrau) en République tchèque partit pour le sud-est de la Pologne le 18 octobre, trois semaines à peine après qu'Hitler eut révélé ses intentions[526]. Le 20 octobre, un

525. J. Noakes et G. Pridham, *Nazism 1919-1945*, *op. cit.*, p. 1053.

526. Christopher Browning, *Les Origines de la solution finale*, *op. cit.*, p. 90-92 et 95-97.

train quitta Vienne avec environ le même nombre de Juifs à son bord.

Chercher à déporter des Juifs de Vienne était aussi, pour Eichmann, un moyen de résoudre un « problème » que les nazis avaient eux-mêmes créé à la suite de l'*Anschluss* et du vaste programme d'aryanisation qu'ils avaient imposé dès avant la guerre. En fermant ou en s'appropriant des affaires juives, les nazis avaient rendu impossible pour de nombreux Juifs de gagner leur vie. S'ils n'étaient pas contraints d'immigrer, ils ne pouvaient que devenir « un fardeau » pour l'État nazi. Dès avant la guerre, le planificateur nazi Walter Rafelsberger avait proposé que les Juifs qui resteraient soient internés de force dans des camps où ils seraient mis au travail sur des projets de construction[527]. Dans des conditions telles que celles de la guerre, des idées de ce genre paraissaient réalisables.

Il n'est toutefois pas surprenant que le plan d'Eichmann ait abouti à un chaos total, provoquant des souffrances épouvantables quand les Juifs arrivèrent à Nisko, dans la région de Lublin, en Pologne. Aucun hébergement n'était prévu pour les accueillir – on leur donna l'ordre de construire des baraques pour s'abriter –, et beaucoup d'entre eux furent emmenés à la frontière avec la Pologne occupée par les Soviétiques et invités à partir et à ne plus revenir. En novembre 1939, on interdit toutefois de procéder à

527. Götz Aly et Susanne Heim, *Les Architectes de l'extermination : Auschwitz et la logique de l'anéantissement [Architects of Annihilation]*, traduit de l'anglais par Claire Darmon, Paris, Calmann-Lévy, 2006, p. 41.

de nouveaux transports de Juifs, et le projet fut abandonné, même si quelques-uns continuèrent à dépérir dans le camp de fortune de Nisko jusqu'au printemps 1940.

C'était Himmler qui avait ordonné de mettre fin à l'initiative d'Eichmann – non pas à cause de la souffrance des Juifs entraînés dans cette aventure, mais parce que sa priorité du moment était d'organiser le transport des Allemands ethniques qui arrivaient d'Union soviétique et qu'il avait besoin des ressources détournées par le plan Nisko. Himmler avait aussi son propre plan pour la déportation des Juifs de Pologne vers le Gouvernement général. C'est l'énorme problème administratif que causait ce schéma improvisé qui donna lieu aux plaintes adressées à Göring et au mémorandum d'Himmler à Hitler en mai 1940.

Malgré sa très courte durée d'existence, le plan Nisko est néanmoins révélateur de la nature du système de gouvernance nazi – surtout parce qu'il concerne la question juive. Hitler était à peine impliqué, même si son *imprimatur* était capital. La nature de son pouvoir était telle qu'il suffisait de la plus mince indication qu'il fût favorable à telle ou telle action – sans préjudice des difficultés pratiques de mise en œuvre – pour que l'un de ses subordonnés agisse dans ce sens, fût-ce un subalterne comme Adolf Eichmann. En effet, comme l'évolution ultérieure de la politique antisémite des nazis le démontra, le sentiment qui émanait d'Hitler était si fort que les rêves les plus fous pouvaient être considérés comme des possibilités concrètes sans qu'il ait à être lui-même à l'origine de toutes les visions – sachant quelle sorte de monde il voulait, d'autres pouvaient faire le travail pour lui. Hitler avait créé une atmosphère où, comme Himmler l'avait exprimé dans son discours de février 1940, les nazis se sentaient « libérés de leurs inhibitions et de leurs contraintes ».

À l'été 1940, le plan Nisko d'Eichmann s'était révélé impossible à mettre en œuvre, tout comme les idées d'Himmler de transporter les Juifs polonais vers le Gouvernement général. Dans l'intervalle, ces derniers avaient été confinés dans les ghettos des plus grandes villes, comme Varsovie, Lodz et Cracovie, où beaucoup d'entre eux mouraient de maladie et de malnutrition. Estera Frankiel, par exemple, qui avait été enfermée dans le ghetto de Lodz avec sa famille au printemps 1940, raconte que les conditions de vie étaient si effroyables qu'« on pensait exclusivement à la façon de survivre au jour le jour[528] ». Conçus dans un premier temps comme une mesure temporaire avant la mise en œuvre de la déportation des Juifs, les ghettos jouaient maintenant le rôle de prisons. La souffrance y était immense. Un Polonais qui avait parcouru le ghetto de Varsovie en 1941 écrivit dans son journal : « La majorité [d'entre eux] sont des figures de cauchemar, des fantômes d'êtres humains, de misérables indigents, des vestiges pathétiques d'humanité. [...] Dans les rues les enfants pleurent en vain, des enfants qui meurent de faim. Ils hurlent, supplient, chantent, gémissent, tremblent de froid, sans sous-vêtements, sans habits, sans chaussures, en haillons, des sacs et des bouts de tissu dont ils enroulent leurs squelettes émaciés, des enfants gonflés par la faim, défigurés, à demi conscients,

528. Témoignage inédit.

déjà adultes à l'âge de cinq ans, tristes et déjà fatigués de la vie[529]. »

Non seulement les dignitaires nazis comme Heinrich Himmler et Hans Frank étaient, bien entendu, indifférents à cette souffrance, mais leur désir était même vraiment qu'il se produise quelque chose de ce genre. « Traitez les Juifs sans ménagement. [C'est] un plaisir de s'attaquer enfin physiquement à la race juive. Plus il en meurt, mieux c'est[530] », avait déclaré Hans Frank en novembre 1939, dans le contexte du plan inabouti pour envoyer les Juifs à l'est de la Vistule.

C'est dans le but de réaliser le dessein originel d'expulser les Juifs qu'un fonctionnaire du ministère allemand des Affaires étrangères, Franz Rademacher, proposa à l'été 1940 la solution étrange et radicale de les envoyer dans la colonie française de Madagascar, au large des côtes d'Afrique. Cette idée d'expulser les Juifs quelque part très loin de l'Europe n'était en fait pas nouvelle. Le premier à l'avoir proposée avait été Paul de Lagarde, un antisémite allemand du

529. Journal de Stanislav Rozycki, *in* Ronnie S. Landau, *The Nazi Holocaust*, *op. cit.*, p. 158.

530. Extraits du discours du gouverneur général Hans Frank lors d'une réunion de responsables de districts et de commissaires des villes du district de Radom concernant le plan de concentration des populations juive et polonaise dans le Gouvernement général, le 25 novembre 1939. *Fascismus-Getto-Massenmord. Dokumentation über Ausrottung und Widerstand der Juden in Polen während des zweiten Weltkrieges*, éd. Jüdischer Historischer Institut Warshau, choix de textes et introduction par Tatiana Berenstein *et al.*, Berlin, Rütten & Löning, 1960, p. 46. Le texte original se trouve dans les Archives de l'Institut d'histoire juive à Varsovie (Zydowski Instytut Historyczny), *Varia I*, n° 33.

XIXe siècle[531] – non pas pour leur bien-être, évidemment, car il préférait leur destruction quelles qu'en soient les modalités[532]. (Lagarde défendait aussi de nombreuses autres idées adoptées par les nazis bien longtemps après – comme la haine du libéralisme et le désir que l'Allemagne conquière de nouveaux territoires.) Plus récemment, Himmler avait aussi mentionné dans son mémorandum de mai 1940 qu'il espérait « voir le terme "Juif" complètement éliminé par la possibilité d'une migration à grande échelle de tous les Juifs en Afrique ou dans quelque autre colonie ».

Rademacher était un diplomate de carrière mais aussi un nazi dévoué, depuis peu nommé à la tête de la Section juive *(Judenreferat)* au sein du ministère des Affaires étrangères allemand. La défaite de la France – couplée à la capitulation de la Grande-Bretagne, qu'il imaginait imminente, et par conséquent à la fin des hostilités en Europe – ouvrait pour lui des perspectives entièrement nouvelles. Son mémorandum suggérant de « déporter les Juifs d'Europe occidentale, par exemple, vers Madagascar[533] », adressé à son patron le sous-secrétaire Martin Luther, était daté du 3 juin 1940. À peine trois semaines plus tard, Reinhard Heydrich, informé des efforts de Rademacher pour impliquer le ministère des Affaires étrangères dans ce qu'il consi-

531. Fritz Stern, *Politique et désespoir : les ressentiments contre la modernité dans l'Allemagne préhitlérienne* [*The Politics of Cultural Despair : A Study in the Rise of the Germanic Ideology*], A. Colin, 1990, p. 247.

532. Pour une discussion des idées de Paul de Lagarde, voir *ibid.*, p. 27-116.

533. Ian Kershaw, *Hitler. 1936-1945 : Némésis*, *op. cit.*, p. 484.

dérait comme son domaine d'intervention, informa Ribbentrop, le ministre allemand des Affaires étrangères, qu'il souhaitait prendre part aux discussions. En conséquence, six semaines plus tard, Eichmann présentait une longue proposition pour l'envoi de quatre millions de Juifs à Madagascar où ils vivraient – et en temps voulu mourraient – sous la supervision de la SS.

Il est certain qu'Hitler approuva cette proposition. Il en parla à Mussolini cet été-là, et Goebbels nota dans son journal le 17 août après une rencontre avec Hitler : « Plus tard nous avons l'intention d'expédier les Juifs à Madagascar[534]. » La nouvelle atteignit même les Juifs enfermés dans le ghetto de Lodz. « Il y eut alors des discussions à propos de Madagascar, rapporte Estera Frenkiel, qui, pendant l'été 1940, travaillait comme secrétaire dans l'administration du ghetto. J'ai moi-même entendu parler à l'époque des propos que Richter de la Gestapo avait tenus à Rumkowski [le responsable juif du ghetto] : "Nous allons tous vous déporter à Madagascar et là, vous serez le roi des Juifs ou leur président…"[535] » En réalité, les Juifs auraient probablement connu un sort catastrophique s'ils avaient été envoyés à Madagascar – les prévisions d'avant-guerre faites par la commission Lepecki indiquaient que moins de dix mille familles auraient pu y être installées[536], alors que les nazis prévoyaient d'y envoyer quatre millions de Juifs.

534. Joseph Goebbels, *Journal 1939-1942, op. cit.*, 17 août 1940, p. 185.

535. Témoignage inédit.

536. Christopher Browning, *Les Origines de la solution finale*, *op. cit.*, p. 177.

Le plan Madagascar dura à peine plus que le fiasco de Nisko avec Eichmann. Sa réussite dépendait de la volonté de la Grande-Bretagne de signer la paix – les Juifs n'auraient jamais pu être transportés en Afrique sans la sécurisation des lignes maritimes. Mais sa courte histoire n'en a pas moins du sens, car elle démontre jusqu'où les idéologues fanatiques rassemblés autour d'Hitler pouvaient aller concernant le sort à réserver aux Juifs.

La planification de la guerre à venir contre l'Union soviétique se développait en parallèle de ces idées de plus en plus radicales sur le traitement des Juifs en particulier et de la population polonaise en général. Ces trois éléments se combinaient pour produire un remarquable déversement de propositions extrémistes – à l'évidence génocidaires. Des recherches approfondies menées par des universitaires allemands ces vingt dernières années ont démontré que les secrétaires d'État du système nazi théorisaient en termes violents et généraux le déplacement forcé et la famine de millions de personnes, motivés en partie par la conviction que la population était déjà trop nombreuse dans cette partie du monde. Werner Conze, qui devait devenir professeur à l'université du Reich à Posen, avait écrit juste avant la guerre que, dans de vastes régions de l'est de l'Europe centrale, la surpopulation rurale était l'un des plus sérieux problèmes sociaux et politiques du moment[537]. Influencés par les théories de chercheurs en sciences sociales comme Paul Mombert, ces planifica-

537. Götz Aly et Susanne Heim, *Les Architectes de l'extermination*, *op. cit.*, p. 82.

teurs nazis pensaient que l'on pouvait définir une « population optimale » pour n'importe quel territoire. Ainsi prétendaient-ils qu'il existait un énorme surplus de population dans les régions que les nazis occupaient déjà dans l'Est, et dans celles qu'ils occuperaient une fois réalisée l'invasion de l'Union soviétique. Ils connaissaient bien sûr le précédent opéré en Ukraine entre 1932 et 1933 par Staline : celui-ci y avait organisé une famine qui avait causé la mort d'au moins six millions de personnes[538]. Les universitaires débattent encore sur le point de savoir si Staline souhaitait réellement la mort d'autant d'Ukrainiens dans sa campagne de modernisation à la soviétique, mais une chose est sûre : les nazis avaient eu, au moment du déclenchement de la Deuxième Guerre mondiale, un clair exemple de la manière dont la famine pouvait considérablement réduire une population dans un court laps de temps.

Pour ces planificateurs nazis, la guerre était très certainement une libération. Comme le docteur Dietrich Troschke, un jeune économiste qui travaillait au Gouvernement général, l'écrivait dans son journal en avril 1940 : « Ceux qui sont en poste dans l'Est se retrouvent dans une situation unique en son genre. Chacun est confronté à des occasions exceptionnelles. Personne n'aurait imaginé un poste qui, en matière de défis, de responsabilités et d'initiatives, offre plus que tout ce qu'on a réalisé dans une vie entière[539]. »

---

538. Robert Service, *Staline*, *op. cit.*, p. 312.
539. Götz Aly et Susanne Heim Ally, *Les Architectes de l'extermination*, *op. cit.*, p. 146-147.

Le professeur Christopher Browning nous explique que les planificateurs nazis ressentaient « une certaine ivresse à faire l'histoire. [...] Les gens perdent le sens commun à partir du moment où ils ont le sentiment d'aller plus loin que n'importe qui avant eux, qu'ils sont en train de faire l'histoire d'une manière plus exaltante que tous ceux qui les ont précédés. Il en résulte cet étrange mélange d'individus qui possèdent de grandes compétences technocratiques et une expertise en matière de planification, mais qui ont aussi des visions utopiques, et ces visions utopiques sont très toxiques. Or c'est cette combinaison d'ivresse utopique et d'expertise technocratique que les nazis mélangeaient de manière à donner naissance à cette extraordinaire capacité destructrice ou, dans ce cas, à des plans pour la mettre en œuvre[540] ».

Comme nous l'avons vu, pour Hitler, la guerre était devenue « idéologique » dès l'instant où les troupes allemandes étaient entrées en Pologne, en septembre 1939, mais les conséquences de cette pensée idéologique allaient se manifester avec plus d'intensité et à plus grande échelle dans la guerre contre l'Union soviétique. Il expliqua sa vision dans un discours tristement célèbre qu'il adressa aux officiers supérieurs de l'armée allemande le 10 mars 1941, en déclarant que la guerre à venir contre l'Union soviétique serait une « guerre d'anéantissement[541] ». Il appela tout particulièrement à « l'anéantissement des commissaires bolcheviques et de l'intelligentsia communiste ».

540. Entretien avec l'auteur pour WW2History.com.

541. *The Halder War Diary*, entrée du 30 mars 1941, *op. cit.*, p. 346.

Un officier subalterne de l'armée allemande, qui était au courant de la décision de tuer les responsables politiques soviétiques (les « commissaires ») avant l'invasion de l'Union soviétique et l'acceptait, se souvint plus tard de ce qu'il pensait alors : « La différence [entre combattre les Soviétiques et combattre sur le front Ouest] était que les Russes ou les soldats de l'Armée rouge étaient considérés comme des êtres inférieurs et qu'il s'agissait d'une action de masse. C'est-à-dire qu'il y avait des masses de soldats russes, et qu'il fallait changer cette situation de force, de supériorité quantitative. […] Ils [les dirigeants nazis] disaient qu'il n'y avait pas de temps à perdre, nous devions nous battre, nous devions mettre la pression et qu'importe si un peu plus de Russes mouraient en chemin. C'était un groupe d'êtres inférieurs […], ce qui nous donnait le droit moral de les détruire, de les anéantir en partie, pour qu'ils ne représentent plus un danger pour nous […] Les bolcheviques étaient toujours représentés avec un couteau ensanglanté entre les dents, comme des gens qui ne font que détruire, massacrer, battre à mort, torturer et déporter dans des camps en Sibérie. […] Ces bolcheviques qui étaient capables de toutes les atrocités et de toutes les violences ne devaient jamais jouer un rôle dirigeant dans le monde[542]. »

C'est sur fond du désir d'Hitler de mener une « guerre d'anéantissement » contre un « groupe d'êtres

---

542. Témoignage inédit de Bernhard Bechler, ADC (officier subalterne), au général Eugen Müller (général des services spéciaux) de l'automne 1940 au printemps 1942.

inférieurs » qu'une réunion de secrétaires d'État, d'officiers de l'armée et d'autres fonctionnaires eut lieu le 2 mai 1941. Les deux premiers points de leurs conclusions résument bien le point de vue auquel ils arrivèrent au cours de la réunion : « 1. La guerre ne peut continuer que si l'ensemble de la Wehrmacht est nourri par la Russie pendant la troisième année de la guerre. 2. Par conséquent, x millions de personnes devront sans aucun doute mourir de faim, si ce qui nous est nécessaire nous vient de ce pays[543]. » Par « la troisième année de la guerre », ces responsables voulaient dire la période allant de septembre 1941 à août 1942. Et il se révéla ultérieurement que ces « x » millions représentaient en réalité « trente millions de personnes[544] ».

Ce n'est pas un hasard si ce document extraordinaire sur « le plan famine » – qui, parce que l'attention s'est focalisée, ce qui est compréhensible, sur les horreurs de l'Holocauste, n'a pas reçu celle qu'il méritait – se fit jour lors de cette réunion, car il était avant tout le dernier maillon d'une chaîne de causalité qui ramène à Hitler. La seule personnalité de haut rang qui participait à la réunion, Alfred Rosenberg, eut une discussion avec le Führer, le même jour, pour évoquer « de manière détaillée les questions de l'Est[545] », et il fait

543. Alex. J. Kay, « Germany's *Staatssekretäre*, Mass Starvation and the Meeting of 2 mai 1941 », *Journal of Contemporary History*, vol. 41 (4), p. 685. Voir aussi l'ouvrage de Christian Gerlach, *Kalkulierte Morde : Die deutsche Wirtschafts – und Vernichtungspolitik in Weissrussland 1941 bis 1944*, Hambourg, 2000.

544. Alex J. Kay, art. cit., p. 689.

545. *Rosenberg Diary*, 1er et 6 mai 1941, publié dans *Frankfurter Rundschau* n° 140, 22.6.1971, cité dans Alex J. Kay, art. cit., p. 692.

peu de doute qu'il voulait alors être à même de lui faire des propositions concrètes. Car telle était la conséquence structurelle du refus d'Hitler que ses principaux ministres se rencontrent pour discuter politique – la dernière réunion du cabinet s'était tenue en 1938 : il donnait une importance capitale à celles du niveau inférieur à celui des ministres, celles des secrétaires d'État[546]. (Il est tout à fait significatif à cet égard que la plus tristement célèbre de la guerre tout entière – la conférence de Wannsee, en janvier 1942, pour organiser le meurtre des Juifs – se soit tenue, comme celle du 2 mai, entre les secrétaires d'État.) C'est de cette manière que la domination d'Hitler, à la fois dans le contenu et la forme, s'imposait aux hommes qui, le 2 mai, proposèrent de faire mourir de faim des millions de personnes. Non seulement Hitler avait annoncé qu'il allait s'agir d'une guerre d'« anéantissement », mais il avait fait comprendre un nombre incalculable de fois dans le passé qu'il souhaitait que ses partisans mettent en œuvre des solutions « radicales ».

Il y a donc toutes les raisons de croire que les hommes qui se trouvaient autour de la table de conférence le 2 mai 1941 pensaient servir aussi bien les intérêts de leur Führer que ceux de leur pays en condamnant 30 millions de personnes à mourir de faim. Ils se souvenaient notamment que les Alliés avaient soumis l'Allemagne à un blocus pendant la Première Guerre mondiale dans le but d'affamer le pays et de l'amener ainsi à se soumettre. C'est

546. Un détail noté par Mark Roseman, *The Villa, the Lake, the Meeting, Wannsee and the Final Solution*, Allen Lane, 2002, p. 57 et aussi par Alex J. Kay, art. cit., p. 688.

pourquoi, remarque le professeur Adam Tooze, « ce que la rhétorique des années 1940-1942 nous donne à voir, c'est une sorte de mouvement d'inversion où ils disent : "Quelqu'un va mourir de faim, mais cette fois-ci ce ne sera pas nous." » Et, à la différence des décisions sur l'Holocauste qui étaient le plus souvent transmises par euphémismes (on disait des personnes à tuer, par exemple, qu'elles devaient être soumises à une *Sonderbehandlung*, ou « traitement spécial »), le Plan Famine fut « explicitement établi dans des instructions rédigées pour les forces d'occupation allemandes. Les commandants de garnison dans les régions les plus éloignées disposaient d'instructions explicites qui disaient : s'il vous vient l'envie de distribuer de la nourriture aux Russes affamés, souvenez-vous ainsi que vos subordonnés que ce qui est en jeu ici n'est rien moins que la survie du Reich et la continuation de la guerre dans sa deuxième, troisième, quatrième année[547] ».

Cette logique, bien entendu, n'est qu'une application de la manière dont Hitler lui-même regardait le monde, en termes de « soit/soit » : « Soit nous anéantissons l'ennemi, soit nous serons nous-mêmes anéantis. » Cette manière simpliste, basée sur l'émotion, de réduire les questions complexes à des alternatives absolues était l'une des composantes clefs de son pouvoir charismatique depuis ses premiers discours dans les brasseries. Il n'est donc pas surprenant que, quelques jours seulement avant l'invasion de l'Union soviétique, il se soit adressé à Joseph Goebbels en des termes similaires : « Que nous ayons raison ou tort,

547. Interview avec l'auteur pour WW2History.com.

nous devons vaincre. C'est la seule voie. Et elle est juste. Et quand nous aurons gagné, qui nous demandera des comptes sur la méthode ? Quoi qu'il en soit, nous avons tant de choses sur la conscience que nous devons vaincre, sinon tout notre peuple – à commencer par nous-mêmes et tout ce qui nous est cher – sera effacé[548]. »

Le plan famine, comme tous les plans nazis avant lui, se révéla au final irréalisable – les forces allemandes n'avaient pas les ressources suffisantes pour enfermer des millions de personnes dans chaque ville soviétique et les y laisser mourir de faim. Mais il n'en fut pas moins mis en pratique dans un certain nombre d'endroits. Ainsi le siège de Leningrad (l'actuelle Saint-Pétersbourg) par l'armée allemande, entre septembre 1941 et janvier 1944, provoqua la mort de six cent mille civils – pour la plupart par manque de nourriture. Et la volonté de ne pas gaspiller une précieuse nourriture au bénéfice de l'ennemi fut l'une des raisons fondamentales de la mort en captivité de plus de trois millions de prisonniers de guerre soviétiques. Dans des villes comme Kharkov, dans l'est de l'Ukraine, les autorités allemandes essayèrent aussi d'imposer une politique de famine. Kharkov était l'une des villes soviétiques les plus peuplées occupées pendant la guerre. Dès le moment de leur arrivée en octobre 1941 et jusqu'à ce qu'elles en soient finalement chassées par l'Armée rouge en août 1943[549], les troupes allemandes

548. Joseph Goebbels, *Journal 1939-1942, op. cit.*, 16 juin 1941, p. 310.

549. L'Armée rouge reprit brièvement la ville en février 1943, les Allemands la réoccupèrent en mars.

s'appliquèrent à priver de nourriture la population locale. « Un soldat se précipita à l'intérieur de la pièce où nous nous trouvions, raconte Inna Gavrilchenko, qui était alors une jeune fille de quinze ans, et commença à fouiller. Il se rua derrière les étagères et commença à fouiller là en jetant autour les choses qui s'y trouvaient, en jetant les livres [...] Enfin, il trouva du sucre, nous avions un peu de sucre[550]. »

Après avoir volé les provisions des habitants de Kharkov, les Allemands bouclèrent la ville le mieux possible pour empêcher la population locale de s'enfuir et n'accordèrent de nourriture qu'aux quelques habitants qui les aidaient à diriger la ville. Les autres – environ cent mille personnes – étaient condamnés à mourir de faim. Inna Gavrilchenko vit ainsi son propre père mourir d'inanition – et apprit à reconnaître les signes de la famine : « Avant tout, quand vous êtes affamé, votre corps manque de protéines. Et il commence à gonfler. Mais il ne gonfle pas partout. Cela commence par les mains, ou les pieds. Si vous regardez votre bras, il ressemble à un bâton avec un gant de boxe au bout. Et vous ne pouvez pas refermer votre poing, le serrer, parce que vos doigts ne veulent pas plier – ils sont tellement gonflés. Et c'est la même chose avec vos jambes : elles sont comme des bâtons, et vos pieds sont gonflés. Puis le ventre gonfle à son tour, et il y a un gonflement vraiment particulier du visage : certaines parties seulement enflent, et vous avez l'air défiguré. Et une chose aussi : au stade final, vos lèvres s'étirent, c'est ce qu'ils appellent le sourire de la faim. On ne

550. Témoignage inédit.

peut plus savoir si une personne est en train de pleurer ou de rire. Mais on lui voit les dents. Ensuite, la diarrhée, que l'on appelle la diarrhée de faim. Enfin, on ressent un goût amer dans la bouche. Et comme une rougeur de la peau. Sur votre langue et dans la bouche ensuite – une éruption de boutons rouges[551]. »

Certains Allemands se réjouissaient de la destruction des habitants de Kharkov. Quand, par exemple, Anatoly Reva, alors petit garçon, s'approcha d'un groupe de soldats allemands pour mendier un peu de nourriture, on lui tendit un sac plein d'excréments humains. « Ils n'avaient aucun sentiment humain d'aucune sorte, dit-il. Ils n'avaient aucune pitié pour les enfants[552]. » Certains, cependant, faisaient preuve d'une certaine compassion, se souvient Inna Gavrilchenko : « Je marchais le long de la rue, et il était déjà tard dans l'après-midi – il était plus de 15 heures, je crois, et la nuit commençait à tomber. Et je savais qu'après 16 heures je pouvais être tuée [pour être dehors dans la rue], mais j'étais incapable de marcher plus vite et j'avais un long trajet à faire pour rentrer chez moi. Et je vis un soldat allemand, je me souviens qu'il était vraiment petit, je l'arrêtai et lui demandai quelle heure il était. Et je me souviens qu'il était 15 heures passées, bien passées. Et il me demanda : “Où vas-tu ?” Je répondis : “À la maison.” Et il me dit : “Est-ce loin d'ici ?”, et je dis : “Plutôt.” Et il me proposa : “Ah, d'accord, je vais te raccompagner chez toi.” Et il me raccompagna presque

551. Témoignage inédit.

552. Laurence Rees, *War of the Century*, BBC Books, 1999, p. 99.

jusque chez moi. Je me souviens qu'il avait quelque chose – un sac ou un truc comme ça – et il me regarda. Je restai silencieuse. Alors il sortit un morceau de saucisse. Et il me le donna. J'étais complètement désemparée, mais il partit en courant [...] Les Allemands n'étaient donc pas tous les mêmes. Les Allemands étaient différents, on ne peut pas dire non plus que ceux qui étaient SS étaient tous mauvais, et que ceux qui ne l'étaient pas étaient bons. On ne peut pas dire ça. Ils étaient différents[553]. »

Ces expériences contradictoires de l'occupation allemande de Kharkov illustrent une question plus générale – car c'était une chose que de tenir des réunions dans un bureau bien chauffé à Berlin et d'exiger qu'on fasse mourir de faim trente millions de personnes en Union soviétique, et c'en était une autre bien différente d'être témoin, personnellement, de la souffrance de femmes et d'enfants en train de mourir. Si beaucoup de soldats allemands parvenaient à accepter que des gens meurent de cette façon, ce n'était pas le cas de tous. Le plan famine ne tenait aucun compte des sentiments de ceux qui étaient supposés le mettre en œuvre. Et, manifestement, tous les Allemands n'étaient pas cruels. C'est un élément qui avait échappé à Hitler. Il y avait, au cœur de ses discours et de ses ordres – en fait au plus profond de sa nature –, un manque total de compassion. La certitude que les individus n'ont aucune importance mais que seul compte le *Volk* – le « peuple ». Il était certain de pouvoir persuader des millions d'Allemands d'appliquer sa politique avec la

553. Témoignage inédit.

brutalité qui était la sienne. Il y parvint souvent – mais il échoua parfois.

La guerre à venir avec l'Union soviétique offrait aussi aux nazis d'autres « solutions » possibles pour régler le prétendu « problème » juif qu'ils avaient eux-mêmes créé. Hitler rencontra Hans Frank, dirigeant du Gouvernement général, le 17 mars 1941, et lui dit que, loin d'en faire le dépotoir du Reich, son but était de rendre le Gouvernement général « libre » de Juifs, « pour que cette région devienne un territoire purement allemand dans un délai de quinze à vingt ans »[554]. D'autres documents de cette période montrent clairement que les Juifs devaient être expédiés dans le territoire soviétique conquis, quand la guerre contre Staline – dont Hitler pensait qu'elle ne durerait que quelques semaines – serait gagnée[555]. Le plan Nisko avait échoué, le plan Madagascar avait échoué, mais dorénavant la perspective de contrôler les immenses territoires de l'Union soviétique offrait aux nazis un moyen d'expulser les Juifs du Reich.

Une telle déportation – comme les plans précédents – aurait eu presque certainement des conséquences génocidaires. Non seulement les nazis avaient planifié de faire mourir de faim trente millions de citoyens soviétiques dans le territoire où ils avaient l'intention

554. Journal officiel de Frank, 25 mars 1941 [Cracovie, réunion du cabinet et discussion], Werner Präg/Wolfgang Jacobmeyer (éds.), *Das Diensttagebuch des deutschen Generalgouverneurs in Polen 1939-1945*, Stuttgart, Deutsche Verlag-Anstalt, 1975, p. 335-338.

555. Peter Longerich, *The Unwritten Order*, Stroud, Tempus, 2001, p. 57-62.

d'envoyer les Juifs, mais Hitler donna de surcroît au général Jodl, le 3 mars 1941, dans le contexte de l'invasion à venir, les instructions suivantes : « L'intelligentsia judéo-bolchevique, jusque-là l'oppresseur du peuple, doit être éliminée[556]. » De plus, des unités spéciales d'*Einsatzgruppen* sous le commandement de Reinhard Heydrich furent formées pour opérer immédiatement derrière les troupes allemandes au fur et à mesure de leur progression, avec pour mission de fomenter des pogromes contre les Juifs soviétiques et de massacrer les « Juifs au service du parti ou de l'État[557] ». À ce stade du projet, la majorité du commandement militaire acceptait non seulement l'existence des *Einsatzgruppen*, mais encore toutes les conséquences concrètes de cette « guerre d'anéantissement » – depuis la décision de tuer les responsables politiques soviétiques et l'exécution immédiate des combattants partisans, jusqu'à la mise en œuvre de représailles de masse contre des communautés entières en cas de résistance civile.

Hitler était sur le point de mener la guerre qu'il avait toujours désirée : un combat à mort contre ce qu'il croyait être le plus dangereux régime dans le monde. Qu'il ait voulu conquérir des territoires dans l'ouest de l'Union soviétique n'a rien de surprenant – il en avait dit beaucoup plus dans *Mein Kampf* en 1924. Plus étonnant est qu'il se soit retrouvé au printemps 1941 en

556. *Ibid.*, p. 63.

557. Instruction datée du 12 juillet 1941, citée dans H. Buchheim, M. Broszat, H. Krausnick, H.-A. Jacobsen, *Anatomy of the SS State*, Londres, 1968, p. 62.

mesure d'entraîner derrière lui autant de gens dans ce parcours sanglant. Comme nous l'avons vu, tout un faisceau de facteurs explique qu'il ait pu réussir à atteindre son but – qu'ils soient pratiques ou idéologiques. Mais la raison fondamentale pour laquelle tant de millions d'Allemands acceptèrent cette nouvelle guerre à l'Est était leur foi en son jugement – une foi basée en même temps sur ses succès passés et sur son exercice charismatique du pouvoir. Pourtant, dès le stade de la planification, ce conflit paraissait extrêmement risqué. Une étude du général Georg Thomas[558] avait par exemple mis en évidence qu'au début de l'année 1941, l'armée allemande avait à peine assez de carburant pour deux mois de combat en Union soviétique, et qu'elle ne disposerait de réserves supplémentaires qu'à la condition d'atteindre les gisements de pétrole du Caucase – à plus de trois mille deux cents kilomètres de Berlin. Même si les Allemands arrivaient à temps dans le Caucase, ce qui était peu probable, il resterait à résoudre le problème du transport de ce pétrole là où on en avait besoin, c'est-à-dire sur le territoire de l'Empire allemand.

Dans une proclamation au peuple allemand le 22 juin 1941, Hitler affirma qu'il avait été contraint d'ordonner l'attaque contre l'Union soviétique parce que les Alliés occidentaux avaient fomenté un complot avec Staline et le gouvernement soviétique pour détruire l'Allemagne. « Il est devenu nécessaire de s'opposer à cette conspiration des fauteurs de guerre

558. Barry Leach, *German Strategy against Russia 1939-1941*, Oxford University Press, 1973, p. 140-145.

juifs et anglo-saxons, et des puissances juives qui dirigent la station de contrôle bolchevique de Moscou[559]. » Mais c'était un faux prétexte – qui faisait à l'évidence partie de ce que Churchill appelait « sa [celle d'Hitler] pratique habituelle de la perfidie[560] ». La vérité était qu'Hitler n'avait engagé ce qu'il nommait lui-même la « plus grande bataille dans l'histoire du monde[561] » que parce qu'il voulait qu'elle ait lieu. Cette décision allait hâter la défaite de l'Allemagne et la destruction de son pouvoir charismatique.

559. Proclamation d'Hitler, 22 juin 1941, *in* Max Domarus, vol. IV, *op. cit.*, p. 2451.

560. Discours de Churchill du 22 juin 1941.

561. Proclamation d'Hitler aux soldats du front Est, 3 octobre 1941, *in* Max Domarus, vol. IV, *op. cit.*, p. 2491.

14

Espoir trompeur et meurtre de millions de personnes

Les premiers soldats de la Wehrmacht qui pénétrèrent sur le territoire soviétique, dans les premières heures du dimanche 22 juin 1941, engageaient non seulement la plus importante et la plus sanglante invasion de l'histoire, mais la plus grande mise à l'épreuve du pouvoir d'Hitler – celle qui révélerait en fin de compte la fragilité de son charisme.

L'opinion commune chez les Allemands – et même au-delà de l'Allemagne – était que l'Union soviétique serait rapidement vaincue. Le professeur Sir Ian Kershaw explique qu'« à cette époque, Hitler pensait qu'il ne lui faudrait pas plus de cinq mois, Goebbels disait quatre mois, certains des généraux imaginaient même que cela prendrait moins de temps encore. C'était une folie collective allemande, si vous voulez le voir ainsi, mais même les services de renseignements américains estimaient que l'Armée rouge n'était pas en position de résister à la Wehrmacht et que cela serait [terminé] en trois à six semaines. Les renseignements britanniques pensaient eux aussi que c'était couru d'avance, et arrivaient à la même conclusion que les Allemands vaincraient l'Union soviétique[562] ».

Avec le recul, et ce que nous savons aujourd'hui des immenses ressources industrielles et humaines que l'Union soviétique était à même de mobiliser dans cette guerre, on peine à comprendre cette vision largement partagée – parmi les Alliés comme chez les Allemands – que le régime de Staline s'écroulerait. Mais cette confiance dans une rapide victoire allemande était fondée sur ce qui paraissait être un calcul rationnel. Comme nous l'avons vu, on pensait généralement que Staline avait gravement affaibli l'Armée rouge par les purges des années 1930 et qu'il avait ainsi contribué à la médiocrité des performances soviétiques pendant la récente guerre de Finlande. On comparait ce désastre à la victoire manifestement miraculeuse des Allemands contre la France en un peu plus de six semaines. Mais chacune de ces opinions dissimulait en fait sous une apparence de rationalité les préjugés de l'époque contre l'Union soviétique. Nombre de personnalités occidentales, qui détestaient le régime soviétique, étaient disposées à imaginer le pire. On devait, comme par hasard, oublier au moment de l'alliance des « Trois grands », lors des conférences de Téhéran et de Yalta, le ton peu enthousiaste du discours que le président Roosevelt avait prononcé pour soutenir Staline en juin 1941. Un élu américain – Bennett Clark, sénateur du Missouri – avait même déclaré : « C'est un combat

562. Interview avec l'auteur pour WW2History.com.

de chiens, Staline a les mains aussi couvertes de sang qu'Hitler. Je ne pense pas que nous devrions aider l'un ou l'autre[563]. » Un général haut placé notait pour sa part dans son journal, le 29 juin 1941 : « J'évite l'expression "Alliés", car les Russes sont eux-mêmes une belle troupe de sales voleurs et d'assassins, et des traîtres de la pire espèce[564]. »

Quant aux causes de la victoire de l'Allemagne sur la France, les Alliés l'imputaient à l'intelligence de la Wehrmacht – cette « terrible machine de guerre », pour reprendre les termes de Churchill décrivant l'armée allemande dans son discours du 22 juin 1941 – plutôt qu'à l'incompétence des Britanniques et des Français. Churchill, dans le même discours, évoquait les « armées mécanisées » qu'Hitler avait lancées contre l'Union soviétique alors que, comme nous l'avons vu, la vérité était que les armées britanniques et françaises étaient plus mécanisées que les Allemands au moment de l'invasion de la France. Que le commandement allié ait préféré insister sur la force de l'ennemi plutôt que sur sa propre incompétence, voilà qui est compréhensible, mais cela avait aussi pour conséquence qu'ils exagéraient la puissance matérielle de l'armée allemande.

Dans les premiers jours de la guerre, alors que les Allemands s'enfonçaient en Union soviétique selon trois

---

563. Cité dans le *New York Times*, 24 juin 1941, p. 7.

564. Propos tenus par le lieutenant-général Henri Powell, assistant du général Sir Alan Brooke, chef d'état-major de l'Imperial Defense Staff, cité dans Joan Beaumont, *Comrades in Arms : British Aid to Russia, 1941-1945*, Londres, Davis-Poynter, 1980, p. 26.

grands axes – à partir des groupes d'armées Nord, Centre et Sud –, la prophétie d'une victoire facile sur l'Armée rouge sembla se révéler exacte. Peter von der Groeben, alors jeune major, s'en souvient : « Nous pensions que tout serait réglé pour Noël[565]. » Carlheinz Behnke, de la Panzer-Division SS Wiking, « supposait », avec ses camarades, que la victoire « interviendrait très vite, comme cela avait été le cas partout en France, que nous réussirions définitivement à nous agrandir jusqu'au Caucase de façon à pouvoir alors combattre contre la Turquie et la Syrie. C'est ce que nous pensions à cette époque [...] Nous étions impatients que l'on nous envoie au combat, et le 22 juin nous nous sommes dit : maintenant nous devons saisir notre chance, nous allons pouvoir nous prouver à nous-mêmes ce que nous valons, nous allons être en mesure de poursuivre à l'Est ce que nos camarades ont commencé avant nous, au début de la guerre. Une *Blitzkrieg*, c'est ce à quoi nous nous attendions. Nous avions dix-sept, dix-huit ans à l'époque et nous entrions dans cette guerre dans une relative insouciance. [...] Nous avions l'occasion de prouver notre valeur de soldats et nous voulions montrer que nous étions dans tous les domaines aussi émérites que nos prédécesseurs. [...] Bon, nous pensions que nous aurions tout mis sous contrôle avant le début de l'hiver, ce qui nous laissait quatre ou six mois. C'était le sentiment général. Et les succès initiaux nous donnaient raison. Au tout début, après avoir enfoncé les fortifications de la frontière, nous avons fait des centaines de milliers de prisonniers russes, et dès lors il était clair,

565. Témoignage inédit.

de notre point de vue, que c'était une question de semaines ou de mois pour que cet immense empire s'écroule et que nos objectifs soient atteints[566] ».

En moins d'une semaine, les Allemands étaient sur le point de prendre Minsk, la capitale de la Biélorussie. Le 2e groupe de Panzers de Guderian semblait devoir renouveler le même exploit qu'en France – et même le dépasser, dans la mesure où, après seulement cinq jours, les Allemands avaient avancé d'environ 320 kilomètres dans le territoire de l'Union soviétique. En Allemagne, on y voyait la confirmation que la victoire serait rapide et facile. « Aux actualités hebdomadaires nous voyions des images glorieuses de l'armée allemande avec tous ces soldats qui chantaient, agitaient les mains et criaient des hourras, se souvient Maria Mauth, qui était alors étudiante, et cette allégresse était contagieuse, bien sûr, cela avait été vraiment du gâteau ! Voilà ce que nous pensions et nous devions continuer à le croire pour longtemps encore. Tout ce que disait le Führer, c'était la vérité. Et je suis convaincue que 90 % des gens y croyaient. J'y ai cru longtemps moi-même. Je le croyais aussi, mon Dieu, il avait déjà accompli tant de choses ! Et c'était le cas. Il avait tant fait[567]. »

Le général Franz Halder, tout aussi enthousiaste, écrivit dans son journal, le 3 juillet 1941 : « Il n'est donc pas exagéré de dire que la campagne de Russie a été gagnée en l'espace de deux semaines[568]. » Mais, même dans une

566. Témoignage inédit.
567. Témoignage inédit.
568. *The Halder War Diary*, 3 juillet 1941, *op. cit.*, p. 446.

note aussi imprégnée d'orgueil que celle-ci, Halder se sentit obligé d'ajouter qu'il n'en restait pas moins important d'interdire à « l'ennemi l'accès à ses centres de production pour ainsi l'empêcher de lever une nouvelle armée à l'aide de son gigantesque potentiel industriel et de ses inépuisables ressources en hommes ».

Les Allemands savaient qu'il leur fallait remporter une victoire très spéciale sur l'Union soviétique – une victoire dans l'urgence. Ils étaient dans la nécessité de capter les ressources industrielles de l'État soviétique de manière à soutenir leur propre effort de guerre contre leurs adversaires à l'ouest, qui étaient de mieux en mieux armés. Le 26 juin 1941, juste une semaine avant la fanfaronnade vaniteuse de Halder annonçant que « la campagne de Russie était gagnée », le maréchal Erhard Milch, un proche associé de Göring et « inspecteur général de [l'armée de] l'Air », révéla, lors d'une réunion avec d'autres militaires de haut rang, que « la production combinée [d'avions de guerre] en Angleterre et aux États-Unis surpassait la production totale de l'Allemagne et de l'Italie dès le 1er mars 1941 et devrait, compte tenu de l'état actuel de la production en Allemagne, atteindre le double de la production allemande à la fin de l'année 1942[569] ». Et Milch donnait ces conclu-

569. Le chef d'état-major du Bureau de l'économie de guerre et de l'armement concernant le programme d'armement des forces aériennes, 26 juin 1941, BArch RW 19/559, p. 43-46 (Der Chef des Stabes des Wehrwirtschafts- und Rüstungsamts betr. Rüstungsprogramm der Luftwaffe, 26.6.1941). Cité également dans Georg Thomas, *Geschichte der deutschen Wehr- und Rüstungswirtschaft (1918-1943/45)*, Boppard-sur-le-Rhin, Harald Boldt Verlag, 1966, p. 448-451.

sions pessimistes, ne l'oublions pas, avant l'entrée en guerre officielle de l'Amérique.

Hitler et ses généraux prirent conscience dès l'été 1941 que leur excès de confiance dans la foulée de la victoire contre la France les avait rendus aveugles aux difficultés qu'ils allaient rencontrer dans leur combat contre l'Armée rouge. On lit dans le journal d'Halder à la date du 11 août : « La situation générale nous confirme chaque jour un peu plus que nous avons sous-estimé le colosse russe [...] Le facteur temps leur est favorable, car ils sont proches de leurs ressources propres, tandis que nous nous éloignons de plus en plus des nôtres[570]. » Le problème de l'approvisionnement prit des proportions telles qu'à la fin du mois d'août les Allemands avaient perdu plus de quatre cent mille hommes et qu'il leur restait un nombre de soldats en mesure de combattre à peine supérieur à la moitié de ce chiffre[571].

La situation était encore aggravée par l'existence d'un désaccord entre Hitler et ses généraux depuis presque les premiers jours de la décision d'attaquer l'Union soviétique. La controverse portait essentiellement sur l'avance sur Moscou : était-elle ou non une priorité pour la Wehrmacht ? Pour Halder et nombre de ses homolo-

---

570. *The Halder War Diary*, 11 août 1941, *op. cit.*, p. 506.

571. Ludolf Herbst, *Das nationalsozialistische Deutschland 1933-1945. Die Entfesselung der Gewalt : Rassismus und Krieg*, Francfort-sur-le-Main, Surkamp Verlag, 1996, p. 360 *sqq*. La référence est une carte dans le journal de guerre d'Halder, *Kriegstagebuch*, vol. III : *Der Russlandfeldzug bis zum Marsch auf Stalingrad* (22.6.1941-24.9.1942), éd. Hans-Adolf Jacobsen, Stuttgart, 1964, p. 199, 213.

gues, ce devait être une priorité absolue, tandis qu'Hitler était favorable à la destruction de Leningrad et à la progression vers la Crimée, puis le Caucase plutôt qu'à une attaque sur la capitale soviétique. Au milieu du mois d'août, Halder rédigea un mémorandum appelant fermement le groupe d'armées du Centre à avancer sur Moscou. Mais le général Alfred Jodl, chef de l'état-major d'engagement des forces en opération à l'OKW (officiers du commandement suprême des forces armées) conservait une foi sans faille dans le jugement d'Hitler. Quand, le 20 août, l'un des officiers d'Halder déclara qu'il apporterait son soutien à une avancée sur Moscou, Jodl lui répliqua : « Nous ne devons pas le [Hitler] forcer à faire quelque chose qui va contre ses convictions intimes. Son intuition a généralement été juste[572]. » (La confiance dans « les convictions intimes » et « l'intuition » d'un chef sont, à l'évidence, axiomatiques d'une confiance dans son pouvoir charismatique.)

Hitler trancha le différend dans une directive du 21 août, en réaffirmant que la prise de Moscou avant l'hiver ne devait pas être le « principal » objectif de la campagne, mais qu'il fallait plutôt se concentrer sur l'occupation de la Crimée et la percée vers les champs de pétrole du Caucase. Halder était furieux : il écrivit qu'il fallait « reprocher[573] » à Hitler la manière dont la campagne était conduite et que le Haut-Commandement de l'armée était traité d'une manière « absolument scandaleuse ». Mais il se comportait lui-même de façon hypo-

572. Walter Warlimont, *Inside Hitler's Headquarters*, *op. cit.*, p. 189.

573. *The Halder War Diary*, 22 août 1941, *op. cit.*, p. 514.

crite. Il avait été prêt jusqu'au début juillet à partager les bénéfices, quand il pensait que la campagne avait été « gagnée » en l'espace de quelques semaines, et il ne voulait plus assumer sa part de responsabilité de la « sous-estimation » de l'adversaire. Hitler était une cible évidente et facile à désigner lorsque les événements ne se déroulaient pas comme prévu – mais il n'était pas le seul responsable de l'échec allemand.

Heinz Guderian, commandant du 2e groupe de Panzer – également connu comme le Panzergroup Guderian – était lui aussi furieux de la décision d'Hitler de ne pas avancer sur Moscou. Il le rencontra le 23 août et insista auprès de lui pour continuer l'attaque vers la capitale soviétique. Il usa de tous les arguments concevables pour le persuader. Mais c'était peine perdue. Après l'avoir autorisé à s'expliquer longuement, Hitler lui exposa simplement pourquoi il avait tort. Les considérations économiques étaient primordiales, et conquérir l'Ukraine était plus important qu'attaquer Moscou. « Je vis là pour la première fois un spectacle qui devait plus tard devenir très familier, écrivit Guderian après la guerre. Tous les présents approuvaient de la tête chacune des phrases prononcées par Hitler, et me laissaient seul à défendre mon point de vue. [...] Devant l'opposition unanime des officiers du commandement suprême des forces armées à mes remarques, je gardai pour moi en l'occurrence mes autres arguments[574]... » Ni Brauchitsch ni Halder – les plus hauts gradés de l'OKH, le Haut-Commandement de l'armée – n'étaient présents à cette réunion, et le sentiment d'isolement de

574. Heinz Guderian, *Panzer Leader*, Penguin, 2009, p. 200.

Guderian était complet. Hitler avait créé la structure de l'OKW dans la foulée de la crise Blomberg/Fritsch trois ans auparavant, et ce système, ajouté à sa domination charismatique sur les membres de l'OKW, rendait sa position à cette époque pratiquement imprenable. Les principales personnalités de l'OKW, comme Jodl, ne faisaient rien de plus que diriger la claque.

La pression de la guerre pesait sur Hitler. Quand Goebbels lui rendit visite dans son quartier général de Prusse orientale ce mois d'août, il trouva que le Führer paraissait « hélas un peu affecté et souffrant. Cela tient sans doute à sa crise de dysenterie, et vraisemblablement aussi au fait que les dernières semaines l'ont mis à très rude épreuve. Ce n'est pas étonnant après tout. La responsabilité de tout un continent repose aujourd'hui sur ses épaules[575] ».

Cependant, son appétence pour le conflit et le bain de sang était intacte. Pendant ses monologues d'après-dîner cet automne-là il appela de ses vœux une guerre « tous les quinze ou vingt ans[576] » et demanda le « sacrifice » (c'est-à-dire la mort) de 10 % des Allemands au combat. La mort de tant d'Allemands sur le front Est ne signifiait rien pour lui. La pression aiguisait simplement son désir de carnage et de vengeance. Son nihilisme profond se manifesta une fois de plus quelques semaines plus tard, quand il déclara : « La terre continue de tourner, que ce soit l'homme qui tue le tigre ou le tigre qui dévore l'homme. Le plus fort affirme sa volonté, c'est la loi de la nature. Le monde ne change pas ; ses lois

575. Joseph Goebbels, *Journal 1939-1942, op. cit.*, p. 365.
576. *Hitler's Table Talk,* 19-20 août 1941, *op. cit.*, p. 28.

sont éternelles[577]. » Cette posture – une manière de voir le monde, affranchie de morale ou de responsabilité éthique vis-à-vis des autres nations ou peuples – était, comme nous l'avons vu, la raison fondamentale pour laquelle tant de ses partisans pouvaient se sentir « enivrés » par les possibilités que la guerre leur offrait. Ce que les quelques personnes qui embrassaient la vision d'Hitler retenaient, semble-t-il, de cette philosophie – au moins jusqu'à ce que les événements ne commencent à jouer contre eux –, c'était sa logique totalitaire : ou vous gagnez, ou vous « méritez » d'être exterminés vous-mêmes. Hitler faisait lui-même partie du petit nombre de nazis qui avaient pleinement accepté ce raisonnement, et cela depuis le début. Il avait même établi, dès février 1920, un engagement à la vie à la mort dans le programme du Parti nazi, dont la plaquette se termine par ces mots : « Les dirigeants du parti promettent de travailler implacablement – si nécessaire au prix de leur propre vie – à mettre en œuvre ce programme[578]. » Hitler mesurait maintenant qu'appeler à une guerre d'« anéantissement » contre l'Union soviétique aurait pour conséquence, dans sa propre logique, un sort similaire pour l'Allemagne si elle perdait la guerre. C'est en effet à peu près ce qu'il dit en janvier 1942, quand il évoqua la « disparition » du peuple allemand, sauf si les Allemands étaient prêts à se donner « corps et âme pour survivre »[579].

Hitler ne cachait aucune de ses croyances potentielle-

577. *Ibid.*, 23 septembre 1941, p. 38.

578. Ernst Deuerlein (éd.), *Der Aufstieg der NSDAP in Augenzeugenberichten*, Düsseldorf, Karl Rauch Verlag, 1968, p. 108-112.

579. *Hitler's Table Talk*, nuit du 27 janvier 1942, *op. cit.*, p. 257.

ment apocalyptiques à ceux qui l'entouraient. Mais aussi longtemps que le succès semblait assuré, ils ne ressentaient pas le besoin de réfléchir aux conséquences d'un échec. Et, après les angoisses d'août 1941, l'automne apparut plus favorable aux Allemands : Guderian – tout certain qu'il était que cette action était stratégiquement une erreur – conduisit son 2e groupe de Panzers au sud du groupe d'armées du Centre pour joindre ses forces avec des unités du groupe d'armées du sud de Rundstedt. Le résultat, à la fin septembre, fut la plus grande manœuvre d'encerclement de l'histoire : six cent cinquante mille soldats de l'Armée rouge furent pris au piège lors de la bataille pour la prise de Kiev. Cela ressemblait fort à un nouveau triomphe à mettre au bénéfice du jugement d'Hitler.

Hitler regarda les actualités filmées et se dit « ravi[580] » par le spectacle de la destruction de tant de soldats soviétiques. Tout ce carnage lui rappelait la Première Guerre mondiale, un conflit dont il disait lui-même qu'il avait été le fossoyeur de son « idéalisme » guerrier. La guerre de tranchées, répétait-il, lui avait appris que la vie est « un combat cruel » et n'a d'autre but que « la conservation des espèces ». Il mit cette leçon en application dans le cadre de la guerre à l'est en ordonnant que Leningrad disparaisse de la surface de la terre. L'armée allemande reçut l'instruction de ne pas accepter la reddition des habitants de la ville assiégée, car il ne relevait pas de la responsabilité allemande de nourrir et d'héberger ces gens[581].

---

580. *Ibid.,* nuit du 25/26 septembre 1941, *op. cit.*

581. Communication du bureau naval au groupe d'armées du Nord, voir Max Domarus, vol. IV, *op. cit.*, p. 2483.

Hitler retourna ensuite brièvement à Berlin pour prononcer un discours au Sportpalast le 3 octobre 1941. Il y assena une fois de plus l'idée fantasmatique que c'était une conspiration secrète fomentée par Staline pour attaquer le Reich qui avait obligé l'Allemagne à entrer en guerre contre l'Union soviétique. Mais il précisa, pour rassurer le peuple allemand, que, depuis le 22 juin 1941, « tout se passait selon nos plans[582] ». Mieux encore, il annonça : « Cet adversaire s'est d'ores et déjà effondré et ne se relèvera jamais. » Six jours plus tard, le 9 octobre, apprenant la nouvelle que cinq armées soviétiques avaient été encerclées dans la double bataille de Vyazma/Briansk, le chef du service de presse du Reich, Otto Dietrich, en conclut que « la campagne dans l'Est [était] réglée[583] ». Au cours des jours qui suivirent, la presse allemande lui emboîta le pas : le *Münchener Zeitung* titrait : « Les soviets vaincus ! » ; le *Hannoverscher Kurier* : « L'Europe est sauvée : libérée de Staline par le génie militaire du Führer » ; et le *Völkischer Beobachter* fanfaronnait : « Le succès de la campagne à l'Est est assuré[584] ! »

Mais le succès de la campagne de l'Est n'était certainement pas acquis, et Hitler avait risqué gros en prononçant son discours du Sportpalast. « Le charisme pur, écrit Max Weber, ne connaît pas d'autre "légitimité" que celle qui naît de la puissance personnelle, c'est-à-dire celle dont on apporte constamment la

582. Max Domarus, vol. III, *op. cit.*, p. 2491.

583. *Ibid.*, p. 2497.

584. Épisode I, *War of the Century*, écrit et produit par Laurence Rees, BBC2, 1999.

preuve[585] » – et il était potentiellement dangereux pour Hitler d'assurer que la victoire était acquise quand elle ne l'était pas, en fait. Plus encore, quand il avait tenu ces propos, il savait pertinemment que la guerre à l'est risquait bien de se prolonger l'année suivante – et Halder n'en fait pas mystère dans son journal le 13 septembre 1941[586].

Hitler acceptait maintenant que l'armée allemande avance en direction de Moscou dans le cadre de l'opération Typhon (*Unternehmen Taifun*), et la Wehrmacht réussit à projeter presque deux millions d'hommes contre l'Armée rouge devant la capitale soviétique, ultime tentative pour frapper un coup décisif avant que n'arrive l'hiver. Suivant la progression du groupe d'armées du Centre en ce mois d'octobre, le Führer se laissa lui-même griser par la vision des réussites qui l'attendaient en Union soviétique. Ses monologues d'après-dîner prononcés ce mois-là devant ses partisans, dans son quartier général de Prusse orientale, nous montrent un Hitler sous son jour le plus authentique : dans sa détermination à détruire la vie de millions de citoyens soviétiques (« Il n'y a qu'un seul devoir : germaniser ce pays par l'immigration d'Allemands et considérer les autochtones comme des Peaux-Rouges[587] ») ; son désir de réduire les villes en cendres (« Je n'ai aucun scrupule à l'idée d'anéantir Kiev, Moscou, ou Saint-Pétersbourg[588] ») ; l'intensité de sa haine contre les Juifs (« Ne laissez per-

585. Max Weber, *Économie et société*, 1, *Les Catégories de la sociologie*, *op. cit.*, p. 322.

586. *The Halder War Diary*, *op. cit.*, p. 529-530.

587. *Hitler's Table Talk*, nuit du 17 octobre 1941, *op. cit.*, p. 69.

588. *Ibid.*, 17-18 octobre 1941, p. 71.

sonne me dire que nous ne pouvons pas les parquer dans les régions marécageuses de Russie[589] ! »). Mais il ne limitait pas ses diatribes à la guerre à l'Est, il discourait aussi sur le christianisme (« Poussé dans sa logique extrême, le christianisme signifierait la culture systématique de l'échec humain[590] »), sur la construction d'équipement de salles de bains (« Quel est l'intérêt d'avoir une centaine de différents modèles de lavabos[591] ? »), sur sa rancune si tenace et son désir de vengeance (« J'ai de nombreux comptes à régler, même si je ne peux pas y penser aujourd'hui. Mais cela ne signifie pas que je les ai oubliés[592] »). Ces différentes sorties nous montrent Hitler, comme l'écrit Hugh Trevor-Roper, comme « le plus cruel, le plus grossier, le moins magnanime des conquérants que le monde ait jamais connus[593] » ; mais elles dévoilent aussi, une fois de plus, des éléments essentiels de son pouvoir charismatique – ses certitudes, son mépris de la morale conventionnelle, ainsi que son excitation et son euphorie devant l'immensité des possibilités à venir. Et malgré son ingérence presque quotidienne dans le détail des campagnes militaires – une habitude qui rendait fou Halder –, Hitler proclamait encore en octobre 1941 que ses meilleurs subordonnés prenaient 95 % de ses décisions à sa place[594], en vertu d'une connaissance intuitive de ce qu'il apprécierait.

---

589. *Ibid.*, 25 octobre 1941, p. 87.
590. *Ibid.*, 10 octobre 1941, p. 51.
591. *Ibid.*, 19 octobre 1941, p. 74.
592. *Ibid.*, 25 octobre 1941, p. 90.
593. Hugh Trevor-Roper, « The Mind of Adolf Hitler », dans *Hitler's Table Talk*, p. XXXIX.
594. *Hitler's Table Talk*, 13-14 octobre, *op. cit.*, p. 58.

Au moment où Hitler prononçait ces paroles, la panique grandissait à Moscou. Staline envisagea même de fuir la ville, mais il décida finalement de rester et de mettre la capitale en état de siège. Les succès de l'armée allemande ne pouvaient pas durer bien longtemps. Non seulement ses lignes d'approvisionnement étaient mises à rude épreuve, mais des unités de l'Armée rouge devaient bientôt arriver depuis leurs bases en Sibérie parce que Staline avait appris de son service de renseignements que le Japon, allié d'Hitler, n'avait pas fait de plans pour attaquer l'Union soviétique depuis l'Extrême-Orient.

Au début du mois de décembre 1941, les soldats allemands n'étaient qu'à une vingtaine de kilomètres du Kremlin, mais ils ne devaient jamais s'en approcher davantage. Le 5 décembre, les Soviétiques lancèrent une contre-attaque avec environ soixante-dix divisions – plus d'un million de soldats de l'Armée rouge – engagées sur le terrain. Les Allemands, déjà affaiblis par le manque d'approvisionnement – en particulier le manque de vêtements adaptés et de protections contre le froid pour leurs armes et leurs véhicules – luttèrent pied à pied pour contenir l'offensive soviétique.

Ce fut peut-être le moment le plus crucial de l'histoire de la guerre. Pour le professeur Adam Tooze, c'est « un tournant absolument décisif [...], la première bataille perdue par l'armée allemande depuis longtemps, plus précisément depuis la fin de la Première Guerre mondiale[595] ». Pour Sir Ian Kershaw, les Allemands connaissent là leur « premier revers majeur », qui signifie que

595. Interview avec l'auteur pour WW2History.com.

« la guerre va se prolonger indéfiniment[596] ». Et pour le professeur Richard Evans, c'est « la première fois que les Allemands sont vraiment arrêtés dans leur élan et qu'ils ne savent pas quoi faire[597] ». Aussi le commandement allemand se retrouva-t-il dans une position où il se sentait « complètement perdu ».

Ulrich de Maiziere, qui servait alors sur le front Est comme officier de la Wehrmacht, décrit ce moment terrible : « Représentez-vous ce qui se passe dans la tête d'un jeune officier d'état-major de vingt-neuf ans, qui est certain en août [1941] que tout sera terminé en septembre, qui pense en octobre qu'il faudra plus de temps et se rend compte en décembre que cela durera au moins trois ans de plus[598]. » Pour Maiziere, les événements de décembre 1941 montrent aussi l'état accablant d'impréparation du commandement allemand qui n'avait pas su anticiper une guerre en hiver. « En une nuit, nous perdîmes cinq cents hommes d'une division, morts de froid... » Ces conditions dues aux rigueurs de l'hiver démontrent aussi la résistance physique des Soviétiques, qui étaient « tout à fait en mesure de supporter les privations, très peu demandeurs quant à leurs propres besoins. Ils étaient très courageux, mais pas très imaginatifs. Ils étaient incroyablement costauds et avaient une singulière capacité à endurer la souffrance. Ils pouvaient survivre deux ou trois nuits d'hiver sans abri, en plein air, avec juste quelques graines de tournesol dans leurs poches ou quelques grains de maïs. Quant à leur ration

596. Interview avec l'auteur pour WW2History.com.
597. Interview avec l'auteur pour WW2History.com.
598. Témoignage inédit.

liquide, c'est la neige qui la leur fournissait. J'ai assisté à l'accouchement d'une jeune femme qui donna naissance à son enfant sur une couverture de laine étalée sur un tas de paille dans une hutte de branchages et partit travailler à l'étable dès le lendemain [...] On voyait des logements primitifs, des villages primitifs, et à la manière dont il vivait, on avait le sentiment que c'était un peuple qui n'aurait pu soutenir la comparaison avec les pays du centre et de l'ouest de l'Europe en termes de niveau de développement. »

Mais ces gens « pas très imaginatifs » vivant dans des conditions « primitives » résistaient aux Allemands avec succès. Ceux que la propagande militaire allemande décrivait comme des « sous-hommes » se révélaient capables de vaincre les surhommes de la « race des maîtres ».

Or la presse allemande – autorisée par l'État – avait publié seulement quelques semaines auparavant que les Soviétiques étaient « vaincus », et Hitler avait déclaré sans équivoque que l'Armée rouge « ne se relèverait jamais ». À l'optimisme irraisonné, presque hystérique de ces déclarations, avaient fait écho les ordres donnés à Heinz Guderian le 13 novembre, à peine trois semaines avant l'offensive contre la capitale soviétique. On lui avait dit de conduire ses Panzers à plus de 320 kilomètres de Moscou pour empêcher l'arrivée de renforts dans la ville. C'était une demande irréalisable qui ne reflétait absolument pas la réalité du terrain – aussi peu envisageable que l'ordre d'envahir la lune. Si l'on a souvent attiré l'attention sur la nature fantasmatique de la vie dans le bunker d'Hitler à Berlin dans les derniers jours de la guerre, on a moins pris garde à son équivalent dans le quartier général du Führer en Prusse orientale à l'automne et au début de l'hiver 1941, mais l'atmosphère y était au moins aussi révélatrice.

Hitler était désormais dans le déni. Quand il fut informé, juste avant l'offensive soviétique de décembre, que la Wehrmacht ne pourrait pas être approvisionnée correctement en acier, il refusa simplement d'accepter que « les matières premières ne soient pas disponibles » parce qu'« il avait maintenant conquis toute l'Europe »[599]. Et, le 29 novembre 1941, quand son propre ministre de l'Armement, Fritz Todt, lui apprit que « cette guerre ne [pouvait] plus être gagnée militairement » et que seule une solution politique permettrait d'arrêter le conflit, Hitler répliqua qu'il ne voyait « toujours guère d'issue politique »[600].

Bien des composants essentiels de la séduction charismatique d'Hitler – ses certitudes, la force de sa volonté, son refus d'admettre la défaite, sa foi dans sa propre destinée – commençaient à être perçus comme une faiblesse dangereuse par certains de ceux qui avaient mis leur confiance en lui. La cascade de maladies et de démissions cet hiver-là nous donne une idée de la tension à laquelle étaient soumis nombre de ses militaires les plus hauts gradés dans leur effort pour concilier la réalité qu'ils apprenaient de leurs subordonnés et l'intransigeance de leur chef. Le feld-

599. Journal de guerre, Bureau de l'économie de guerre et de l'armement de la Wehrmacht/état-major, 13 octobre 1941. BArch RW 19/165, p. 274-554.

600. Ian Kershaw, *Hitler : Némésis*, *op. cit.*, p. 647.

maréchal Brauchitsch eut une crise cardiaque le 9 novembre 1941[601]. L'angoisse et le stress de la campagne à l'est avaient contribué à l'altération de sa santé – une conclusion sur laquelle s'accordaient Halder et Hitler. Ce dernier retira à Brauchitsch son commandement le 19 décembre 1941. La veille, il avait accepté la demande du feld-maréchal von Bock d'être remplacé à la tête du groupe d'armées du Centre. Bock avait été indigné par la décision de ne pas avancer sur Moscou plus tôt ; cependant, il écrivit que sa demande d'être relevé de son commandement était motivée par une maladie de l'estomac dont il ne s'était pas remis.

La tension qui résultait des combats sur le front Est brisait le moral de ceux auxquels revenait de satisfaire des exigences logistiques impossibles à tenir. Le 17 novembre 1941, le général Ernst Udet se suicida. Ce responsable de l'équipement de la Luftwaffe endurait une pression supplémentaire de la part d'Hermann Göring, lequel faisait constamment à Hitler des promesses irréalisables. Pendant la bataille d'Angleterre, Udet avait déjà éprouvé comment la manie de Göring de prendre des engagements inconsidérés, inévitablement suivis de déceptions fracassantes, retombait sur lui. Après avoir assuré à Hitler que la RAF serait vaincue, Göring avait rejeté sur Udet l'échec de la Luftwaffe à atteindre le résultat escompté, en lui faisant porter la plus grande part de la responsabilité.

Hitler avait maintenant un ensemble de décisions importantes à prendre personnellement, dont la plus cruciale était : qui remplacerait Brauchitsch à la tête de

601. *The Halder War Diary*, 10 novembre 1941, *op. cit.*, p. 555.

l'armée ? Il avait besoin de quelqu'un en qui il eût une confiance totale. Et, vu la liste de commandants militaires malades et affaiblis, quelqu'un qui fût suffisamment fort pour surmonter les tensions de cette guerre d'anéantissement. Et à cette date, le seul homme qui fût, de son point de vue, à la hauteur était Adolf Hitler. Il se nomma donc chef de l'armée allemande et ajouta ce titre à une liste qui comprenait désormais les titres de suprême commandant en chef de toutes les forces armées allemandes, chancelier du Reich, Führer du peuple allemand, et chef de l'État.

Sa force de dirigeant charismatique avait toujours consisté à définir une vision globale et à laisser les détails à ses subordonnés. Mais l'époque où il restait dans sa chambre jusqu'à midi, passait de longs moments à table pour déjeuner et faisait une promenade dans les montagnes jusqu'à l'heure du thé, était bel et bien révolue. Sa réaction devant l'adversité était de s'imposer toujours plus de travail. Il adressait ce faisant à ses subordonnés militaires le message clair qu'il savait tout mieux qu'eux – non seulement en termes de vision, mais aussi dans le détail.

Ce nouvel état de fait éclata au grand jour lors d'une de ses premières réunions comme chef de l'armée. Le 20 décembre 1941, Hitler rencontra le général Guderian pour un briefing épique de cinq heures. Guderian avait fait le déplacement jusqu'à son quartier général, fort de la certitude que « notre commandant suprême serait attentif aux propositions sensées quand elles étaient faites par un général qui connaissait le front[602] ». Il pensait que son unité devait organiser une

602. Heinz Guderian, *Panzer Leader*, *op. cit.*, p. 264.

retraite tactique face à l'offensive soviétique – en réalité, comme l'apprit Hitler lors de cette rencontre, ses troupes étaient déjà en train de battre en retraite. Le Führer exprima violemment son désaccord et exigea qu'elles restent là où elles se trouvaient. Il suggéra que l'on creusât à l'explosif des trous dans la terre gelée pour fabriquer des abris. Guderian rejeta cette idée et fit valoir qu'un nombre très important de ses soldats mourraient s'ils ne se retiraient pas. La réponse d'Hitler est révélatrice : « Pensez-vous que les grenadiers de Frédéric le Grand avaient peur de mourir ? » demanda-t-il. Et de soutenir, comme naguère Frédéric le Grand : « Moi aussi, j'ai le droit de demander à chaque soldat allemand de sacrifier sa vie. » Guderian répliqua qu'en temps de guerre un soldat sait qu'il risque sa vie, mais que « les intentions qu'[il venait] d'entendre entraîner[aie]nt des pertes totalement disproportionnées par rapport aux résultats obtenus ».

Hitler, qui s'interrogeait sur les raisons du comportement de Guderian, crut avoir trouvé la réponse dans le désir du commandant de chars de protéger ses hommes. « Vous avez été trop profondément frappé par les souffrances des soldats, lui dit-il. Ils vous inspirent trop de compassion. Vous devriez prendre plus de distance. Croyez-moi, les choses paraissent plus claires quand on les examine de plus loin[603]. »

Guderian quitta la Prusse orientale sans avoir réussi à convaincre Hitler de la sagesse d'une retraite tactique et rejoignit le front. Moins d'une semaine plus tard, il était limogé. Et il ne fut pas le seul général à

---

603. *Ibid.*, p. 265-266.

perdre son poste. Environ trois douzaines de généraux devaient être remplacés à la suite de la crise de décembre. Puis, le 17 janvier, le feld-maréchal Walter von Reichenau, qui avait été l'un des premiers officiers supérieurs à soutenir Hitler au début des années 1930, s'écroula sous le coup d'une congestion cérébrale et mourut.

Hitler y vit peut-être un argument en faveur de la sélection darwinienne ; si ses généraux n'étaient pas assez résistants, qu'il en soit ainsi. Il les remplacerait par d'autres hommes, plus solides. En effet, la nécessité de la « dureté » était un des thèmes abordés dans l'ordre qu'il adressa au Groupe d'armées du centre le 20 décembre. « La volonté fanatique de défendre le terrain sur lequel les troupes se trouvent doit leur être injectée par tous les moyens, même les plus durs[604]. »

Les différents spécialistes continuent à débattre pour savoir si l'ordre donné à l'armée de rester sur ses positions cet hiver-là était un bon choix tactique. Car la crise s'estompa avec l'arrivée du printemps, mais il faut l'imputer en partie aux décisions absurdes prises par Staline et au fait que les officiers allemands avaient fait reculer leurs troupes de quelques kilomètres sur des positions plus défendables chaque fois qu'ils l'avaient jugé nécessaire. Une chose est claire cependant : Hitler

---

604. Directive d'Hitler au Groupe d'armées du Centre, le 12 décembre 1941 [*Weisung Hitlers für die Heeresgruppe Mitte, 20.12.1941*], cité par : Wolfgang Michalka (éd.), *Das Dritte Reich. Dokumente zur Innen- und Außenpolitik*, vol. 2 : *Weltmachtsansprusch und nationaler Zusammenbruch 1939-1945*, Munich, Deutscher Taschenbuch Verlag, 1985, p. 66-67. L'original se trouve à l'Institut für Zeitgeschichte (IfZ) Munich, Dok. NOKW-539.

venait de faire la preuve qu'on ne pouvait pas lui faire confiance pour ce qui est de tenir les promesses qu'il avait faites au peuple allemand. L'ennemi n'avait pas été détruit comme il l'avait promis au mois d'octobre.

La situation avait encore, si possible, empiré pour Hitler depuis l'entrée en guerre de l'Amérique après l'attaque de Pearl Harbor, le 7 décembre 1941. Quatre jours plus tard, l'Allemagne déclarait la guerre aux États-Unis. Sans doute Hitler imaginait-il qu'il ne faisait par là guère plus qu'officialiser un état de belligérance qui existait officieusement depuis des mois. Des bateaux américains protégeaient déjà les convois britanniques dans l'Atlantique, et Roosevelt avait fait connaître clairement son engagement de soutenir Churchill[605]. En tout cas, pensait Hitler, les Américains seraient maintenant impliqués dans une guerre dans le Pacifique, et il se passerait quelque temps avant que leurs troupes puissent également combattre en Europe. Son attention resta donc concentrée sur la guerre à l'Est.

Mais pas exclusivement, car il avait aussi pris des décisions importantes dans deux domaines de la politique secrète nazie : le programme d'euthanasie des handicapés et la persécution des Juifs. Sa manière de régler ces deux questions pendant cette période cruciale nous en dit long non seulement sur la cruauté froide qui caractérisait le cœur même de l'État nazi,

605. Une question soulevée par Ribbentrop dans sa rencontre avec le chargé d'affaires américain à Berlin le 11 décembre 1941. Voir *Documents on German Foreign Policy*, Séries D, vol. XIII, p. 999-1000.

mais aussi sur la façon dont il ménageait sa réputation charismatique face à des décisions qui pouvaient se révéler impopulaires.

Au début de l'été 1941, l'euthanasie contre les personnes lourdement handicapées était déjà en usage depuis environ deux ans. Dans la mesure où les médecins allemands n'auraient pas participé au programme sans une forme ou une autre de cautionnement officiel, Hitler avait dû, dès le mois d'octobre 1939, signer une note autorisant Philipp Bouhler, de la chancellerie du parti, et son propre médecin, Karl Brandt, de procéder à des meurtres « par compassion ». Il profita de la guerre, qu'il considérait comme une couverture idéale pour poursuivre cette politique ; comme on l'a vu, il antidata délibérément la note qu'il écrivit en octobre 1939 au 1er septembre, date de l'invasion de la Pologne. Mais, nonobstant l'existence de ce document, il voulait autant que possible laisser son nom en dehors de cette affaire. Par exemple, il refusa par la suite d'autoriser une législation formelle qui l'associerait directement aux assassinats[606].

En 1941, plusieurs centres de meurtre par euthanasie avaient été installés en Allemagne pour assassiner des handicapés sélectionnés – adultes comme enfants. La procédure mise en place dans des endroits tels que l'hôpital psychiatrique Sonnenstein, près de Dresde, présente des similitudes avec les techniques qui allaient être utilisées plus tard pour assassiner les Juifs dans les

606. Alexander Mitscherlich et Frederick Mielke (éds.), *Medizin ohne Menschlichkeit. Dokumente des Nürnberger Ärzteprozesses*, Francfort-sur-le-Main, Fischer Bücherei, 1960, p. 187.

camps d'extermination : les patients étaient invités à se déshabiller pour prendre une « douche » et étaient ensuite gazés après que la salle de « douche » eut été fermée de manière étanche. Les personnes impliquées dans ces crimes firent de leur mieux pour garder le processus secret : les patients étaient souvent transportés d'un asile à l'autre avant d'arriver finalement au centre de meurtre – mais comme, dans de nombreux cas, les victimes avaient une famille qui continuait à se préoccuper de leur bien-être et comme les meurtres avaient lieu en Allemagne, il devint difficile d'empêcher des informations sur cette action de filtrer. Dans un certain nombre d'occasions, ce qui était réellement arrivé pouvait se déduire de l'avis de décès adressé à la famille qui mentionnait une cause fictive de la mort. Dans un cas, par exemple, la mort était imputée à une appendicite : or le patient avait déjà subi une ablation de l'appendice des années auparavant[607].

Le cardinal comte August von Galen, l'archevêque de Münster, émit le 3 août 1941 une protestation publique contre la campagne d'euthanasie. Il déclara en chaire que, de toute évidence, des patients incurables avaient été assassinés, et s'insurgea contre l'idée même de « vie qui ne vaut pas d'être vécue ». Il releva aussi qu'à partir du moment où l'on acceptait l'idée de tuer les malades mentaux, la vie d'autres personnes serait aussi bientôt en danger – comme celle des soldats qui revenaient du front gravement blessés. Il fit aussi

607. E. Klee, *« Euthanasie » im NS Staat. Die Vernichtung « lebensunwerten Lebens »*, Francfort-sur-le-Main, S. Fischer Verlag, 1983, p. 51.

référence aux bombardements britanniques sur l'Allemagne, laissant entendre que ce pourrait être une sorte de châtiment divin contre le pays.

À la suite des interventions de Galen, et après la publication et la distribution de milliers de copies de son éloquent manifeste, tout indiqua que les nazis se trouvaient devant un mouvement grandissant de protestation dans l'opinion publique. Les autorités nazies avaient déjà vu grossir le mécontentement dans les régions catholiques de l'Allemagne quand, au tout début de 1941, ils avaient introduit un certain nombre de mesures restrictives – comme le retrait des religieuses de l'enseignement. Les protestations se cristallisèrent ensuite autour de la décision d'interdire les crucifix dans les écoles, qui donna lieu à des pétitions ainsi qu'à des manifestations de rue. Fait significatif, bon nombre des protestataires continuaient à soutenir Hitler, déclarant que ses subordonnés devaient certainement agir contre ses souhaits, alors qu'il était occupé au loin à faire la guerre. « Vous portez des chemises brunes à l'extérieur, écrivit un protestataire, en parlant des responsables nazis locaux, mais à l'intérieur vous êtes des bolcheviques et des Juifs ; sinon, vous n'agiriez pas dans le dos du Führer. Notre Führer n'ordonne pas de telles choses. Tous les jours il prend soin de ses soldats sur le champ de bataille, et non pas de retirer les crucifix de notre école[608]... » Une autre lettre, de Maria Aigner, qui vivait dans un village au nord de Munich, dit ceci : « Notre Führer a récompensé la mère

608. Lettre manuscrite anonyme de Ramsau, octobre 1941, Staatsarchiv München (StAM), LRA 31933.

de huit enfants que je suis en me décorant de la *Mutterkreuz* [croix de la mère] en or. Il est pour moi incompréhensible que mon dernier-né, que j'ai emmené lundi dernier à l'école pour la première fois, ne puisse pas voir le crucifix là-bas, après que ses sept frères et sœurs ont jusqu'à présent grandi dans l'ombre du crucifix. Sur mes cinq fils, deux sont déjà en train d'accomplir leur devoir de soldats, et le crucifix dans l'école ne leur a certainement pas nui, il leur a au contraire servi de modèle du plus grand engagement qui soit. Je me demande souvent, sans pouvoir résoudre ce mystère, pourquoi une telle mesure est seulement possible, puisque notre Führer se trouve près de ses soldats dans l'Est et se bat contre le bolchevisme[609]. »

Nous avons déjà vu le bénéfice que retirait Hitler de la certitude, partagée par de nombreux Allemands ordinaires, que les problèmes quotidiens qu'ils rencontraient du fait des agents nazis n'étaient pas le fait de leur Führer, et que « si seulement il savait » ce qui se passait, il y remédierait. Mais c'est ici que se fait jour un aspect plus problématique de cette organisation, et l'on comprend du coup mieux pourquoi il tâchait de se tenir à l'écart des politiques qui pouvaient se révéler impopulaires – même s'il désirait leur mise en œuvre. Si Hitler avait ouvertement soutenu des mesures telles que le retrait des crucifix des écoles ou les meurtres par euthanasie, il savait que beaucoup de ses partisans – en particulier, des millions de chrétiens – auraient alors perdu leurs illusions.

609. Lettre de Maria Aigner à l'inspecteur des écoles, 17 septembre 1941, StAM, LRA 48235.

Ainsi, malgré la répugnance parfaite à l'endroit du christianisme qu'Hitler exprimait en privé, les dirigeants nazis firent-ils en sorte que l'interdiction des crucifix dans les écoles soit levée. Plus encore, outre qu'il ne jeta pas le cardinal Galen dans un camp de concentration pour avoir contesté aussi librement la politique d'euthanasie, le 24 août 1941 il fit cesser le transport des handicapés vers les centres de meurtre. Plus de quatre-vingt-dix mille personnes avaient déjà été tuées depuis le lancement du programme d'euthanasie. Mais les meurtres ne s'arrêtèrent pas complètement. Le programme de meurtres de prisonniers malades sélectionnés dans des camps de concentration selon une procédure intitulée 14f13 se poursuivit, et certains asiles continuèrent à exterminer un nombre conséquent de patients derrière leurs murs. Il était cependant plus facile pour les nazis de garder le secret sur ces actes que sur le transport à grande échelle des patients vers les centres de meurtre.

Ce qui était démontré ici, c'était le pouvoir latent de l'Église à mobiliser la protestation populaire. Hitler, qui le reconnaissait, évoqua en privé cet automne-là son souhait de voir le christianisme mourir de mort « lente », tout en se rendant bien compte des dangers évidents de provoquer un mécontentement. « L'essentiel, disait-il, est de faire preuve d'intelligence dans cette affaire et de ne pas chercher l'affrontement quand il peut être évité[610]. »

Mais si, en 1941, il évita de provoquer directement l'Église, il aggrava les mesures contre les Juifs. Non seu-

---

610. *Hitler's Table Talk,* 14 octobre 1941, *op. cit.*, p. 59.

lement la haine des Juifs était chez Hitler presque viscérale, ce que n'était pas sa détestation des chrétiens, mais les Juifs ne pouvaient pas mobiliser de protestations contre le traitement qui leur était réservé, à la différence des millions de chrétiens. Ils n'avaient à l'intérieur du Reich que quelques rares amis qui avaient le courage de les défendre. Ainsi, quand le cardinal Galen protesta contre le programme d'euthanasie, par exemple, il ne fit aucune mention de la persécution des Juifs.

De plus, alors que, pour l'euthanasie, Hitler n'avait jamais parlé publiquement de sa volonté d'éliminer les handicapés, il s'était en revanche explicitement exprimé devant le Reichstag, le 30 janvier 1939, sur le sort qu'il désirait pour les Juifs dans l'hypothèse d'une guerre, dans une phrase tristement célèbre : si « l'Internationale des financiers juifs » provoquait une guerre mondiale, alors « l'extermination de la race des Juifs en Europe » s'ensuivrait.

Au début de l'année 1941, Hitler n'avait cependant pas encore mis à exécution une telle politique. Les Juifs avaient été maltraités, persécutés et emprisonnés dans des ghettos en Pologne. Plusieurs milliers d'entre eux étaient morts, mais il n'y avait pas eu de plan systématique pour les exterminer. Une des raisons en était que, comme nous l'avons vu, Hitler voulait faire la paix avec la Grande-Bretagne et par la même occasion empêcher – selon son point de vue – l'Amérique de s'ingérer dans les affaires européennes. L'extermination en masse des Juifs aurait compromis la réalisation d'un tel objectif. Mais la perspective d'une guerre contre l'Union soviétique offrait de nouvelles possibilités. Comme l'explique le professeur Omer Bartov,

« la guerre avec l'Union soviétique fut une couverture parfaite pour un génocide à cette échelle, une couverture à tous égards : vis-à-vis de la communauté internationale, vis-à-vis de sa propre population, et même couverture vis-à-vis des gens qui l'exécutaient, parce qu'ils se retrouvaient impliqués dans une guerre d'une brutalité telle, causant la mort de tant de millions de personnes, qu'il ne semblait pas y avoir grande différence à massacrer un autre groupe. Et je dois dire que, si vous regardez plus généralement les génocides du XXe siècle, vous constaterez qu'ils se produisent presque toujours pendant une guerre ou du moins pendant ce qu'on présente comme une guerre, et même une guerre de survie, pas n'importe laquelle[611] ».

La pertinence de ce jugement est démontrée par la rencontre entre Hermann Göring et Reinhard Heydrich le 26 mars 1941, au cours de laquelle les deux hommes discutèrent et appuyèrent le plan de déportation des Juifs aux confins désertiques de l'Union soviétique. Il ne fait aucun doute qu'Hitler ait approuvé cette idée, dans la mesure où il avait dit en personne à Hans Frank le 25 mars que le Gouvernement général devait, dans le futur, devenir « libre de Juifs[612] ». Ces Juifs, c'était clair, seraient envoyés plus loin vers l'est pour y croupir et, le cas échéant, y mourir.

Parallèlement à cette politique d'expulsion vers des contrées désertiques dont le destin, dans un avenir proche, était de devenir la nouvelle sphère d'influence nazie, se fit jour un plan plus immédiat

611. Entretien avec l'auteur pour WW2History.com.
612. Peter Longerich, *Unwritten Order*, *op. cit.*, p. 60.

pour assassiner les Juifs sélectionnés derrière les lignes au fur et à mesure de l'avancée de l'armée allemande en Union soviétique. Une directive de Reinhard Heydrich, du 2 juillet 1941, aux *Einsatzgruppen* montre qu'il voulait que ces tueries soient regardées dans le contexte de la guerre générale d'anéantissement contre l'Union soviétique qu'avait déclarée Hitler. L'action était décrite comme une initiative pour éliminer les communistes ainsi que l'influence et le contrôle « juifs », si bien qu'elle devait être plus facile à faire accepter à nombre de hauts gradés de l'armée qu'une politique délibérée d'extermination de masse. Le souvenir de la tentative de révolution communiste en Allemagne après la Première Guerre mondiale et le sentiment que des personnalités juives en étaient les instigateurs étaient encore frais. Pour Carlheinz Behnke de la Waffen SS – un jeune homme qui, après avoir rejoint les Jeunesses hitlériennes à l'âge de onze ans en 1933, s'était porté volontaire pour une division de Panzer SS en 1940 –, le lien entre judaïsme et communisme était évident. « Les Juifs étaient simplement vus comme la classe dirigeante ou comme ceux qui tenaient le pouvoir, là-bas, en Union soviétique. » Plus encore, pensait-il, « ils essayaient d'une certaine manière de prendre le contrôle de la nation allemande. [...] C'était après tout le but du bolchevisme que de s'étendre à l'ouest jusqu'à l'Atlantique et de répandre ensuite le bolchevisme dans toute l'Europe. Et je ne pense pas qu'on puisse nier cette intention[613] ».

613. Témoignage inédit.

Sans doute la « solution » qu'Hitler encourageait donc pour régler le problème de « la classe dirigeante » juive en Union soviétique passait-elle pour trop radicale ou trop risquée aux yeux de bien des Allemands, mais ils n'en étaient pas moins nombreux à accepter qu'une certaine forme d'action soit menée contre les Juifs en Union soviétique. Seul le degré de radicalité les mettait mal à l'aise. Le régime nazi avait attisé la haine et la peur des bolcheviques parmi la population allemande pendant des années avant la signature inattendue du pacte de non-agression avec Staline. Cependant, Hitler savait aussi que l'idée d'exécuter les Juifs soviétiques de sang-froid soulèverait inévitablement une opposition à l'étranger, et que de surcroît seuls les antisémites les plus extrémistes étaient prêts à approuver ces tueries. C'est pourquoi, comme il l'avait déjà fait avec le boycottage des Juifs en avril 1933 et après la Nuit de Cristal en 1938, il tint son nom et son prestige à l'écart de ces actions potentiellement préjudiciables.

Une fois le conflit engagé, Himmler ordonna à plusieurs unités SS supplémentaires de renforcer le travail des *Einsatzgruppen* en Union soviétique, et les massacres s'étendirent dans le courant de l'été et au début de l'automne 1941 pour inclure l'assassinat de femmes et d'enfants juifs, et cela après la rencontre d'Hitler avec Himmler le 15 juillet dans son quartier général de Prusse orientale. On peut se faire une idée de ce qu'Hitler avait en tête à partir d'un discours qu'il prononça devant des dirigeants nazis choisis, le lendemain : il voulait créer un « jardin d'Éden » à l'Est pour les Allemands, déclara-t-il, et l'on y parviendrait en « tuant quiconque [nous] semble simplement suspect »[614]. Hitler évoqua aussi pendant l'été et l'automne 1941 la possibilité de laisser les populations des villes comme Leningrad mourir de faim, si bien que l'on peut considérer l'intensité croissante des actions menées contre les Juifs d'Union soviétique comme un élément dans un programme plus large de détruire des millions de vies humaines dans l'Est.

Un autre plan visant la réorganisation ethnique radicale de l'empire nazi à l'est fut alors mis sérieusement à l'étude. Le 15 juillet 1941, moins d'un mois après le déclenchement de l'invasion, Himmler reçut la première mouture d'un Plan général pour l'Est *(Generalplan Ost)*, une vision à grande échelle pour le peuplement des territoires de l'Est qui imaginait la disparition massive des populations indigènes. Le professeur Konrad Meyer-Hetling, un universitaire expert en planification rurale et urbaine – et également colonel SS –, joua un rôle capital dans la mise au point de ce document. Par la suite, au fil des différentes versions écrites du projet, il apparut que le nombre de personnes à déplacer dépasserait certainement les quarante millions[615]. Il n'était jamais précisé explicitement où elles devaient être déplacées, ou bien si et comment elles devaient être massacrées. Le plus probable était qu'elles seraient elles aussi envoyées dans

614. 16 juillet 1941, commentaires d'Hitler, conférence au quartier général du Führer, dans Czesław Madajczyk (éd.), *Generalny Plan Wschodni : Zbiór documentów*, Varsovie, Glówna Komisja Zbrodni Hitlerowskich w Polsce, 1990, p. 61-64. Voir aussi *Nuremberg Trial Documents* : IMT, vol. 38, p. 92 (221-L).

615. Pour une analyse détaillée du *Generalplan Ost* (en anglais) voir Adam Tooze, *The Wages of Destruction*, *op. cit.*, p. 466-476.

les contrées désertiques dans l'extrême est de l'Union soviétique passée sous occupation allemande, et simplement abandonnées pour y mourir. Comme les Allemands ne conquirent pas l'Union soviétique comme ils l'avaient prévu, le *Generalplan Ost* ne fut jamais complètement mis en œuvre, mais il nous renseigne sur le contexte dans lequel le sort des Juifs était envisagé durant l'été et l'automne 1941. Nous avons là un nouvel exemple de la manière dont de belles intelligences comme Meyer-Hetling se sentaient autorisées par le régime à imaginer des plans fantasmatiques et quasi utopiques qui impliquaient une souffrance inimaginable pour des millions de personnes. (Après la guerre, et une courte période d'emprisonnement, Meyer-Hetling reprit sa carrière académique de professeur à l'université technique de Hanovre.)

C'est aussi avec en arrière-plan l'exécution de Juifs en Union soviétique que les décisions sur le sort des Juifs en Pologne, en Allemagne et dans d'autres territoires occupés par les nazis allaient être prises. L'idée avait été, à l'origine, de les déporter en Union soviétique après la fin de la guerre, mais plusieurs dirigeants nazis, comme Joseph Goebbels, *Gauleiter* de Berlin et ministre de la Propagande, et Karl Kaufmann, *Gauleiter* de Hambourg, demandaient à présent à Hitler de réfléchir à l'idée d'avancer la date du plan et de déporter presque immédiatement les Juifs allemands. Toutes les personnes impliquées dans la procédure savaient que, pour un mouvement d'une telle importance, l'approbation d'Hitler était indispensable. Hitler répondit à Goebbels en août 1941 que la « prophétie » qu'il avait énoncée devant le Reichstag en janvier 1939 de détruire les Juifs s'ils « provoquaient » une autre guerre mondiale était en train de devenir réalité. « À l'est, les Juifs doivent maintenant régler la note ; en Allemagne, ils l'ont déjà payée en partie et devront le faire encore plus à l'avenir[616]. »

En septembre 1941, Hitler accepta la déportation des Juifs allemands et, à peine quelques semaines plus tard, les Juifs de Hambourg étaient expédiés vers l'est. Un Allemand non-juif qui vit une colonne de Juifs se traîner sur le chemin vers la gare de Hambourg rappelle qu'un cinquième de la population environ se félicita de leur départ et le fêta en disant : « Grâce à Dieu, ces bouches inutiles disparaissent[617] » – mais la plupart se contentèrent de regarder en silence.

Les Juifs de Hambourg ne furent pas tous envoyés directement en Union soviétique occupée, mais transportés vers le ghetto de Lodz en Pologne, pourtant déjà surpeuplé. Leur arrivée créa une crise qui se solda, en décembre 1941, par un plan d'assassinat des Juifs du ghetto, dûment sélectionnés, dans des fourgons faisant office de chambres à gaz au centre d'extermination de Chelmno, à 195 kilomètres au nord de Lodz. Mais la plupart des soixante mille Juifs déportés de « l'ancien Reich » entre octobre 1941 et février 1942 furent directement expédiés dans la région d'Union soviétique où opéraient les *Einsatzgruppen*. Certains furent exécutés

616. Joseph Goebbels, *Journal 1939-1942*, *op. cit.*, p. 365, entrée du 19 août 1941.

617. Témoignage de Uwe Storjohann, *in* Laurence Rees, *Auschwitz : Les nazis et la « solution finale »*, Paris, Albin Michel, 2005, p. 99.

dès leur arrivée, tandis que d'autres furent entassés dans des ghettos – et les Juifs soviétiques massacrés pour leur faire de la place.

Savoir que les Juifs étaient « envoyés au loin », hors du Reich, aida sans aucun doute les Allemands ordinaires à ne pas penser à leur possible destin. À partir de septembre 1941, ils avaient été obligés de porter une étoile jaune pour s'identifier, une mesure qui conduisit même certains partisans du régime à se sentir « désolés[618] » pour leurs voisins juifs. Mais une fois que ces mêmes voisins juifs eurent été déportés dans l'Est, beaucoup de gens les effacèrent tout simplement de leur esprit.

Hitler paraît avoir agi cet automne et cet hiver-là sur la base de sa haine viscérale des Juifs plutôt qu'en suivant une quelconque stratégie. Comme nous l'avons vu, au moment où il prit sa décision de déporter à l'Est les Juifs allemands, en septembre 1941, aucun plan détaillé sur le lieu exact où ils devaient aller n'était en place – Himmler dut improviser une solution. La seule certitude était que l'avenir de ces Juifs était extrêmement sombre.

Vers la fin de l'année 1941, diverses techniques d'assassinat étaient à l'étude ou déjà opérationnelles : les fourgons à gaz – les victimes étaient forcées d'entrer dans un caisson étanche à l'arrière du camion, et on se servait ensuite, pour les tuer, du monoxyde de carbone provenant du pot d'échappement – étaient à l'œuvre, surtout à Chelmno ; les *Einsatzgruppen* conti-

---

618. Témoignage d'Erna Kranz *in* Laurence Rees, *Ils ont vécu sous le nazisme*, *op. cit.*, p. 354.

nuaient leurs exécutions massives derrière les lignes en Union soviétique ; la construction du premier camp d'extermination fixe commença à Belzec, dans le sud-est de la Pologne – Belzec devait utiliser l'échappement de puissants moteurs diesel pour tuer, dans un premier temps, les Juifs « improductifs » des ghettos voisins ; et dans le camp voisin d'Auschwitz en Haute-Silésie le commandant adjoint expérimentait l'usage d'un insecticide puissant appelé Zyklon B pour tuer les prisonniers de guerre soviétiques et les malades. Quelques mois plus tard, cette technique serait aussi utilisée pour tuer les Juifs des environs.

Aucun ordre écrit d'Hitler de tuer les Juifs cet automne-là n'a jamais été retrouvé. Néanmoins, sa rhétorique continuait de définir les objectifs généraux et meurtriers tandis que le système faisait le reste. Ce mois de décembre, dans la foulée à la fois de la contre-offensive de l'Armée rouge et de l'attaque japonaise sur Pearl Harbor, la vision qu'Hitler avait du sort des Juifs devint encore plus apocalyptique. Dans son discours au Reichstag le 11 décembre, il déclara que c'était la « pure, satanique méchanceté » des Juifs que masquait la décision de Roosevelt de s'embarquer dans « une politique étrangère de diversion » – ce par quoi il désignait le soutien militaire à la Grande-Bretagne. Hitler, comme il l'avait fait dans ses discours du début des années 1920, accusait donc les Juifs d'être aussi bien derrière la politique de l'Union soviétique communiste que derrière celle des États-Unis capitalistes.

Le lendemain 12 décembre, il s'adressait aux dirigeants du Reich. Selon le témoignage de Goebbels, il leur annonça que, dès lors que les Juifs avaient provoqué une guerre mondiale, « ils connaîtraient leur propre extermination[619] ». Quatre jours plus tard, le 16 décembre, Hans Frank, qui venait juste d'entendre le discours d'Hitler, expliqua, lors d'une réunion à Cracovie : « Nous devons exterminer les Juifs où que nous les trouvions. » À Berlin, précisa-t-il, on lui avait donné l'ordre de « liquider » les Juifs[620]. Un mois plus tard, le 20 janvier 1942, ce fut la tristement célèbre conférence de Wannsee, organisée dans la proche banlieue de Berlin. Reinhard Heydrich y aborda de nombreuses questions relatives au sort des Juifs, et en particulier celle de la définition de qui devait être considéré comme « Juif » dans le cadre des déportations.

Il est tentant d'inscrire ces différents événements dans une chaîne de causalité relativement linéaire. Hitler fait l'annonce, le 12 décembre 1941, de sa décision d'exterminer les Juifs et, dès lors, les diverses administrations chargées de mettre en œuvre cette décision se mettent en branle. Mais on aurait tort. Les propos d'Hitler ne se traduisent pas par l'annonce d'un programme d'extermination globale dans toute l'Europe, et, contrairement à la croyance populaire, la question du meurtre de tous les Juifs par gazage *ne* fut *pas* abordée à la conférence de Wannsee. La discussion portait sur un plan à adopter pour tuer plus rapidement les

---

619. Entrée du 12 décembre 1941, *in* Elke Fröhlich (éd.), *Die Tagebücher von Joseph Goebbels*, *op. cit.* L'entrée n'est pas reprise dans la traduction française du Journal.

620. Präg et Jacobmeyer (éds.), *Das Diensttagebuch des deutschen Generalgouverneurs in Polen 1939-1945*, *op. cit.*, p. 452-459.

Juifs du Gouvernement général (ces Juifs dont Hans Frank avait parlé dans son discours du 16 décembre et à propos desquels il ajouta : « Liquidez-les vous-mêmes »), et Heydrich exprima son désir que d'autres Juifs qui étaient suffisamment en bonne santé soient envoyés dans l'Est pour construire des routes gigantesques. On espérait voir mourir un grand nombre d'entre eux, mais il ne s'agissait pas du plan d'ensemble menant vers l'Holocauste tel que nous le connaissons. Ce n'est qu'au printemps 1942, deux mois après Wannsee, que les premiers Juifs étrangers – venant de Slovaquie – arrivèrent à Auschwitz-Birkenau : beaucoup allaient être ensuite assassinés dans des maisons paysannes reconverties en chambres à gaz improvisées, mais ce ne fut pas immédiatement après leur arrivée. Les camps de la mort de Sobibor et Belzec se mirent à fonctionner eux aussi à peu près au même moment, mais la majorité de ceux qui y furent tués étaient des Juifs polonais, c'est-à-dire des Juifs du Gouvernement général. Les Juifs étrangers ne commencèrent à y arriver qu'au début de l'été.

Ce n'est qu'au cours de l'été 1942 qu'il devint tout à fait clair que la « solution finale » signifiait l'« extermination » totale de tous les Juifs sous contrôle nazi et que cette politique allait être mise en pratique cette fois sur-le-champ, et non pas repoussée à une certaine date, « après » que la guerre aurait été gagnée. À partir d'août, les Juifs d'Europe de l'Ouest ne furent plus expédiés dans des ghettos en Pologne, mais directement dans des camps d'extermination – dont un seul, Auschwitz, était en mesure de « sélectionner » un nombre conséquent de Juifs qui arrivaient au camp et de les mettre au travail, avant que les autres ne soient assassinés. Belzec, Sobibor et Treblinka étaient uniquement des camps de la mort : les Juifs qui y arrivaient avaient plus de 99 % de probabilité d'être gazés dans les quelques heures suivant leur arrivée. Toivi Blatt, un Juif polonais envoyé à Sobibor en 1943, restitue la réalité concrète et émotionnelle de ces statistiques. Il fit partie du petit nombre de Juifs sélectionnés par les nazis pour travailler dans le camp et donc susceptibles de retarder temporairement leur propre mort. Il se souvient d'« un convoi hollandais d'environ trois mille Juifs » arrivé à Sobibor. « [...] Nous les avons aidés [à porter] leurs lourds bagages, et, plus tard, on nous a ordonné de les séparer, les femmes et les enfants d'un côté, les hommes de l'autre [...] J'étais debout avec quelques autres jeunes hommes, qui hurlaient. Je leur ai demandé de laisser leurs bagages – on demandait aux femmes de laisser leurs sacs à main, de les jeter simplement sur le côté. À ce moment-là, je remarquais leurs yeux – dans les yeux des femmes, [il y avait] une sorte d'angoisse, elles avaient peur. Parce que ce qu'on a dans son sac à main, c'est ce qu'il y a de plus important. Une des femmes ne voulait pas le laisser, et l'Allemand la frappa avec une cravache [...] Elles ne savaient pas qu'elles allaient mourir dans quelques minutes. Une fois que leurs cheveux furent coupés, on leur dit d'aller plus loin, vers les chambres à gaz situées juste à quelques minutes des baraquements. Et je suis sûr que ce piège était si parfait que, j'en suis sûr, quand elles étaient dans les chambres à gaz et qu'il est sorti du gaz par les pommeaux de douche, au lieu de l'eau, elles ont probablement dû penser que quelque chose ne fonctionnait pas très bien. Je me souviens une fois d'un [autre] convoi venu de Hollande, au milieu de la nuit. Trois mille personnes sont arrivées, et quand elles ont été retirées des chambres à gaz pour être brûlées je me rappelle avoir pensé que c'était une belle nuit, les étoiles… et trois mille personnes qui étaient mortes. Il n'est rien arrivé. Les étoiles sont à la même place[621]. »

Toivi Blatt défia les statistiques et survécut à Sobibor parce qu'il réussit à s'échapper lors d'une évasion massive en 1943. Les tueries dont il apporte le témoignage sont devenues – à juste titre – symboliques du règne d'Adolf Hitler. Mais le processus de prise de décision et de mise en œuvre qui conduisit aux chambres à gaz de Sobibor et aux autres camps de la mort n'est ni simple ni limpide. Il n'y a pas eu un moment unique de résolution, mais plutôt une série de points d'escalade : l'invasion de l'Union soviétique ; la déportation des Juifs à l'automne 1941 ; les réunions de décembre entre des dirigeants clefs du Parti nazi à la suite de Pearl Harbor ; la détermination prise pendant l'année 1942 d'étendre l'assassinat aux Juifs de tout l'empire.

C'est un peu comme si les nazis découvraient – étape après étape – le degré de radicalité dont ils étaient capables dans leur traitement des Juifs. Ils étaient les premiers dans l'histoire à emprunter ce chemin. Personne avant eux n'avait même essayé de ratisser

621. Témoignage de Toivi Blatt tiré d'une interview avec l'auteur. Voir WW2History.com et également Rees, *Auschwitz*, *op. cit.*, p. 261-263.

l'Europe dans le but d'exterminer un peuple entier – hommes, femmes et enfants. Comme le dit le professeur David Cesarani, « si la "solution finale", telle qu'elle s'est produite, revêt ce caractère si extraordinaire, c'est bien parce qu'une fois qu'on eut découvert qu'il serait impossible de simplement déplacer les Juifs et de les abandonner pour ensuite oublier ce qui pourrait leur arriver, on a pris la décision de les déporter dans des endroits où ils devaient être massacrés à coup sûr, et c'est aussi à cause de tous les efforts considérables qu'on s'est donnés pour les assassiner. Pas tous ensemble nécessairement, parce que certains devaient être préservés pour le travail, mais ils seraient au final tous exterminés. On ne se contenterait pas de les laisser mourir de typhus, de faim, ou de n'importe quoi d'autre, dans une île au large des côtes d'Afrique, en Sibérie, ou dans une réserve. Ils seraient massacrés. C'était radical. Et c'est sans précédent[622] ».

Si Hitler en porte la responsabilité, ce n'est pas seulement parce qu'il le souhaita, mais aussi et surtout parce que son pouvoir charismatique joua un rôle capital dans la légitimation de ce programme assassin chez ses subordonnés. On trouve partout, que ce soit dans les discours, dans les entrées de journal ou dans d'autres documents de l'époque, la référence à l'instance ultime de légitimation : le Führer. Dans les instants d'angoisse, chaque fois que le doute se glissait dans les plus fermes résolutions, il y avait toujours le réconfort de savoir que l'on agissait « en

622. Interview avec l'auteur pour WW2History.com.

accord avec les souhaits du Führer[623] ». Comme on le lit dans le journal de Goebbels en mars 1942 à propos du verdict « barbare » qui va être « infligé » aux Juifs : « Ici également le Führer est l'inlassable pionnier et porte-parole d'une solution radicale que réclame l'état actuel des choses et qui, de ce fait, est inéluctable[624]. »

Dès lors que les partisans d'Hitler avaient adopté sa vision des choses et étaient assurés qu'il soutiendrait leur soif de tuer des Juifs, tout un flot d'initiatives s'en trouvait libéré. Hitler créait donc un système de destruction beaucoup plus dynamique qu'un ensemble de procédures qui aurait exigé de lui qu'il autorisât chaque détail. Était en jeu ici plus que la simple application à la « solution finale » du concept d'*Auftragstaktik*[625]. L'armée allemande n'admettait l'*Auftragstaktik* que dans le cadre d'une stricte hiérarchie de commandement, alors que, dans le cas du massacre des Juifs, les diverses instances de l'État nazi étaient en concurrence pour résoudre la « question juive ». En effet, si Reinhard Heydrich avait organisé la conférence de Wannsee, c'était en partie pour tenter de mettre fin à cette compétition et appuyer le contrôle par la SS. Ceux qui occupaient des postes clefs dans l'exécution des massacres n'apportaient pas non plus des idées différentes autour d'une vision clairement définie – comme cela aurait été avec

623. Longerich, *Unwritten Order*, *op. cit.*, p. 109.

624. Joseph Goebbels, *Journal 1939-1942*, *op. cit.*, entrée du 27 mars 1942, p. 525.

625. Voir p. 369-371.

l'application de l'*Auftragstaktik*. L'évolution de la « Solution finale » était vraiment un processus à double sens, dans la mesure où des initiatives substantielles venues d'en bas étaient selon les cas approuvées ou désavouées par les décisions prises au plus haut niveau. Ce système permettait même à un fonctionnaire de rang relativement subalterne, comme le *Sturmbannführer* (major) Rolf-Heinz Höppner de la SS, de suggérer à son patron Adolf Eichmann en juillet 1941 que la solution « la plus humaine » à apporter à la pénurie annoncée de nourriture dans le ghetto de Lodz consistait à « achever les Juifs inaptes au travail au moyen de quelque système rapide »[626].

Des nazis comme Höppner s'estimaient en droit de prendre des initiatives et d'apporter leurs propres « solutions » au « problème » juif qu'ils avaient eux-mêmes créé. Cette certitude, associée à leurs convictions antisémites personnelles, fut à l'origine d'une des conséquences les plus significatives du pouvoir charismatique d'Hitler : l'intériorisation de la responsabilité. À mille lieues de ceux qui, en grand nombre, devaient par la suite prétendre qu'ils avaient simplement « agi sur ordre » lorsqu'ils avaient participé au processus d'extermination, ils pensaient que ce qu'ils avaient fait à l'époque était « juste ». Adolf Eichmann, par exemple, dit à son adjoint en 1945 qu'il « sauterai[t] avec joie dans la tombe, sachant que dans cette tombe se trouvent cinq millions d'ennemis du Reich. Voilà qui [lui donnait] beaucoup de satisfaction et de plai-

626. Laurence Rees, *Auschwitz*, *op. cit.*, p. 81.

sir[627] ». Beaucoup plus bas dans la chaîne de commandement, Hans Friedrich, un soldat de la 1re brigade d'infanterie SS qui participa personnellement au massacre des Juifs en automne 1941, se sentait encore parfaitement capable de dire plus de soixante ans plus tard qu'il n'avait « aucun » sentiment pour les Juifs qu'il tuait parce que « sa haine pour eux était trop grande[628] ».

Derrière tout cela se trouvait la figure d'Adolf Hitler – autorisant, soutenant et approuvant les tueries. Pendant l'année 1942, Hitler se montra disposé à faire des compromis et à agir de manière pragmatique dans le cas des travailleurs forcés venant de l'Est : en avril, après des démarches d'Albert Speer dans ce sens, il accepta de réduire la pénibilité de leurs conditions de vie[629], mais il n'en fit rien s'agissant des Juifs. Ils étaient tous destinés à être tués – sans tenir compte d'aucune autre considération liée à la guerre. En effet, il n'est pas excessif d'affirmer qu'à ce moment-là Hitler voyait un *intérêt* à la guerre : que les Juifs meurent.

---

627. Jacob Robinson, *La Tragédie juive sous la croix gammée à la lumière du procès de Jérusalem, le récit de Hannah Arendt et la réalité des faits* [*And the Crooked Shall Be Made Straight : The Eichmann Trial, the Jewish Catastrophe, and Hannah Arendt's Narrative*], traduit de l'anglais par Lucien Steinberg, Paris, Centre de documentation juive contemporaine, 1969, p. 228. Cité également dans David Cesarani, *Eichmann, His Life and Crimes*, Heinemann, 2004, p. 197.

628. Témoignage de Hans Friedrich, dans Épisode 1, *Auschwitz : the Nazis and the Final Solution*, écrit et produit par Laurence Rees, BBC, janvier 2005.

629. Ulrich Herbert, *Hitler's Foreign Workers*, Cambridge University Press, 1997, p. 389-390.

Quatrième partie

SANG ET MORT

15

La dernière chance

Décembre 1941 marqua un tournant essentiel dans la guerre : c'est à compter de cette date que la défaite apparut de loin comme le dénouement le plus probable pour les nazis. L'échec de la *Blitzkrieg* allemande à assurer la victoire en Union soviétique ; l'entrée de l'Amérique dans la guerre ; les énormes difficultés logistiques que les nazis rencontraient à essayer de diriger un empire à l'Est tout en massacrant simultanément ses habitants par millions : autant de raisons irrésistibles qui faisaient que c'était le début de la fin.

Albert Schneider, alors soldat dans une unité allemande sur le front de Moscou, était l'un de ceux qui pensaient à cette époque que « la guerre était déjà perdue – c'était vraiment la fin de tout [...], même si à ce moment-là la retraite n'avait pas encore commencé ». Et il ne le pensait pas uniquement parce que les Allemands avaient essuyé de sérieux revers militaires, mais surtout à cause du comportement des forces allemandes dans ces territoires occupés. « Les gens [c'est-à-dire les citoyens soviétiques] étaient systématiquement dépouillés de tout ce qu'ils possédaient [...] ; tous ceux qui vivaient dans ce village [proche] l'étaient, les caves étaient fouillées pour voir s'il y avait des pommes de terre [à l'intérieur] et ainsi de suite, sans qu'on prenne seulement en compte si ces gens pouvaient eux-mêmes mourir de faim. [...] Je pense que si les gens avaient été traités décemment, nous aurions même pu gagner la guerre[630]. »

Comme à l'accoutumée, Hitler, avec l'aide de Goebbels, imputa à d'autres l'incapacité de battre les Soviétiques, en premier lieu à ses généraux. Hitler décrivit Brauchitsch, par exemple, en mars 1942, comme un « vain et misérable lâche qui n'était même pas capable d'évaluer la situation, et encore moins de la maîtriser ». Goebbels, qui notait les opinions d'Hitler dans son journal, écrivit alors, apparemment sans ironie : « Par sa constante ingérence et sa désobéissance régulière, il [c'est-à-dire Brauchitsch] a complètement gâté l'ensemble du plan de la campagne de l'Est, pourtant clair comme du cristal dans sa conception par le Führer[631]. »

Hitler fut secouru par l'incompétence dont Staline faisait maintenant preuve en sa qualité de commandant suprême des forces soviétiques. Le 5 janvier 1942, ce dernier ordonna une série d'offensives quasi simultanées sur tout le front. C'était une idée d'une ambition ridicule, qu'il poursuivit malgré les objections de ses

630. Témoignage inédit.

631. Journal de Goebbels, entrée du 20 mars 1942, *in* Elke Fröhlich (éd.), *Die Tagebücher von Joseph Goebbels*, *op. cit.* L'entrée n'est pas reprise dans la traduction française du Journal.

experts militaires. La désastreuse offensive sur Kharkov en mai 1942, où plusieurs armées soviétiques furent encerclées et plus de deux cent mille soldats faits prisonniers, est la parfaite illustration de l'échec de l'Armée rouge à exploiter les points qu'elle avait marqués en décembre 1941 dans la périphérie de Moscou.

Pour autant, les difficultés fondamentales auxquelles étaient confrontés les Allemands n'avaient pas disparu. En particulier, la position de la Grande-Bretagne avait été incommensurablement renforcée par l'entrée en guerre de l'Amérique. Quand il apprit l'attaque de Pearl Harbor, Churchill écrivit : « Aucun Américain ne m'en voudra de proclamer que j'éprouvai la plus grande joie à voir les États-Unis à nos côtés. Je ne pouvais prévoir le déroulement des événements. Je ne prétends pas avoir mesuré avec précision la puissance guerrière du Japon, mais je compris que, dès cet instant, la grande République américaine était en guerre, jusqu'au cou et à mort. Donc nous avions vaincu après tout[632] ! »

Churchill avait raison. Hitler n'avait pas réussi en 1940 à traverser la Manche pour envahir la Grande-Bretagne, et envahir l'Amérique était hors de question. Dans ces conditions, comment l'Allemagne *pouvait*-elle vaincre ? Hitler se cramponnait encore à l'idée que, s'il parvenait à défaire l'Union soviétique, il pourrait alors contenir les Alliés occidentaux d'une manière ou d'une autre. Et, remarquable exemple de la foi que

---

632. Winston S. Churchill, *Mémoires sur la Deuxième Guerre mondiale*, VI, *L'Amérique en guerre, 1941-1942*, Plon, 1950, p. 244-245.

savait inspirer son pouvoir charismatique, beaucoup de ceux qui servaient dans l'armée allemande continuaient à croire en lui. Carlheinz Behnke de la Waffen SS, par exemple, était certain que tout se terminerait bien : « Nous étions à l'époque inconditionnellement préparés à donner notre vie pour le Führer [...]. Il y avait toujours de la fascination, voyez-vous, quand nous l'avons vu à Berlin [à l'automne 1942]. C'est la seule fois où je l'ai vu de près pendant la guerre, le discours aux jeunes officiers au Sportpalast. Et à ce moment-là, nous étions encore impressionnés, il portait son uniforme gris de campagne, sans autre décoration que la croix de fer de première classe. Même rétrospectivement, je dois dire que, quand j'entends à nouveau son discours, je suis fasciné, non pas que je voudrais voir revenir [ce temps-là], mais c'était comme ça alors. Et c'est difficile de transmettre ça aux enfants, aux petits-enfants, si vous n'y avez pas vous-mêmes participé, à l'époque[633]. »

Une des raisons clefs de son indéfectible soutien à Hitler en 1942 était sa conviction que les objectifs de son chef étaient non seulement corrects mais même exaltants. « Il développait une vision qui dépassait l'entendement. C'était une vision utopique. Nous étions fascinés [...] Le fait que le *Lebensraum* se déplaçait vers l'est dans une Grande Europe commune. À cette époque, je pensais que c'était juste. Sans réfléchir le moins du monde à tout ce qui y était associé, massacrer les gens et tout ça. [...] Et aujourd'hui, nous disons parfois en plaisantant que nous pouvons être

633. Témoignage inédit.

heureux d'avoir perdu la guerre, parce que sinon je serais un commandant de région, un *gauleiter*, quelque part, en train d'accomplir mon devoir loin de chez moi [...] Je pense que nous nous sentions simplement supérieurs. Supérieurs aux peuples slaves. Cela peut sembler naïf aujourd'hui quand on y pense. Cet immense empire[634] ! »

Joachim Stempel, alors officier dans la 14e division de Panzer, débordait lui aussi de confiance en 1942. « Je peux seulement dire que nous étions tous enflammés par la foi et la conviction que nous réussirions dans tout ce que nous ferions. » Ses camarades et lui pensaient qu'« il n'y a[vait] rien que nous ne puissions accomplir, malgré les difficultés, le manque d'équipement, et il y avait toujours la foi et la conviction que le commandement s'occuperait de tout[635] ».

En 1942, Wilhelm Roes souhaitait ardemment servir dans la Waffen SS, après avoir vu une affiche de recrutement avec un SS blond dont « les yeux dardaient cette sorte de regard » qui sut l'inspirer. Mais il avait besoin de l'accord de son père pour s'engager parce qu'il avait moins de dix-huit ans. « Je le lui ai dit [que son approbation était nécessaire], et il rayonnait, son fils aîné allait devenir un vrai soldat, dans la Waffen SS ! Bien sûr qu'il signa ! [...] J'ai eu dix-sept ans le 1er juin 1942, et le 8 juin j'étais appelé. »

Roes rejoignit la SS *Leibstandarte* – une unité qui, comme le lui dit fièrement son père, était « la meilleure unité d'élite de la Waffen SS ». Il se souvient encore

634. Témoignage inédit.
635. Témoignage inédit.

de son « code d'honneur » : « Nous n'avions pas le droit de fermer nos cadenas à clef parce qu'on ne vole pas dans la *Leibstandarte.* » Roes reçut aussi une instruction idéologique qui parachevait l'éducation qu'il avait déjà reçue – depuis l'âge de sept ans – sous le contrôle des nazis. « Qu'avions-nous d'autre comme propagande ? Nous avions des cours de politique bien sûr [...], l'histoire de la vie d'Adolf Hitler. Je pourrais vous réciter ça encore aujourd'hui, le développement du Parti nazi, de la SS. À l'époque on nous disait que la Deuxième Guerre mondiale, dans laquelle nous combattions, n'aurait pas existé sans la première. Adolf Hitler avait lui-même été soldat pendant la Première Guerre mondiale, et son parti ne pouvait tolérer que ces vastes territoires nous aient été retirés, et les colonies ; il nous fallait tout récupérer comme c'était avant, c'était notre but. Nous étions nourris de ça, et on l'avalait. J'étais très fier, extrêmement fier[636]. »

Quand il était en permission, Roes affichait son statut de membre de la *Leibstandarte.* « Quand on arrivait quelque part, une brasserie ou quelque endroit, dans notre uniforme – avec le nom d'Adolf Hitler écrit là [sur la manche], nos uniformes étaient fabuleux – je pouvais regarder une fille et dire : je vais sortir avec elle. Nous sommes de la *Leibstandarte* – oooh ! Nous étions en Italie, je n'oublierai jamais cela, nous sommes arrivés chez un coiffeur, à Milan, un endroit dans le style des années 1920, tout en chrome – on n'avait jamais rien vu de tel. Nous sommes entrés, tous les sièges étaient occupés. Le coiffeur italien a crié quelque chose, tout le monde s'est

636. Témoignage inédit.

levé et nous avons récupéré les sièges. Nous n'étions pas des soldats ordinaires, nous représentions quelque chose de très spécial. Bien sûr, cela nous impressionnait. »

Quant à la mission de la SS de conquérir un empire oriental et, dans ce cadre, de se confronter à un peuple « inférieur », Roes dit qu'« il croyait simplement ce que la propagande racontait. Donc si la propagande disait qu'untel était un sous-homme russe, et que nous valions davantage, nous devions les battre, les vaincre, pour prendre la terre dont nous avions besoin pour pouvoir vivre [c'est ce que nous croyions alors]. Et à l'âge de dix-sept ans, je ne savais pas le moins du monde si nous avions ou non assez de terre. Je ne comprenais pas ce terme de "sous-homme". C'est ce qu'on nous disait, et je le croyais, pas seulement moi mais presque tout le monde. Les rares personnes qui n'y croyaient pas n'osaient rien dire. C'est un problème de génération. Vous ne pouvez pas comprendre la mentalité des gens [à cette époque]. Nous avions dix-sept ans, nous étions habitués à obéir. Nous étions habitués à croire ce qu'on nous disait, qu'Hitler était un surhomme. C'était comme ça. »

Il y avait pourtant déjà des signes qu'un nombre croissant de soldats allemands – et leurs familles – commençaient à douter des qualités de surhomme d'Hitler. Cette tendance est suggérée par le libellé des avis de décès dans la presse allemande – plus particulièrement par la fréquence avec laquelle les familles mentionnaient que leurs fils étaient morts « pour le Führer » plutôt que « pour l'Allemagne ». Dans le *Fränkischer Kurier*[637], par exemple, un journal du sud

637. Ian Kershaw, *Le Mythe Hitler*, *op. cit.*, p. 231.

de l'Allemagne, le nom d'Hitler figurait dans plus de 40 % des avis de décès au cours de l'été 1940, mais deux ans plus tard, cette mention n'apparaissait plus que dans 12 % des annonces. En revanche, à partir du printemps 1942, de plus en plus de gens étaient cités devant la « cour spéciale » de Munich pour avoir proféré des remarques hostiles au régime, comme en témoignent les procès-verbaux[638].

On observe le même glissement d'attitude de la population allemande générale dans la réaction au discours d'Hitler devant le Reichstag, le 26 avril 1942 – ce fut sa dernière réunion. Seuls les nazis irréductibles applaudirent à la tentative d'Hitler d'enjoliver les événements. Il rendit le mauvais temps inattendu responsable des problèmes sur le front Est – une météorologie, dit-il, qui « même dans ces régions ne se produit que tous les cent ans[639] » – et accusa les Alliés du déclenchement de la guerre. Il est surtout important de noter qu'Hitler *ne* dit *pas* exactement comment il pensait gagner la guerre. En fait, ce discours laissait percer une pointe de nihilisme qui inquiéta la population allemande. « Nous les Allemands avons tout à gagner dans ce combat d'"être ou ne pas être", parce qu'une défaite dans cette guerre signerait de toute façon notre fin[640]. » De plus, la raison officielle qu'avait donnée Hitler pour s'adresser au Reichstag – obtenir un vote qui confirmerait son autorité absolue

638. *Ibid.*, p. 230.

639. Discours d'Hitler, 26 avril 1942, Max Domarus, vol. IV, *op. cit.*, p. 2623.

640. *Ibid.*, p. 2628.

sur le système judiciaire – paraissait hors de propos : n'exerçait-il pas déjà une autorité absolue sur l'État ?

Goebbels, qui rencontra Hitler juste après qu'il eut prononcé son discours, nota qu'« il est très heureux d'avoir dit tout ce qu'il avait sur le cœur[641] ». Mais, à peine deux jours plus tard, il écrivait : « Les conclusions auxquelles parvient [la presse étrangère] sont que le discours du Führer représente, pour ainsi dire, le cri d'un homme qui se noie. » Il y avait eu des réactions négatives jusque dans l'auditoire allemand. Goebbels reçut un rapport secret dévoilant que la population allemande exprimait « un certain scepticisme à propos de la situation militaire. Surtout, étant donné que le Führer a parlé d'un deuxième hiver de campagne dans l'est, les gens pensent qu'il n'est pas convaincu lui non plus que la guerre contre l'Union soviétique sera terminée cet été[642] ». Les conséquences étaient que le discours avait « semé un sentiment d'insécurité ».

Cette impression que la séduction charismatique d'Hitler était en train de décliner s'intensifia lors de la visite de Mussolini le 29 avril, trois jours seulement après le discours d'Hitler. L'atmosphère de la rencontre a été parfaitement saisie par le journal du ministre italien des Affaires étrangères – et gendre de Mussolini – le résolument cynique comte Galeazzo Ciano. « Il y a beaucoup de cordialité, écrit-il à son

---

641. Joseph Goebbels, *Journal 1939-1942*, entrée du 27 avril 1942, *op. cit.*, p. 562.

642. Journal de Goebbels, entrée du 29 avril 1942, *in* Elke Fröhlich (éd.), *Die Tagebücher von Joseph Goebbels*, *op. cit.* [L'entrée n'est pas reprise dans la traduction française du Journal (*NdT*).].

arrivée à Salzbourg, ce qui me met sur mes gardes. La courtoisie des Allemands est toujours en sens inverse de leur bonne fortune[643]. » Le lendemain, décrivant la réunion de la délégation italienne avec le Führer, il écrit : « Hitler parle, parle, parle. Mussolini qui a lui-même l'habitude de parler, est obligé de se taire presque constamment et il en souffre. Le second jour, après le déjeuner, quand tout avait été dit, Hitler a parlé sans interruption pendant une heure et quarante minutes [...] Ceux qui, cependant, tenaient le coup moins bien que nous, c'étaient les Allemands. Les pauvres. Ils doivent subir cela tous les jours, et je suis sûr qu'il n'est pas une parole, pas un geste, pas une pause qu'ils ne connaissent par cœur. Le général Jodl, après une lutte héroïque contre le sommeil, s'est endormi sur le divan[644]. »

Hitler, bien entendu, s'était toujours comporté de cette façon – même avec son colocataire de Vienne, avant la Première Guerre mondiale : il le faisait mourir d'ennui, comme nous l'avons vu. La nouveauté, c'était cette impression d'un délitement du lien charismatique entre lui et son auditoire apparu autrefois dans les brasseries munichoises. Et les raisons n'en sont pas aussi simples qu'on pourrait le croire. Ce n'est pas forcément le manque de succès du chef qui affaiblit son autorité charismatique – l'échec d'Hitler et des nazis au moment du putsch de la Brasserie, par exemple, était

643. Comte Galeazzo Ciano, *Journal politique, 1939-1945*, Neuchâtel, Éditions de la Baconnière, 1946, entrée du 29/30 avril 1942, p. 151.

644. *Ibid.*

spectaculaire, et pourtant son charisme augmenta chez ses partisans après son procès pour trahison. Un chef charismatique commence plutôt à avoir des problèmes lorsqu'une structure d'échec se développe – notamment une fois que se renforce la perception qu'on ne peut plus avoir confiance en ses promesses.

Dans le cas d'Hitler, on peut faire remonter les difficultés qu'il rencontra en avril 1942 à son discours du mois d'octobre précédent, quand il promettait déjà que la guerre contre l'Union soviétique était gagnée. La population allemande savait désormais que son dirigeant s'était spectaculairement trompé. Qui plus est, il semblait qu'il commençait à subir les événements plutôt qu'à les dominer. Par exemple, sur la question de savoir comment l'Allemagne pourrait vaincre l'Amérique, Hitler esquivait le sujet – et les gens le remarquaient. Ciano en tout cas s'en était aperçu, et il nota le 30 avril 1942 : « Il est troublant de penser à ce que les Américains pourraient faire – et qu'à mon avis ils feront –, aussi les Allemands ferment-ils les yeux pour ne pas voir. Cela n'empêche pas les plus intelligents et les plus honnêtes de penser aux possibilités de l'Amérique et de sentir un frisson leur passer dans le dos[645]. »

Cependant, le témoignage d'anciens soldats comme Wilhelm Roes et Carlheinz Behnke, comme la réaction de nombreux Allemands à l'époque, démontrent clairement qu'Hitler comme dirigeant charismatique bénéficiait encore d'un soutien important en 1942. C'était toujours une affaire de foi, et les gens allaient sentir leur foi vaciller les uns après les autres, mais chacun

645. *Ibid.*

en son temps. Chez les croyants absolus, la foi demeura intacte – même quand les événements s'assombrirent. Après tout, comme Göring le disait en septembre 1936 : « En vertu du génie du Führer, des choses qui paraissaient impossibles sont très vite devenues réalité[646]. »

Mais cette foi en Hitler avait fortement tendance à créer un sentiment d'irréalité au sujet de la guerre. Et ce sentiment d'irréalité atteignait Hitler lui-même : il en vint bientôt à ne plus croire que ce qu'il voulait sur la puissance de l'Armée rouge. C'est pourquoi le général Halder, au désespoir, écrivit : « Cette tendance chronique à sous-estimer l'ennemi atteint progressivement des proportions ridicules et se transforme en un réel danger. Elle ne laisse aucune place pour un travail sérieux[647]. »

Quand l'été succéda au printemps 1942, les choses semblèrent, au moins superficiellement, s'améliorer pour Hitler après les revers de l'hiver. En Extrême-Orient, les Japonais attaquaient les Américains, même après avoir perdu, en juin 1942 à la bataille de Midway, des porte-avions essentiels. Dans le désert d'Afrique du Nord, Erwin Rommel construisait sa légende de héros allemand – le 20 juin, l'Afrika Korps prit Tobrouk en faisant trente mille prisonniers alliés. Dans la mer Arctique, début juillet, les sous-marins et les avions allemands détruisirent le convoi allié PQ 17 et coulèrent vingt-quatre des trente-neuf bateaux chargés de ravitaillement qui se dirigeaient vers l'Union soviétique – un désastre pour les Alliés qui suspendirent temporai-

646. Voir p. 210.
647. *The Halder War Diary*, 23 juillet 1942, *op. cit.*, p. 646.

rement les convois dans l'Arctique. Et enfin dans les steppes du sud de la Russie, la nouvelle offensive allemande, *Fall Blau* (Opération bleue), marquait des progrès rapides au sud-est en direction de Stalingrad et des champs de pétrole russes du Caucase. Hitler était tellement confiant qu'à la fin du mois de juillet, il divisa les forces engagées dans l'Opération bleue : le groupe d'armées A fit mouvement vers le Sud et les champs de pétrole, tandis que le groupe d'armées B continua à l'Est vers Stalingrad. Une décision qui révélait un excès de confiance en soi à grande échelle – même si elle était née du désespoir de finir la guerre dans l'Est rapidement –, et qui portait en germe la calamité qui s'abattrait sur la VIe Armée allemande à Stalingrad, six mois plus tard.

Hermann Göring, l'un des plus anciens partisans d'Hitler, manifestait le même niveau, presque suspect, d'excès de confiance. Il avait à ce point fait sienne l'habitude d'Hitler de refuser d'écouter les objections pratiques qu'il se sentit en mesure, en août 1942, de sermonner un groupe de hauts dirigeants nazis rassemblés – dont des commissaires du Reich – comme un maître d'école parlant à des enfants pour leur assener une bonne correction. « Dieu sait, leur dit-il, que vous n'êtes pas envoyés là-bas [les pays occupés par les nazis] pour travailler au bien-être des populations dont vous avez la charge, mais pour en extraire le maximum, en sorte que le peuple allemand puisse vivre. C'est ce que j'attends de vos efforts. Il faut en finir maintenant, une fois pour toutes, avec cette préoccupation permanente au sujet des peuples étrangers. J'ai là devant moi des rapports sur les livraisons que l'on attend de vous.

Ce n'est rien du tout si je regarde vos territoires. Cela m'est complètement égal, à cet égard, que vous m'objectiez que vos populations vont mourir de faim. Qu'ils meurent donc, pour autant qu'aucun Allemand ne souffre de la faim[648]. » Göring demanda que soient largement accrues les livraisons alimentaires à la patrie allemande – apparemment sur un coup de tête, en augmentant les quotas. « L'an dernier la France a livré cinq cent cinquante mille tonnes de grains [...] et j'exige maintenant un million deux cent mille tonnes. D'ici deux semaines, vous me soumettrez un plan sur la manière d'y parvenir. Il n'y aura pas de discussion sur ce point. »

Cependant, un appel à la « volonté » personnelle des individus n'a de chance d'aboutir que s'il y a une possibilité de succès. Cela n'avait aucun sens de demander des matières premières à des pays qui n'en avaient pas. Mais cette simple réalité n'empêchait pas Göring, Himmler et bien sûr Hitler de demander l'impossible. Le 11 août 1942, à peine cinq jours après la réunion de Göring, Hitler rencontra Paul Pleiger, un industriel de

648. Rapport sténographique de la réunion du maréchal du Reich Göring avec les commissaires du Reich pour les territoires occupés et les commandants militaires sur la situation du ravitaillement ; réunion tenue dans la salle Herman Göring du ministère de l'Aviation, le mardi 6 août 1942, à 4 heures de l'après-midi. Léon Poliakov et Joseph Wulf, *Das Dritte Reich und seine Diener*, Francfort-sur-le-Main/Berlin/Vienne, Ullstein Verlag, 1983, p. 471 *sqq.* Voir également le document 170-USSR, *Der Prozess gegen die Hauptkriegsverbrecher vor dem Internationalen Militärgerichtshof Nürnberg*, 1er novembre 1945-1er octobre 1946, vol. XXIX, Nuremberg, 1949, p. 385 *sqq.*

talent qui était maintenant chargé de s'assurer que l'Allemagne en guerre disposait de quantités de charbon suffisantes. Pleiger expliqua à Hitler que la production déclinait – il avait besoin qu'on lui affecte des mineurs expérimentés, mais on ne lui avait promis qu'une main-d'œuvre mal nourrie en provenance de l'Est. Hitler l'écouta et répliqua que, s'il y avait une pénurie de charbon, alors la production d'acier ne pourrait être augmentée et que, si la production d'acier ne pouvait pas être augmentée, alors la guerre serait perdue. Qu'est-ce que Pleiger pouvait répondre à une telle déclaration ? Il répondit simplement qu'il ferait tout ce qui était « humainement possible » pour remplir les objectifs qu'Hitler avait fixés[649].

Si l'attitude d'Hitler lors de sa rencontre avec Pleiger illustrait à la perfection les risques immenses d'un pouvoir charismatique, elle démontrait au moins qu'il essayait encore d'agir comme un chef charismatique. Mais d'autres décisions prises à la même époque indiquent qu'Hitler devait lui-même douter intérieurement. Le 9 septembre 1942, il releva le maréchal List de son commandement du groupe d'armées A : Hitler, qui avait désespérément besoin d'obtenir un succès rapide, jugeait qu'il traînait des pieds. Cette décision n'était pas en elle-même surprenante – il avait limogé d'autres commandants militaires dans le passé. C'est le choix qu'il fit pour le remplacer qui est significatif : il se choisit lui-même.

C'était la plus bizarre nomination qu'il ait faite jusque-là. Indépendamment d'une nouvelle chaîne de commandement ridicule qui impliquait qu'Hitler ne

649. Adam Tooze, *The Wages of Destruction*, *op. cit.*, p. 573-574.

rendit des comptes qu'à lui-même à de nombreuses reprises[650], il lui était impossible d'exercer effectivement un commandement sur des soldats qui se trouvaient à plusieurs milliers de kilomètres. Cette décision, couplée avec le limogeage le même mois du général Halder comme chef d'état-major de l'armée – dont la dernière entrée sur son journal indique : « Mes nerfs sont à bout[651] » – et son remplacement par Kurt Zeitzler, un officier connu pour sa flagornerie, témoigne d'un état de désespoir grandissant dans le quartier général du Führer.

Hitler avait à présent, de toute évidence, de bonnes raisons pour douter de la capacité effective de l'armée allemande à gagner cette guerre. À l'automne 1942, la situation des approvisionnements de l'armée était si mauvaise que le général Fromm, chef de l'approvisionnement en armement de l'armée, écrivit dans un rapport qu'Hitler devait trouver immédiatement une solution politique pour arrêter la guerre[652]. C'est dans ce contexte qu'Hitler commença à faire une fixation sur une ville du front Est – Stalingrad. Des unités de la VIe Armée, qui faisait partie du groupe d'armées B, atteignirent la Volga en août 1942, et, dès le début du mois de septembre, les Allemands se battaient dans la ville. « [Hitler] ne réussissait pas à faire ce qu'il voulait

650. En tant que commandant du groupe d'armées A, Hitler ne rendait compte à nul autre qu'à lui-même comme commandant en chef de l'armée, puis à lui-même comme commandant suprême des forces armées, puis à lui-même comme chancelier d'Allemagne et enfin à lui-même comme chef de l'État.

651. *The Halder War Diary*, 24 septembre 1942, *op. cit.*, p. 670.

652. Adam Tooze, *The Wages of Destruction*, *op. cit.*, p. 587.

dans le Caucase, explique Antony Beevor, qui a consacré une monographie à cette bataille, et par conséquent il ordonna à la VIe Armée de prendre Stalingrad, son obsession pour la ville qui portait le nom de Staline devint un piège. C'était l'appât, et c'est toujours catastrophique en temps de guerre quand un commandant devient obsédé par un objectif particulier et perd la vision globale de la situation[653]. »

Stalingrad marqua un nouveau tournant dans la perception du pouvoir charismatique d'Hitler. Pour les soldats de la VIe Armée comme Joachim Stempel, ce fut le moment où leur foi se brisa. Ce jeune officier de la 14e Panzer Division avait traversé les steppes russes, cet été-là, plein d'optimisme. Quand il atteignit Stalingrad, une ville qui s'étend sur une étroite bande le long de la rive occidentale de la Volga, le grand fleuve qui divise la Russie européenne de l'Asie, ses camarades et lui pensaient « que ce serait une simple question de temps pour eux de repousser l'ennemi sur la rive orientale[654] ». Ils avaient été revigorés par les succès des Allemands à la bataille de Kharkov quatre mois plus tôt et par la relative facilité avec laquelle ils avaient commencé leur avance dans le cadre de l'Opération bleue.

Mais une fois entrés dans Stalingrad, ils durent faire face à une résistance déterminée et féroce de la part des troupes soviétiques. « Il y avait des snippers qui tiraient de partout, raconte Stempel, de chaque trou, de chaque coin de rue, de derrière chaque cheminée d'une maison

653. Interview avec l'auteur pour WW2History.com.
654. Témoignage inédit.

incendiée, de derrière chaque butte de terre [...] [Il y avait] un grand nombre de femmes [soviétiques] en uniforme, qui s'avéraient d'excellents snippers et qui firent de notre vie un véritable enfer. » Les soldats de la VIe Armée, dont beaucoup avaient traversé les steppes dans des blindés, rencontrèrent un autre problème : ils n'étaient aucunement familiarisés avec le combat au corps-à-corps parmi les ruines des maisons ou des usines. « Nous étions complètement perdus au milieu de tout ça et nous n'avions pas reçu d'entraînement pour ça non plus [...] ; il fallait se frayer un chemin vers le front en baissant la tête, en marchant accroupis, sur les genoux, [et] les tirs venaient de tous les côtés – du front, de l'arrière, du dessus, du dessous. Et tout autour il y avait le bruit des salves d'artillerie qui détruisaient ce qui restait des immeubles des usines [...] Voir son adversaire est un sentiment indescriptible, quand on se retrouve soudain face à face. "Il veut me tuer, je dois le tuer", voilà ce qu'on pense. Je ne peux pas décrire cette sensation. Il n'y a aucune hésitation ou prise en compte de sentiments humains [...] Nous ne cessions d'entendre : "Cent mètres encore, et nous y sommes ! [C'est-à-dire : vous aurez atteint la Volga]." Mais comment pouvez-vous les parcourir si vous n'en avez plus la force ? Et c'était terrible également pour ceux des nôtres qui transportaient le ravitaillement, quand, à l'abri de l'obscurité, ils apportaient enfin la nourriture sur le front dans des containers thermiques – même si c'était devenu complètement froid entre-temps : souvent ils étaient tout d'un coup tués par les Russes, par-derrière. Et nous attendions de la nourriture qui n'arrivait jamais parce qu'ils avaient été capturés, faits prisonniers ou même tués par les éclaireurs ou les patrouilles de reconnaissance russes, derrière notre dos. » Tous les jours, Stempel voyait que « chaque attaque se soldait par un tel nombre de pertes qu'il était facile de calculer combien de temps il faudrait pour qu'il ne reste plus personne ».

Les difficultés de la VIe Armée à Stalingrad étaient aggravées par une promesse faite par Adolf Hitler, le 30 septembre 1942 : « Vous pouvez être assurés, avait-il déclaré, qu'aucun être humain ne peut nous déloger de cet endroit[655]. » C'était encore plus explicite que l'engagement pris l'année précédente à propos de la victoire dans la campagne soviétique. En des termes sans équivoque, il assurait que l'armée allemande ne se retirerait jamais de Stalingrad. Carlheinz Behnke, alors jeune officier dans la Waffen SS, avait entendu le discours d'Hitler et s'était écrié : « Nous prendrons Stalingrad ! » Et ses camarades et lui « n'en doutaient absolument pas. Pas du tout[656] ».

Nous ne connaîtrons jamais avec certitude la motivation de cet acharnement d'Hitler à prendre Stalingrad. Peut-être, a-t-on supposé, sa décision fut-elle influencée par le fait que la ville portait le nom de Staline. Une interprétation plus probable est qu'Hitler se rendait compte qu'il avait besoin de reconstruire la confiance en ses promesses après la débâcle de l'année précédente, et que c'était là un engagement qu'il pensait vraiment pouvoir tenir. Et, comme le remarque

---

655. Discours d'Hitler, 30 septembre 1942, Max Domarus, vol. IV, *op. cit.*, p. 2675.

656. Témoignage inédit.

Antony Beevor, Hitler « croyait quelque part que, si les soldats allemands tenaient, il aurait toujours raison. C'était sa logique même, "le triomphe de la volonté", et l'idée que, d'une manière ou d'une autre, la fermeté morale et l'esprit de décision triompheraient de tout le reste[657] ».

Mais quand l'hiver succéda à l'automne, il devint clair que la VIe Armée allemande ne pourrait pas déloger de la ville la 62e Armée soviétique. Sous le commandement de Vassili Tchouïkov – un homme si dur qu'il avait coutume de battre même ses propres officiers, s'ils lui déplaisaient –, les soldats de l'Armée rouge s'accrochaient à la rive occidentale de la Volga où ils vivaient enterrés dans les décombres des immeubles détruits. « Notre principe était de planter nos griffes dans la gorge de l'adversaire et de le tenir très serré, explique Anatoli Merechko, jeune officier soviétique à Stalingrad. Ainsi pouvait-on rester en vie. C'était la tactique de Tchouïkov[658]. »

Cependant que la 62e Armée soviétique tenait bon à Stalingrad, deux des plus brillants généraux de Staline – Joukov et Vassilevski – préparaient une offensive pour la soulager. Leur plan – dont le nom de code était opération Uranus – consistait en une vaste opération d'encerclement. Les soldats de l'Armée rouge, au début, n'attaqueraient pas Stalingrad même, mais feraient pression sur les flancs de l'ennemi, jusqu'à 160 kilomètres à l'extrême ouest de la ville, et affron-

657. Interview avec l'auteur pour WW2History.com.

658. Laurence Rees, *Ils ont vécu sous le nazisme*, *op. cit.*, p. 271.

teraient les unités roumaines, plus vulnérables, qui protégeaient les lignes d'approvisionnement allemandes. L'opération, lancée le 19 novembre 1942, fut une réussite spectaculaire – quatre jours plus tard seulement, l'Armée rouge avait réussi à isoler complètement les Allemands dans Stalingrad.

Le succès de l'opération Uranus mettait à nu une série de failles dans le commandement d'Hitler. Plus que tout, il montrait les conséquences de son immense arrogance : il avait grossièrement sous-estimé la capacité de résistance des Soviétiques. Il avait en particulier négligé leur capacité à tirer intelligemment la leçon des tactiques de l'armée allemande. Parce que les forces soviétiques avaient adopté tel comportement dans le passé – par exemple en tombant dans un piège tendu par les Allemands à la bataille de Kharkov, au printemps précédent –, il pensait qu'ils se comporteraient toujours de la même façon dans l'avenir. Mais, du plus haut niveau du gouvernement soviétique – Joseph Staline – au plus ordinaire des soldats du rang, la machine militaire soviétique avait changé. Les derniers mois, Staline était devenu moins dictatorial dans ses relations avec ses principaux généraux – ainsi, il avait autorisé Joukov et Vassilevski à engager puis à développer l'opération Uranus sans contrainte – et des améliorations avaient également été apportées à l'entraînement et à la coordination des unités. Fait plus important encore, les Soviétiques avaient perfectionné des techniques de *maskirovka* – camouflage – pour cacher aux Allemands leur renfort militaire.

Les commandants d'Hitler avaient été contaminés par sa tendance à sous-estimer la capacité de l'ennemi. Le

23 octobre 1942, quelques semaines seulement avant le lancement de l'opération Uranus, le nouveau chef d'état-major, Kurt Zeizler, avait déclaré que les Soviétiques n'étaient « absolument pas en mesure de monter une offensive majeure avec un quelconque objectif d'envergure[659] ». Aussi, Hitler, même devant le succès surprenant des Soviétiques encerclant la VIe Armée, continuait-il à les sous-estimer. *Unternehmen Wintersturm* (l'opération Tempête d'hiver), la tentative de Manstein pour soulager la VIe Armée en détresse, ne reçut jamais les ressources nécessaires, et l'ébauche de sauvetage fut annulée après moins d'une semaine. Comme la fanfaronnade de Göring sur le fait que la Luftwaffe pourrait tout à fait approvisionner la VIe Armée par la voie des airs – ce qui se révéla être un vœu pieux. Conséquence de l'échec allemand à dégager la VIe Armée, les conditions de vie à l'intérieur de la zone encerclée devinrent de plus en plus épouvantables. « Après Noël, les choses se détériorèrent rapidement au niveau du moral des troupes, et pas seulement à ce niveau, il y avait aussi la question du [manque] de nourriture, de ravitaillement[660] », explique Gerhard Hindenlang, un chef de bataillon allemand à Stalingrad.

Pour autant, bien des soldats de la VIe Armée espéraient encore des secours. Ils tendaient l'oreille et pensaient entendre avancer les chars de leurs libérateurs. Comme le dit l'un des officiers pris au piège dans Stalingrad : « Je croyais que le Führer ne nous abandon-

659. Chris Bellamy, *Absolute War, Soviet Russia in the Second World War*, Macmillan, 2007, p. 533.

660. Témoignage inédit.

nerait pas, qu'il ne sacrifierait pas la VIe Armée et qu'il la sortirait de là[661]. »

Ils se trompaient. Leur Führer les avait abandonnés. La seule latitude qu'il eût encore était d'essayer de donner une fin wagnérienne à l'épopée en promouvant le commandant de la VIe Armée, Friedrich Paulus, au grade de feld-maréchal le 30 janvier 1943, juste avant la chute de Stalingrad. Comme aucun feld-maréchal allemand ne s'était jamais rendu à l'ennemi, c'était un signe clair de ce qu'il attendait de lui : le suicide. Mais Paulus décida de rester en vie et fut capturé par l'Armée rouge. La réaction d'Hitler fut un mélange de fureur et d'incrédulité. « Cela me fait tellement mal, s'exclama-t-il quand il apprit la nouvelle, de voir l'héroïsme de tant de soldats anéanti par un seul, un lâche, une mauviette[662]… »

La transcription des paroles d'Hitler ce jour-là révèle un aspect grandissant de sa personnalité – celui que le monde entier découvrirait un peu plus de deux ans plus tard : la volonté d'embrasser la mort en cas de défaite. « Que veut dire "la vie" ? demandait Hitler. […] Tout individu doit mourir. Ce qui reste en vie après l'individu, c'est le peuple. Mais comment peut-on craindre ce moment – par lequel on [peut se libérer] soi-même de la souffrance[663]… » Au lieu d'entrer dans « l'immor-

661. Laurence Rees, *Ils ont vécu sous le nazisme*, *op. cit.*, p. 292.

662. Conférence de situation du 1er février 1943, Helmut Heiber et David M. Glantz (éds.), *Hitler and his Generals, Military Conferences 1942-1945*, Enigma Books, 2004, p. 61.

663. *Ibid.*, p. 62.

talité nationale[664] », Paulus avait « préféré » aller à Moscou, où « les rats le dévorer[aie]nt » dans la prison de la Loubianka. Plus encore, il avait créé un dangereux précédent – maintenant d'autres officiers pourraient dans l'avenir ne pas combattre jusqu'à la mort. Hitler savait dorénavant comment tout cela se finirait : « [...] vous vous rassemblez, vous vous défendez tous azimuts, et vous vous tuez avec la dernière cartouche. Si vous imaginez qu'une femme, après avoir été insultée à plusieurs reprises, a assez de fierté pour se taire, s'enfermer et se tuer immédiatement – [vous comprendrez que] je n'ai aucun respect pour un soldat [qui préfère] partir en captivité[665]. »

Depuis qu'il avait rejoint le Parti des travailleurs allemands vingt-trois ans auparavant, Hitler s'était révélé être un joueur, prêt à prendre des risques énormes dans des entreprises qui pouvaient très clairement tourner dans un sens ou dans l'autre. Il avait avancé aussi qu'il supposait que la bataille de Stalingrad se terminerait « héroïquement » – et par « héroïquement » il voulait dire, si nécessaire, dans un dernier acte suicidaire. De ce point de vue, Paulus et beaucoup d'autres commandants de la VIe Armée l'avaient laissé tomber. Il allait tâcher de s'assurer que des millions d'autres Allemands ne les imiteraient pas.

664. *Ibid.*, p. 66.
665. *Ibid.*, p. 59.

16

La fin du charisme

La honte de Stalingrad provoqua une érosion généralisée de la croyance dans le charisme d'Hitler. Il est donc extraordinaire qu'il ait continué à diriger l'Allemagne pendant encore plus de deux ans. Pour expliquer ce phénomène, on avance parfois l'argument que le régime nazi commença à s'appuyer davantage sur la terreur et la menace pour se maintenir au pouvoir – des éléments de coercition qui avaient toujours existé, mais dont l'importance s'accrut. Mais ce n'est qu'une partie de l'histoire. La séduction charismatique d'Hitler n'avait pas entièrement disparu, et son héritage projette une ombre longue et destructrice.

Hitler chercha par mille et une façons à limiter les torts que les événements de Stalingrad causaient à son prestige. La plus évidente est qu'il n'apparut simplement plus en public en ces temps de défaite. C'est à Goebbels qu'il confia, le 30 janvier 1943, la tâche difficile de lire la longue proclamation qu'il avait rédigée pour le dixième anniversaire de sa nomination comme chancelier. Et Göring fut chargé d'expliquer le même jour à la radio pourquoi le peuple allemand devait encore avoir foi dans son Führer. La raison qu'il leur donna était simple : la « Providence » avait envoyé Hitler à l'Allemagne et permis à ce « simple combattant » de la Première Guerre mondiale d'atteindre la grandeur. Comment pouvait-on alors imaginer que ce qui arrivait maintenant était entièrement « dépourvu de sens[666] » ? De toute évidence, il cherchait par là à maintenir, voire à redoubler, la « foi » en Hitler. C'était, dans le fond, la même exhortation simple que celle reçue par la VIe Armée du quartier général d'Hitler quelques jours à peine avant sa reddition – ne jamais oublier que « c'est le Führer et lui seul qui sait[667] ».

Il était clairement difficile d'être de cet avis. Car Hitler avait cette fois incontestablement rompu la promesse faite au mois de septembre précédent que « personne » ne chasserait jamais la Wehrmacht de Stalingrad. Et, comme d'autres événements le prouvèrent pendant le premier semestre de l'année 1943, une simple exhortation de l'armée allemande à se battre ne méritait plus le titre de stratégie devant les avantages évidents que possédaient dorénavant les Alliés. Exemple : l'évolution de la bataille de l'Atlantique. En mai 1943, la marine allemande fut forcée de retirer tous ses sous-marins de l'Atlantique Nord – une pure et

666. Discours de Göring dans le salon d'honneur du ministère de l'Aviation du Reich, 30 janvier 1943, Max Domarus, vol. IV, *op. cit.*, p. 2745-2746.

667. Ordre du jour de la VIe Armée, 24 janvier 1943, Max Domarus, vol. IV, *op. cit.*, p. 2743.

simple reconnaissance de la défaite allemande. Jürgen Oesten, l'un des capitaines de sous-marin qui comptaient le plus de succès à son actif, explique pourquoi, de son point de vue, cette décision devait être prise : « Si un sous-marin s'aperçoit de la présence d'un convoi, il envoie le signal convenu et, bien entendu, les autres sous-marins sont alors en mesure de réajuster leur marche en conséquence, de façon à prendre eux aussi le convoi en chasse [...] Et ce système a plutôt bien fonctionné tant que les vaisseaux d'escorte ne pouvaient pas repérer les sous-marins la nuit [...] [Mais], à partir de la seconde moitié de l'année 1942, les vaisseaux d'escorte [britanniques] furent à même de détecter la provenance du signal radio des [sous-marins], de telle sorte que si l'un d'entre eux dans le voisinage du convoi lançait un signal, les contre-torpilleurs étaient en mesure de faire route directement sur lui. La deuxième chose était que le développement du radar était beaucoup plus rapide du côté britannique qu'en Allemagne, et les vaisseaux d'escorte qui étaient équipés de radar étaient du coup également capables de détecter les sous-marins pendant la nuit au moyen du radar [et] de détecter la position du sous-marin dès que celui-ci émettait un signal radio. Les Alliés étaient supérieurs dans ces deux domaines, et c'est la raison pour laquelle nous avons été obligés d'arrêter la guerre dans l'Atlantique dans les premiers mois de 1943. Nous avons mis fin à toute guerre sous-marine dans l'Atlantique Nord parce que nos bâtiments n'étaient plus assez en sécurité[668]. »

668. Témoignage inédit.

En plus des progrès des Alliés en matière de technologie des radars, les cryptologues de Bletchley Park en Grande-Bretagne avaient déchiffré *Enigma*, le code de la marine allemande, ce qui, associé à une meilleure défense aérienne des convois de l'Atlantique, signifiait que la « ligne de vie » qui reliait l'Amérique à la Grande-Bretagne ne pourrait pas être rompue. Cet état de fait symbolisait une des raisons fondamentales pour lesquelles les nazis étaient en train de perdre la guerre : ils n'avaient ni le temps ni les ressources nécessaires pour innover. Après les premiers succès des Allemands, l'initiative était passée très rapidement à leurs adversaires, mieux équipés et plus nombreux. Malgré toutes les fanfaronnades du nouveau ministre de l'Armement, Albert Speer, et toutes les allusions aux « armes prodigieuses » allemandes à venir, les conséquences de cette réalité en 1943 étaient inéluctables : l'Allemagne ne gagnerait pas cette guerre. La marine allemande n'avait aucune réponse à opposer aux progrès technologiques des Alliés dans l'Atlantique, et l'armée allemande n'en avait pas davantage aux progrès stratégiques et à la puissance croissante de l'Armée rouge sur le front Est.

Il en était de même pour les forces aériennes allemandes, et tout le monde pouvait constater l'incapacité de la Luftwaffe à protéger les villes et les villages allemands des attaques alliées. Le bombardement intensif de la région industrielle de la Ruhr commença en mars 1943, et des incendies dévastateurs à Hambourg, conséquence des bombardements aériens de la fin juillet, firent plus de victimes – quarante mille – qu'il n'en mourut à Londres pendant toute la période du

Blitz. Dans la guerre de bombardement, comme dans la bataille de l'Atlantique, c'était la supériorité des Alliés en termes à la fois d'innovation et de ressources qui mettait maintenant les Allemands à la peine.

Juste avant la tempête de feu sur Hambourg, le 25 juillet, les Italiens s'étaient débarrassés de leur propre chef charismatique, Benito Mussolini, qui avait tant inspiré Hitler et les nazis dans les années 1920. En voyant le tour que prenait la guerre, le Grand Conseil fasciste avait voté sa destitution, et Mussolini avait été arrêté à la sortie d'une audience avec le roi. Peu de temps après, les Italiens rompirent leur alliance avec l'Allemagne et essayèrent de sortir de la guerre. « Pas très honorable, certainement, de trahir un ami, un allié, mais cela arrive, cela arrive, commente Mario Mondelo, alors diplomate italien et membre du Parti national fasciste italien. Nous sommes plus réalistes, quelquefois, que ne le sont les Allemands. Bien sûr, notre réalisme fait que nous manquons de loyauté envers le chef du moment, etc. Je ne dis pas que ce soit quelque chose de noble, mais c'est dans notre caractère[669]. »

Il fallut cependant plus qu'une quelconque différence perceptible de « caractère » entre les Allemands et les Italiens pour qu'Hitler puisse rester au pouvoir environ deux ans de plus que Mussolini. Il y avait une différence structurelle importante entre les deux pays. À la différence d'Hitler, Mussolini n'avait pas supprimé toutes les institutions qui auraient pu lui demander des comptes. C'était le roi d'Italie qui était le chef

---

669. Témoignage cité dans l'Épisode 6, BBC TV, *Nazis : A Warning for History*.

de l'État – et non pas Mussolini – et les membres du Conseil fasciste avaient toujours la faculté de se réunir et de manifester leur manque de confiance par un vote. Rien de tout cela ne pouvait se produire dans l'Allemagne nazie. Hitler avait toujours été très attentif à la moindre contestation possible de son autorité – aussi était-il devenu chef de l'État dès 1934 et s'était-il employé, avant le déclenchement de la guerre, à vider le cabinet de sa substance et à l'éliminer comme lieu de débats politiques.

Dans le même temps, Hitler continuait à compter sur son charisme pour motiver ses généraux. Quelques mois après la déposition de Mussolini, Peter von der Groeben, alors chef des opérations pour le groupe d'armées du Centre de l'armée allemande, participait à une réunion avec d'autres officiers supérieurs au quartier général d'Hitler, dans la Tanière du Loup, en Prusse orientale. Von der Groeben regarda Hitler et ses généraux « discuter pendant deux heures sur le fait de savoir si la seule et unique division de chars dont nous disposions avait été correctement déployée [...] On restait donc debout dans le fond, de plus en plus désespérés [...] Et, comme à la fin de chaque réunion, il [Hitler] se tourna directement vers le feld-maréchal en disant : "Mais vous n'allez pas m'abandonner", et il prit ses deux mains dans les siennes et les lui serra [...] Il avait un immense talent pour manipuler et influencer les gens[670]. » Cet aristocrate qu'est von der Groeben témoigne aussi que le comportement d'Hitler pendant ces rencontres n'était certes pas celui d'un déséquili-

670. Témoignage inédit.

bré. « Je ne peux en juger qu'à partir des réunions auxquelles j'ai assisté, mais il était toujours au-dessus de tout reproche à tous égards. Je ne l'ai jamais vu manifester de comportement abusif ni rien de ce genre. »

Le comte Johann-Adolf von Kielmansegg, un officier de l'état-major allemand, a pu constater l'effet dynamisant qu'Hitler continuait à exercer. Lui et ses amis appelaient cela « le virus du haut commandement de la Wehrmacht ». Chaque fois qu'arrivait un nouvel officier, ils se demandaient : « Combien de temps cela prendra-t-il avant qu'il ne l'attrape ? » Pour Kielmansegg, la seule façon d'être contaminé par ce « virus » était d'être en contact rapproché avec Hitler. « La seule fois que je suis tombé sous le charme, pour ainsi dire, ce fut quand Hitler me donna un ordre très personnel pour le maréchal Antonescu, le dirigeant roumain de l'époque. Nous n'étions que trois. Le chef de l'état-major à gauche, Hitler au milieu et moi à droite. Et j'étais là debout. Le chef de l'état-major dit [à Hitler] : "Vous voulez donner au comte Johann-Adolf Kielmansegg des instructions personnelles." J'étais pourrait-on dire son émissaire. Hitler se tourna et me regarda. Et à ce moment-là je ressentis une impression saisissante : "Cet homme sait exactement ce que vous pensez." C'est le sentiment que j'ai eu[671]. »

Nicolaus von Below, officier d'ordonnance d'Hitler pour la Luftwaffe, se souvient qu'Hitler « ne trahissait jamais aucun signe de faiblesse, ni ne donnait de signe qu'il considérait une situation comme sans espoir [...]

671. Cette citation et celle du paragraphe suivant, témoignage inédit.

J'étais fasciné de voir qu'il trouvait le moyen de valoriser les revers et qu'il réussissait même à en convaincre ses proches collaborateurs[672] ». C'est en partie en utilisant les mêmes méthodes qu'il pratiquait depuis des années qu'Hitler parvenait à ce résultat : regarder son interlocuteur droit dans les yeux plus longtemps que n'importe qui, donner un sentiment de calme sur l'instant, suggérer une totale absence de doute et faire directement et personnellement appel à la loyauté. Mais s'y ajoutait dorénavant le fait que tout officier qui se trouvait face à lui savait aussi qu'il était en présence d'un homme qui, pendant les trois années écoulées, avait conduit l'Allemagne vers de grandes victoires – et ces succès n'avaient pas été oubliés, malgré les récentes défaites. Peut-être – peut-être seulement – Hitler était-il toujours « le Führer qui seul sait ».

Les officiers supérieurs comme Karl Dönitz, qui étaient aussi des partisans inconditionnels d'Hitler, étaient particulièrement sensibles à cette séduction. Jürgen Oesten, par exemple, se rappelle avoir accompagné Dönitz un jour où il devait s'entretenir avec Hitler. Avant d'entrer dans la pièce pour rencontrer le Führer, Dönitz lui expliqua qu'il avait l'intention d'exprimer ses doutes sur les capacités de la marine à atteindre les objectifs voulus. Mais quand il ressortit, il était transformé. Il était désormais plein de confiance sur la voie à suivre et, nous dit Oesten, il « flottait sur une mer d'émotion[673] ».

---

672. Nicolaus von Below, *At Hitler's Side, The Memoirs of Hitler's Luftwaffe Adjutant 1937-1945*, Frontline Books, 2010, p. 162-163.

673. Témoignage inédit.

« J'ai été témoin de plusieurs exemples, confirme Ulrich de Maiziere, qui, en tant qu'officier de l'état-major, a assisté aux réunions avec Hitler jusqu'à la fin de la guerre. Des hommes qui venaient pour lui dire que cela ne pouvait plus durer – et qui allaient même jusqu'à le lui dire. Il leur parlait alors pendant une heure, et ils repartaient en disant : “Je vais essayer encore une fois.” [...] Bon, il avait une volonté extrêmement puissante, vous savez, et il avait un pouvoir de persuasion qui pouvait éclipser n'importe quel argument rationnel [...] S'il ordonnait l'attaque sur le Caucase et que les experts en logistique lui disaient qu'il n'y avait pas assez de carburant il répondait : “Eh bien vous n'avez qu'à réquisitionner de l'essence. Ça m'est égal, ça doit être fait”[674]. »

Comme auparavant, le pouvoir de persuasion d'Hitler ne fonctionnait qu'avec ceux qui étaient prédisposés à y succomber. Par exemple, Günther von Below, un colonel qui a été fait prisonnier à Stalingrad, n'y était pas sensible. « Pour moi, Hitler n'était pas un être supérieur ni une personnalité de dirigeant irrésistible. Je n'ai jamais eu ce sentiment. Il ne m'a jamais fait beaucoup d'impression. Vous pouvez penser maintenant que c'est mon attitude cinquante ans après les faits, mais je sais avec certitude que je n'ai rien senti de tel à son endroit. Il ne m'a jamais fasciné[675]. » Il n'est pas difficile de comprendre pourquoi : il n'a jamais été sidéré par qui que ce soit qu'il ait jamais rencontré. « J'ai moi-même toujours été très terre à

674. Témoignage inédit.
675. Témoignage inédit.

terre, toute ma vie, admet-il. Ma femme me l'a dit un jour : "Tu es toujours tellement terre à terre." »

Pour ceux qui étaient enclins à se laisser porter par une « mer d'émotion » après leurs rencontres avec Hitler, les conséquences étaient réconfortantes – mais souvent à court terme. Car, bien que le charisme d'Hitler eût des chances évidentes d'agir encore – après tout, qui parmi le Haut-Commandement allemand *avait envie* de croire que la guerre était perdue ? –, il aurait fallu posséder de redoutables capacités d'autotromperie pour prétendre que les promesses d'Hitler d'un avenir plus radieux pouvaient encore être tenues. En juin 1944, par exemple, le général Kurt Zeitzler, qui avait longtemps eu la réputation de partager l'optimisme d'Hitler, ne pouvait tout simplement plus supporter la tension. Il fit une dépression nerveuse et démissionna de son poste de chef d'état-major de l'armée allemande.

Mais cet indéniable talent d'Hitler à persuader beaucoup de ceux qu'il rencontrait d'« essayer encore une fois » doit être rapporté à d'autres raisons de continuer le combat, qui avaient peu à voir avec le pouvoir charismatique qu'il possédait peut-être encore. Il y avait d'abord la connaissance des crimes commis depuis le début de la guerre, et surtout depuis l'invasion de l'Union soviétique. Heinrich Himmler savait du reste parfaitement que ce pouvait être un facteur de motivation puissant, et il le savait tellement qu'il avait expliqué dans le détail jusqu'où les SS avaient été, quand il avait pris la parole à Posen le 6 octobre 1943, lors d'un rassemblement de hauts dirigeants nazis. Il leur avait explicitement dit que l'on procédait à l'extermination des Juifs et qu'à la fin de l'année la « question juive » serait « réglée ». Plus encore, avait-il dit, il était nécessaire de tuer les femmes et les enfants juifs tout comme les hommes pour éviter de laisser grandir « des enfants qui se vengeraient sur nos enfants et nos descendants ». Fait révélateur, il avait terminé cette partie de son discours en disant à son auditoire : « Maintenant vous savez[676]. »

Faire connaître le massacre de masse de millions de gens à l'élite nazie était un moyen efficace pour créer un sentiment commun sur la nécessité de se battre jusqu'au bout. On peut mesurer la puissance de cet argument aux difficultés que rencontra plus tard Albert Speer pour avoir assisté à cette réunion : comment pouvait-il se présenter comme un « bon nazi », qui avait cherché à éviter la destruction des infrastructures allemandes dans les derniers jours de la guerre, s'il est vrai qu'il avait été informé de l'extermination des Juifs à l'automne 1943 ? Sans surprise, Speer prétendit farouchement jusqu'à son dernier souffle – sans convaincre toutefois – qu'il avait quitté la réunion de Posen avant la fin et n'avait jamais entendu les paroles d'Himmler.

La connaissance des atrocités commises dans l'Est ne se limitait naturellement pas à l'élite nazie. Peter von der Groeben, par exemple, apprit exactement ce qui se passait alors qu'il coordonnait la retraite tactique comme commandant dans le groupe d'armées du Centre. Un officier SS s'approcha de lui : « J'ai entendu que vous

676. Réunion du 6 octobre 1943 à Posen. Heinrich Himmler, *Discours secrets*, éd. par Bradley Smith et Agnes F. Peterson, Gallimard, 1978, p. 169-170.

voulez évacuer le territoire là-bas. » Il acquiesça, pour s'entendre dire par l'homme de la SS : « Non, ce n'est pas possible. » Et quand von der Groeben lui demanda pourquoi, il lui répondit : « C'est là que se trouvent les fosses communes. » L'homme de la SS sortit alors une pile de photographies de sa poche, montrant ce qui ressemblait à « un champ de navets » : c'était en réalité l'endroit où les SS avaient enterré leurs victimes. « En aucun cas cela ne doit tomber entre les mains des Russes, ordonna l'officier SS. — Eh bien, cher ami, lui répliqua von der Groeben, veillez à ce que cela soit retiré. »

« C'était la première fois, raconte-t-il, que j'entendais parler de ce que ces gens s'étaient autorisés à faire [...] Je n'avais aucune raison de lui faire un sermon, et je n'étais pas dans la situation de pouvoir le faire. Mais j'étais horrifié – pour autant que je puisse m'en souvenir. Admettons que je l'étais, et aussi secoué par tout cela, je ne m'en souviens pas. Qu'est-ce que j'aurais dû faire ? Qu'est-ce que j'aurais pu faire ?

« Est-ce que j'aurais dû aller voir mon feld-maréchal et lui raconter ce que je venais de découvrir ? Je ne me rappelle pas ce que je lui ai effectivement dit. Ou est-ce que j'aurais dû rentrer chez moi et dire : “Bon, je n'accepterai plus tout ça” ? Mais c'était tout à fait hors de question. Qu'auriez-vous fait à ma place ? Dites-le-moi[677]. »

Von der Groeben nous donne encore une autre raison pour laquelle, même instruit de l'existence des massacres de masse, il pensa qu'il devait continuer à servir Hitler le mieux possible : « Ces soldats [allemands] qui

677. Témoignage inédit.

se battaient en Russie gardaient dans l'idée qu'ils devaient dans tous les cas empêcher les Russes d'entrer en Allemagne – et aussi en Prusse orientale, ma région d'origine. Telle était la raison pour laquelle, assurément, chacun essaya le plus longtemps possible, malgré ses doutes et rejets fondamentaux, de tenir et d'empêcher ça par des moyens militaires. » Des angoisses comme celle-ci s'inscrivaient toutes dans le cadre d'une coercition accrue et de l'utilisation de la terreur par les autorités nazies. Et ce n'est pas un hasard si Heinrich Himmler fut nommé ministre de l'Intérieur en août 1943.

Mais ni la menace, ni la culpabilité, ni la peur, quelque intenses qu'elles fussent, ne pouvaient modifier le fait que l'Allemagne était en train de perdre la guerre. L'échec de l'opération Citadelle *(Unternehmen Zitadelle)*, l'offensive d'été allemande autour de Koursk, en 1943, mit un coup d'arrêt définitif aux illusions qu'on pouvait encore entretenir sur la possibilité de lancer une contre-offensive majeure sur le front Est. Les officiers proches d'Hitler, comme Nicolaus von Below, avaient pourtant toujours foi en leur Führer. « Depuis quelque temps je ne croyais plus en la victoire, dit von Below, mais je n'augurais pas non plus la défaite. À la fin de l'année 1943, j'étais convaincu qu'Hitler pouvait encore trouver une solution politique et militaire. Je n'étais pas le seul à exprimer cette conviction paradoxale[678]. »

Au dire de Fritz Darges, un des aides de camp SS d'Hitler, au début 1944, l'ambiance qui régnait au quartier général du Führer était « morose ». « Nous

678. Nicolaus von Below, *At Hitler's Side*, *op. cit.*, p. 189.

étions inquiets à chaque fois qu'un nouvel officier de l'état-major général arrivait. Quelles mauvaises nouvelles va-t-il apporter cette fois ? » Mais Darges et ses camarades n'en jugeaient pas moins évident que leur Führer se battrait jusqu'au bout au mépris de toute considération. « Hitler avait l'habitude de dire : "Je n'abandonne pas cinq minutes avant minuit." Et qui aurait pu lui demander d'abandonner, de toute façon ? "*Mein Führer*, pensez-vous qu'il soit possible de gagner la guerre ?" Pouvez-vous me dire qui aurait osé lui poser une telle question[679] ? » Darges utilise une métaphore – on ne peut pas « descendre d'un train en marche » – pour dire pourquoi, à ses yeux, il lui était impossible d'abandonner. D'autres comparèrent la situation difficile dans laquelle ils se trouvaient à celle de marins piégés sur un bateau en pleine tempête.

Pour autant, il y avait aussi des officiers allemands qui avaient développé une vision des choses très différente : non seulement ils avaient décidé que la guerre était perdue, mais tuer Hitler leur paraissait le seul moyen d'éviter des souffrances supplémentaires. Les principaux conspirateurs étaient un groupe d'officiers de l'armée, de noble naissance. L'un des chefs, Henning von Tresckow, général de division et chef des opérations du groupe d'armées du Centre, venait d'une famille aristocratique de l'est de l'Allemagne. Comme Ludwig Beck, il avait initialement vu en Hitler un dirigeant politique utile qui renforcerait l'armée allemande et s'emploierait à « réparer les torts » de Versailles. Et

679. Témoignage cité dans l'Épisode 4, BBC TV, *War of the Century*.

bien qu'il eût joué un rôle dans la spectaculaire victoire sur la France en 1940, il était suffisamment subtil pour reconnaître que, si les Britanniques s'alliaient aux Américains, alors l'Allemagne serait inévitablement vaincue[680].

Une fois parvenu à un poste élevé, Tresckow avait nommé autour de lui des officiers qui partageaient ses opinions, ce qui les amena à fomenter un complot pour tuer Hitler lors de sa visite au groupe d'armées du Centre le 13 mars 1943. Le plan ne fut annulé qu'à cause de la défaillance à la dernière minute du maréchal Kluge – le commandant en chef du groupe d'armées du Centre. « Encore et encore, [Kluge] inventa diverses arguties, écrivit Fabian von Schlabrendorff, un autre des conspirateurs, prétendant que ni le peuple ni les soldats [allemands] ne comprendraient à ce moment notre action[681]. »

Toujours déterminé cependant à tuer Hitler, Tresckow emballa alors une bombe, prétendant qu'il s'agissait de deux bouteilles de cognac[682], et donna le paquet à Heinz Brandt, un lieutenant-colonel qui voyageait dans l'avion d'Hitler, en espérant que la bombe exploserait en l'air et tuerait tous les passagers. L'intérêt de cette solution, selon von Schlabrendorff, était que « nous ferions par là croire à un accident d'avion et que

680. Michael Balfour, *Withstanding Hitler*, Routledge, 1988, p. 126.

681. Fabian von Schlabrendorff, *Officiers contre Hitler*, Self, 1948, p. 79.

682. Alcool choisi parce que c'était le seul dont la bouteille était de forme carrée, voir *ibid.*, p. 82-83.

nous éviterions les conséquences d'un attentat[683] ». Mais la bombe n'explosa pas.

La semaine suivante, Rudolf Christoph von Gersdorff voulut à son tour attenter à la vie d'Hitler. Ce baron, proche confident de Tresckow dans le groupe d'armées du Centre, prémédita de tuer Hitler le 21 mars 1943 à Berlin, où il devait visiter une exposition d'armes prises à l'Armée rouge. Gersdorff dissimula deux bombes sous son uniforme et accompagna Hitler pour faire le tour de l'exposition. Mais le Führer resta moins longtemps que prévu, et Gersdorff – qui avait déclenché le détonateur à retardement de ses bombes – dut courir aux toilettes pour les désamorcer.

Les officiers de l'armée autorisés à voir Hitler de près auraient pourtant eu un moyen très simple de le tuer sans se transformer en bombe humaine : sortir leur pistolet et appuyer sur la détente. « Beaucoup de gens me demandent : “Étiez-vous fouillés pour vérifier que vous étiez armés ?”, raconte Peter von der Groeben. “Non. — Alors pourquoi personne ne l'a-t-il abattu ?” J'aurais pu le faire, à n'importe quel moment. J'avais toujours ma mallette avec moi, et bien entendu j'aurais pu y transporter un pistolet. Et j'étais à deux pas de lui : je n'avais qu'à sortir mon arme et tirer [...] Je vais vous dire exactement pourquoi [je ne l'ai pas fait]. D'abord j'avais peur, pour moi cela aurait été la fin, et ensuite, en tant que colonel, je ne pensais pas qu'il était dans ma mission d'interférer avec le destin de cette manière[684]. »

683. *Ibid.*, p. 79-80.
684. Témoignage inédit.

Pour certains des conspirateurs, comme Georg von Boeselager, un autre officier allemand de l'aristocratie qui souhaitait la mort d'Hitler, il était tout bonnement impossible, émotionnellement parlant, de tuer Hitler face à face. Il expliqua[685] qu'en dépit du courage qu'il avait démontré sur le champ de bataille, il ne s'en « sentait pas la force ». « Le chasseur lui-même est pris de fièvre quand le gibier tant désiré se présente à portée de son arme, écrit Fabian von Schlabrendorff, qui trouve des excuses à l'incapacité de Boeselager à tuer Hitler. L'émotion est encore bien plus grande quand, après avoir triomphé de multiples difficultés, au péril de sa vie, dépend de lui le sort de millions d'hommes[686] ! » Pour contourner ce problème, Boeselager proposa d'envoyer un groupe de soldats contre les gardes du corps armés d'Hitler et de le tuer dans l'échange de coups de feu qui s'ensuivrait – une solution impraticable qui ne fut jamais adoptée.

Si Hitler avait rendu une seconde visite au groupe d'armées du Centre, les conspirateurs auraient essayé de le tuer en ouvrant le feu sur lui tous ensemble dans ce qu'ils appelaient une tentative d'« assassinat collectif ». Cette méthode avait été conçue pour aider « à porter plus aisément la charge morale écrasante pour celui qui doit accomplir un tel acte[687] ». Mais Hitler ne revint jamais, après son voyage de mars 1943.

Un an plus tard, en mars 1944, apparut enfin un conspirateur prêt à tuer Hitler face à face. Le capi-

---

685. Fabian von Schlabrendorff, *Officiers contre Hitler*, *op. cit.*, p. 130.

686. *Ibid.*, p. 129.

687. *Ibid.*, p. 134.

taine de cavalerie Eberhard von Breitenbuch, ordonnance du maréchal Busch, était résolu à sortir son pistolet de sa poche et à tuer le Führer lors de la conférence militaire du Berghof. Mais, par l'effet du hasard, les officiers subalternes ne furent pas admis en sa présence ce jour-là[688].

Quatre mois plus tard, fut entreprise la plus fameuse tentative d'assassinat contre Hitler – le complot du 20 juillet 1944. Le comte Claus Schenk von Stauffenberg déposa une bombe contenue dans une mallette sous la table de conférence pendant l'une des réunions militaires de la mi-journée avec Hitler à la Tanière du Loup. Il quitta ensuite la conférence et s'envola pour Berlin pour y coordonner les efforts de la résistance. La bombe explosa à 12 h 50, mais Hitler, comme on le sait, survécut à cette tentative où il ne fut que légèrement blessé.

Le même jour, à environ 17 heures, Ludwig Beck se présenta au bureau du Haut-Commandement de l'armée allemande, Bendlerstrasse à Berlin. Il faisait partie de la conspiration contre Hitler – par intermittence – depuis quatre ans maintenant et avait été choisi pour lui succéder comme nouveau chef de l'État parce que, comme l'écrivit Hans Gisevius – un diplomate qui avait participé à la préparation du coup d'État –, « le général Ludwig Beck, en vérité, se tenait au-dessus des partis [...] C'était le seul général qui conservait une réputation intacte, le seul général qui eût démissionné volontairement[689] ».

---

688. Ian Kershaw, *Hitler : Némésis*, *op. cit.*, p. 958-959.

689. Hans Bernd Gisevius, *Valkyrie, An Insider's Account of the Plot to Kill Hitler*, Da Capo Press, 2009, p. 67.

Le problème était que ni lui ni les autres conspirateurs ne pouvaient être certains de la mort d'Hitler. Ils avaient appris de Keitel, qui se trouvait dans la Tanière du loup, qu'Hitler n'avait été que légèrement blessé, mais disait-il la vérité ? Se posait aussi la question de l'allégeance des autres soldats. Beck interrogea le général Friedrich Olbricht, un des conspirateurs, sur la loyauté des gardes qu'il avait postés à l'extérieur du bâtiment : il tenait particulièrement à savoir si ces hommes seraient prêts à mourir pour Olbricht. C'était une question qui était au cœur de la tentative de coup d'État. Il allait de soi qu'il y avait encore autour d'Hitler des hommes prêts à mourir pour lui. La SS *Leibstandarte Adolf Hitler* – sa garde rapprochée – avait pour devise, comme toutes les formations SS : *Meine Ehre heißt Treue* (« Mon honneur s'appelle fidélité »). Les soldats d'Olbricht accepteraient-ils, eux, de mourir pour lui si des forces loyales à Hitler attaquaient ? Olbricht ne sut que répondre : « Je ne sais pas[690]. »

La capacité constante d'Hitler à susciter un dévouement immédiat fut en revanche démontrée de façon spectaculaire cette même nuit. Le major Otto-Ernst Remer, du régiment *Grossdeutschland*, se vit tendre le téléphone par Joseph Goebbels et entendit, tremblant, Hitler à l'autre bout de la ligne. « Me reconnaissez-vous, major Remer, demanda Hitler, reconnaissez-vous ma voix[691] ? » Le major acquiesça, et Hitler lui ordonna alors de l'aider à écraser le coup d'État. Remer obéit immédiatement.

690. *Ibid.*, p. 182.
691. *Ibid.*, p. 200.

Après la guerre, Remer déclara que « toute la conspiration avait été organisée avec dilettantisme [...] Le succès d'un putsch, et celui de Stauffenberg ne fait pas exception, dépendait de la mort d'Hitler parce que c'était à lui qu'avait été jurée [fidélité]. Cela ne pouvait pas se faire en déposant lâchement une bombe dans un coin – il aurait dû avoir le courage d'utiliser un pistolet et de tirer sur Hitler. C'est ce qu'un vrai homme aurait fait, et je l'aurais respecté[692] ». Il s'agit là d'un jugement injuste sur Stauffenberg – un homme d'une bravoure considérable qui ne s'était pas senti autorisé à se tuer dans l'attentat contre Hitler parce qu'il croyait qu'on aurait besoin de lui plus tard à Berlin pour aider à organiser le coup d'État. Quant à Remer, c'était indubitablement un personnage profondément déplaisant – après la guerre, il devint négationniste – mais, en l'espèce, il fait ici une autre remarque juste : il était capital d'obtenir la mort d'Hitler pour réussir un coup d'État. En effet, l'échec du complot du 20 juillet 1944 apporta la preuve absolue qu'Hitler, en tant qu'individu, était essentiel à l'État nazi. D'ailleurs, la seule question, fort simple, que les éventuels soutiens du complot posèrent après l'attentat fut : « Hitler est-il toujours vivant ? » Le feld-maréchal Kluge, par exemple, commandant en chef des troupes à l'Ouest, avait hésité à soutenir la tentative de coup d'État, et il décida fermement qu'il ne pouvait pas s'impliquer dans l'entreprise quand il apprit qu'Hitler avait survécu. Donc,

692. Entretien avec le major Otto-Ernst Remer pour la série d'ITV *World at War*, publié dans Richard Holmes, *The World at War, the Landmark Oral History*, Elbury Press, 2007, p. 419.

même à une date aussi tardive que le 20 juillet 1944, après le quasi-effondrement du groupe d'armées du Centre dans la foulée de l'offensive soviétique qui avait commencé le mois précédent, l'existence physique d'Hitler suffisait à briser toute conspiration. Les Italiens n'avaient pas eu à tuer Mussolini pour l'écarter du pouvoir. Mais seule la mort pouvait détruire l'emprise d'Hitler sur l'Allemagne.

Le 20 juillet, à 21 heures, moins de cinq heures après que Beck se fut déclaré chef de l'État, il y eut un échange de tirs à la Bendlerstrasse. Les soldats loyaux à Hitler tentaient de reprendre le bâtiment : ils y réussirent assez facilement, et Beck fut arrêté. Il demanda alors l'autorisation de se suicider. Friedrich Fromm, commandant en chef de l'armée allemande de l'intérieur, accepta. (Fromm était impliqué dans les étapes de préparation du complot, bien qu'il eût refusé plus tôt dans la soirée d'y prendre part.) Beck porta un pistolet à sa tempe et appuya sur la détente, mais la balle ne fit que le frôler et, à sa grande surprise, il se retrouva encore vivant. Fromm ordonna alors d'emmener Stauffenberg et un certain nombre d'autres conspirateurs à l'extérieur du bâtiment et de les exécuter. On donna alors à Beck une seconde chance de se tuer. À nouveau, il appuya sur la détente et, cette fois-là, le coup lui fit perdre connaissance – mais il n'était toujours pas mort. Beck fut finalement tué par une troisième balle, tirée par un soldat loyal à Adolf Hitler.

Après la guerre, quand les Allemands essayèrent de gérer cette histoire mouvementée, les conspirateurs furent traités en héros. Mais, à cette époque, ils furent vilipendés – et pas uniquement par Hitler et les autres loyalistes. « Les soldats du front, dit Ulrich de Maiziere, comme la majeure partie des officiers sur le front, n'éprouvèrent au début aucune forme de sympathie pour la tentative de meurtre parce qu'ils avaient le sentiment qu'on avait tenté d'assassiner le commandant suprême derrière leur dos. Ils ne savaient pas quels en étaient les motifs [...] ; ils savaient simplement que le Führer du Reich était censé être la victime d'un meurtre. Je voyais quant à moi les choses autrement parce que je connaissais les auteurs et leurs motivations. Et je regrettais donc que la tentative n'ait pas été couronnée de succès, mais je n'aurais rien pu dire[693]. »

Les rapports établis après l'attentat par la SD, le service de renseignements de la SS, confirment le jugement de Maiziere : la majorité des soldats étaient épouvantés de voir que l'on avait attenté à la vie d'Hitler – et pas seulement les soldats[694]. Ils étaient nombreux dans la population à continuer à voir en Hitler un être désintéressé qui faisait de son mieux pour empêcher la défaite de l'Allemagne. Oui, il y avait eu des revers ; mais avec l'Armée rouge qui s'approchait, et l'engagement des Alliés, exprimé l'année précédente, qu'ils n'accepteraient qu'une « reddition inconditionnelle » des Allemands, beaucoup pensaient – pour reprendre la formule

693. Témoignage inédit.

694. Karl Heinrich Peter, *Spiegelbild einer Verschwörung. Die Kaltenbrunner-Berichte an Bormann und Hitler über das Attentat vom 20. Juli 1944. Geheime Dokumente aus dem ehemaligen Reichssicherheitshauptamt*, Seewald, Stuttgart, 1961, p. 1-10 ; certains extraits dans Ian Kershaw, *Le Mythe Hitler*, *op. cit.*, p. 262 *sqq.*

de Darges – que ce n'était pas le moment de « sauter du train en marche ».

Hitler désigna le général Heinz Guderian comme chef d'état-major de l'armée allemande pour succéder à Zeitzler, démissionnaire. Guderian avait été limogé en décembre 1941, mais ce commandant si audacieux – il avait aidé à conquérir la France et conduit la spectaculaire offensive vers Moscou dans les premiers jours de l'invasion de l'Union soviétique – était maintenant de retour en grâce. Hitler lui fit comprendre, lors de leur rencontre du 21 juillet 1944, qu'il ne tolérerait pas que son nouveau chef d'état-major lui présente sa démission – Zeitzler l'avait fait cinq fois avant de finir par partir –, il voulait dorénavant quelqu'un qui s'accrocherait à son poste.

Guderian trouva d'abord l'attitude d'Hitler, au lendemain de la tentative d'assassinat dont il avait été l'objet, « étonnamment calme[695] », mais il devint rapidement clair que « la méfiance profonde qu'il avait toujours ressentie pour l'humanité en général, et pour les officiers d'état-major et les généraux en particulier, s'était maintenant transformée en haine profonde [...] Il était déjà difficile par le passé d'avoir affaire à lui ; cela devint désormais une torture qui empira au fur et à mesure que les mois passaient. Il perdait fréquemment son sang-froid, et son langage devenait de plus en plus violent[696] ».

Guderian, non seulement occupait le poste de chef d'état-major, mais il siégeait aussi au célèbre « Tribu-

695. Heinz Guderian, *Panzer Leader*, *op. cit.*, p. 340.
696. *Ibid.*, p. 342.

nal d'honneur » qui expulsait les officiers de l'armée sur le simple soupçon qu'ils avaient eu connaissance du complot et les envoyait comparaître devant les « Tribunaux du peuple » – où ils étaient invariablement condamnés à mort et exécutés. Ce rôle, ainsi que d'autres actes de collaboration avec le régime nazi, a amené certains historiens militaires comme le professeur Robert Citino à se former de lui une opinion très négative. « On lui avait donné un vaste domaine dans la Pologne occupée – ce qui signifie bien entendu que les habitants en avaient été expulsés –, et c'était un homme complètement lié au régime, qui a toujours reçu de larges prébendes du Troisième Reich jusqu'aux tout derniers moments de la guerre. Je voudrais dire également que c'était un personnage répugnant, une caractéristique révélée par le travail assidu d'un grand nombre d'historiens dans les décennies qui ont suivi la Seconde Guerre mondiale. Si, en tant que commandant sur le terrain, j'avais la mission de prendre un objectif – la ville B –, et si je cherchais quelqu'un pour conduire la manœuvre, j'appellerais Heinz Guderian – où qu'il se trouve dans l'au-delà – et je verrais avec lui comment y parvenir. En revanche, si j'avais besoin d'un arbitre sur ce qui est bon ou mauvais, sur l'existence de la morale en temps de guerre, il est la dernière personne que j'appellerais[697]. »

Mais la simple considération de son intérêt personnel n'explique pas entièrement les motivations de Guderian à servir Hitler comme chef d'état-major de l'armée allemande. L'effet persistant d'un quelconque

697. Entretien avec l'auteur pour WW2History.com.

« charisme » d'Hitler, pas davantage – comme nous l'avons vu, Guderian était insensible à cet aspect de sa domination, et s'il avait perdu son poste en décembre 1941, c'était en grande partie parce qu'il était prêt à argumenter contre le Führer. La raison majeure pour laquelle Guderian continua à soutenir Hitler jusqu'au bout comme il le fit est certainement que, comme il l'écrit dans ses mémoires, « le front Est chancelait au bord d'un abîme duquel il était nécessaire de sauver des millions de soldats et de civils allemands. Je me serais regardé comme un vil lâche si j'avais refusé d'essayer de sauver les armées de l'Est et ma patrie, l'Allemagne orientale[698] ».

Ce n'est pas que l'on doive, comme le souligne le professeur Citino, prendre au pied de la lettre tout ce que Guderian dit dans ses Mémoires. Les phrases où il proteste de son dégoût extrême à devoir servir dans le « Tribunal d'honneur » et à persécuter ses camarades sonnent faux. Il y a bien plus de sincérité dans sa colère contre les auteurs du complot et de l'attentat dont Guderian pensait qu'il était voué à l'échec même si Hitler avait été tué. Il était de cet avis d'abord et avant tout parce que son attention était fixée sur la question imminente de l'avancée des Soviétiques – et là il n'a pas tort, dans la mesure où les conspirateurs n'avaient pas plus d'idée qu'Hitler sur la manière de sortir l'Allemagne de la guerre contre Staline et d'empêcher les Soviétiques de prendre leur revanche pour tant de souffrances subies.

C'était cette peur de ce que l'Armée rouge pourrait faire qui dominait maintenant l'esprit de nombreux

698. Heinz Guderian, *Panzer Leader*, *op. cit.*, p. 340.

Allemands. « Les enfants, disait un dicton populaire chez les soldats, adorent la guerre – la paix sera une chose affreuse[699]. » Et, trois mois à peine après l'échec du complot de la bombe, les Allemands purent se faire une idée de la manière dont les nouveaux occupants se comporteraient quand les troupes soviétiques entrèrent en Prusse orientale. Le 20 octobre 1944, l'Armée rouge prit la petite ville de Nemmersdorf et y commit une série d'atrocités. L'échelle exacte des crimes commis à Nemmersdorf reste débattue[700], mais il ne fait aucun doute que des civils furent assassinés et des femmes violées. Le colonel Reinhardt, qui se rendit dans la région le 25 octobre, écrivit le lendemain à sa femme : « Les bolcheviques ont tout ravagé comme des bêtes sauvages, y compris en tuant des enfants, pour ne rien dire des actes de violence contre les femmes et les jeunes filles, qu'ils ont aussi assassinées[701]. »

Pour Hitler – et pour des millions d'autres Allemands –, les événements de Nemmensdorf symbolisaient la raison pour laquelle il fallait continuer le combat. « Ce sont des bêtes de la steppe asiatique, et le combat que je mène contre eux est le combat pour la dignité des Européens[702] », déclara Hitler quand il apprit ce qui s'était passé. Il ne semble pas qu'il y eût

699. Selon Ulrich de Maiziere.

700. Ian Kershaw, *The End, Hitler's Germany, 1944-1945*, Allen Lane, 2011, p. 111-114. Le rapport de la police militaire allemande, établi juste après l'attaque soviétique, donne le nombre de 26 morts.

701. *Ibid.*, p. 114.

702. Traudl Junge, *Dans la Tanière du Loup : les confessions de la secrétaire d'Hitler*, Paris, J.-C. Lattès, 2005, p. 201.

de l'ironie dans ses propos, en regard de la guerre « d'anéantissement » qu'il avait voulue et engagée contre l'Union soviétique et qui avait déjà coûté la vie à tant de millions de personnes : si les soldats de l'Armée rouge commettaient des atrocités contre les civils allemands, c'était essentiellement par volonté de vengeance.

Néanmoins, la souffrance endurée par les Allemands du fait des Soviétiques – même si on peut en partie en comprendre les raisons – est inexcusable. Anna Seddig était l'une des centaines de milliers de femmes allemandes fuyant les régions de l'Est, qui furent violées par les Soviétiques. Elle portait dans ses bras son fils âgé d'un an, Siegfried. « Nous n'avions rien à manger. Siegfried avait soif, et je continuais à l'allaiter même si j'étais à nouveau enceinte. Je faisais aussi fondre de la neige dans ma bouche pour qu'il puisse la boire. » Une nuit, alors qu'elle cherchait un abri pour elle et son enfant, elle rencontra un groupe de soldats de l'Armée rouge. « Les Russes arrivèrent et brandirent leurs torches dans ma direction. Et l'un d'entre eux dit : "Maintenant, femme, tu as trouvé un endroit où dormir." L'endroit en question était un abri anti-aérien. Il y avait une table à l'intérieur. Et, pendant la nuit, les Russes me violèrent sur la table, l'un après l'autre. C'est comme d'être morte. Votre corps tout entier est paralysé. Vous ressentez du dégoût. Du dégoût, je ne peux pas l'exprimer autrement. C'était entièrement contre notre volonté. Ils nous considéraient comme leur proie. Je ne peux pas dire combien d'hommes il y avait là – dix, quinze. Cela durait et durait. Ils étaient si nombreux, l'un après l'autre. L'un d'entre eux, je me souviens, me voulait aussi, mais il me demanda : “Combien de camarades sont déjà venus là ? Rhabillez-vous”[703]. »

Le tableau général était plus sombre que jamais. Le volume des ressources rassemblées par les Alliés ridiculisait les productions des Allemands. Au cours de l'année 1944, par exemple, ceux-ci fabriquèrent un peu moins de trente-cinq mille chasseurs et bombardiers – tandis qu'ensemble la Grande-Bretagne, l'Amérique et l'Union soviétique en produisirent environ cent trente mille[704]. Et, malgré les rêves désespérés de mise au point d'« armes prodigieuses » ou d'une rupture qui pourrait advenir entre Staline et les Alliés occidentaux, le sort de l'Allemagne à la fin de l'année 1944 était scellé. Sous-alimentée en matières premières – l'occupation soviétique des puits de pétrole de Roumanie en avril 1944 avait représenté un coup terrible –, la machine de guerre allemande ne pouvait plus guère tenir que quelques mois de plus. Mais le coût de la poursuite de la guerre, en termes humains, était déjà énorme. Un peu moins de deux millions d'Allemands étaient morts au cours de l'année 1944, et ce nombre augmenterait proportionnellement en 1945, jusqu'à plus de quatre cent mille tués pour le seul mois de janvier[705].

Hitler essayait encore de persuader tout le monde que tout finirait par s'arranger, afin de maintenir la volonté de se battre chez les dirigeants du mouvement nazi. Devant un groupe choisi de fidèles nazis, son optimisme pouvait encore se révéler contagieux : début

703. Témoignage cité dans l'Épisode 4, BBC TV, *War of the Century*.

704. Adam Tooze, *The Wages of Destruction*, *op. cit.*, p. 639.

705. *Ibid.*, p. 653.

décembre, juste avant le lancement de l'offensive allemande dans les Ardennes, vouée à l'échec, Hitler enthousiasma tellement Joseph Goebbels au sujet du merveilleux avenir qui les attendait que le ministre de la Propagande mit « des heures à [s]'endormir[706] ».

Cependant, même Hitler, dont la capacité à ne jamais s'apitoyer sur lui-même dans le « dénuement » avait été au centre de sa séduction charismatique, avait maintenant du mal à cacher sa conviction que l'Allemagne allait perdre la guerre. Après l'échec de l'attaque dans les Ardennes, Nicolaus von Below l'entendit confesser que la fin de la guerre était proche et que la seule promesse qu'il pouvait encore faire était de ne jamais « capituler », mais d'« entraîner le monde dans notre chute »[707].

Un sentiment de défaitisme se faisait de plus en plus jour au sein de pans entiers de la population allemande, où la Gestapo se trouvait désormais chargée d'abattre « les pillards, les déserteurs et autres racailles[708] ». La croyance « C'est le Führer et lui seul qui sait » s'effondrait chez ceux qui s'étaient battus pour le régime. En mars 1945, parmi les Allemands capturés à l'Ouest, seulement un prisonnier sur cinq avait foi en Hitler – ils étaient trois fois plus au début de la guerre à manifester leur confiance dans le Führer[709].

---

706. Joseph Goebbels, *Journal 1943-1945*, entrée du 2 décembre 1944, *op. cit.*, p. 646.

707. Nicolaus von Below, *At Hitler's Side*, *op. cit.*, p. 223.

708. Manfred Messerschmidt, « Deserteure im Zweiten Weltkrieg », *in* Wolfgang Wette (éd.), *Deserteure der Wehrmacht*, Essen, 1995, p. 61.

709. Klaus-Dietmar Henke, *Die amerikanische Besetzung Deutschlands*, Munich, Oldenbourg, 1995, p. 806 et note 132.

Ulrich de Maiziere, alors lieutenant-colonel, décrit en traits saisissants le déclin rapide du chef du Troisième Reich : « À cette époque, Hitler était déjà un homme malade, avec une grave paralysie agitante au bras droit, la démarche traînante, des lunettes bleues, et sa vue était si mauvaise qu'il fallait tout mettre devant lui en gros caractères. Mais il n'avait rien perdu de son charisme. Pendant cette phase finale, j'ai dû faire dix à quinze présentations par nuit comme IA [chef des opérations] au département des Opérations et j'ai pu observer les deux choses suivantes. D'un côté, c'était un homme – je parle maintenant de l'effet qu'il dégageait en tant qu'être humain –, un homme qui avait sur les gens un effet indescriptible, démoniaque, auquel seulement très peu de personnes étaient capables de résister. Et ceux qui vivaient en permanence dans son environnement lui étaient totalement soumis. Je connais très peu de gens qui aient été capables de résister au charisme personnel de cet homme, aussi laid qu'il fût à regarder. La deuxième chose, cependant, qui était bien plus dangereuse, c'est qu'il était atteint d'une maladie mentale, une sorte d'auto-identification hypertrophique avec le peuple allemand, une totale auto-identification avec lui. Il était personnellement convaincu, et je l'ai entendu de sa propre bouche, que la nation allemande ne survivrait pas à sa propre fin et à celle du national-socialisme. Elle était destinée à disparaître. C'était malsain[710]. »

Il est certainement vrai qu'Hitler ne souhaitait pas voir l'Allemagne tomber intacte dans les mains des vain-

710. Témoignage inédit.

queurs. Il avait dit à Albert Speer en mars 1945 : « Si la guerre est perdue, le peuple allemand est perdu lui aussi. Il est inutile de se préoccuper des conditions qui sont nécessaires à la survie la plus élémentaire du peuple. Au contraire, il est préférable de détruire même ces choses-là. Car ce peuple s'est révélé le plus faible, et l'avenir appartient exclusivement au peuple de l'Est qui s'est montré le plus fort. Ceux qui resteront après ce combat, ce sont les médiocres, car les bons sont tombés[711]. »

Une telle vision n'était pas pour surprendre Speer ni aucun membre de l'élite nazie, non plus que tout lecteur de *Mein Kampf*. La logique d'Hitler était imparable. La vie est un combat permanent, et les « plus faibles » *méritent* de mourir. C'était une vision de force, de pouvoir et de conquête qui avait su séduire tant que les nazis gagnaient – mais qui avait maintenant des conséquences entièrement nihilistes dans la défaite. Speer déclara avoir été horrifié par la volonté d'Hitler de laisser l'Allemagne en ruine, mais c'était prévisible. Hitler était simplement cohérent avec la vision du monde qu'il avait exprimée pour la première fois par écrit en 1924.

Ce moment est emblématique des conséquences désastreuses que pouvait avoir le fait de croire à son pouvoir charismatique. Hitler avait toujours dit qu'il ne permettrait pas une « répétition » de 1918 – la reddition de l'armée allemande alors qu'elle se trouvait encore sur un sol étranger. Mais la manière dont s'était terminée la Première Guerre mondiale paraît être aujourd'hui un modèle d'humanité comparée à la fin qu'il envisageait.

---

711. Albert Speer, *Au cœur du Troisième Reich*, *op. cit.*, p. 611.

Il y avait des Allemands – surtout ceux qui étaient directement confrontés à l'Armée rouge – qui souscrivaient à l'idée qu'ils devaient mourir plutôt que de survivre à la défaite. Rudolph Escherich était l'un d'entre eux. Il faisait partie d'une escadrille de la Luftwaffe près de l'Oder dans l'est de l'Allemagne. « Nous étions tous des pilotes jeunes et enthousiastes, et nous brûlions de faire quelque chose dans le combat pour le salut de notre patrie – même si cela était pratiquement sans espoir[712]. » Avec douze de ses camarades, il accepta de participer à une opération kamikaze appelée « Mission spéciale Liberté ». Avant de partir, ils signèrent tous une lettre qui disait : « Nous sacrifions nos vies volontairement pour notre Führer, notre patrie et pour l'Allemagne. » Le projet était d'écraser leurs avions, chargés de bombes de 500 kilogrammes, sur les ponts au-dessus de l'Oder. Mais la mission fut un échec – Elscherich perdit le cap dans l'épais brouillard, et l'opération fut abandonnée quand l'Armée rouge eut franchi le fleuve, ce qu'elle fit rapidement.

Le plus étonnant encore aujourd'hui, c'est la motivation de ces pilotes. Elscherich dit qu'il n'aurait « certainement pas » accepté une telle mission suicide contre les Alliés occidentaux. « À l'Ouest, ils étaient civilisés, ils traitaient leurs prisonniers de guerre d'une façon à demi humaine, et vous pouviez espérer qu'ils traiteraient la population allemande vaincue de manière plus ou moins convenable. Mais les Russes n'étaient pas comme ça. » Quand on lui rappelle les épouvan-

712. Témoignage cité dans l'Épisode 4, BBC TV, *War of the Century*.

tables atrocités que les Allemands avaient commises sur le territoire soviétique, en précisant que cela avait dû compter dans les motivations des Soviétiques pour se conduire comme ils le firent, Elscherich répond : « Dans une situation comme celle-là, vous ne vous posez pas ce genre de questions. Nous étions alors face aux Russes qui nous submergeaient, notre population entière. Et dans ces cas-là vous ne vous demandez pas ce qui s'est passé avant et si nous leur avons fait tort. »

Mais sur le front Ouest, comme Rudolf Elscherich avait pu le prédire, il y avait beaucoup d'Allemands qui n'étaient pas préparés à se « sacrifier pour notre Führer, notre patrie et pour l'Allemagne ». En mars 1945, dans le mois précédant la tentative de mission suicide d'Elscherich, Hitler exprima son indignation devant le nombre de soldats allemands qui se laissaient capturer. « Dans certains secteurs, dit Hitler, pas de résistance du tout – reddition immédiate et facile aux Américains. C'est une honte[713]. » Fidèle à ses convictions ultra-darwiniennes, il imputait à l'existence de la convention de Genève l'empressement des Allemands à se rendre, disant que, s'il avait pu faire savoir à tout le monde qu'il traiterait « les prisonniers ennemis de manière impitoyable, et sans considération des représailles », les Allemands auraient alors été moins désireux de se livrer.

Pendant ce temps, la campagne de bombardement des Alliés s'était encore intensifiée – en particulier avec la

713. Rapport sur la situation en milieu de journée, 2 mars 1945, Helmut Heiber et David M. Glantz, *Hitler and his Generals*, Enigma Books, 2003, p. 684.

célèbre attaque sur Dresde, le 13 février 1945. « La guerre aérienne est notre plus grand malheur dans la situation actuelle, écrit Goebbels dans son journal le 2 mars 1945. Les Anglo-Américains ont encore effectué de très dures attaques sur l'ouest et le sud-est de l'Allemagne et causé des dégâts entièrement impossibles à décrire dans le détail. La situation devient chaque jour plus difficile à supporter, et nous n'avons aucun moyen de nous défendre contre cette catastrophe[714]. »

Goebbels écrivait ces mots exactement deux semaines avant que les Alliés ne lancent une attaque dévastatrice sur la ville médiévale de Wurtzbourg en Franconie. Le 16 mars 1945, deux cent vingt-six bombardiers Lancaster de la RAF déversèrent 1 000 tonnes de bombes – pour la plupart incendiaires et mises au point pour créer des tempêtes de feu – sur Wurtzbourg. Plus de 80 % du centre-ville fut détruit – une destruction proportionnellement plus importante que celle de Dresde. « La ville entière était en feu, raconte Christl Dehm, qui a vécu l'attaque, et les bombes à retardement explosaient de tous côtés. Et partout la peur, et les cris des blessés, et les gens qui brûlaient vifs sans pouvoir se sauver. Des images épouvantables[715]. »

Mais aussi terrible que fut l'effet des bombardements, cela vaut la peine de rappeler les conclusions de l'Enquête

---

714. Entrée du 2 mars 1945, Joseph Goebbels, Hugh Trevor-Roper (éd.), *Goebbels Diaries, The Last Days*, Secker et Warburg, 1978, p. 24. L'entrée n'est pas reprise dans la traduction française du Journal.

715. Témoignage tiré de *Bombing Germany*, BBC 2001, écrit et produit par Detlef Siebert, producteur exécutif Laurence Rees.

des États-Unis sur le bombardement stratégique *(United States Strategic Bombing Survey)*, réalisée après la guerre : « La réaction psychique de la population allemande aux attaques aériennes est significative. Sous un contrôle nazi impitoyable, ils ont manifesté une résistance surprenante à la terreur et aux épreuves d'attaques aériennes répétées, à la destruction de leurs maisons et de leurs biens, et aux conditions dans lesquelles ils en étaient réduits à vivre. Leur moral, leur foi en la victoire finale ou en un compromis satisfaisant, et leur confiance dans leurs dirigeants faiblissaient, mais ils continuaient à travailler efficacement aussi longtemps que leur capacité matérielle de production se maintenait[716]. »

La conclusion des Américains était que cette « résistance » montrait que « le pouvoir d'une police d'État sur sa population ne peut être sous-estimé ». Il ne fait aucun doute que la peur des représailles du régime est un facteur qui explique que la campagne de bombardement ne conduisit pas à une désobéissance civile ouverte. Mais le sentiment de désespoir et l'absence de solution alternative face à l'avancée des Soviétiques jouaient aussi leur rôle.

Même ses *Gauleiters* – certains de ses plus fidèles partisans – n'étaient plus subjugués par Hitler au moment de leur dernière réunion le 24 février 1945. Nicolaus von Below, qui assista à la rencontre, raconta qu'Hitler

716. United States Strategic Bombing Survey, Summary Report (European War), 30 septembre 1945, « Some Signposts », p. 23 point 4. Sur le web : http://www.airforce-magazine.com/Magazine Archive/Pages/2009/October/202009/1009keeper.aspx et http://www.anesi.com/ussbs02.htm.

« essaya de convaincre son auditoire que lui seul pouvait juger correctement de la situation. Mais les pouvoirs de persuasion qu'il avait utilisés par le passé pour hypnotiser son entourage s'étaient envolés[717] ». Il subsistait pourtant, ce que von Below n'avait pas remarqué, chez un ou deux de ses plus proches fidèles, des restes de croyance. Après son discours, Hitler s'assit pour manger avec ses *Gauleiters* et se lança dans un long monologue. En l'écoutant, le *Gauleiter* de Magdebourg-Anhalt, Rudolf Jordan, sentit « s'évaporer » son humeur dépressive. L'« ancien Hitler[718] » était en scène.

Cependant, comme les Soviétiques s'approchaient de Berlin, le nombre de ceux qui continuaient à croire en lui diminuait encore. Même parmi ses très proches, ils étaient nombreux à ne pas partager sa conviction qu'il serait nécessaire de mettre fin à leur vie si la flamme du Troisième Reich venait à s'éteindre. Heinrich Himmler – « le fidèle Heinrich » comme l'appelait Hitler – avait à l'évidence imaginé un monde après la victoire alliée. Lui qui avait aidé à la mise en œuvre de l'extermination des Juifs cherchait maintenant à sauver certains d'entre eux. Le 5 février 1945, un train partit pour la Suisse avec à son bord mille deux cents Juifs du camp de concentration de Theresienstadt/Terezín en Tchécoslovaquie. Himmler avait conclu un arrangement avec l'Union des rabbins orthodoxes des États-Unis pour les échanger contre de l'argent comptant – un nouveau train devait

717. Nicolaus von Below, *At Hitler's Side*, *op. cit.*, p. 228.

718. Rudolf Jordan, *Erlebt und erlitten : Weg eines Gauleiters von München bis Moskau,* Leoni am Starnberger See, 1973, p. 251-258. Cité dans Ian Kershaw, *The End*, *op. cit.*, p. 245.

quitter Theresienstadt tous les quinze jours[719]. Hitler fut furieux quand il apprit la nouvelle et il ordonna à Himmler de ne pas donner suite à de telles initiatives. Mais cela n'empêcha pas ce dernier de rencontrer le 21 avril Norbert Masur, un émissaire du Congrès juif mondial, pour discuter de la livraison de mille femmes en provenance du camp de concentration de Ravensbrück. Le rendez-vous eut lieu au domicile du masseur de Himmler, Felix Kersten ; et, selon Kersten, Himmler lui avait dit juste avant la rencontre : « Je veux enterrer la hache de guerre entre les Juifs et nous. Si j'avais pu agir à ma guise, beaucoup de choses auraient été faites différemment[720]. »

Le jour précédent – 56e anniversaire d'Hitler –, Himmler, accompagné de nombreuses autres éminentes figures du Troisième Reich, dont Hermann Göring, lui avaient fait leurs adieux dans le *Führerbunker* (bunker du Führer) à Berlin. Pendant des années, ils avaient rivalisé entre eux et avec d'autres nazis pour lui complaire. Ils étaient maintenant unis par le désir de lui échapper. C'était un des rares cas, comme le souligne de manière frappante le professeur Sir Ian Kershaw, « où le navire qui coule quitte le rat[721] ».

Le 23 avril, Himmler rencontra un diplomate suédois, le comte Folke Bernadotte. Pensant qu'Hitler se

---

719. Yehuda Bauer, *American Jewry and the Holocaust : The American Jewish Joint Distribution Committee*, 1939-1945, Detroit, Wayne State University Press, 1981, p. 429-430.

720. Felix Kersten, *The Kersten Memoirs, 1940-1945*, Hutchinson, 1956, p. 286.

721. Ian Kershaw, *What is Hitler's Place in History ?*, conférence pour la BBC retransmise par BBC4, le 30 avril 2005, producteur exécutif Laurence Rees.

suiciderait rapidement – s'il ne l'avait déjà fait –, il autorisa Bernadotte à dire aux Alliés occidentaux que l'Allemagne se rendrait à eux inconditionnellement, mais pas à l'Armée rouge. Quand la nouvelle fut diffusée sur les ondes de la BBC, Hitler eut peine à croire à cette « trahison ». « Bien entendu, Hitler était indigné à l'extrême, raconte Bernd Freiherr Freytag von Loringhoven, l'un des derniers officiers allemands à se trouver encore dans le bunker. Militairement, il n'y avait plus aucun espoir. Et maintenant cet acte, qui avait été commis par l'homme en lequel il avait probablement le plus confiance. Cet homme l'avait abandonné et était entré en contact avec les Alliés. Avec cette conséquence que, la nuit suivante, il [...] dicta ses dernières volontés personnelles et politiques ; et, deux jours plus tard, il était mort[722]. »

De toute l'élite nazie qui avait naguère exprimé sa croyance dans le charisme d'Hitler, seul le ministre de la Propagande, Joseph Goebbels – avec sa femme et ses six enfants – choisit de mourir dans le bunker avec lui. La femme de Goebbels, Magda, fut l'une des dernières à probablement garder foi en Hitler jusqu'à la fin, mais on ne sait pas si son mari y croyait encore autant qu'elle. Plus vraisemblablement, Goebbels avait étudié les diverses possibilités qui s'offraient à lui et conclu que la mort au côté d'Hitler était la plus raisonnable. S'il avait été capturé par les Alliés – et comment un homme aussi physiquement singulier pouvait-il

722. Témoignage cité dans *Himmler, Hitler, and the End of the Reich,* BBC TV, 2001, écrit et produit par Detlef Siebert, producteur exécutif Laurence Rees.

espérer se cacher –, il aurait presque à coup sûr été exécuté. Mais il croyait aussi qu'en restant avec Hitler, il pourrait lui-même devenir un héros. Il l'avait dit quelques jours auparavant, le 17 avril, lors d'une rencontre avec les employés du ministère de la Propagande, en leur expliquant pourquoi ils ne devaient pas essayer de fuir Berlin : « dans cent ans », un film serait réalisé sur cette période épique et cela signifiait qu'ils « reviendraient alors à la vie ». « Chacun a[vait] désormais une occasion de choisir le rôle qu'il aurait dans le film d'ici cent ans. [Il pouvait leur] assurer que ce sera[it] un film à la fois beau et excitant. Et pour la beauté de cette perspective, cela va[lai]t la peine de rester fermement à son poste[723]. »

Tandis que Goebbels tentait de créer sa propre mythologie en mettant fin à sa vie, Hitler, selon sa secrétaire Traudl Junge, « continu[ait] à vivre dans l'ombre. Sans repos il err[ait] à travers les locaux[724] » du bunker sous le jardin de la chancellerie du Reich. « L'atmosphère dans le bunker était absolument macabre, confirme Bernd Freiherr Freytag von Loringhoven. Les gens n'avaient plus rien à faire. Ils erraient dans les couloirs, attendant les nouvelles. L'ennemi était tout proche. Ce qui fait que le principal sujet de réflexion était : "Comment vais-je me tuer ?"[725] »

Juste avant minuit, le 28 avril, Hitler dicta son testament politique – qui est remarquablement cohérent

723. David Welch, *Propaganda*, *op. cit.*, p. 234.

724. Traudl Junge, *op. cit.*, p. 244.

725. Témoignage cité dans *Himmler, Hitler, and the End of the Reich*, BBC TV.

avec la première expression de ses convictions, la lettre qu'il avait écrite en septembre 1919 à l'instigation de Karl Mayr. Les deux documents ruissellent de haine contre les Juifs. Dans son testament, Hitler, qui accuse les Juifs du déclenchement de la Seconde Guerre mondiale, termine par ces mots : « Par-dessus tout, je charge les dirigeants de la nation et ceux qui sont sous leurs ordres de faire respecter scrupuleusement les lois raciales et de résister sans pitié aux empoisonneurs de tous les peuples, la Juiverie internationale[726]. » Aucun des deux documents ne contient un iota d'humanité, et tous deux révèlent un esprit hanté par une idée fixe. Même au moment de sa mort, Hitler ne s'accusa pas de toutes les calamités qu'il avait attirées sur le monde. Au contraire, il déclara : « Dans ces trois dernières décennies, l'amour et la loyauté envers mon peuple ont guidé toutes mes pensées, mes actions et ma vie. »

Hitler n'avait pas changé : tous les éléments qui lui avaient permis de devenir un dirigeant charismatique demeurèrent en lui jusqu'à son dernier souffle. Ce qui avait changé, c'était la perception des autres à son égard. Car le charisme existe seulement dans l'interaction entre un individu et un auditoire réceptif, et les échecs répétés et les promesses non tenues avaient sérieusement porté atteinte à sa séduction charismatique, non seulement dans la population générale, mais parmi nombre de ses plus proches partisans.

---

726. United States, Office of United States Chief of Counsel for Prosecution of Axis Criminality, *Nazi Conspiracy and Aggression*, 8 vol. et 2 vol. suppl. (Government Printing Office, Washington, 1946-1948), vol. VI, p. 259-263, doc. n° 3569-PS.

Adolf Hitler se suicida peu après 15 h 30 dans l'après-midi du 30 avril 1945. Il se tira une balle dans la tête tout en broyant entre ses dents une capsule de poison que lui avait auparavant fournie Himmler. La méfiance qu'Hitler avait développée à la fin de sa vie envers le « fidèle Heinrich » était telle qu'il avait insisté pour qu'un échantillon du poison soit d'abord testé sur son chien Blondi, afin de s'assurer qu'Himmler n'avait pas projeté de le tromper en permettant aux Alliés de le capturer vivant[727].

---

727. Traudl Junge, *op. cit.*, p. 248-249.

REMERCIEMENTS

Il me faut remercier de nombreuses personnes. Janice Hadlow, directrice de BBC2, et Martin Davidson, chargé des programmes d'Histoire (*History commissioner*) à la BBC, se sont montrés tous les deux enthousiastes à l'idée de ce projet, et je les remercie pour leur soutien.

Le professeur Sir Ian Kershaw, consultant historique pour la série TV, a lu le brouillon de ce livre et exprimé ses réflexions et critiques. J'ai écrit ailleurs tout ce que je lui dois – il est pour moi un ami et un collègue depuis maintenant presque vingt ans –, mais je tiens à lui renouveler ici toute ma gratitude. C'est une immense chance d'avoir été amené à travailler auprès d'un des plus brillants historiens des cent dernières années. Mais je m'empresse aussi d'ajouter que les points de vue et les jugements exprimés dans ce livre n'appartiennent qu'à moi.

Un autre vieil ami et collègue, Detlef Siebert, avec qui j'ai aussi travaillé durant des années sur différentes séries télévisées consacrées au nazisme, a relu ce livre et y a apporté ses critiques. Il est aussi généreux qu'intelligent.

J'ai bénéficié de longues discussions avec toute une pléiade des meilleurs historiens du monde sur mon site web éducatif WW2History.com.

Je remercie aussi, bien sûr, la BBC, et en particulier mon dernier patron, Keith Scholey, de m'avoir permis d'utiliser des transcriptions tirées de mes précédentes séries télévisées sur le nazisme.

Anne Cattini, qui a collaboré avec moi sur les séries télévisées, a été, en sa qualité de producteur exécutif, un modèle d'équilibre. En Allemagne, le Dr Frank Stucke s'est montré un excellent producteur associé, et j'ai énormément bénéficié du travail de recherche dans les archives de deux jeunes universitaires allemands talentueux, Fabian Wendler et Julia Pietsch. Martin Patmore, qui a filmé presque tout ce que j'ai fait depuis ces vingt dernières années, a comme d'habitude réalisé un excellent travail de cameraman, comme l'ont fait de leur côté les monteurs du film, Alan Lygo, Jamie Hay et Simon Holland. Monika Rubel et son équipe de *24 Frames* à Munich ont été d'une aide précieuse pour la partie fictionnelle de la série et ont supporté mes faiblesses de réalisateur de manière impressionnante. John Kennedy et son fils Christophe méritent une mention spéciale en tant que créateurs graphiques – leur travail sur la série TV est tout à fait exceptionnel.

Chez Ebury Press, mon éditeur, Albert DePetrillo, et le représentant de la maison d'édition, Jake Lingwood, ont porté ce projet pendant plusieurs années. Mon éditeur américain, Dan Frank, de Pantheon Books, m'a gratifié d'un grand nombre de commentaires très utiles, tandis que mon agent littéraire, Andrew Nurnberg, est devenu plus important que jamais dans ma vie professionnelle. Ma femme, Helena, a consacré ses considérables talents de femme d'affaires à gérer notre compagnie de production indépendante et m'a constamment soutenu. Mes enfants, Oliver, Camilla et Benedict, m'ont aussi encouragé plus que je ne le mérite. Ils ont vécu avec mes obsessions toute leur vie – et cela représente une longue période. Mon fils aîné Oliver est tout juste diplômé de Cambridge, et ma fille, Camilla, enseigne l'histoire à Oxford (bien que sur une tout autre période…).

J'ai dédié ce livre à mes parents, qui sont morts tous les deux à l'âge de quarante-neuf ans. Maintenant que j'ai passé le cap du milieu de la cinquantaine, l'idée qu'ils sont morts si jeunes, ainsi que les circonstances où ce drame a eu lieu, me semblent plus obscènes que jamais.

INDEX

Table

Laurence Rees
au Livre de Poche

Auschwitz. Les nazis et la « solution finale » n° 31018

Le 27 janvier 1945, l'armée Rouge pénètre dans le camp de concentration d'Auschwitz et libère les survivants. Le monde découvre un système d'une barbarie inouïe, jamais vue dans l'histoire de l'humanité : la « solution finale », les chambres à gaz et les fours crématoires. S'appuyant sur les meilleures sources historiques et sur une centaine d'entretiens inédits avec d'anciens bourreaux comme avec des rescapés, Laurence Rees nous permet de comprendre de l'intérieur le fonctionnement de cette machine à tuer. La force et l'originalité de cette enquête unique sont de montrer comment les décisions qui ont abouti à la construction des camps ont mûri des années durant. Et l'on découvre, incrédule, qu'aujourd'hui encore nombre d'anciens nazis justifient leurs crimes par cette phrase simple et atroce : « Je pensais que c'était une bonne chose. »

Holocauste. Une nouvelle histoire n° 35512

Plus de soixante-dix ans après les faits, on se demande encore et toujours comment l'extermination des Juifs a pu avoir lieu. Fondé sur de nombreux témoignages inédits, des documents d'époque et des travaux d'historiens, cet ouvrage esquisse une réponse à ce questionnement. Du développement des convictions antisémites de Hitler en 1919 jusqu'à la fin de la Seconde Guerre mondiale, Laurence Rees livre une analyse fine et dense de la période où furent mis en place les lois de Nuremberg, la guerre d'extermination et les camps de concentration, et propose un nouvel éclairage sur la Shoah.

Du même auteur :

AUSCHWITZ : LES NAZIS ET LA SOLUTION FINALE, Albin Michel, 2005.

ILS ONT VÉCU SOUS LE NAZISME, Perrin, 2008.

HOLOCAUSTE. UNE NOUVELLE HISTOIRE, Albin Michel, 2018.

PAPIER À BASE DE FIBRES CERTIFIÉES

Le Livre de Poche s'engage pour l'environnement en réduisant l'empreinte carbone de ses livres. Celle de cet exemplaire est de :
850 g éq. CO_2
Rendez-vous sur www.livredepoche-durable.fr

Composition réalisée par NORD COMPO

Achevé d'imprimer en septembre 2021 en France par
La Nouvelle mprimerie Laballery
58500 Clamecy (Nièvre)
N° d'impression : 107873
Dépôt légal 1re publication : octobre 2014
Édition 07 – octobre 2021

LIBRAIRIE GÉNÉRALE FRANÇAISE
21, rue du Montparnasse – 75283 Paris Cedex 06

84/1111/7